The Concise
Blue Book of
FRENCH
VERBS

David M. Stillman, Ph.D. • **Ronni L. Gordon, Ph.D.**

New York Chicago San Francisco Lisbon London Madrid Mexico City
Milan New Delhi San Juan Seoul Singapore Sydney Toronto

Pour Mimi, Alex, Kathleen, et Juliana,
les étoiles de notre firmament

Copyright © 2011 by David Stillman and Ronni Gordon. All rights reserved. Printed in the United States of America. Except as permitted under the United States Copyright Act of 1976, no part of this publication may be reproduced or distributed in any form or by any means, or stored in a database or retrieval system, without the prior written permission of the publisher.

1 2 3 4 5 6 7 8 9 10 11 12 13 14 15   QFR/QFR   1 9 8 7 6 5 4 3 2 1

ISBN   978-0-07-176107-9
MHID   0-07-176107-1

Library of Congress Cataloging-in-Publication Data

Stillman, David M.
  The concise blue book of French verbs / David Stillman & Ronni Gordon.
    p.   cm
  Includes index.
  ISBN 978-0-07-176107-9 (alk. paper)

  1. French language—Verb.   2. French language—Textbooks for foreign speakers—English.   I. Gordon, Ronni L.   II. Title.

  PC2272.S76   2011
  448.2'421—dc22   2011009486

McGraw-Hill books are available at special quantity discounts to use as premiums and sales promotions or for use in corporate training programs. To contact a representative, please e-mail us at bulksales@mcgraw-hill.com.

This book is printed on acid-free paper.

Bonus Practice Online! ⸺⸺

This convenient application provides a 100-question diagnostic test that will pinpoint areas of strength and weakness to help your study. In addition, it includes more than 100 interactive exercises covering all key tenses, as well as audio recordings of sample conversations showing high-frequency verbs in use.

   Go to **mhprofessional.com** to locate the Product Page for this book (shortcut: key 0071761071 into the Search panel), then click Launch to open the online practice application.

Contents

Preface

It was the Verb that mixed the hands, it was the Verb that lacked stability, it was the Verb that had no permanent opinion about anything, it was the Verb that was always dodging the issue and putting out the light and making all the trouble . . . I must catch a Verb and tame it.

MARK TWAIN

The Concise Blue Book of French Verbs sets a new standard for verb reference books by combining a traditional book format with the power of the Internet to guide the learner toward mastery of the French verb system. *The Concise Blue Book of French Verbs* is designed to provide beginning through advanced learners of French with a far-reaching reference and practice tool. It can be used successfully by independent learners, in conjunction with any self-teaching program, as well as in a classroom setting.

The Concise Blue Book of French Verbs contains a "French Tense Profiles" section that provides comprehensive guidance on verb formation and how to use the tenses of French verbs correctly; 333 fully conjugated verbs and more than 2,700 verbs cross-referenced in the index; the Top 30 Verbs selected for their high frequency; and productive examples that make use of all tenses in the *Usage* sections. We have included hundreds of examples in many fields in the *Usage* sections based on the contemporary language written and spoken by educated French speakers in French-speaking countries so that learners using *The Concise Blue Book of French Verbs* are exposed to rich and expressive current, everyday French. Thus, learners are provided with numerous examples of idiomatic French that they can incorporate into their own repertoire.

Easy-to-read verb charts are essential for a verb reference book. The 333 charts in this book offer a highly accessible and manageable organization of verb tenses and paradigms, ensuring clarity and ease of use. These tables are cross-referenced to the English-French Verb Index, Irregular Verb Form Index, and the extensive French Verb Index at the back of the book.

A unique and dynamic dimension to this book is the bonus online component, featuring hundreds of oral exercises that will take you from conjugation to conversation. The online application also includes conversational exchanges based on the *Usage* sections of the Top 30 Verbs and are read by native speakers of French, with pauses to allow you to repeat. These *Mini-Dialogues—Faisons de la conversation!* appear on screen with their English translations as they are read. An Audio Practice section, *Vous comprenez?*, includes 100 oral multiple choice questions that are read by native speakers of French. Immediate feedback is provided by means of a "correct/incorrect" screen that gives you the option of hearing the question again, seeing the question written out, or proceeding to the next question.

We have included another important and highly effective feature, *Listening for Key Contrasts—Les sons de français.* These listening drills target some of the key sound contrasts in the French verb system. By learning to listen for subtle differences in spoken French, learners improve their comprehension so that they can understand everyday speech.

The Concise Blue Book of French Verbs provides you with the information you need to conjugate and use any French verb you may encounter. Mastering the French verb system is the key first step to communicating with confidence. To that end, we recommend using our acclaimed texts, *The Ultimate French Review and Practice with CD-ROM, Second Edition,* and *The Ultimate French Verb Review and Practice,* as companion texts for grammar review and the development of proficiency in French.

French
Tense Profiles

THE BASICS OF CONJUGATION

Conjugation is a list of the forms of the verb in a conventional order. The forms of the verb in a particular tense vary to show person and number. The three persons are: the speaker, or first person (I), the person spoken to, or second person (you), and the person or thing referred to, or third person (he, she, it). There are two numbers in English and French, singular and plural. The verb forms are designated by person and number, as summarized in the chart below:

	SINGULAR	PLURAL
FIRST PERSON	I	we
SECOND PERSON	you	you
THIRD PERSON	he, she, it	they

Thus, in the English conjugation of the verb *to be*

	SINGULAR	PLURAL
FIRST PERSON	I am	we are
SECOND PERSON	you are	you are
THIRD PERSON	he, she, it is	they are

We say that *am* is first-person singular, *is* is third-person singular. The form *are* is used for the second-person singular and plural as well as for the first- and third-persons plural. The above order of forms is called a conjugation paradigm, and is conventional in both English and French for the presentation of verb forms. This is the pattern that will be used to present the forms of French verbs in this book.

The Persons of the Verb in French

The subject pronouns in French do not correspond exactly to the English system.

	SINGULAR	PLURAL
FIRST PERSON	je	nous
SECOND PERSON	tu	vous
THIRD PERSON	il, elle, on	ils, elles

Note the following:

1 · French has two pronouns meaning you. **Tu** is used to address one person to signal an informal relationship: relatives, friends, fellow students, etc. **Vous** is used to address one person to signal a formal relationship: strangers, neighbors, adult colleagues (unless they are good friends), service personnel. **Vous** is also used to address more than one person whether the relationship is formal or informal.

2 · The third-person plural pronouns in French distinguish gender: **ils** vs. **elles**. The masculine form is used for groups of males or groups of males and females. The feminine form is used for groups consisting solely of females.

3 · In addition to **il** and **elle**, French has an additional third-person singular pronoun **on**. **On** means *one, people, they, you,* a pronoun that conveys the idea of an indefinite subject. In colloquial speech, **on** also means *we* and **on** + third-person singular verb often replaces **nous** + first-person plural verb.

4 · The pronouns **il** and **elle** can refer to people or things. **Il** replaces any masculine noun, **elle** replaces any feminine noun. **Il** can therefore mean either *he* or *it* and **elle** can mean either *she* or *it,* depending on the noun they refer to.

Verb Classes

French verbs have more endings than English verbs. These endings reflect the subject and show tense and mood.

There are three major classes, called conjugations. Each conjugation has its own set of endings, although there is some overlap among the three. The conjugation to which a verb belongs is shown by the *infinitive,* the form ending in **-er**, **-ir**, **-re**. The infinitive is not marked for person or tense. The verbs **parler** *to speak,* **finir** *to finish,* and **vendre** *to sell* represent the three conjugations. Notice the various ways these verbs are designated:

parler	first-conjugation verb OR **-er** verb
finir	second-conjugation verb OR **-ir** verb
vendre	third-conjugation verb OR **-re** verb

THE SIMPLE TENSES

These are the simple (single-word) tenses or moods in French:

The Present Tense

We can analyze the present tense forms of French verbs as consisting of two parts each: the stem, which carries the meaning of the verb, and the person ending, which shows the person who performs the action and the tense or mood. The stem is formed by dropping the ending of the infinitive: **-er**, **-ir**, **-re**.

INFINITIVE		STEM
parler	>	**parl-**
finir	>	**fin-**
vendre	>	**vend-**

Examine the conjugations of the three model verbs in the present tense:

parler *to speak*

je parle	nous parl**ons**
tu parl**es**	vous parl**ez**
il/elle/on parle	ils/elles parl**ent**

finir *to finish*

je fin**is**	nous fin**issons**
tu fin**is**	vous fin**issez**
il/elle/on fin**it**	ils/elles fin**issent**

vendre *to sell*

je vend**s**	nous vend**ons**
tu vend**s**	vous vend**ez**
il/elle/on vend	ils/elles vend**ent**

Note:

1 · The singular forms of each conjugation sound alike. In the first conjugation (**-er** verbs) the third-person plural form is identical in pronunciation to the singular.

2 · **-Ir** verbs add **-iss-** between the stem and the endings of the plural.

3 · **-Re** verbs in French have a third-person singular ending in **-t**. Verbs whose stems end in **-d** do not add a **-t** in the third-person singular.

4 · In **-ir** and **-re** verbs the third-person plural form ends in a pronounced consonant in speech that drops (is silent) in the singular. This dropping of the final consonant in speech in the singular forms of the present tense is characteristic of most French irregular verbs as well.

Two- and Three-Stem Verbs

Many irregular verbs in French have two stems in the present tense, one used in the **nous** and **vous** forms and a different stem in the other forms. This pattern is further complicated by the loss in the singular forms of the final consonant of the stem as it appears in the third-person plural. Examine the following conjugations:

vouloir *to want* (STEMS **voul-, veu(l)-**)

je **veux**	nous **voul**ons
tu **veux**	vous **voul**ez
il/elle/on **veut**	ils/elles **veul**ent

boire *to drink* (STEMS **buv-, boi(v)-**)

je **bois**	nous **buv**ons
tu **bois**	vous **buv**ez
il/elle/on **boit**	ils/elles **boiv**ent

recevoir *to receive* (STEMS **recev-, reçoi(v)-**)

je **reçois**	nous **recev**ons
tu **reçois**	vous **recev**ez
il/elle/on **reçoit**	ils/elles **reçoiv**ent

The verb **prendre** *to take* and its compounds have three stems in the present.

STEMS **pren-, prenn-, prend-**

je **prends**	nous **pren**ons
tu **prends**	vous **pren**ez
il/elle/on **prend**	ils/elles **prenn**ent

Uses of the Present Tense

1 · The present tense is used to express ongoing or habitual actions in the present.

M. Duvalier **travaille** chez lui aujourd'hui.	*Mr. Duvalier **is working** at home today.*
Je **prends** un café tous les jours avant de rentrer.	*I **have** a cup of coffee every day before going home.*
Elle ne **commande** jamais de bière.	*She never **orders** beer.*
Nous **suivons** des cours d'informatique à l'université.	*We're **taking** computer science courses at the university.*

The English auxiliary verb *do/does* is not translated before French verb forms in questions and in negative sentences.

—Tu **comprends** la leçon?	*Do you **understand** the lesson?*
—Non, je **ne comprends pas** parce que je **ne travaille pas**.	*No, I **don't understand** because I **don't study**.*
—Tu **te sens bien**?	*Do you **feel all right**?*
—Non, je **ne me sens pas bien**. Je suis enrhumé.	*No, I **don't feel well**. I have a cold.*
—**Chante-t-elle** bien?	***Does** she **sing** well?*
—Non, elle **ne chante pas** bien. Elle chante toujours faux.	*No, she **doesn't sing** well. She always sings off-key.*

2 · The present tense can express future time when another element of the sentence makes it clear that the future is being referred to.

—**Tu reviens** demain?	***Will you return** tomorrow?*
—Non, **je reste** jusqu'à la semaine prochaine.	*No, **I'll stay** until next week.*
—Quand est-ce que l'avion **arrive**?	*When **will** the plane **arrive**?*
—Il **arrive** à deux heures de l'après-midi.	*It **will arrive** at two in the afternoon.*

3 · The present tense is used to indicate actions that began in the past but that continue into the present. English uses *have/has been doing something* to express this.

—Depuis combien de temps **habitez**-vous ici?	*How long **have** you **been living** here?*
—Nous **habitons** ici depuis un an.	*We'**ve been living** here for a year now.*
—Depuis quand Marthe **cherche**-t-elle du travail?	*Since when **has** Marthe **been looking** for a job?*
—Elle **cherche** du travail depuis janvier.	*She'**s been looking** for work since January.*
—Il y a longtemps qu'il **veut** venir?	***Has** he **been wanting** to come for a long time?*
—Oui, ça fait trois ans qu'il **essaie** de faire le voyage.	*Yes, he'**s been trying** to take the trip for three years.*

4 · The present tense can be used to refer to the past for dramatic effect. This is called the historical present.

Jacques Cartier **arrive** au Canada en 1534.	*Jacques Cartier **arrives** in Canada in 1534.*
La Révolution française **commence** en 1789.	*The French Revolution **begins** in 1789.*
Trois ans plus tard on **signe** le traité de paix.	*Three years later the peace treaty **is signed**.*

The Imperfect Tense

The imperfect tense is one of the most regular tenses in French. To form the imperfect of all verbs except **être** you add a special set of endings to the **nous**-form of the present without the -**ons** ending.

-er verbs (nous parlons > **parl-**)

je parl**ais**	nous parl**ions**
tu parl**ais**	vous parl**iez**
il/elle/on parl**ait**	ils/elles parl**aient**

-ir verbs (nous finissons > **finiss-**)

je finiss**ais**	nous finiss**ions**
tu finiss**ais**	vous finiss**iez**
il/elle/on finiss**ait**	ils/elles finiss**aient**

-re verbs (nous vendons > **vend-**)

je vend**ais**	nous vend**ions**
tu vend**ais**	vous vend**iez**
il/elle/on vend**ait**	ils/elles vend**aient**

Only **être** *to be* has an irregular imperfect stem: **ét-**.

j'**étais**	nous ét**ions**
tu ét**ais**	vous ét**iez**
il/elle/on ét**ait**	ils/elles ét**aient**

Uses of the Imperfect Tense

The imperfect tense expresses one of the two aspects of past time in French (the other is expressed by the passé composé). The imperfect is used to indicate actions that the speaker sees as continuing in the past, without reference to their beginning or end. The imperfect is therefore used to refer to:

1 · actions that are seen as backgrounds to other actions, such as time or weather; only the imperfect is used to tell what time it was in the past

Il **était** déjà **dix heures** quand nos amis sont arrivés.	*It was already **ten o'clock** when our friends arrived.*
Quand je suis sorti, **il faisait froid** et **il pleuvait.**	*When I left, **it was cold** and **it was raining.***

2 · actions that were customary in the past with no reference to their beginning or end (English *used to*)

Quand nous **habitions** à Nice, on **allait** souvent à la plage.	*When we **lived** in Nice, we **used to go** to the beach a lot.*
On **dînait** toujours dans ce restaurant parce que l'on y **mangeait** très bien.	*We always **used to have dinner** at that restaurant because **the food was very good.***

3 · descriptions of states or conditions that existed in the past (as opposed to events)

La maison **était** neuve et elle **avait** de grandes pièces confortables.	*The house **was** new and **had** big, comfortable rooms.*

Le soleil **se couchait** et les réverbères **s'allumaient**. Les gens **se promenaient** déjà dans les rues.	*The sun **was setting** and the streetlights **were being turned on**. People **were** already **strolling** in the streets.*

4 · actions that were repeated in the past with no reference to their beginning or end

Quand j'**étais** étudiant, j'**allais** tous les jours à la bibliothèque.	*When I **was** a student, I **went** to the library every day.*
Le dimanche mes amis et moi, on **se voyait** au café.	*On Sundays my friends and I **would see each other** at the café.*

5 · The imperfect tense is used in indirect discourse, that is, to report what someone said. It follows the past tenses of verbs such as **dire** *to say* and **écrire** *to write*.

Elle m'a dit qu'elle **allait** au cinéma.	*She told me she **was going** to the movies.*
Nous leur avons écrit que nous **voulions** les voir à Londres.	*We wrote them that we **wanted** to see them in London.*

The Passé Simple

The passé simple is a tense used primarily in written French.

-er verbs

je parl**ai**	nous parl**âmes**
tu parl**as**	vous parl**âtes**
il/elle/on parl**a**	ils/elles parl**èrent**

-ir verbs

je fin**is**	nous fin**îmes**
tu fin**is**	vous fin**îtes**
il/elle/on fin**it**	ils/elles fin**irent**

-re verbs

je vend**is**	nous vend**îmes**
tu vend**is**	vous vend**îtes**
il/elle/on vend**it**	ils/elles vend**irent**

Most irregular verbs in the passé simple pattern like -**ir** and -**re** verbs. Many irregular verbs in the passé simple have the vowel **u** before the endings.

avoir *to have*

j'**eus**	nous e**ûmes**
tu e**us**	vous e**ûtes**
il/elle/on e**ut**	ils/elles e**urent**

lire *to read*

je l**us**	nous l**ûmes**
tu l**us**	vous l**ûtes**
il/elle/on l**ut**	ils/elles l**urent**

Uses of the Passé Simple

Third-person singular and plural forms of the passé simple occur in newspaper writing as well as in more formal styles. In older stages of French, the passé simple was used to label a past action as completed in the past with no reference to the present. It is especially common in formal literary or historical writing.

Les Anglais **brûlèrent** Jeanne d'Arc à Rouen.	*The English **burned** Joan of Arc at Rouen.*
Jefferson **acheta** la Louisiane à la France en 1803.	*Jefferson **bought** Louisiana from France in 1803.*

Certain inverted forms of the passé simple are common in current prose to indicate who is speaking. The verbs **dire** and **faire** are frequent in this function.

« Je ne m'en irai pas », **dis-je**.	*"I won't leave," **I said**.*
« Sortez d'ici! » **cria-t-elle**.	*"Get out of here!" **she shouted**.*
« Nous sommes prêts », **fit-il**.	*"We are ready," **he said**.*

Third-person singular passé simple forms are common in formal and even journalistic writing. Other forms of the passé simple also may appear for stylistic effect.

MITTERRAND François (1916–1996)

Avocat au barreau de Paris, mobilisé en 1939, il **fut fait** prisonnier et, s'étant évadé, il **entra** dans la résistance....il **fut** successivement ministre des Anciens combattants (1947–1948), de l'information (1948), de la France d'outre-mer (1950–1951), Ministre d'État dans le cabinet Laniel (1953); il **démissionna** en raison de son désaccord sur la politique coloniale...Il **devint** ministre de l'intérieur dans le cabinet Mendès-France.	*A lawyer at the Paris bar, he was drafted in 1939, was taken prisoner and, once he escaped, joined the Resistance. . . . he was successively Minister for Veterans' Affairs (1947–1948), Information Minister (1948), Minister of Overseas French Territory (1950–1951), Secretary of State in the Laniel cabinet (1953); he resigned in disagreement with the colonial policy. . . . He became Minister of the Interior in Mendès-France's cabinet.*

(*Short biography of François Mitterrand from a French government website about the officials of the Fourth Republic* (http://www.interieur.gouv.fr/sections/a_l_interieur/le_ministere/histoire/4e-republique))

The Future Tense

The future tense in French is formed not from the stem, but from the infinitive. A special set of endings is added to the infinitive. These endings are the same for *all* verbs. Note that -**re** verbs drop the final -**e** before adding endings.

parler

je parler**ai**	nous parler**ons**
tu parler**as**	vous parler**ez**
il/elle/on parler**a**	ils/elles parler**ont**

finir

je finir**ai**	nous finir**ons**
tu finir**as**	vous finir**ez**
il/elle/on finir**a**	ils/elles finir**ont**

vendre

je vendr**ai**	nous vendr**ons**
tu vendr**as**	vous vendr**ez**
il/elle/on vendr**a**	ils/elles vendr**ont**

Note the following irregular stems (modified infinitives) used to form the future tense:

accueillir	j'**accueiller**ai
aller	j'**ir**ai
avoir	j'**aur**ai
courir	je **courr**ai
cueillir	je **cueiller**ai
devoir	je **devr**ai
envoyer	j'**enverr**ai
être	je **ser**ai
faire	je **fer**ai
mourir	je **mourr**ai
pouvoir	je **pourr**ai
recevoir	je **recevr**ai
savoir	je **saur**ai
tenir	je **tiendr**ai
venir	je **viendr**ai
voir	je **verr**ai
vouloir	je **voudr**ai

Other irregular futures are presented in the verb charts of this book.

Uses of the Future Tense

The future tense marks events that will take place in the future.

Il **finira ses études** l'année prochaine.	*He'll graduate next year.*
Quand est-ce que tu **viendras** nous voir?	*When will you come to see us?*

The future serves as a polite command.

Vous m'aiderez, n'est-ce pas?	*You'll help me, won't you?*
Tu me pardonneras.	*You'll forgive me.*

The future tense can be used to speculate or conjecture.

C'est aujourd'hui lundi. Elle **sera** de retour.	*Today is Monday. She'll probably be back.*
Il **aura** son rhume des foins.	*It must be his hay fever.*

The future is also common after **ne pas savoir si** *not to know whether* when the main verb is in the present tense.

Je ne sais pas **si** je **pourrai** venir.	*I don't know whether I'll be able to come.*
Nous ne savons pas **s'il voudra** partir.	*We don't know whether he will want to leave.*

The future is common in reporting speech (*indirect discourse*) after verbs of communication, such as **dire** or **écrire**, when the main verb of the sentence is in the present tense.

Il dit qu'il **ne le fera pas.**	*He says that he won't do it.*
Elle écrit qu'elle **viendra.**	*She writes that she will come.*

In sentences expressing a hypothesis, the future is used in the main clause when the **si**-clause (*if*-clause)—that is, the subordinate or dependent clause—has the verb in the present tense.

Si vous **sortez**, je **sortirai** avec vous. (OR Je **sortirai** avec vous si vous **sortez**.)	*If you go out, I'll go out with you.*

The Conditional Tense

The conditional (English *would*) is formed by adding the endings of the imperfect tense to the infinitive. Note that -**re** verbs drop the final -**e** before adding endings.

parler

je parler**ais**	nous parler**ions**
tu parler**ais**	vous parler**iez**
il/elle/on parler**ait**	ils/elles parler**aient**

finir

je finir**ais**	nous finir**ions**
tu finir**ais**	vous finir**iez**
il/elle/on finir**ait**	ils/elles finir**aient**

vendre

je vendr**ais**	nous vendr**ions**
tu vendr**ais**	vous vendr**iez**
il/elle/on vendr**ait**	ils/elles vendr**aient**

Verbs that have modified infinitives in the future use the same modified form in the conditional.

accueillir	j'**accueiller**ais
aller	j'**ir**ais
avoir	j'**aur**ais
courir	je **courr**ais
cueillir	je **cueiller**ais
devoir	je **devr**ais
envoyer	j'**enverr**ais
être	je **ser**ais
faire	je **fer**ais
mourir	je **mourr**ais
pouvoir	je **pourr**ais
recevoir	je **recevr**ais
savoir	je **saur**ais
tenir	je **tiendr**ais
venir	je **viendr**ais
voir	je **verr**ais
vouloir	je **voudr**ais

Uses of the Conditional Tense

The conditional tells what *would* happen.

Dans ce cas-là, je te **prêterais** l'argent.	*In that case, I **would lend** you the money.*

The conditional is also common after a past tense form of **ne pas savoir si** *not to know whether.*

Je ne savais pas **si** tu **viendrais.**	*I didn't know **whether** you **were coming** / **would come**.*
Il ne savait pas **si** je **pourrais** l'aider.	*He didn't know **whether** I **would be able** to help him.*

The conditional is common to report speech (*indirect discourse*) after verbs of communication, such as **dire** or **écrire**, when the main verb of the sentence is in one of the past tenses.

Il a dit qu'il **ne le ferait pas.**	*He said that he **wouldn't do it**.*
Elle a écrit qu'elle **viendrait.**	*She wrote that she **would come**.*

The conditional may be used similarly after verbs of belief.

Je croyais qu'il **sortirait.**	*I thought he **would go out**.*

Note that not every occurrence of *would* in English indicates a conditional in French. English often uses the verb *would* to indicate repeated actions in the past. That use of *would* requires an imperfect, not a conditional, in French.

Quand j'étais jeune, **j'allais** tous les jours à la plage.	*When I was young, **I would go** to the beach every day.*
Elle servait du gâteau quand elle recevait.	***She would serve** cake when she had company.*

The conditional tense is used in the main clause of a conditional sentence when the **si**-clause (*if*-clause)—that is, the subordinate or dependent clause—has the verb in the imperfect tense. (These are called contrary-to-fact clauses.)

Si vous **vous en alliez,** moi je **m'en irais** aussi. (OR Moi je **m'en irais** si vous **vous en alliez**.)	*If you **were to leave**, I **would leave** too.*

The conditional is also used to soften requests or suggestions.

Je voudrais un aller et retour sur Paris.	*I'd like a round-trip ticket to Paris.*
Voudriez-vous prendre un café?	***Would you like** to have a cup of coffee?*
Pourriez-vous m'aider?	***Could you** help me?*
J'aimerais vous revoir demain.	*I'd like to see you again tomorrow.*
Nous préférerions ne pas partir.	**We'd prefer** not to leave.*

In journalistic language, the conditional is used to indicate allegations or facts that are not yet verified but merely claimed.

Selon le porte-parole du gouvernement un accord commercial entre les deux pays **serait signé** cette semaine.	*According to the government spokesman, a commercial agreement between the two countries **will be signed** this week.*
La Corée du Nord **aurait fermé** son principal complexe nucléaire.	*North Korea **claims to have shut down** its main nuclear complex.*
Le gouvernement français **aurait entamé** des pourparlers avec les Japonais.	*The French government **is said to have begun** talks with the Japanese.*
Deux cents personnes **seraient mortes** dans un accident d'avion au Brésil.	*Two hundred people **are believed to have died** in a plane crash in Brazil.*

The Present Subjunctive

The stem of the present subjunctive is the same as that of the third-person plural of the present tense. The ending -**ent** is dropped and the subjunctive endings are added. All conjugations have the same endings in the subjunctive.

parler

que je parl**e**	que nous parl**ions**
que tu parl**es**	que vous parl**iez**
qu'il/elle/on parl**e**	qu'ils/elles parl**ent**

finir

que je finiss**e**	que nous finiss**ions**
que tu finiss**es**	que vous finiss**iez**
qu'il/elle/on finiss**e**	qu'ils/elles finiss**ent**

vendre

que je vend**e**	que nous vend**ions**
que tu vend**es**	que vous vend**iez**
qu'il/elle/on vend**e**	qu'ils/elles vend**ent**

Verbs with two stems show the same variety of stems in the subjunctive, except that the final consonant of the third-person plural appears in all singular forms.

boire *to drink* (STEMS **buv-, boi(v)-**)

que je **boive**	que nous **buv**ions
que tu **boives**	que vous **buv**iez
qu'il/elle/on **boive**	qu'ils/elles **boivent**

recevoir *to receive* (STEMS **recev-, reçoi(v)-**)

que je **reçoive**	que nous **recev**ions
que tu **reçoives**	que vous **recev**iez
qu'il/elle/on **reçoive**	qu'ils/elles **reçoivent**

The verb **prendre** *to take* and its compounds have two stems in the present subjunctive: **prenn-, pren-**.

que je **prenne**	que nous **pren**ions
que tu **prenne**s	que vous **pren**iez
qu'il/elle/on **prenne**	qu'ils/elles **prenn**ent

Some verbs have irregular stems in the present subjunctive. Check the subjunctive of **aller, avoir, être, faire, pouvoir, savoir,** and **vouloir** in the verb conjugation section of this book.

Uses of the Subjunctive

The subjunctive in French is not a tense, but a mood. Like the indicative, the French subjunctive has tenses. In modern French there are only two subjunctive tenses in use: the present subjunctive and the past subjunctive. The subjunctive is used largely in subordinate clauses (dependent clauses that are part of a larger sentence and introduced by the conjunction **que**). Most cases of the subjunctive in French are predictable.

To understand the subjunctive it is necessary to understand the role of clauses in forming sentences. Turning a sentence into a subordinate clause allows the sentence to function as a noun or an adjective or an adverb within a larger sentence.

Compare the following two sentences:

Je dis **la vérité**.	*I tell **the truth**.*
Je dis **que Jean arrivera aujourd'hui**.	*I say **that Jean will arrive today**.*

Both **la vérité** and **que Jean arrivera aujourd'hui** function as direct objects of the verb **dis**. Thus, the subordinate clause **que Jean arrivera aujourd'hui** functions as a noun, and is therefore called a noun clause.

Now compare the following two sentences:

Nous avons une programmeuse **française**.	*We have a **French** programmer.*
Nous avons une programmeuse **qui parle français**.	*We have a programmer **who speaks French**.*

Both **française** and **qui parle français** modify the noun **programmeuse**. The subordinate clause **qui parle français** functions like an adjective and is therefore called an adjective clause (or a relative clause).

Adverb clauses are introduced by conjunctions other than **que**. Compare the following two sentences:

Jacqueline arrive **à deux heures**.	*Jacqueline is arriving **at two**.*
Jacqueline arrive **quand elle veut**.	*Jacqueline arrives **when she wants**.*

Both **à deux heures** and the clause **quand elle veut** modify the verb in the same way: they tell when the action takes place. **Quand elle veut** is therefore called an adverb clause.

The question then arises: In which subordinate clauses is the subjunctive used instead of the indicative? The subjunctive is used when the subordinate clause is dependent on a verb that means or implies imposition of will, emotion, doubt, or non-existence.

Thus, the subjunctive is used in noun clauses dependent on verbs such as **vouloir que**, **tenir à ce que**, **préférer que**, **regretter que**, **douter que**, **nier que**, etc.

Je **ne veux pas** *que tu t'en ailles.*	*I **don't want** you to go away.*
Le professeur **tient à ce** *que nous fassions* le travail.	*The teacher **insists that we do** the work.*
Je **regrette** *que vous ne puissiez pas* venir.	*I'm **sorry that** you **can't** come.*
Je **préfère** *que tu prennes* le train.	*I **prefer that** you **take** the train.*
Je **doute** *qu'il soit* là.	*I **doubt that** he's there.*
Je **nie** *qu'il sache* la réponse.	*I **deny that** he **knows** the answer.*

The following expressions of emotion (among others) are followed by the subjunctive:

avoir peur que	*to be afraid that*
craindre que	*to fear that*
être content(e)/triste que	*to be happy/sad that*
être ravi(e)/heureux(se) que	*to be delighted/happy that*
(ne pas) aimer que	*(not) to like the fact that*
s'étonner que	*to be surprised that*
se réjouir que	*to rejoice that*
être désolé(e) que	*to be sorry that*

The subjunctive is used after the negative and interrogative of **croire** and **penser**.

Je **ne crois pas** *que tu puisses* m'aider.	*I **don't think** you can help me.*
Elle **ne pense pas** *que cela soit* vrai.	*She **doesn't think that's** true.*

The affirmatives of **croire** and **penser** are followed by the indicative.

Je **crois** *que tu peux* m'aider.	*I **think** you can help me.*
Elle **pense** *que c'est* vrai.	*She **thinks that's** true.*

The subjunctive is used in adjective clauses after indefinite or negative antecedents.

Je cherche un ami **qui puisse** m'aider.	*I'm looking for a friend **who can** help me.*
Il n'y a aucune émission **qui soit intéressante.**	*There's no TV program **that's interesting.***
Il ne dit rien **que je puisse** comprendre.	*He doesn't say anything **that I can** understand.*

Note that when these antecedents are not negative or when they are definite, the indicative, not the subjunctive, is used in the adjective clause:

J'ai un ami **qui peut** m'aider.	*I have a friend **who can** help me.*
Il y a des émissions **qui sont intéressantes.**	*There are TV programs **that are interesting.***
Il dit quelque chose **que je peux** comprendre.	*He says something **that I can** understand.*

Impersonal expressions followed by the subjunctive fall under the same categories:

Il faut que / Il est nécessaire que	*It's necessary that*
Il est important/essentiel que	*It's important/essential that*
Il est indispensable/souhaitable que	*It's indispensable/desirable that*
Il est douteux/invraisemblable que	*It's doubtful/unlikely that*
Il vaut mieux que	*It's better that*
Il est peu probable que	*It's improbable that*
Il n'est pas vrai/sûr/certain que	*It's not true/sure/certain that*
Il se peut que	*It may be that*

Some examples:

Il faut **que tu me le dises**.	*It's necessary **for you to tell me**.*
Il est peu probable **qu'elle nous reçoive**.	*It's improbable (unlikely) **that she will see us**.*
Il est douteux **que nous y arrivions** à l'heure.	*It's doubtful **that we'll get there** on time.*
Il n'est pas vrai **qu'il fasse froid** aujourd'hui.	*It's not true **that it's cold** today.*

Note that **il n'est pas douteux que, il est probable que**, and **il est vrai/sûr/certain que** do not express doubt or negation and therefore are followed by the indicative.

Il n'est pas douteux **que nous y arrivons** à l'heure.	*It's not doubtful **that we'll get there** on time.*
Il est vrai **qu'il fait froid** aujourd'hui.	*It's true **that it's cold** today.*

The subjunctive is used after superlatives.

C'est la ville la plus intéressante **que je connaisse**.	*It's the most interesting city **that I know**.*
Vous nous avez servi la meilleure tarte à citron **que nous ayons** jamais **mangée**.	*You have served us the best lemon tart **that we have ever eaten**.*
Je fais le travail le plus ennuyeux **que tu puisses** imaginer.	*I do the most boring work **that you can imagine**.*

The subjunctive is normally used after **premier, dernier**, and **seul**, especially in formal speech and writing.

Quel est le premier livre **que vous ayez écrit**?	*What is the first book **that you wrote**?*
Lui, c'est le seul ingénieur **que l'entreprise veuille** engager.	*He's the only engineer **that the firm wants to hire**.*

The subjunctive is NOT used after **la première fois que, la dernière fois que**.

C'est la première fois **que nous sommes partis** ensemble.	*It's the first time **that we went away on vacation** together.*
Ce dîner à Marseille, c'était la dernière fois **que je l'ai vu**.	*That dinner in Marseilles was the last time **that I saw him**.*

When a clause beginning with **que** is moved to the head of the sentence for stylistic effect, the verb of the **que** clause is usually put into the subjunctive *whether or not the subjunctive was required when the **que** clause was in its original position.*

Subjunctive required in noun clause

Il est douteux **que cette théorie *soit* correcte.**
→ **Que cette théorie *soit* correcte** est douteux.

Il est important **que votre démonstration *soit* claire et concise.**
→ **Que votre démonstration *soit* claire et concise** est important.

Il est essentiel **que vous *preniez* une décision.**
→ **Que vous *preniez* une décision** est essentiel.

Il est merveilleux **qu'elle *ait* un nouvel ordinateur.**
→ **Qu'elle *ait* un nouvel ordinateur** est merveilleux.

Indicative in noun clause replaced by the subjunctive when clause is moved to the head of the sentence

Il est certain **que la situation *est* dangereuse.**
→ **Que la situation *soit* dangereuse** est certain.

Il est clair **que le gouvernement ne s'en *rend* pas compte.**
→ **Que le gouvernement ne s'en *rende* pas compte** est clair.

Il est évident **que notre société *doit* évoluer.**
→ **Que notre société *doive* évoluer** est évident.

Il est bien probable **qu'il *vient* demain.**
→ **Qu'il *vienne* demain**, c'est bien probable.

Note that the subjunctive is usually used after **Le fait que** *The fact that* at the beginning of a sentence.

Le fait qu'il **suive** des cours est   *The fact that he **is taking** courses is*
    encourageant.   *encouraging.*

The Imperfect Subjunctive

To form the imperfect subjunctive, remove the last letter of the first-person singular form of the passé simple and add the imperfect subjunctive endings. (The first-person singular of the passé simple is the second of the four principal parts listed at each verb conjugation in this book.)

parler

que je parl**asse**	que nous parl**assions**
que tu parl**asses**	que vous parl**assiez**
qu'il/elle/on parl**ât**	qu'ils/elles parl**assent**

finir

que je fin**isse**	que nous fin**issions**
que tu fin**isses**	que vous fin**issiez**
qu'il/elle/on fin**ît**	qu'ils/elles fin**issent**

vendre

que je vend**isse**	que nous vend**issions**
que tu vend**isses**	que vous vend**issiez**
qu'il/elle/on vend**ît**	qu'ils/elles vend**issent**

Uses of the Imperfect Subjunctive

The imperfect subjunctive in French is a literary tense, limited to formal writing and older texts.

In very formal written French the imperfect subjunctive may replace the present subjunctive when the main verb is in the past.

Modern French (acceptable in most situations)

Il était essentiel qu'il le **sache**.	*It was essential for him **to know** that.*
Je ne voulais pas que tu le **fasses**.	*I didn't want you **to do** it.*
Je n'ai pas pensé qu'il **puisse** venir.	*I didn't think that he **could** come.*

Formal literary French

Il était essentiel qu'il le **sût**.	*It was essential for him **to know** that.*
Je ne voulais pas que tu le **fisses**.	*I didn't want you **to do** it.*
Je n'ai pas pensé qu'il **pût** venir.	*I didn't think that he **could** come.*

Certain imperfect subjunctive forms are used in modern French to lend a formal tone to the language.

fût-il, fût-elle *even if he/she were*

Elle (= La culture) n'est la propriété ni d'un ministère, **fût-il** installé rue de Valois, ni d'une classe, **fût-elle** la classe possédante, ni d'une ville, **fût-elle** notre capitale à tous, ni d'un seul secteur, **fût-il** le secteur public.	*Culture is not the property of one Ministry, **even if** (that ministry) **were** housed at rue de Valois, nor of a single class, **even if** that class **were** the propertied class, nor of a single city, **even if** that city **were** our capital, nor of a single sector, **even if** it **were** the public sector.*

(*Quoted from a speech of Jack Lang, former Minister of Culture to the Assemblée Nationale, 11/17/81. 3, rue de Valois in Paris is the address of the French Ministry of Culture.*)

eût-il, eût-elle *even if he/she had*

Eût-il tous les mérites, un ambitieux ne peut être honnête qu'à la surface. N'ayez confiance que dans les indifférents.	***Even if he had** all good qualities, an ambitious person can only be superficially honest. Trust only those who don't care.*

(*Quote from Emil Michel Cioran (1911–1995), a Rumanian philosopher and writer who wrote in French*)

THE COMPOUND TENSES

Compound tenses are formed by means of an auxiliary verb, either **avoir** or **être**, and the past participle. Most verbs form the passé composé with **avoir**; a small group of intransitive verbs of motion and change of state such as **aller, arriver, descendre, devenir, entrer, monter, mourir, naître, partir, sortir,** and **venir** form the compound tenses with **être**. In addition, all reflexive verbs form the compound tenses with **être**.

The past participle is formed as follows.

> -**Er** verbs replace the -**er** of the infinitive with -**é: parlé, allé, joué, arrivé**
> -**Ir** verbs replace the -**ir** of the infinitive with -**i: fini, choisi, parti, dormi**
> -**Re** verbs replace the -**re** of the infinitive with -**u: vendu, attendu, rompu, perdu**

Many verbs have irregular past participles. The past participles appear as the third principal part of each verb analyzed in this book and are found in the right-hand column of compound tenses.

These are the compound tenses in French:

The Passé Composé

The passé composé consists of the present tense of the appropriate auxiliary verb and the past participle (*I have spoken, sold, lived,* etc.). Here are examples of verbs of the three conjugations conjugated with **avoir**.

parler

j'**ai** parl**é**	nous **avons** parl**é**
tu **as** parl**é**	vous **avez** parl**é**
il/elle/on **a** parl**é**	ils/elles **ont** parl**é**

finir

j'**ai** fini	nous **avons** fini
tu **as** fini	vous **avez** fini
il/elle/on **a** fini	ils/elles **ont** fini

vendre

j'**ai** vend**u**	nous **avons** vend**u**
tu **as** vend**u**	vous **avez** vend**u**
il/elle/on **a** vend**u**	ils/elles **ont** vend**u**

Here are examples of the passé composé of verbs forming the compound tenses with **être**. Note that the past participle agrees with the subject in gender and number.

aller

je **suis** allé(e)	nous **sommes** allé(e)s
tu **es** allé(e)	vous **êtes** allé(e)(s)
il/elle/on **est** allé(e)	ils/elles **sont** allé(e)s

partir

je **suis** parti(e)	nous **sommes** parti(e)s
tu **es** parti(e)	vous **êtes** parti(e)(s)
il/elle/on **est** parti(e)	ils/elles **sont** parti(e)s

descendre

je **suis** descendu(e)	nous **sommes** descendu(e)s
tu **es** descendu(e)	vous **êtes** descendu(e)(s)
il/elle/on **est** descendu(e)	ils/elles **sont** descendu(e)s

The letters in parentheses are added depending on the gender and number of the subject. For instance, an entry such as **vous êtes allé(e)(s)** means that the form has four possibilities:

to a male	vous êtes all**é**
to a female	vous êtes all**ée**
to a group of males or males and females	vous êtes all**és**
to a group of females	vous êtes all**ées**

The third-person singular **on** form is often used informally in place of the **nous** form. In formal French, when the subject of the sentence is **on**, the past participle of **être** verbs is always masculine singular. In less formal writing there is a tendency to make the participle agree with whomever **on** refers to.

On est partis très tôt hier matin.	*We left very early yesterday morning.*

Use of the Passé Composé

The passé composé expresses a past event or action that the speaker sees either as completed in the past or as related to or having consequences for the present.

Elle **a fait ses études** à Paris.	*She **went to college** in Paris.*
Regarde. J'**ai fini** mes devoirs.	*Look. I'**ve finished** my homework.*
Tu **as compris** ce que le professeur **a dit**?	***Did** you **understand** what the teacher **said**?*
Oh, les enfants! Qu'est-ce que vous **avez fait**?	*Children! What **have** you **done**?*
Regardez cette chambre!	***Look at** this room!*
Quelqu'un **a frappé**. Va ouvrir.	*Someone **(has) knocked**. Go open the door.*

Note that French prefers the present tense for actions beginning in the past and continuing into the present, especially in sentences where you specify how long the action has been going on.

—**Cela fait** combien de temps   *How long **have** you **been living** here?*
  que vous **habitez** ici?
—**Ça fait** un an que nous **sommes**   *We've **been** in this apartment for*
  dans cet appartement.   *one year.*

The Pluperfect Tense

This tense consists of the imperfect tense of the auxiliary, either **avoir** or **être**, and the past participle (*I had spoken, finished, gone downstairs,* etc.).

parler

j'**avais** parlé	nous **avions** parlé
tu **avais** parlé	vous **aviez** parlé
il/elle/on **avait** parlé	ils/elles **avaient** parlé

finir

j'**avais** fini	nous **avions** fini
tu **avais** fini	vous **aviez** fini
il/elle/on **avait** fini	ils/elles **avaient** fini

descendre

j'**étais** descendu(e)	nous **étions** descendu(e)s
tu **étais** descendu(e)	vous **étiez** descendu(e)(s)
il/elle/on **était** descendu(e)	ils/elles **étaient** descendu(e)s

Use of the Pluperfect Tense

The pluperfect tense is used to specify an action or event as happening further back in the past than another action or event, which usually appears in the passé composé.

Eux, ils **avaient déjà fini** le travail   *They **had already finished** the job*
  quand vous avez téléphoné.   *when you called. (Their finishing the*
  work took place further back in the
  past (pluperfect) than your calling.)

Jean **n'était pas encore arrivé**   *Jean **still hadn't arrived** when I began*
  quand moi, j'ai commencé   *to eat. (Jean's arrival was expected,*
  à manger.   *but did not happen, further back in*
  the past than my beginning to eat.)

The Past Anterior Tense

The past anterior tense consists of the passé simple of the auxiliary, either **avoir** or **être**, and the past participle (*I had spoken, sold, gone out*, etc.).

parler

j'**eus** parlé	nous **eûmes** parlé
tu **eus** parlé	vous **eûtes** parlé
il/elle/on **eut** parlé	ils/elles **eurent** parlé

vendre

j'**eus** vendu	nous **eûmes** vendu
tu **eus** vendu	vous **eûtes** vendu
il/elle/on **eut** vendu	ils/elles **eurent** vendu

sortir

je **fus** sorti(e)	nous **fûmes** sorti(e)s
tu **fus** sorti(e)	vous **fûtes** sorti(e)(s)
il/elle/on **fut** sorti(e)	ils/elles **furent** sorti(e)s

Use of the Past Anterior Tense

The past anterior tense is rarely used in speech. It is a feature of formal, literary French, where it may be used after the conjunctions **quand, lorsque** *when*, **aussitôt que, dès que, sitôt que** *as soon as*, **tant que** *as long as*, **après que** *after*, **une fois que** *once*.

J'ai fait les démarches nécessaires aussitôt qu'ils m'**eurent expliqué** l'affaire.	*I took the necessary measures as soon as they **had explained** the matter to me.*
Une fois qu'il **eut fini**, il est parti.	*Once he **had finished**, he left.*

In everyday language, the past anterior tense is replaced by the pluperfect or the passé composé.

Quand il **a fini**, il est parti.	*When he **finished**, he left.*

The Future Anterior Tense

The future anterior tense consists of the future of the auxiliary, either **avoir** or **être**, and the past participle (*I will have spoken, sold, gone out*, etc.).

parler

j'**aurai** parlé	nous **aurons** parlé
tu **auras** parlé	vous **aurez** parlé
il/elle/on **aura** parlé	ils/elles **auront** parlé

vendre

j'**aurai** vendu	nous **aurons** vendu
tu **auras** vendu	vous **aurez** vendu
il/elle/on **aura** vendu	ils/elles **auront** vendu

sortir

je **serai** sorti(e)	nous **serons** sorti(e)s
tu **seras** sorti(e)	vous **serez** sorti(e)(s)
il/elle/on **sera** sorti(e)	ils/elles **seront** sorti(e)s

Uses of the Future Anterior Tense

The future anterior is used to label a future action as completed before another future action takes place.

Nous **aurons fini** de dîner avant qu'il n'arrive.	We **will have finished** eating before he arrives.

The future anterior may express a conjecture or guess about what happened in the past before another past event occurred.

—Quelle surprise! Nos cousins sont déjà là.	What a surprise! Our cousins are already here.
—Il **auront pris** le train de dix heures.	They **probably took** the ten o'clock train.

The Past Conditional Tense

The past conditional (conditional perfect) tense consists of the conditional of the auxiliary, either **avoir** or **être**, and the past participle (*I would have spoken, finished, gone downstairs*, etc.).

parler

j'**aurais** parlé	nous **aurions** parlé
tu **aurais** parlé	vous **auriez** parlé
il/elle/on **aurait** parlé	ils/elles **auraient** parlé

finir

j'**aurais** fini	nous **aurions** fini
tu **aurais** fini	vous **auriez** fini
il/elle/on **aurait** fini	ils/elles **auraient** fini

descendre

je **serais** descendu(e)	nous **serions** descendu(e)s
tu **serais** descendu(e)	vous **seriez** descendu(e)(s)
il/elle/on **serait** descendu(e)	ils/elles **seraient** descendu(e)s

Uses of the Past Conditional Tense

The past conditional is most commonly used in conditional sentences that present hypotheses contrary to facts in the past, in other words, what *would have* taken place.

Fact

Jean n'est pas venu. On ne l'a donc pas vu.

Jean didn't come. That's why we didn't see him.

Contrary-to-fact conditional sentence

Si Jean était venu, on l'**aurait vu.**

*If Jean had come, we **would have seen** him.*

Fact

Je me suis réveillé tard. C'est pour ça que je ne suis pas arrivé à l'heure.

I woke up late. That's why I didn't arrive on time.

Contrary-to-fact conditional sentence

Si je ne m'étais pas réveillé tard, je **serais arrivé** à l'heure.

*If I hadn't woken up late, I **would have arrived** on time.*

The past conditional is used in reported speech to refer to completed actions in the future.

Elle a dit qu'avant vendredi elle les aurait aidés.

She said that before Friday she would have helped them.

Direct speech

Elle a dit, « Avant vendredi je les aurai aidés. »

She said, "Before Friday I will have helped them."

The past conditional is also used to express allegations in the past.

Le cambrioleur aurait travaillé avec des complices.

The burglar allegedly worked with accomplices.

The Past Subjunctive

The past subjunctive consists of the present subjunctive of the appropriate auxiliary, either **avoir** or **être**, plus the past participle.

parler

que j'**aie** parlé	que nous **ayons** parlé
que tu **aies** parlé	que vous **ayez** parlé
qu'il/elle/on **ait** parlé	qu'ils/elles **aient** parlé

finir

que j'**aie** fini	que nous **ayons** fini
que tu **aies** fini	que vous **ayez** fini
qu'il/elle/on **ait** fini	qu'ils/elles **aient** fini

descendre

que je **sois** descendu(e)	que nous **soyons** descendu(e)s
que tu **sois** descendu(e)	que vous **soyez** descendu(e)(s)
qu'il/elle/on **soit** descendu(e)	qu'ils/elles **soient** descendu(e)s

Use of the Past Subjunctive

The past subjunctive is used in subordinate clauses that require the subjunctive to express past events that happened *before* the action of the main clause. The present subjunctive expresses actions simultaneous with or subsequent to the action of the main clause. Compare the following pairs of sentences.

Je suis content **qu'elle vienne.**	*I'm happy **she's coming.***
Je suis content **qu'elle soit venue.**	*I'm happy **she came.***
Je ne crois pas **qu'il le fasse.**	*I don't think **he'll do it.***
Je ne crois pas **qu'il l'ait fait.**	*I don't think **he did it.***
Elle doute **qu'il comprenne.**	*She doubts **that he will understand.***
Elle doute **qu'il ait compris.**	*She doubts **that he understood.***
Nous regrettions **que vous partiez.**	*We were sorry **that you were leaving.***
Nous regrettions **que vous soyez partis.**	*We were sorry **that you had left.***

The Pluperfect Subjunctive

The pluperfect subjunctive consists of the imperfect subjunctive of the appropriate auxiliary, either **avoir** or **être**, plus the past participle.

parler

que j'**eusse** parlé	que nous **eussions** parlé
que tu **eusses** parlé	que vous **eussiez** parlé
qu'il/elle/on **eût** parlé	qu'ils/elles **eussent** parlé

vendre

que j'**eusse** vendu	que nous **eussions** vendu
que tu **eusses** vendu	que vous **eussiez** vendu
qu'il/elle/on **eût** vendu	qu'ils/elles **eussent** vendu

sortir

que je **fusse** sorti(e)	que nous **fussions** sorti(e)s
que tu **fusses** sorti(e)	que vous **fussiez** sorti(e)(s)
qu'il/elle/on **fût** sorti(e)	qu'ils/elles **fussent** sorti(e)s

Uses of the Pluperfect Subjunctive

The pluperfect subjunctive is limited to formal written French. It is used in place of the past subjunctive to express past events that happened *before* the action of the main clause when the main verb is in one of the past tenses.

Compare:

Modern spoken and written French

Nous regrettions que vous **soyez** partis.	We were sorry that you **had left**.

Formal written French

Nous regrettions que vous **fussiez** partis.	We were sorry that you **had left**.

Although rare in the modern language, the pluperfect subjunctive is sometimes used in both clauses of past contrary-to-fact conditional sentences for stylistic effect. Usually the pluperfect subjunctive is used only in the third-person singular.

Si le Président de la République **eût su** que la guerre allait éclater, il **ne fût pas parti** en mission.	*If the President of the Republic **had known** that war was going to break out, he **would not have left** on a diplomatic mission.*

In normal, current style the above sentence would be written as follows:

Si le Président de la République
avait su que la guerre allait éclater,
il **ne serait pas parti** en mission.

PRINCIPAL PARTS OF THE VERB

You can predict almost all the forms of all French verbs if you know the principal parts of the verb. The principal parts are the *infinitive*, the *first-person singular of the present tense*, the *first-person singular of the passé simple*, the *past participle*, and the *present participle*.

The principal parts look like this:

> **fermer**
> je ferme · je fermai · fermé · fermant

From the *infinitive* (**fermer**) you form the following tenses:

1 · The future: **je fermerai, tu fermeras, il/elle/on fermera, nous fermerons, vous fermerez, ils fermeront**

2 · The conditional: **je fermerais, tu fermerais, il/elle/on fermerait, nous fermerions, vous fermeriez, ils fermeraient**

From the *first-person singular of the present tense* (**je ferme**) you can derive the rest of the present tense for -er verbs: **tu fermes, il/elle/on ferme, nous fermons, vous fermez, ils/elles ferment**.

From the *passé simple* you can derive the imperfect subjunctive: **que je fermasse, que tu fermasses, qu'il/elle/on fermasse, que nous fermassions, que vous fermassiez, qu'ils/elles fermassent**.

The *past participle* is used to form the following compound tenses:

1 · the passé composé: **j'ai fermé**

2 · the pluperfect: **j'avais fermé**

3 · the past anterior: **j'eus fermé**

4 · the future anterior: **j'aurai fermé**

5 · the past conditional: **j'aurais fermé**

6 · the past subjunctive: **que j'aie fermé**

7 · the pluperfect subjunctive: **que j'eusse fermé**

8 · The past participle is also used with **être** to form the passive: **La porte a été fermée par le portier.**

The *present participle* provides the stem of the verbs (for all but a few irregulars). The verb stem is arrived at by removing the -**ant** of the present participle. The following forms may be derived from this verb stem:

1 · the imperfect: **je fermais, tu fermais, il/elle/on fermait, nous fermions, vous fermiez, ils/elles fermaient**

2 · the present subjunctive: **que je ferme, que tu fermes, qu'il/elle/on ferme, que nous fermions, que vous fermiez, qu'ils/elles ferment**

3 · the plural of the present tense forms for verbs other than -er verbs: **nous finissons, nous recevons, nous suivons, nous lisons**, etc.

COMMANDS (THE IMPERATIVE)

French command forms are identical to the present tense form of the verb minus the subject pronoun. The **tu** form of **-er** verbs drops the final **-s** of the present tense form.

Parle.	*Speak.*
Parlons.	*Let's speak.*
Parlez.	*Speak.*
Finis le travail.	*Finish the work.*
Finissons le travail.	*Let's finish the work.*
Finissez le travail.	*Finish the work.*
Attends-le.	*Wait for him.*
Attendons-le.	*Let's wait for him.*
Attendez-le.	*Wait for him.*

The **-s** is restored (and pronounced) before the pronouns **y** and **en**.

Montes-**y**.	*Go up there.*
Parles-**en**.	*Talk about it.*

The verbs **être**, **avoir**, and **savoir** have irregular imperatives:

être	**sois, soyons, soyez**
avoir	**aie, ayons, ayez**
savoir	**sache, sachons, sachez**

The negative command is formed by placing **ne** before the imperative and **pas** after it:

Ne parle **pas**.	***Don't** speak.*
Ne finissez **pas** le travail.	***Don't** finish the work.*
Ne l'attendons **pas**.	***Let's not** wait for him.*

Uses of Command Forms

Command forms are used to tell someone to do something or not to do something. Commands may be softened by the use of **Veuillez** (the irregular command form of **vouloir**) + the infinitive. **Veuillez** adds the idea of *please*.

Veuillez venir à 3 heures.	***Please** come at three o'clock.*

A subjunctive clause beginning with the word **que** can express a command directed at a third person.

Qu'il vienne avec nous.	***Let him (Have him) come** with us.*
Qu'elle apprenne le vocabulaire.	***Have her learn** the vocabulary.*
Qu'ils fassent leurs devoirs.	***Let them (Have them) do** their homework.*
Qu'elles vous le **rendent**.	***Have them give** it **back** to you.*

PRONOMINAL/REFLEXIVE VERBS

French has a large class of verbs known as pronominal or reflexive verbs. These verbs always appear with a reflexive pronoun referring back to the subject. Pronominal verbs occur in all tenses. Study the present tense of **se lever** *to get up*.

je me lève	**nous nous** levons
tu te lèves	**vous vous** levez
il/elle/on se lève	**ils/elles se** lèvent

Here is an example of a reflexive verb in the passé composé. Note that reflexive verbs are always conjugated with **être** in the compound tenses.

s'amuser *to have a good time*

je me **suis** amusé(e)	nous nous **sommes** amusé(e)s
tu t'**es** amusé(e)	vous vous **êtes** amusé(e)(s)
il/elle/on s'**est** amusé(e)	ils/elles se **sont** amusé(e)s

Note that in the passé composé the past participle of pronominal verbs agrees in gender and number with the reflexive pronoun if the reflexive pronoun is a direct object. This is the most common case. However, there are cases where the reflexive pronoun is an indirect object and a direct object noun follows the verb. In this case the participle does NOT agree. Study the conjugation of **se laver les mains** *to wash one's hands*. In these sentences **les mains** is the direct object of the verb.

Je **me suis lavé** les mains.	Nous **nous sommes lavé** les mains.
Tu t'**es lavé** les mains.	Vous **vous êtes lavé** les mains.
Il/elle/on s'**est lavé** les mains.	Ils/elles **se sont lavé** les mains.

Note that if **les mains** is replaced by the object pronoun **les**, which is placed before the verb, the past participle will agree with **les**.

Il **se les est lavées**. *He **washed them** (= his hands).*

Uses of Reflexive Verbs

In English the number of reflexive verbs (*I hurt myself*) is relatively small. Reflexive verb forms in English are followed by a pronoun that ends in *-self* or *-selves* (*I cut myself.* / *They hurt themselves.*). Most reflexive verbs in French correspond to English intransitive verbs, that is, verbs that have no direct object, or to English verb constructions with *get* or *be*.

Elle **s'est réveillée** à sept heures.	*She **woke up** at seven o'clock.*
Tu t'**es fâché**.	*You **got angry**.*
Ils vont **se laver**.	*They're going **to wash up**.*

In some cases, the reflexive pronoun is an indirect object, not a direct object. These verbs can have a direct object as well as the reflexive pronoun. Some examples:

Je **me suis brossé les dents**.	*I **brushed my teeth**.*
(**les dents** = direct object)	
Les enfants **se sont lavé le visage**.	*The children **washed their faces**.*
(**le visage** = direct object)	

Note that French uses the *definite article* where English uses a possessive adjective for articles of clothing and parts of the body. Some common reflexive verbs used this way:

se casser + *part of the body*	*to break*
se couper + *part of the body*	*to cut*
se laver + *part of the body*	*to wash*

THE PASSIVE VOICE

The passive voice in French is formed as in English. It consists of **être** + the past participle. The past participle agrees in gender and number with the subject of the sentence. The passive may be used in any tense.

Cette famille **est** très **respectée**.	*That family **is** very **respected**.*
Les ordinateurs **ont été vendus** au rabais.	*The computers **were sold** at a discount.*

Passives often include a phrase beginning with **par** to tell who (or what) is performing the action.

La ville **fut brûlée par** l'ennemi.	*The city **was burned down by the enemy**.*
Beaucoup d'écoles **seront construites par le gouvernement**.	*Many schools **will be built by the government**.*
Le projet de loi **va être considéré par le Sénat**.	*The bill **is going to be considered by the Senate**.*
La décision **avait été prise par le conseil d'administration**.	*The decision **had been made by the board**.*

The Use of the Passive Voice

The passive voice is more common in written French than in spoken French. In active sentences (e.g., *The dog bites the man.*) the focus is on the performer of the action (the subject). In the passive, the focus is shifted from the performer of the action to the object, which becomes the grammatical subject of the sentence (e.g., *The man is bitten by the dog.*)

In spoken French the equivalent of the English passive is a construction consisting of the pronoun **on** + the third-person singular of the verb. In this construction, the performer of the action is not mentioned. A phrase with **par** cannot be added to the construction with **on**.

On respecte beaucoup cette famille.	*That family **is** very **respected**.*
On a vendu la maison.	*The house **was sold**.*
Quand est-ce qu'**on trouvera** une solution?	*When **will** a solution **be found**?*
On construira beaucoup d'écoles.	*Many schools **will be built**.*
Ici **on parle** français.	*French **is spoken** here.*

When the performer of the action must be mentioned, the active voice is used in spoken French.

L'ennemi **a brûlé** la ville.	*The enemy **burned down** the city.*
Le gouvernement **construira** beaucoup d'écoles.	*The government **will build** many schools.*
Le Sénat **va considérer** le projet de loi	*The Senate **is going to consider** the bill.*

IMPERSONAL VERBS

A number of verbs in French can be used with an invariable subject **il**. These are called impersonal verbs. Many verbs appear in both personal and impersonal constructions but with differences in meaning. The most common set of impersonal verbs are those that express weather conditions.

Il fait beau.	**The weather is** nice. / **It's** nice **out**.
Il fait mauvais.	**The weather is** bad. / **It's** nasty **out**.
Il fait chaud/froid.	**It's** warm/cold **(out)**.
Il fait (du) soleil / du vent.	**It's** sunny/windy.
Il pleut.	**It's** raining.
Il neige.	**It's** snowing.

The expression **il y a** *there is / there are* is an impersonal expression. It is used before both singular and plural nouns.

Il y a un avion / des avions pour Genève ce soir.	**There's a plane / There are planes** for Geneva this evening.

The verb **falloir** *to be necessary/needed* is used only as an impersonal verb. It can be followed by a singular or plural noun.

Il faut un combat sérieux contre la drogue.	**We need** a serious war on drugs.
Il faut de tout pour faire un monde.	**It takes** all kinds to make a world.
Il faudra des investissements pour réaliser ces objectifs.	Investments **will be necessary** to reach these goals.
Il a fallu des années pour construire ce quartier.	**It took** years to build this neighborhood.

Il faut is often followed by an infinitive.

Il faut payer ses dettes.	**One must** pay one's debts.
Il faut absolument voir ce film.	**You** simply **must** see this film.

Il faut may be followed by a subjunctive clause.

Il faut que vous fassiez un effort.	**You've got** to try.
Il faut que je lui écrive.	**I've got** to write to him.

Falloir, like most other impersonal verbs, may be used with an indirect object pronoun.

Il me faut le silence absolu pour travailler.	**I need** absolute quiet to work.
Il lui faut chercher un nouvel emploi.	**He needs** to look for a new job.

When **il faut** appears with an indirect object pronoun, a subjunctive clause cannot follow. It is replaced by an infinitive. Compare the following pairs of sentences:

Il faut que vous fassiez un effort.
Il vous faut faire un effort.

Il faut que je lui écrive.
Il me faut lui écrire.

The infinitive is more common than the subjunctive clause in modern French.

Here are some other common impersonal verbs used both with and without an indirect object.

arriver

Il arrive un moment où il faut prendre une décision.	*The time **comes** when you have to make a decision.*
Dans la vie **il arrive** souvent des problèmes difficiles à résoudre tout seul.	*Problems that are hard to solve by yourself often **come up** in life.*
Il m'est arrivé quelque chose d'extraordinaire aujourd'hui.	*Something extraordinary **happened to me** today.*
Il lui est arrivé de passer la nuit dans la voiture.	*He **actually** spent the night in the car.*

For additional examples of the personal and impersonal use of **arriver**, see verb 63.

manquer

Il manque des pages.	*Some pages **are missing**.*
Il manque des places de parking au centre.	*There's **a shortage** of parking spaces downtown.*
Il vous manque quoi?	*What **are you missing**? / What **don't you have**?*
Il nous manque un bon gardien de but.	***We need** a good goalie.*

For additional examples of the personal and impersonal use of **manquer**, see verb 322.

paraître

Il paraît que is usually followed by the indicative.

Il paraît que les médias ne sont pas objectifs.	*It seems that the media is not objective.*

Il me paraît que is followed by the indicative. (*Compare* **je pense que**, **je crois que**.)

Il me paraît que mon idée vous déplaît.	*I think that you don't like my idea.*

Il ne me paraît pas que is followed by the subjunctive. (*Compare* **je ne pense pas que**, **je ne crois pas que**.)

Il ne me paraît pas que ces deux situations puissent être comparées.	*I don't think that these two situations can be compared.*

For additional examples of the personal and impersonal use of **paraître**, see verb 357.

rester

Il reste beaucoup à faire.	*There's a lot left to do.*
Il ne reste rien dans le frigo.	*There's nothing left in the fridge.*
Il me reste deux cents euros.	*I have 200 euros left.*
Il leur reste quatre semaines de travail.	*They have four weeks of work left.*

For additional examples of the personal and impersonal use of **rester**, see verb 459.

sembler

Il semble que is followed by the indicative or the subjunctive, depending on the degree of certainty.

Il semble qu'ils sont pressés.	*It seems that they are in a hurry.*
Il semble qu'elle sache un peu de français.	*It seems that she might know a little French.*

Il me semble que is followed by the indicative. (*Compare* **je pense que, je crois que**.)

Il me semble que ça fait une éternité qu'on ne s'est pas vus.	*It seems that it's been such a long time since we've seen each other.*

Il ne me semble pas que is followed by the subjunctive. (*Compare* **je ne pense pas que, je ne crois pas que**.)

Il ne me semble pas que ce logiciel soit compatible avec mon ordinateur.	*I don't think that this software is compatible with my computer.*

Other Impersonal Constructions

il s'agit de *it's a question of / it's about / it's a matter of* (**agir**: verb 34)

Il s'agit de la mise en place d'une boîte à idées.	*It's a question of setting up a suggestion box.*
Dans ce roman **il s'agit d'**un conflit social.	*This novel is about a social conflict.*
Il s'agit de faciliter l'accès aux nouvelles technologies à un prix réduit.	*It's a matter of simplifying access to new technologies at a reduced cost.*

il convient de + infinitive *it is suitable/appropriate/advisable to* (**convenir**: verb 133)

Il convient de tenir compte de ces faits.	*It's advisable to keep these facts in mind.*

il est as a formal substitute for **il y a** (**être**: verb 245)

Il est des événements qui restent gravés dans notre mémoire.	*There are events that are engraved on our memory.*

venir (**venir**: verb 543)

Il viendra peu de touristes cet été.	*Few tourists **will come** this summer.*
Il m'est venu une idée.	*I've got an idea.*

There are impersonal expressions with **être** that can appear with an indirect object. These expressions usually have the following structure: **il est** + adjective + **de** + infinitive.

Il est difficile de répondre à votre question.	*It's **difficult** to answer your question.*
Il m'est difficile de dire ce que je ressens.	*It's **hard for me** to say what I feel.*
Il est facile de sous estimer le mécontentement populaire.	*It is **easy** to underestimate popular discontent.*
Il ne leur sera pas facile de s'en sortir.	*It **won't be easy for them** to get out of this.*
Il est important de rester au courant de tout ce qui se passe au monde.	*It's **important** to stay abreast of everything that's going on in the world.*
Il vous est important de rester maître de la situation.	*It's **important for you** to stay in control of the situation.*
Il est nécessaire de construire un nouveau réacteur nucléaire.	*It's **necessary** to build a new nuclear reactor.*
Il me sera nécessaire de relire son courriel.	*I'll **need** to reread his e-mail.*
Il est pénible de voir tant d'enfants vivre dans la misère.	*It's **painful** to see so many children living in poverty.*
Il m'est pénible de me séparer de ma famille.	*It's **hard for me** to be apart from my family.*

These additional impersonal expressions may appear either with or without an indirect object.

Il est agréable de + *infinitive*	*It's nice to*
Il est défendu de + *infinitive*	*It's forbidden to*
Il est interdit de + *infinitive*	*It's forbidden to*
Il est inutile de + *infinitive*	*It's useless to*
Il est préférable de + *infinitive*	*It's preferable to*
Il est utile de + *infinitive*	*It's useful to*

See the Tense Profile of the subjunctive for additional impersonal expressions.

THE INFINITIVE

The French infinitive has a broader range of functions than the English infinitive. French uses the infinitive as a verbal noun, not the present participle as English does.

Marcher est un bon exercice.	**Walking** *is good exercise.*
Programmer un ordinateur, c'est **construire** un algorithme.	**Programming** *a computer is **building** an algorithm.*
En politique, **gagner** c'est tout.	*In politics, **winning** is everything.*
Pour cette artiste, **peindre** c'est la vie.	*For that artist, **painting** is his life.*

The infinitive in French is used after prepositions. English, however, requires the *-ing* form in this context.

Mon fils rêve **de jouer** du violon.	*My son dreams **of playing** the violin.*
Ils sont entrés **sans** nous **dire** bonjour.	*They came in **without saying** hello to us.*
Il a commencé **par établir** des objectifs.	*He began **by setting** goals.*

The infinitive can be used for impersonal instructions.

Tenir la droite.	***Keep** right.* (on road signs)
Ne pas prendre ce médicament pendant plus de 14 jours.	***Don't take** this medication for more than 14 days.*
Ne pas déranger.	***Do not disturb.***

The infinitive can also serve as a complement of a verb. Some verbs take an infinitive complement without a preposition. (Note that in these lists **faire qqch** stands for any infinitive.)

adorer faire qqch	*to love to do something*
aimer faire qqch	*to like to do something*
aimer mieux faire qqch	*to prefer to do something*
aller faire qqch	*to be going to do something* (future meaning)
compter faire qqch	*to intend to do something*
désirer faire qqch	*to want to do something*
détester faire qqch	*to hate to do something*
devoir faire qqch	*should / must / ought to do something*
espérer faire qqch	*to hope to do something*
oser faire qqch	*to dare to do something*
pouvoir faire qqch	*to be able to do something*
préférer faire qqch	*to prefer to do something*
savoir faire qqch	*to know how to do something*
sembler faire qqch	*to appear/seem to do something*
vouloir faire qqch	*to want to do something*

—Je vais au cinéma. Tu **veux** **m'accompagner**?	*I'm going to the movies. **Do you want to go with me**?*
—Je **ne peux pas sortir** maintenant. Je **dois finir** mon travail.	*I **can't go out** now. I **have to finish** my work.*
—Vous **comptez leur dire** ce qui est arrivé?	*Do you **intend to tell them** what happened?*
—Je **n'ose pas leur en parler**.	*I **don't dare talk to them about it**.*

Verbs of motion are also followed by an infinitive complement.

aller faire qqch	*to be going to do something*
s'en aller faire qqch	*to go off to do something*
descendre faire qqch	*to go down to do something*
entrer faire qqch	*to go inside to do something*
monter faire qqch	*to go up to do something*
rentrer faire qqch	*to go home to do something*
revenir faire qqch	*to come back to do something*
sortir faire qqch	*to go out to do something*
venir faire qqch	*to come to do something*

—Tu **sors faire** les courses?	*Are you **going out to do** the shopping?*
—Oui, je **vais acheter** un poulet et des légumes.	*Yes, I**'m going to buy** a chicken and vegetables.*

Consult the usage of the verbs **amener** (verb 43) and **emmener** (verb 211) for additional examples.

Most French verbs require either the preposition **à** or **de** before an infinitive.

Here are the most common verbs requiring **à** before an infinitive complement:

apprendre à	*to learn how to*
s'apprêter à	*to get ready to*
arriver à	*to manage to*
s'attarder à	*to linger (doing something)*
s'attendre à	*to expect to*
chercher à	*to try to*
commencer à	*to begin to*
consentir à	*to consent to*
continuer à	*to continue to*
se décider à	*to make up one's mind to*
s'exercer à	*to practice (doing something)*
s'habituer à	*to get used to*
hésiter à	*to hesitate to*
se mettre à	*to begin to*
parvenir à	*to manage to / succeed in (doing something)*
passer son temps à	*to spend one's time (doing something)*
penser à	*to be thinking of (doing something)*
perdre son temps à	*to waste one's time (doing something)*
se plaire à	*to take pleasure in (doing something)*
se préparer à	*to get ready to*
renoncer à	*to give up (doing something)*
se résigner à	*to resign oneself to*
se résoudre à	*to resolve to*
réussir à	*to succeed in (doing something)*
tenir à	*to insist on (doing something)*

Here are some of the most common verbs requiring **de** before an infinitive complement:

accepter de	to agree to
s'arrêter de	to stop (doing something)
avoir peur de	to be afraid of (doing something)
cesser de	to stop (doing something)
décider de	to decide to
s'empêcher de	to refrain / keep oneself from (doing something)
s'empresser de	to hurry/rush to
essayer de	to try to
s'étonner de	to marvel at (doing something)
être forcé/obligé de	to be forced/obliged to
s'excuser de	to apologize for (doing something)
éviter de	to avoid (doing something)
faire semblant de	to pretend to
finir de	to finish (doing something)
manquer de	to fail to
négliger de	to neglect to
oublier de	to forget to
refuser de	to refuse to
regretter de	to regret (doing something)
se réjouir de	to be delighted to
se repentir de	to regret (doing something)
risquer de	to risk / run the risk of (doing something)

Note also **venir de faire qqch** *to have just done something.*

—Je vais **essayer de lui parler** quand il arrivera.	*I will **try to speak with him** when he gets here.*
—Bon, vas-y. Il **vient d'entrer**.	*Good, go ahead. He **has just come in**.*
—J'ai **l'intention de lui dire** exactement ce que je pense.	*I **intend to tell him** exactly what I think.*
—Fais attention. Tu **risques de l'offenser**.	*Be careful. You **run the risk of insulting him**.*

For all verbs taking an infinitive complement with or without a preposition, additional examples can be found in the Usage section of each verb.

THE PRESENT PARTICIPLE

The French present participle ends in **-ant**, which is added to the stem of the verb (the first-person plural of the present tense minus the **-ons** ending).

INFINITIVE	*nous* FORM	PRESENT PARTICIPLE
marcher	nous marchons	**marchant**
réfléchir	nous réfléchissons	**réfléchissant**
attendre	nous attendons	**attendant**
dire	nous disons	**disant**
prendre	nous prenons	**prenant**
suivre	nous suivons	**suivant**

Three very common verbs have irregular present participles:

avoir	**ayant**
être	**étant**
savoir	**sachant**

Many French present participles are used as adjectives and agree in gender and number with the nouns they modify.

un sourire **charmant** (< charmer)	*a **charming** smile*
de l'eau **courante** (< courir)	***running** water*
des matchs **passionnants** (< passionner)*s*	***exciting** game*
des spectacles **payants** (< payer)	*shows **that charge admission***
les équipes **perdantes** (< perdre)	*the **losing** teams*

There are several verbal uses of the present participle.

The present participle may be used instead of a relative clause. In this case it is invariable. This construction is typical of formal speech and writing.

les avions **qui arrivent** d'Amérique
→ les avions **arrivant** d'Amérique   *planes **arriving** from America*

The French construction called **le gérondif** consists of **en** + present participle.

Il parle au téléphone **en conduisant**.	*He talks on the phone **while driving**.*
En lisant, on apprend beaucoup.	*You learn a lot **by reading**.*

DEFECTIVE VERBS

Some common verbs in French are "defective." They do not appear in all persons or in all tenses.

The verb **pleuvoir** *to rain* is used only in the third-person singular.

pleuvoir

PRESENT	il pleut
PASSÉ COMPOSÉ	il a plu
IMPERFECT	il pleuvait
PASSÉ SIMPLE	il plut
FUTURE	il pleuvra
CONDITIONAL	il pleuvrait
PRESENT SUBJUNCTIVE	qu'il pleuve
IMPERFECT SUBJUNCTIVE	qu'il plût

The present participle is **pleuvant**.

Examples:

Il pleut et je n'ai pas de parapluie!	*It's raining and I have no umbrella!*
—Je me demande s'il pleuvra.	*I wonder if it will rain.*
—La météo a dit qu'il pleuvrait.	*The weather report said it would rain.*
Il pleut des cordes.	*It's pouring.*
Il pleut à verse.	*It's pouring.*
Qu'il pleuve ou qu'il vente.	*Come what may, rain or shine.*

The verbs **neiger** *to snow* and **grêler** *to hail*, like **pleuvoir**, are used only in the third-person singular. **Neiger** has the spelling change of *g > ge/a*: **il neigea, il neigeait**.

The verb **falloir** *to be necessary / must* is used only in the third-person singular.

falloir

PRESENT	il faut
PASSÉ COMPOSÉ	il a fallu
IMPERFECT	il fallait
PASSÉ SIMPLE	il fallut
FUTURE	il faudra
CONDITIONAL	il faudrait
PRESENT SUBJUNCTIVE	qu'il faille
IMPERFECT SUBJUNCTIVE	qu'il fallût

Examples:

Il faut rentrer.	*We have to go home.*
Il fallait le lui dire.	*You should have told him.*
Il faut que tu sortes un peu.	*You must go out a little.*
s'il le faut	*if necessary*
Il faudra partir de bonne heure.	*We'll have to leave early.*
Il me faut travailler ce soir.	*I have to study this evening.*
Il faut de tout pour faire un monde.	*It takes all kinds.*

GUIDE TO IRREGULAR VERBS

Although French has many irregular verbs, there are patterns in the irregularities, so they may be learned in groups. The most important division in the French verb system is between verbs whose infinitive ends in -er and all other verbs. Verbs ending in -**er** have the same stem throughout their conjugation. All other verbs (with the exception of a few irregulars) lose the final consonant of the stem in the singular of the present tense. This may or may not be shown in the writing system, but is always apparent in speech. Also, all verbs other than -**er** verbs have the endings -**s**, -**s**, -**t** in the singular of the present tense.

Some examples:

1 · **ils finissent** vs. **il finit** (final consonant **s** [written **ss**] drops in both speech and writing)

2 · **ils vendent** vs. **il vend** (final consonant **d** is written in the singular but not pronounced; note that the ending -**t** is never added to **d**)

3 · **ils lisent** vs. **il lit** (final consonant **z** [written **s**] drops in both speech and writing)

4 · **ils reçoivent** vs. **il reçoit** (final consonant **v** drops in both speech and writing)

Note that in the present subjunctive the final consonant is written and pronounced in all persons of the singular.

Rare Irregular Verbs

The verb **assaillir** *to attack* is conjugated like an -**er** verb in the present, imperfect, and present subjunctive.

assaillir

PRESENT	j'assaille, tu assailles, il assaille, nous assaillons, etc.
PASSÉ COMPOSÉ	j'ai assailli
IMPERFECT	j'assaillais, etc.
PASSÉ SIMPLE	j'assaillis
FUTURE	j'assaillirai
CONDITIONAL	j'assaillirais
PRESENT SUBJUNCTIVE	que j'assaille
IMPERFECT SUBJUNCTIVE	que j'assaillisse

The present participle is **assaillant**.

The verb **clore** *to close* is rare in modern French, except in its past participle.

clore

PRESENT	je clos, tu clos, il clôt, ils closent (*nous* and *vous* forms not used)
PASSÉ COMPOSÉ	j'ai clos
IMPERFECT	—
PASSÉ SIMPLE	—
FUTURE	je clorai
CONDITIONAL	je clorais
PRESENT SUBJUNCTIVE	que je close
IMPERFECT SUBJUNCTIVE	—

The present participle is not used.

Compounds of **clore**, such as **éclore**, do not have a circumflex in the third-person singular of the present: **La fleur éclot.**

The verb **confire** *to preserve (food) in fat or sugar* is irregular.

confire

PRESENT	je confis, tu confis, il confit, nous confisons, vous confisez, ils confisent
PASSÉ COMPOSÉ	j'ai confit
IMPERFECT	je confisais
PASSÉ SIMPLE	je confis
FUTURE	je confirai
CONDITIONAL	je confirais
PRESENT SUBJUNCTIVE	que je confise
IMPERFECT SUBJUNCTIVE	que je confisse

The present participle is **confisant**.

The verb **déchoir** *to decline* is irregular; it is not used in the imperfect.

déchoir

PRESENT	je déchois, tu déchois, il déchoit, nous déchoyons, vous déchoyez, ils déchoient
PASSÉ COMPOSÉ	je suis déchu(e) OR j'ai déchu
IMPERFECT	—
PASSÉ SIMPLE	je déchus
FUTURE	je déchoirai
CONDITIONAL	je déchoirais
PRESENT SUBJUNCTIVE	que je déchoie, que tu déchoies, qu'il déchoie, que nous déchoyions, que vous déchoyiez, qu'ils déchoient
IMPERFECT SUBJUNCTIVE	que je déchusse

The present participle is not used.

The verb **faillir** *to almost/nearly do* is rarely if ever used in any tense except passé composé or passé simple.

faillir

PRESENT	—
PASSÉ COMPOSÉ	j'ai failli
IMPERFECT	je faillais
PASSÉ SIMPLE	je faillis
FUTURE	je faillirai
CONDITIONAL	je faillirais
PRESENT SUBJUNCTIVE	—
IMPERFECT SUBJUNCTIVE	—

The verb **gésir** *to lie (in a grave)* is used only in the present and imperfect.

gésir

PRESENT	je gis, tu gis, il gît, nous gisons, vous gisez, ils gisent
IMPERFECT	je gisais

The present participle of **gésir** is **gisant**. The verb is most commonly encountered in the phrase **ci-gît** *here lies*.

The verb **ouïr** *to hear* is obsolete. It is occasionally found in the infinitive and in the compound tenses: **j'ai ouï**.

The verb **pourvoir** *to provide* is conjugated like **voir**, except that its future and conditional are regular, and the vowel **u** is used in the passé simple and the imperfect subjunctive.

pourvoir

FUTURE	je pourvoirai
CONDITIONAL	je pourvoirais
PASSÉ SIMPLE	je pourvus
IMPERFECT SUBJUNCTIVE	que je pourvusse

The present participle is **pourvoyant**.

The verb **surseoir** *to postpone* is irregular.

surseoir

PRESENT	je sursois, tu sursois, il sursoit, nous sursoyons, vous sursoyez, ils sursoient
PASSÉ COMPOSÉ	j'ai sursis
IMPERFECT	je sursoyais
PASSÉ SIMPLE	je sursis
FUTURE	je surseoirai
CONDITIONAL	je surseoirais
PRESENT SUBJUNCTIVE	que je sursoie, que tu sursoies, qu'il sursoie, que nous sursoyions, que vous sursoyiez, qu'ils sursoient
IMPERFECT SUBJUNCTIVE	que je sursisse

The present participle is **sursoyant**.

The verb **traire** *to milk (a cow)* is irregular. It is not used in the simple past or the imperfect subjunctive.

traire

PRESENT	je trais, tu trais, il trait, nous trayons, vous trayez, ils traient
PASSÉ COMPOSÉ	j'ai trait
IMPERFECT	je trayais
PASSÉ SIMPLE	—
FUTURE	je trairai
CONDITIONAL	je trairais
PRESENT SUBJUNCTIVE	que je traie, que tu traies, qu'il traie, que nous trayions, que vous trayiez, qu'ils traient
IMPERFECT SUBJUNCTIVE	—

The present participle is **trayant**.

333

FULLY CONJUGATED VERBS

TOP 30 VERBS

The following thirty verbs have been selected for their high frequency and their use in many common idiomatic expressions. For each verb, a full page of example sentences and phrases providing guidance on correct usage immediately precedes or follows the conjugation table. In the examples, **quelqu'un** *someone* is abbreviated **qqn** and **quelque chose** *something* is abbreviated **qqch**.

regular *-er* verb | **j'abandonne · j'abandonnai · abandonné · abandonnant**

PRESENT

abandonne	abandonnons
abandonnes	abandonnez
abandonne	abandonnent

PASSÉ COMPOSÉ

ai abandonné	avons abandonné
as abandonné	avez abandonné
a abandonné	ont abandonné

IMPERFECT

abandonnais	abandonnions
abandonnais	abandonniez
abandonnait	abandonnaient

PLUPERFECT

avais abandonné	avions abandonné
avais abandonné	aviez abandonné
avait abandonné	avaient abandonné

PASSÉ SIMPLE

abandonnai	abandonnâmes
abandonnas	abandonnâtes
abandonna	abandonnèrent

PAST ANTERIOR

eus abandonné	eûmes abandonné
eus abandonné	eûtes abandonné
eut abandonné	eurent abandonné

FUTURE

abandonnerai	abandonnerons
abandonneras	abandonnerez
abandonnera	abandonneront

FUTURE ANTERIOR

aurai abandonné	aurons abandonné
auras abandonné	aurez abandonné
aura abandonné	auront abandonné

CONDITIONAL

abandonnerais	abandonnerions
abandonnerais	abandonneriez
abandonnerait	abandonneraient

PAST CONDITIONAL

aurais abandonné	aurions abandonné
aurais abandonné	auriez abandonné
aurait abandonné	auraient abandonné

PRESENT SUBJUNCTIVE

abandonne	abandonnions
abandonnes	abandonniez
abandonne	abandonnent

PAST SUBJUNCTIVE

aie abandonné	ayons abandonné
aies abandonné	ayez abandonné
ait abandonné	aient abandonné

IMPERFECT SUBJUNCTIVE

abandonnasse	abandonnassions
abandonnasses	abandonnassiez
abandonnât	abandonnassent

PLUPERFECT SUBJUNCTIVE

eusse abandonné	eussions abandonné
eusses abandonné	eussiez abandonné
eût abandonné	eussent abandonné

COMMANDS

	abandonnons
abandonne	abandonnez

Usage

abandonner une propriété/des terres	*to abandon a piece of property/land*
abandonner sa famille	*to abandon one's family*
une maison abandonnée	*an abandoned house*
Les familles abandonnent les villes.	*Families are leaving the cities (for good).*
abandonner une méthode	*to give up a method*
abandonner son travail/le pouvoir	*to give up one's job/political power*
abandonner la lutte	*to give up the struggle*
abandonner la médecine	*to give up medicine/a medical practice*
abandonner la partie	*to give up the project/the undertaking*
J'abandonne!	*I give up! (games, etc.)*

abattre *to knock down*

j'abats · j'abattis · abattu · abattant   irregular verb; only one *t* in the singular of the present tense

PRESENT		PASSÉ COMPOSÉ	
abats	abattons	ai abattu	avons abattu
abats	abattez	as abattu	avez abattu
abat	abattent	a abattu	ont abattu

IMPERFECT		PLUPERFECT	
abattais	abattions	avais abattu	avions abattu
abattais	abattiez	avais abattu	aviez abattu
abattait	abattaient	avait abattu	avaient abattu

PASSÉ SIMPLE		PAST ANTERIOR	
abattis	abattîmes	eus abattu	eûmes abattu
abattis	abattîtes	eus abattu	eûtes abattu
abattit	abattirent	eut abattu	eurent abattu

FUTURE		FUTURE ANTERIOR	
abattrai	abattrons	aurai abattu	aurons abattu
abattras	abattrez	auras abattu	aurez abattu
abattra	abattront	aura abattu	auront abattu

CONDITIONAL		PAST CONDITIONAL	
abattrais	abattrions	aurais abattu	aurions abattu
abattrais	abattriez	aurais abattu	auriez abattu
abattrait	abattraient	aurait abattu	auraient abattu

PRESENT SUBJUNCTIVE		PAST SUBJUNCTIVE	
abatte	abattions	aie abattu	ayons abattu
abattes	abattiez	aies abattu	ayez abattu
abatte	abattent	ait abattu	aient abattu

IMPERFECT SUBJUNCTIVE		PLUPERFECT SUBJUNCTIVE	
abattisse	abattissions	eusse abattu	eussions abattu
abattisses	abattissiez	eusses abattu	eussiez abattu
abattît	abattissent	eût abattu	eussent abattu

COMMANDS	
	abattons
abats	abattez

Usage

abattre un arbre	*to chop down a tree*
abattre une maison	*to knock down/demolish a house*
abattre un animal	*to shoot an animal dead*
Je suis abattu par la chaleur.	*The heat has gotten to me.*
abattre de la besogne/du travail	*to get a lot of work done*
Tu abats de la besogne comme quatre!	*You do the work of four people!*
se laisser abattre	*to let oneself get depressed*
Ne te laisse pas abattre!	*Keep your chin up!*

PROVERB

Petite pluie abat grand vent.	*A little rain settles a great deal of dust.*

regular *-ir* verb

j'abolis · j'abolis · aboli · abolissant

PRESENT

abolis	abolissons
abolis	abolissez
abolit	abolissent

IMPERFECT

abolissais	abolissions
abolissais	abolissiez
abolissait	abolissaient

PASSÉ SIMPLE

abolis	abolîmes
abolis	abolîtes
abolit	abolirent

FUTURE

abolirai	abolirons
aboliras	abolirez
abolira	aboliront

CONDITIONAL

abolirais	abolirions
abolirais	aboliriez
abolirait	aboliraient

PRESENT SUBJUNCTIVE

abolisse	abolissions
abolisses	abolissiez
abolisse	abolissent

IMPERFECT SUBJUNCTIVE

abolisse	abolissions
abolisses	abolissiez
abolît	abolissent

COMMANDS

	abolissons
abolis	abolissez

PASSÉ COMPOSÉ

ai aboli	avons aboli
as aboli	avez aboli
a aboli	ont aboli

PLUPERFECT

avais aboli	avions aboli
avais aboli	aviez aboli
avait aboli	avaient aboli

PAST ANTERIOR

eus aboli	eûmes aboli
eus aboli	eûtes aboli
eut aboli	eurent aboli

FUTURE ANTERIOR

aurai aboli	aurons aboli
auras aboli	aurez aboli
aura aboli	auront aboli

PAST CONDITIONAL

aurais aboli	aurions aboli
aurais aboli	auriez aboli
aurait aboli	auraient aboli

PAST SUBJUNCTIVE

aie aboli	ayons aboli
aies aboli	ayez aboli
ait aboli	aient aboli

PLUPERFECT SUBJUNCTIVE

eusse aboli	eussions aboli
eusses aboli	eussiez aboli
eût aboli	eussent aboli

Usage

abolir une loi	*to abolish a law*
une loi abolie	*an abolished law*
abolir l'esclavage	*to abolish slavery*
abolir la peine de mort	*to abolish the death penalty*

RELATED WORDS

l'abolition *(f)* de la peine de mort	*the abolition of the death penalty*
l'abolitionnisme *(m)*	*abolitionism*
un/une abolitionniste	*abolitionist*

s'abonner *to subscribe*

PRESENT

m'abonne	nous abonnons
t'abonnes	vous abonnez
s'abonne	s'abonnent

IMPERFECT

m'abonnais	nous abonnions
t'abonnais	vous abonniez
s'abonnait	s'abonnaient

PASSÉ SIMPLE

m'abonnai	nous abonnâmes
t'abonnas	vous abonnâtes
s'abonna	s'abonnèrent

FUTURE

m'abonnerai	nous abonnerons
t'abonneras	vous abonnerez
s'abonnera	s'abonneront

CONDITIONAL

m'abonnerais	nous abonnerions
t'abonnerais	vous abonneriez
s'abonnerait	s'abonneraient

PRESENT SUBJUNCTIVE

m'abonne	nous abonnions
t'abonnes	vous abonniez
s'abonne	s'abonnent

IMPERFECT SUBJUNCTIVE

m'abonnasse	nous abonnassions
t'abonnasses	vous abonnassiez
s'abonnât	s'abonnassent

PASSÉ COMPOSÉ

me suis abonné(e)	nous sommes abonné(e)s
t'es abonné(e)	vous êtes abonné(e)(s)
s'est abonné(e)	se sont abonné(e)s

PLUPERFECT

m'étais abonné(e)	nous étions abonné(e)s
t'étais abonné(e)	vous étiez abonné(e)(s)
s'était abonné(e)	s'étaient abonné(e)s

PAST ANTERIOR

me fus abonné(e)	nous fûmes abonné(e)s
te fus abonné(e)	vous fûtes abonné(e)(s)
se fut abonné(e)	se furent abonné(e)s

FUTURE ANTERIOR

me serai abonné(e)	nous serons abonné(e)s
te seras abonné(e)	vous serez abonné(e)(s)
se sera abonné(e)	se seront abonné(e)s

PAST CONDITIONAL

me serais abonné(e)	nous serions abonné(e)s
te serais abonné(e)	vous seriez abonné(e)(s)
se serait abonné(e)	se seraient abonné(e)s

PAST SUBJUNCTIVE

me sois abonné(e)	nous soyons abonné(e)s
te sois abonné(e)	vous soyez abonné(e)(s)
se soit abonné(e)	se soient abonné(e)s

PLUPERFECT SUBJUNCTIVE

me fusse abonné(e)	nous fussions abonné(e)s
te fusses abonné(e)	vous fussiez abonné(e)(s)
se fût abonné(e)	se fussent abonné(e)s

COMMANDS

	abonnons-nous
abonne-toi	abonnez-vous

Usage

s'abonner à un magazine/à un journal	*to subscribe to a magazine/a newspaper*
s'abonner au football/au théâtre	*to get a season ticket for soccer/the theater*
abonner qqn à un magazine	*to give someone a subscription to a magazine*
abonner qqn à un sport/au théâtre	*to give someone a season ticket to a sport/ the theater*

COMPOUNDS

désabonner qqn de	*to cancel someone's subscription to*
se désabonner de	*to cancel one's (own) subscription to*
—Tu ne lis plus ce magazine?	*You don't read that magazine anymore?*
—Non, je m'en suis désabonné.	*No, I canceled my subscription.*
se réabonner à	*to renew one's subscription to*

regular *-ir* verb | j'aboutis · j'aboutis · abouti · aboutissant

PRESENT

aboutis	aboutissons
aboutis	aboutissez
aboutit	aboutissent

PASSÉ COMPOSÉ

ai abouti	avons abouti
as abouti	avez abouti
a abouti	ont abouti

IMPERFECT

aboutissais	aboutissions
aboutissais	aboutissiez
aboutissait	aboutissaient

PLUPERFECT

avais abouti	avions abouti
avais abouti	aviez abouti
avait abouti	avaient abouti

PASSÉ SIMPLE

aboutis	aboutîmes
aboutis	aboutîtes
aboutit	aboutirent

PAST ANTERIOR

eus abouti	eûmes abouti
eus abouti	eûtes abouti
eut abouti	eurent abouti

FUTURE

aboutirai	aboutirons
aboutiras	aboutirez
aboutira	aboutiront

FUTURE ANTERIOR

aurai abouti	aurons abouti
auras abouti	aurez abouti
aura abouti	auront abouti

CONDITIONAL

aboutirais	aboutirions
aboutirais	aboutiriez
aboutirait	aboutiraient

PAST CONDITIONAL

aurais abouti	aurions abouti
aurais abouti	auriez abouti
aurait abouti	auraient abouti

PRESENT SUBJUNCTIVE

aboutisse	aboutissions
aboutisses	aboutissiez
aboutisse	aboutissent

PAST SUBJUNCTIVE

aie abouti	ayons abouti
aies abouti	ayez abouti
ait abouti	aient abouti

IMPERFECT SUBJUNCTIVE

aboutisse	aboutissions
aboutisses	aboutissiez
aboutît	aboutissent

PLUPERFECT SUBJUNCTIVE

eusse abouti	eussions abouti
eusses abouti	eussiez abouti
eût abouti	eussent abouti

COMMANDS

	aboutissons
aboutis	aboutissez

Usage

Cette rue aboutit dans la place centrale.	*This street dead-ends at the main square.*
Sa lutte a finalement abouti.	*His struggle finally came to a head.*
Je suis déçu. Mes projets n'ont pas abouti.	*I am disappointed. My plans came to nothing.*
Il est content. Ses efforts ont abouti.	*He is happy. His efforts were successful.*
faire aboutir	*to bring to a successful conclusion*
Comment faire aboutir ces pourparlers?	*How can we bring these talks to a successful conclusion?*
L'enquête de la police n'a pas abouti.	*The police investigation was a failure.*

RELATED WORD

les tenants *(mpl)* et aboutissants *(mpl)* d'une affaire	*the ins and outs of an issue*

j'absous · j'absoudrai · absous · absolvant   irregular verb; feminine form of the past participle *absous* is *absoute*

PRESENT		PASSÉ COMPOSÉ	
absous	absolvons	ai absous	avons absous
absous	absolvez	as absous	avez absous
absout	absolvent	a absous	ont absous

IMPERFECT		PLUPERFECT	
absolvais	absolvions	avais absous	avions absous
absolvais	absolviez	avais absous	aviez absous
absolvait	absolvaient	avait absous	avaient absous

PASSÉ SIMPLE NOT USED		PAST ANTERIOR	
		eus absous	eûmes absous
		eus absous	eûtes absous
		eut absous	eurent absous

FUTURE		FUTURE ANTERIOR	
absoudrai	absoudrons	aurai absous	aurons absous
absoudras	absoudrez	auras absous	aurez absous
absoudra	absoudront	aura absous	auront absous

CONDITIONAL		PAST CONDITIONAL	
absoudrais	absoudrions	aurais absous	aurions absous
absoudrais	absoudriez	aurais absous	auriez absous
absoudrait	absoudraient	aurait absous	auraient absous

PRESENT SUBJUNCTIVE		PAST SUBJUNCTIVE	
absolve	absolvions	aie absous	ayons absous
absolves	absolviez	aies absous	ayez absous
absolve	absolvent	ait absous	aient absous

IMPERFECT SUBJUNCTIVE NOT USED		PLUPERFECT SUBJUNCTIVE	
		eusse absous	eussions absous
		eusses absous	eussiez absous
		eût absous	eussent absous

COMMANDS	
	absolvons
absous	absolvez

Usage

Le prêtre a absous les pénitents.	*The priest absolved the penitents.*
Elle est absoute de tous ses péchés.	*She has been forgiven for all her sins.*
Ne t'en fais pas. Je t'absous! *(humorous)*	*Don't worry. I forgive you!*

COMPOUND

dissoudre	*to dissolve*

RELATED WORDS

l'absolution *(f)*	*absolution/forgiveness of sin* (religious term)
donner l'absolution à qqn	*to give someone absolution* (religious term)
absolu(e)	*absolute*
absolument	*absolutely*

-er verb; spelling change:
é > è/mute e

j'accélère · j'accélérai · accéléré · accélérant

PRESENT

accélère	accélérons
accélères	accélérez
accélère	accélèrent

PASSÉ COMPOSÉ

ai accéléré	avons accéléré
as accéléré	avez accéléré
a accéléré	ont accéléré

IMPERFECT

accélérais	accélérions
accélérais	accélériez
accélérait	accéléraient

PLUPERFECT

avais accéléré	avions accéléré
avais accéléré	aviez accéléré
avait accéléré	avaient accéléré

PASSÉ SIMPLE

accélérai	accélérâmes
accéléras	accélérâtes
accéléra	accélérèrent

PAST ANTERIOR

eus accéléré	eûmes accéléré
eus accéléré	eûtes accéléré
eut accéléré	eurent accéléré

FUTURE

accélérerai	accélérerons
accéléreras	accélérerez
accélérera	accéléreront

FUTURE ANTERIOR

aurai accéléré	aurons accéléré
auras accéléré	aurez accéléré
aura accéléré	auront accéléré

CONDITIONAL

accélérerais	accélérerions
accélérerais	accéléreriez
accélérerait	accéléreraient

PAST CONDITIONAL

aurais accéléré	aurions accéléré
aurais accéléré	auriez accéléré
aurait accéléré	auraient accéléré

PRESENT SUBJUNCTIVE

accélère	accélérions
accélères	accélériez
accélère	accélèrent

PAST SUBJUNCTIVE

aie accéléré	ayons accéléré
aies accéléré	ayez accéléré
ait accéléré	aient accéléré

IMPERFECT SUBJUNCTIVE

accélérasse	accélérassions
accélérasses	accélérassiez
accélérât	accélérassent

PLUPERFECT SUBJUNCTIVE

eusse accéléré	eussions accéléré
eusses accéléré	eussiez accéléré
eût accéléré	eussent accéléré

COMMANDS

	accélérons
accélère	accélérez

Usage

accélérer le mouvement/le pas	*to speed up the movement/the pace*
accélérer les travaux	*to speed up the work*
accélérer la mise en œuvre du plan	*to speed up the implementation of the plan*
accélérer le transfert des données	*to speed up data transmission*
Ici tu peux accélérer parce que la route est bonne.	*Here you can go faster because the road is good.*
Accélérez!	*Step on the gas!*
s'accélérer	*to move faster*
Le rythme de mon cœur s'accéléra.	*My heart started to beat faster.*

RELATED WORDS

l'accélérateur (*m*)	*accelerator* (car)
l'accéléré (*m*)	*speeded-up footage in a film*

accepter *to accept*

PRESENT		PASSÉ COMPOSÉ	
accepte	acceptons	ai accepté	avons accepté
acceptes	acceptez	as accepté	avez accepté
accepte	acceptent	a accepté	ont accepté

IMPERFECT		PLUPERFECT	
acceptais	acceptions	avais accepté	avions accepté
acceptais	acceptiez	avais accepté	aviez accepté
acceptait	acceptaient	avait accepté	avaient accepté

PASSÉ SIMPLE		PAST ANTERIOR	
acceptai	acceptâmes	eus accepté	eûmes accepté
acceptas	acceptâtes	eus accepté	eûtes accepté
accepta	acceptèrent	eut accepté	eurent accepté

FUTURE		FUTURE ANTERIOR	
accepterai	accepterons	aurai accepté	aurons accepté
accepteras	accepterez	auras accepté	aurez accepté
acceptera	accepteront	aura accepté	auront accepté

CONDITIONAL		PAST CONDITIONAL	
accepterais	accepterions	aurais accepté	aurions accepté
accepterais	accepteriez	aurais accepté	auriez accepté
accepterait	accepteraient	aurait accepté	auraient accepté

PRESENT SUBJUNCTIVE		PAST SUBJUNCTIVE	
accepte	acceptions	aie accepté	ayons accepté
acceptes	acceptiez	aies accepté	ayez accepté
accepte	acceptent	ait accepté	aient accepté

IMPERFECT SUBJUNCTIVE		PLUPERFECT SUBJUNCTIVE	
acceptasse	acceptassions	eusse accepté	eussions accepté
acceptasses	acceptassiez	eusses accepté	eussiez accepté
acceptât	acceptassent	eût accepté	eussent accepté

COMMANDS	
	acceptons
accepte	acceptez

Usage

accepter une invitation	*to accept an invitation*
accepter un défi	*to accept a challenge*
Ce professeur accepte tout de ses élèves.	*That teacher puts up with anything from his students.*
Accepte cette perte comme une leçon.	*Take that loss as a lesson.*
Je n'accepte pas que ma vie soit ennuyeuse.	*I can't accept that my life might be boring.*
Il n'accepte pas que son fils abandonne ses études.	*He can't agree to his son's quitting school.*
Je n'accepte pas ton explication.	*I don't buy your explanation.*

RELATED WORD

l'acception *(f)*	*meaning of a word*

regular *-er* verb　　**j'accompagne · j'accompagnai · accompagné · accompagnant**

PRESENT		PASSÉ COMPOSÉ	
accompagne	accompagnons	ai accompagné	avons accompagné
accompagnes	accompagnez	as accompagné	avez accompagné
accompagne	accompagnent	a accompagné	ont accompagné

IMPERFECT		PLUPERFECT	
accompagnais	accompagnions	avais accompagné	avions accompagné
accompagnais	accompagniez	avais accompagné	aviez accompagné
accompagnait	accompagnaient	avait accompagné	avaient accompagné

PASSÉ SIMPLE		PAST ANTERIOR	
accompagnai	accompagnâmes	eus accompagné	eûmes accompagné
accompagnas	accompagnâtes	eus accompagné	eûtes accompagné
accompagna	accompagnèrent	eut accompagné	eurent accompagné

FUTURE		FUTURE ANTERIOR	
accompagnerai	accompagnerons	aurai accompagné	aurons accompagné
accompagneras	accompagnerez	auras accompagné	aurez accompagné
accompagnera	accompagneront	aura accompagné	auront accompagné

CONDITIONAL		PAST CONDITIONAL	
accompagnerais	accompagnerions	aurais accompagné	aurions accompagné
accompagnerais	accompagneriez	aurais accompagné	auriez accompagné
accompagnerait	accompagneraient	aurait accompagné	auraient accompagné

PRESENT SUBJUNCTIVE		PAST SUBJUNCTIVE	
accompagne	accompagnions	aie accompagné	ayons accompagné
accompagnes	accompagniez	aies accompagné	ayez accompagné
accompagne	accompagnent	ait accompagné	aient accompagné

IMPERFECT SUBJUNCTIVE		PLUPERFECT SUBJUNCTIVE	
accompagnasse	accompagnassions	eusse accompagné	eussions accompagné
accompagnasses	accompagnassiez	eusses accompagné	eussiez accompagné
accompagnât	accompagnassent	eût accompagné	eussent accompagné

COMMANDS	
	accompagnons
accompagne	accompagnez

Usage

Je ne suis pas accompagné.	*I'm alone./I've come alone.*
Il n'y a aucune carte qui accompagne ce cadeau?	*There's no card with this gift?*
un bifteck accompagné de champignons	*a steak with mushrooms*
Un pianiste accompagne la flûtiste.	*A pianist accompanies the flutist.*

COMPOUND

raccompagner qqn	*to walk someone home*
—Bon, je m'en vais.	*Well, I'm leaving.*
—Attends, je te raccompagne.	*Wait, I'll walk you home.*

accomplir *to accomplish, achieve*

j'accomplis · j'accomplis · accompli · accomplissant   regular *-ir* verb

PRESENT		PASSÉ COMPOSÉ	
accomplis	accomplissons	ai accompli	avons accompli
accomplis	accomplissez	as accompli	avez accompli
accomplit	accomplissent	a accompli	ont accompli

IMPERFECT		PLUPERFECT	
accomplissais	accomplissions	avais accompli	avions accompli
accomplissais	accomplissiez	avais accompli	aviez accompli
accomplissait	accomplissaient	avait accompli	avaient accompli

PASSÉ SIMPLE		PAST ANTERIOR	
accomplis	accomplîmes	eus accompli	eûmes accompli
accomplis	accomplîtes	eus accompli	eûtes accompli
accomplit	accomplirent	eut accompli	eurent accompli

FUTURE		FUTURE ANTERIOR	
accomplirai	accomplirons	aurai accompli	aurons accompli
accompliras	accomplirez	auras accompli	aurez accompli
accomplira	accompliront	aura accompli	auront accompli

CONDITIONAL		PAST CONDITIONAL	
accomplirais	accomplirions	aurais accompli	aurions accompli
accomplirais	accompliriez	aurais accompli	auriez accompli
accomplirait	accompliraient	aurait accompli	auraient accompli

PRESENT SUBJUNCTIVE		PAST SUBJUNCTIVE	
accomplisse	accomplissions	aie accompli	ayons accompli
accomplisses	accomplissiez	aies accompli	ayez accompli
accomplisse	accomplissent	ait accompli	aient accompli

IMPERFECT SUBJUNCTIVE		PLUPERFECT SUBJUNCTIVE	
accomplisse	accomplissions	eusse accompli	eussions accompli
accomplisses	accomplissiez	eusses accompli	eussiez accompli
accomplît	accomplissent	eût accompli	eussent accompli

COMMANDS	
	accomplissons
accomplis	accomplissez

Usage

accomplir une chose	*to achieve something/complete something*
accomplir un devoir	*to do/fulfill one's duty*
accomplir une tâche	*to accomplish/finish a task*
Nous avons accompli ce qu'on a décidé de faire.	*We carried out what we decided to do.*
accomplir une promesse	*to fulfill a promise*
accomplir un geste en faveur de qqn	*to make a gesture to help someone*
accomplir une mauvaise action	*to commit an evil act*
accomplir un travail	*to do/perform a job*

RELATED WORDS

un fait accompli	*a done deed*
l'accomplissement *(m)*	*accomplishment/fulfillment/achievement*

regular *-er* verb | **j'accroche · j'accrochai · accroché · accrochant**

PRESENT		PASSÉ COMPOSÉ	
accroche	accrochons	ai accroché	avons accroché
accroches	accrochez	as accroché	avez accroché
accroche	accrochent	a accroché	ont accroché

IMPERFECT		PLUPERFECT	
accrochais	accrochions	avais accroché	avions accroché
accrochais	accrochiez	avais accroché	aviez accroché
accrochait	accrochaient	avait accroché	avaient accroché

PASSÉ SIMPLE		PAST ANTERIOR	
accrochai	accrochâmes	eus accroché	eûmes accroché
accrochas	accrochâtes	eus accroché	eûtes accroché
accrocha	accrochèrent	eut accroché	eurent accroché

FUTURE		FUTURE ANTERIOR	
accrocherai	accrocherons	aurai accroché	aurons accroché
accrocheras	accrocherez	auras accroché	aurez accroché
accrochera	accrocheront	aura accroché	auront accroché

CONDITIONAL		PAST CONDITIONAL	
accrocherais	accrocherions	aurais accroché	aurions accroché
accrocherais	accrocheriez	aurais accroché	auriez accroché
accrocherait	accrocheraient	aurait accroché	auraient accroché

PRESENT SUBJUNCTIVE		PAST SUBJUNCTIVE	
accroche	accrochions	aie accroché	ayons accroché
accroches	accrochiez	aies accroché	ayez accroché
accroche	accrochent	ait accroché	aient accroché

IMPERFECT SUBJUNCTIVE		PLUPERFECT SUBJUNCTIVE	
accrochasse	accrochassions	eusse accroché	eussions accroché
accrochasses	accrochassiez	eusses accroché	eussiez accroché
accrochât	accrochassent	eût accroché	eussent accroché

COMMANDS	
	accrochons
accroche	accrochez

Usage

accrocher des tableaux/une affiche au mur	*to hang pictures/a poster on the wall*
accrocher sa veste	*to hang up one's jacket*
La voiture a accroché un camion.	*The car collided with a truck.*
s'accrocher	*to hold on*
Accroche-toi bien!	*Hold on tight!*
s'accrocher avec qqn (slang)	*to pester someone*
Il s'accroche au chef. (slang)	*He's always hanging around the boss.*
se l'accrocher (slang)	*to kiss it good-bye*
Tu peux te l'accrocher, tu sais! (slang)	*You can kiss it good-bye, you know!*

RELATED WORD

le crochet	*hook*

accroître *to increase*

j'accrois · j'accrus · accru · accroissant | irregular verb

PRESENT		PASSÉ COMPOSÉ	
accrois	accroissons	ai accru	avons accru
accrois	accroissez	as accru	avez accru
accroît	accroissent	a accru	ont accru

IMPERFECT		PLUPERFECT	
accroissais	accroissions	avais accru	avions accru
accroissais	accroissiez	avais accru	aviez accru
accroissait	accroissaient	avait accru	avaient accru

PASSÉ SIMPLE		PAST ANTERIOR	
accrus	accrûmes	eus accru	eûmes accru
accrus	accrûtes	eus accru	eûtes accru
accrut	accrurent	eut accru	eurent accru

FUTURE		FUTURE ANTERIOR	
accroîtrai	accroîtrons	aurai accru	aurons accru
accroîtras	accroîtrez	auras accru	aurez accru
accroîtra	accroîtront	aura accru	auront accru

CONDITIONAL		PAST CONDITIONAL	
accroîtrais	accroîtrions	aurais accru	aurions accru
accroîtrais	accroîtriez	aurais accru	auriez accru
accroîtrait	accroîtraient	aurait accru	auraient accru

PRESENT SUBJUNCTIVE		PAST SUBJUNCTIVE	
accroisse	accroissions	aie accru	ayons accru
accroisses	accroissiez	aies accru	ayez accru
accroisse	accroissent	ait accru	aient accru

IMPERFECT SUBJUNCTIVE		PLUPERFECT SUBJUNCTIVE	
accrusse	accrussions	eusse accru	eussions accru
accrusses	accrussiez	eusses accru	eussiez accru
accrût	accrussent	eût accru	eussent accru

COMMANDS	
	accroissons
accrois	accroissez

Usage

accroître la production agricole/industrielle	*to increase agricultural/industrial production*
Le propriétaire a accru la surface de l'usine.	*The owner increased the floor space of the factory.*
s'accroître	*to increase*
La richesse du pays s'est accrue.	*The country's wealth increased.*
Mon intérêt s'est accru.	*My interest increased.*
Sa fureur s'accroissait.	*His fury was growing.*
L'amitié entre les deux jeunes gens s'accrut.	*The friendship between the two young men grew.*
Le nombre de touristes s'accroîtra cette année.	*The number of tourists will grow this year.*

PRESENT

accueille	accueillons
accueilles	accueillez
accueille	accueillent

IMPERFECT

accueillais	accueillions
accueillais	accueilliez
accueillait	accueillaient

PASSÉ SIMPLE

accueillis	accueillîmes
accueillis	accueillîtes
accueillit	accueillirent

FUTURE

accueillerai	accueillerons
accueilleras	accueillerez
accueillera	accueilleront

CONDITIONAL

accueillerais	accueillerions
accueillerais	accueilleriez
accueillerait	accueilleraient

PRESENT SUBJUNCTIVE

accueille	accueillions
accueilles	accueilliez
accueille	accueillent

IMPERFECT SUBJUNCTIVE

accueillisse	accueillissions
accueillisses	accueillissiez
accueillît	accueillissent

COMMANDS

	accueillons
accueille	accueillez

PASSÉ COMPOSÉ

ai accueilli	avons accueilli
as accueilli	avez accueilli
a accueilli	ont accueilli

PLUPERFECT

avais accueilli	avions accueilli
avais accueilli	aviez accueilli
avait accueilli	avaient accueilli

PAST ANTERIOR

eus accueilli	eûmes accueilli
eus accueilli	eûtes accueilli
eut accueilli	eurent accueilli

FUTURE ANTERIOR

aurai accueilli	aurons accueilli
auras accueilli	aurez accueilli
aura accueilli	auront accueilli

PAST CONDITIONAL

aurais accueilli	aurions accueilli
aurais accueilli	auriez accueilli
aurait accueilli	auraient accueilli

PAST SUBJUNCTIVE

aie accueilli	ayons accueilli
aies accueilli	ayez accueilli
ait accueilli	aient accueilli

PLUPERFECT SUBJUNCTIVE

eusse accueilli	eussions accueilli
eusses accueilli	eussiez accueilli
eût accueilli	eussent accueilli

Usage

La France a accueilli de nombreux réfugiés.	*France took in a good number of refugees.*
Cette auberge accueille les jeunes voyageurs.	*This hostel takes in/lodges young travelers.*
Ils nous ont bien accueillis.	*They gave us a warm welcome.*
Des cris de joie ont accueilli l'équipe.	*Cries of joy greeted the (victorious) team.*
Le peuple a mal accueilli la nouvelle loi.	*The people gave a cool reception to the new law.*

RELATED WORDS

l'accueil (*m*)	*welcome; reception office*
Demandez à l'accueil.	*Ask at the reception desk.*
un accueil chaleureux	*a warm welcome*
On leur a fait bon accueil.	*They were given a warm welcome.*

accuser *to accuse*

j'accuse · j'accusai · accusé · accusant

regular *-er* verb

PRESENT		PASSÉ COMPOSÉ	
accuse	accusons	ai accusé	avons accusé
accuses	accusez	as accusé	avez accusé
accuse	accusent	a accusé	ont accusé

IMPERFECT		PLUPERFECT	
accusais	accusions	avais accusé	avions accusé
accusais	accusiez	avais accusé	aviez accusé
accusait	accusaient	avait accusé	avaient accusé

PASSÉ SIMPLE		PAST ANTERIOR	
accusai	accusâmes	eus accusé	eûmes accusé
accusas	accusâtes	eus accusé	eûtes accusé
accusa	accusèrent	eut accusé	eurent accusé

FUTURE		FUTURE ANTERIOR	
accuserai	accuserons	aurai accusé	aurons accusé
accuseras	accuserez	auras accusé	aurez accusé
accusera	accuseront	aura accusé	auront accusé

CONDITIONAL		PAST CONDITIONAL	
accuserais	accuserions	aurais accusé	aurions accusé
accuserais	accuseriez	aurais accusé	auriez accusé
accuserait	accuseraient	aurait accusé	auraient accusé

PRESENT SUBJUNCTIVE		PAST SUBJUNCTIVE	
accuse	accusions	aie accusé	ayons accusé
accuses	accusiez	aies accusé	ayez accusé
accuse	accusent	ait accusé	aient accusé

IMPERFECT SUBJUNCTIVE		PLUPERFECT SUBJUNCTIVE	
accusasse	accusassions	eusse accusé	eussions accusé
accusasses	accusassiez	eusses accusé	eussiez accusé
accusât	accusassent	eût accusé	eussent accusé

COMMANDS	
	accusons
accuse	accusez

Usage

accuser qqn d'un crime	*to accuse someone of a crime*
accuser qqn de vol	*to accuse someone of theft*
accuser qqn de meurtre	*to accuse someone of murder*
accuser qqn sans preuves	*to accuse someone without proof*
accuser le destin/le sort/les événements	*to blame destiny/fate/events*
Vous n'avez pas le droit de m'accuser!	*You have no right to accuse me!*
J'accuse!	*I accuse!* (famous 1898 manifesto by Émile Zola in the Dreyfus case)

RELATED WORDS

l'accusé(e)	*the defendant/the accused*
l'accusation *(f)*	*accusation/charge*
accusé(e)	*marked/noticeable*

-er verb; spelling change: *é > è*/mute e   **j'achète · j'achetai · acheté · achetant**

PRESENT			
achète	achetons		
achètes	achetez		
achète	achètent		

PASSÉ COMPOSÉ			
ai acheté	avons acheté		
as acheté	avez acheté		
a acheté	ont acheté		

IMPERFECT			
achetais	achetions		
achetais	achetiez		
achetait	achetaient		

PLUPERFECT			
avais acheté	avions acheté		
avais acheté	aviez acheté		
avait acheté	avaient acheté		

PASSÉ SIMPLE			
achetai	achetâmes		
achetas	achetâtes		
acheta	achetèrent		

PAST ANTERIOR			
eus acheté	eûmes acheté		
eus acheté	eûtes acheté		
eut acheté	eurent acheté		

FUTURE			
achèterai	achèterons		
achèteras	achèterez		
achètera	achèteront		

FUTURE ANTERIOR			
aurai acheté	aurons acheté		
auras acheté	aurez acheté		
aura acheté	auront acheté		

CONDITIONAL			
achèterais	achèterions		
achèterais	achèteriez		
achèterait	achèteraient		

PAST CONDITIONAL			
aurais acheté	aurions acheté		
aurais acheté	auriez acheté		
aurait acheté	auraient acheté		

PRESENT SUBJUNCTIVE			
achète	achetions		
achètes	achetiez		
achète	achètent		

PAST SUBJUNCTIVE			
aie acheté	ayons acheté		
aies acheté	ayez acheté		
ait acheté	aient acheté		

IMPERFECT SUBJUNCTIVE			
achetasse	achetassions		
achetasses	achetassiez		
achetât	achetassent		

PLUPERFECT SUBJUNCTIVE			
eusse acheté	eussions acheté		
eusses acheté	eussiez acheté		
eût acheté	eussent acheté		

COMMANDS	
	achetons
achète	achetez

Usage

NOTE: *Acheter* is often followed by the partitive, especially when talking about buying food.

acheter qqch	*to buy something*
acheter de la viande	*to buy meat*
acheter des légumes	*to buy vegetables*
acheter des fruits	*to buy fruit*
acheter du café	*to buy coffee*

RELATED WORDS

l'achat *(m)*	*purchase*
les achats *(mpl)*	*shopping*
un centre d'achats	*shopping center* (Canadian term)
l'acheteur *(m)*/acheteuse *(f)*	*buyer*

TOP 30 VERB ☞

acheter *to buy*

j'achète · j'achetai · acheté · achetant   -er verb; spelling change: é > è/mute e

Qu'est-ce qu'on achète?

acheter des cadeaux de Noël	*to buy Christmas gifts*
acheter un bijou/un diamant pour sa fiancée	*to buy a jewel/a diamond for one's fiancée*

Les rapports entre acheteurs et vendeurs

acheter qqch à qqn	*to buy something for someone*
Regarde! Je t'ai acheté un pain au chocolat.	*Look! I've bought you a chocolate croissant.*
Si tu descends, achète-moi le journal.	*If you're going down, buy me the paper.*

(Notice that the same structure can have the opposite meaning.)

acheter qqch à qqn	*to buy something from someone*
Nous achetons notre café à cet épicier.	*We buy our coffee from this grocer.*
À qui as-tu acheté cette vieille voiture?	*From whom did you buy that old car?*

Comment acheter?

acheter qqch bon marché	*to buy something cheap*
acheter qqch très cher	*to pay a lot for something*
acheter qqch d'occasion	*to buy something used, secondhand*
acheter en gros	*to buy wholesale*
acheter au détail	*to buy retail*
acheter à crédit	*to buy on credit*
acheter au comptant	*to buy with cash*

La joie d'acheter

Ma mère adore acheter.	*My mother loves to shop.*
Demain je vais faire des achats.	*Tomorrow I'm going to do some shopping.*
En décembre les magasins sont pleins d'acheteurs.	*In December the stores are full of shoppers.*
Tout le monde fait ses achats de Noël.	*Everyone is doing his Christmas shopping.*

acheter et la corruption

acheter des électeurs	*to buy votes*
acheter un juge/un ministre	*to bribe a judge/a high government official*
acheter la loyauté de qqn	*to buy someone's loyalty*

racheter

le rachat	*repurchase; ransom*
racheter une propriété	*to buy back a piece of property*
Il m'a racheté cette vieille maison.	*He took that old house off my hands.*
racheter un prisonnier	*to ransom a prisoner*

TOP 30 VERBS

-er verb; spelling change: é > è/mute e   **j'achève · j'achevai · achevé · achevant**

PRESENT		PASSÉ COMPOSÉ	
achève	achevons	ai achevé	avons achevé
achèves	achevez	as achevé	avez achevé
achève	achèvent	a achevé	ont achevé

IMPERFECT		PLUPERFECT	
achevais	achevions	avais achevé	avions achevé
achevais	acheviez	avais achevé	aviez achevé
achevait	achevaient	avait achevé	avaient achevé

PASSÉ SIMPLE		PAST ANTERIOR	
achevai	achevâmes	eus achevé	eûmes achevé
achevas	achevâtes	eus achevé	eûtes achevé
acheva	achevèrent	eut achevé	eurent achevé

FUTURE		FUTURE ANTERIOR	
achèverai	achèverons	aurai achevé	aurons achevé
achèveras	achèverez	auras achevé	aurez achevé
achèvera	achèveront	aura achevé	auront achevé

CONDITIONAL		PAST CONDITIONAL	
achèverais	achèverions	aurais achevé	aurions achevé
achèverais	achèveriez	aurais achevé	auriez achevé
achèverait	achèveraient	aurait achevé	auraient achevé

PRESENT SUBJUNCTIVE		PAST SUBJUNCTIVE	
achève	achevions	aie achevé	ayons achevé
achèves	acheviez	aies achevé	ayez achevé
achève	achèvent	ait achevé	aient achevé

IMPERFECT SUBJUNCTIVE		PLUPERFECT SUBJUNCTIVE	
achevasse	achevassions	eusse achevé	eussions achevé
achevasses	achevassiez	eusses achevé	eussiez achevé
achevât	achevassent	eût achevé	eussent achevé

COMMANDS	
	achevons
achève	achevez

Usage

achever qqch	*to finish something*
achever son déjeuner	*to finish one's lunch*
achever le projet	*to complete the project*
achever sa tâche	*to finish one's task*
achever la lecture du roman	*to finish reading the novel*
achever le travail	*to finish the work*
achever sa lettre	*to finish one's letter*
achever sa réponse	*to finish one's answer*
Le peintre a achevé son tableau.	*The painter finished his painting.*
L'écrivain a achevé son conte.	*The writer finished his short story.*
L'avocat a achevé son plaidoyer.	*The lawyer finished his plea.*
L'informaticien a achevé son logiciel.	*The computer specialist finished his software program.*

acquérir   *to acquire*

PRESENT		PASSÉ COMPOSÉ	
acquiers	acquérons	ai acquis	avons acquis
acquiers	acquérez	as acquis	avez acquis
acquiert	acquièrent	a acquis	ont acquis

IMPERFECT		PLUPERFECT	
acquérais	acquérions	avais acquis	avions acquis
acquérais	acquériez	avais acquis	aviez acquis
acquérait	acquéraient	avait acquis	avaient acquis

PASSÉ SIMPLE		PAST ANTERIOR	
acquis	acquîmes	eus acquis	eûmes acquis
acquis	acquîtes	eus acquis	eûtes acquis
acquit	acquirent	eut acquis	eurent acquis

FUTURE		FUTURE ANTERIOR	
acquerrai	acquerrons	aurai acquis	aurons acquis
acquerras	acquerrez	auras acquis	aurez acquis
acquerra	acquerront	aura acquis	auront acquis

CONDITIONAL		PAST CONDITIONAL	
acquerrais	acquerrions	aurais acquis	aurions acquis
acquerrais	acquerriez	aurais acquis	auriez acquis
acquerrait	acquerraient	aurait acquis	auraient acquis

PRESENT SUBJUNCTIVE		PAST SUBJUNCTIVE	
acquière	acquérions	aie acquis	ayons acquis
acquières	acquériez	aies acquis	ayez acquis
acquière	acquièrent	ait acquis	aient acquis

IMPERFECT SUBJUNCTIVE		PLUPERFECT SUBJUNCTIVE	
acquisse	acquissions	eusse acquis	eussions acquis
acquisses	acquissiez	eusses acquis	eussiez acquis
acquît	acquissent	eût acquis	eussent acquis

COMMANDS	
	acquérons
acquiers	acquérez

Usage

acquérir un terrain	*to purchase a piece of land*
acquérir un terrain par succession	*to inherit a piece of land*
acquérir une grande renommée	*to acquire fame*

RELATED WORDS

C'est un fait acquis.	*It's an established fact.*
Il est acquis que...	*It's established that . . .*
Je vous suis tout acquis/tout acquise.	*I'm all yours.*
Je suis acquis(e) à cette idée.	*I've come to be an advocate of that idea.*
un acquis, de l'acquis	*acquired knowledge*
Les langues sont un acquis important.	*Languages are a valuable acquisition.*
une acquisition	*purchase/acquisition*
faire l'acquisition d'un immeuble	*to buy an apartment building*

irregular verb; only one *t* in the singular of the present tense

j'admets · j'admis · admis · admettant

PRESENT

admets	admettons
admets	admettez
admet	admettent

PASSÉ COMPOSÉ

ai admis	avons admis
as admis	avez admis
a admis	ont admis

IMPERFECT

admettais	admettions
admettais	admettiez
admettait	admettaient

PLUPERFECT

avais admis	avions admis
avais admis	aviez admis
avait admis	avaient admis

PASSÉ SIMPLE

admis	admîmes
admis	admîtes
admit	admirent

PAST ANTERIOR

eus admis	eûmes admis
eus admis	eûtes admis
eut admis	eurent admis

FUTURE

admettrai	admettrons
admettras	admettrez
admettra	admettront

FUTURE ANTERIOR

aurai admis	aurons admis
auras admis	aurez admis
aura admis	auront admis

CONDITIONAL

admettrais	admettrions
admettrais	admettriez
admettrait	admettraient

PAST CONDITIONAL

aurais admis	aurions admis
aurais admis	auriez admis
aurait admis	auraient admis

PRESENT SUBJUNCTIVE

admette	admettions
admettes	admettiez
admette	admettent

PAST SUBJUNCTIVE

aie admis	ayons admis
aies admis	ayez admis
ait admis	aient admis

IMPERFECT SUBJUNCTIVE

admisse	admissions
admisses	admissiez
admît	admissent

PLUPERFECT SUBJUNCTIVE

eusse admis	eussions admis
eusses admis	eussiez admis
eût admis	eussent admis

COMMANDS

	admettons
admets	admettez

Usage

Les animaux ne sont pas admis dans ce restaurant.	*Animals are not allowed in this restaurant.*
Il admet que nous avons raison.	*He admits we are right.*
Le ton de son ordre n'admet pas d'objection.	*The tone of his order doesn't allow any objections.*
Cette règle n'admet pas d'exception.	*This rule allows no exceptions.*
Ma fille a été admise au concours!	*My daughter passed the exam!*
Admettons qu'il sache le faire.	*Let's suppose he knows how to do it.*
En admettant qu'il puisse apparaître...	*Assuming that he might appear . . .*
Il est admis que...	*It's an accepted fact that . . .*
se faire admettre à un club	*to get accepted to a club*

RELATED WORD

l'admission *(f)* au concours	*passing the test*

admirer   *to admire*

PRESENT		PASSÉ COMPOSÉ	
admire	admirons	ai admiré	avons admiré
admires	admirez	as admiré	avez admiré
admire	admirent	a admiré	ont admiré

IMPERFECT		PLUPERFECT	
admirais	admirions	avais admiré	avions admiré
admirais	admiriez	avais admiré	aviez admiré
admirait	admiraient	avait admiré	avaient admiré

PASSÉ SIMPLE		PAST ANTERIOR	
admirai	admirâmes	eus admiré	eûmes admiré
admiras	admirâtes	eus admiré	eûtes admiré
admira	admirèrent	eut admiré	eurent admiré

FUTURE		FUTURE ANTERIOR	
admirerai	admirerons	aurai admiré	aurons admiré
admireras	admirerez	auras admiré	aurez admiré
admirera	admireront	aura admiré	auront admiré

CONDITIONAL		PAST CONDITIONAL	
admirerais	admirerions	aurais admiré	aurions admiré
admirerais	admireriez	aurais admiré	auriez admiré
admirerait	admireraient	aurait admiré	auraient admiré

PRESENT SUBJUNCTIVE		PAST SUBJUNCTIVE	
admire	admirions	aie admiré	ayons admiré
admires	admiriez	aies admiré	ayez admiré
admire	admirent	ait admiré	aient admiré

IMPERFECT SUBJUNCTIVE		PLUPERFECT SUBJUNCTIVE	
admirasse	admirassions	eusse admiré	eussions admiré
admirasses	admirassiez	eusses admiré	eussiez admiré
admirât	admirassent	eût admiré	eussent admiré

COMMANDS	
	admirons
admire	admirez

Usage

Jacquot admire son père.	*Jacquot admires his father.*
Les étudiants admirent leur professeur.	*The students admire their teacher.*
J'admire votre franchise.	*I admire your frankness.*
Nous admirons la compétence de ce joueur de football.	*We admire the ability of this soccer player.*

RELATED WORDS

l'admiration *(f)*	*admiration*
Nous sommes remplis d'admiration pour nos soldats.	*We are filled with admiration for our soldiers.*
Je trouve que votre courage est admirable.	*I find your courage admirable.*
Sa maîtrise de la langue allemande est admirable.	*His mastery/command of the German language is admirable.*

regular -er verb   **j'adore · j'adorai · adoré · adorant**

PRESENT

adore	adorons
adores	adorez
adore	adorent

PASSÉ COMPOSÉ

ai adoré	avons adoré
as adoré	avez adoré
a adoré	ont adoré

IMPERFECT

adorais	adorions
adorais	adoriez
adorait	adoraient

PLUPERFECT

avais adoré	avions adoré
avais adoré	aviez adoré
avait adoré	avaient adoré

PASSÉ SIMPLE

adorai	adorâmes
adoras	adorâtes
adora	adorèrent

PAST ANTERIOR

eus adoré	eûmes adoré
eus adoré	eûtes adoré
eut adoré	eurent adoré

FUTURE

adorerai	adorerons
adoreras	adorerez
adorera	adoreront

FUTURE ANTERIOR

aurai adoré	aurons adoré
auras adoré	aurez adoré
aura adoré	auront adoré

CONDITIONAL

adorerais	adorerions
adorerais	adoreriez
adorerait	adoreraient

PAST CONDITIONAL

aurais adoré	aurions adoré
aurais adoré	auriez adoré
aurait adoré	auraient adoré

PRESENT SUBJUNCTIVE

adore	adorions
adores	adoriez
adore	adorent

PAST SUBJUNCTIVE

aie adoré	ayons adoré
aies adoré	ayez adoré
ait adoré	aient adoré

IMPERFECT SUBJUNCTIVE

adorasse	adorassions
adorasses	adorassiez
adorât	adorassent

PLUPERFECT SUBJUNCTIVE

eusse adoré	eussions adoré
eusses adoré	eussiez adoré
eût adoré	eussent adoré

COMMANDS

	adorons
adore	adorez

Usage

adorer le Seigneur	*to worship the Lord*
J'adore ce chanteur.	*I love that singer.*
Cet enfant adore le pain au chocolat.	*This child loves chocolate croissants.*
adorer faire qqch	*to love to do something*
J'adore nager dans un lac.	*I love to swim in a lake.*
J'adore regarder les matchs à la télé.	*I love watching sports on TV.*
Elle adore recevoir des cadeaux.	*She loves getting gifts.*

RELATED WORDS

l'adoration *(f)*	*worship/adoration*
adorable	*adorable/very cute*
Votre fille est adorable.	*Your daughter is adorable.*

agacer *to irritate, annoy, pester*

j'agace · j'agaçai · agacé · agaçant   *-er* verb; spelling change: *c* > *ç/a, o*

PRESENT		PASSÉ COMPOSÉ	
agace	agaçons	ai agacé	avons agacé
agaces	agacez	as agacé	avez agacé
agace	agacent	a agacé	ont agacé

IMPERFECT		PLUPERFECT	
agaçais	agacions	avais agacé	avions agacé
agaçais	agaciez	avais agacé	aviez agacé
agaçait	agaçaient	avait agacé	avaient agacé

PASSÉ SIMPLE		PAST ANTERIOR	
agaçai	agaçâmes	eus agacé	eûmes agacé
agaças	agaçâtes	eus agacé	eûtes agacé
agaça	agacèrent	eut agacé	eurent agacé

FUTURE		FUTURE ANTERIOR	
agacerai	agacerons	aurai agacé	aurons agacé
agaceras	agacerez	auras agacé	aurez agacé
agacera	agaceront	aura agacé	auront agacé

CONDITIONAL		PAST CONDITIONAL	
agacerais	agacerions	aurais agacé	aurions agacé
agacerais	agaceriez	aurais agacé	auriez agacé
agacerait	agaceraient	aurait agacé	auraient agacé

PRESENT SUBJUNCTIVE		PAST SUBJUNCTIVE	
agace	agacions	aie agacé	ayons agacé
agaces	agaciez	aies agacé	ayez agacé
agace	agacent	ait agacé	aient agacé

IMPERFECT SUBJUNCTIVE		PLUPERFECT SUBJUNCTIVE	
agaçasse	agaçassions	eusse agacé	eussions agacé
agaçasses	agaçassiez	eusses agacé	eussiez agacé
agaçât	agaçassent	eût agacé	eussent agacé

COMMANDS	
	agaçons
agace	agacez

Usage

agacer qqn	*to pester someone/get on someone's nerves*
Arrête! Tu m'agaces!	*Stop! You're getting on my nerves!*
Ses remarques m'ont agacé les nerfs.	*His remarks got on my nerves.*
Le chahut de la rue commence à m'agacer.	*The ruckus from the street is starting to get on my nerves.*
Nous étions drôlement agacés de le voir.	*We were pretty irritated at seeing him.*

RELATED WORDS

agaçant(e)	*irritating/annoying*
Tous ces potins sont agaçants.	*All this gossip is annoying.*
l'agacement *(m)*	*irritated annoyance*
Le chef a répondu avec agacement.	*The boss answered in an irritated manner.*

regular *-ir* verb | **j'agis · j'agis · agi · agissant**

PRESENT

agis	agissons
agis	agissez
agit	agissent

IMPERFECT

agissais	agissions
agissais	agissiez
agissait	agissaient

PASSÉ SIMPLE

agis	agîmes
agis	agîtes
agit	agirent

FUTURE

agirai	agirons
agiras	agirez
agira	agiront

CONDITIONAL

agirais	agirions
agirais	agiriez
agirait	agiraient

PRESENT SUBJUNCTIVE

agisse	agissions
agisses	agissiez
agisse	agissent

IMPERFECT SUBJUNCTIVE

agisse	agissions
agisses	agissiez
agît	agissent

COMMANDS

	agissons
agis	agissez

PASSÉ COMPOSÉ

ai agi	avons agi
as agi	avez agi
a agi	ont agi

PLUPERFECT

avais agi	avions agi
avais agi	aviez agi
avait agi	avaient agi

PAST ANTERIOR

eus agi	eûmes agi
eus agi	eûtes agi
eut agi	eurent agi

FUTURE ANTERIOR

aurai agi	aurons agi
auras agi	aurez agi
aura agi	auront agi

PAST CONDITIONAL

aurais agi	aurions agi
aurais agi	auriez agi
aurait agi	auraient agi

PAST SUBJUNCTIVE

aie agi	ayons agi
aies agi	ayez agi
ait agi	aient agi

PLUPERFECT SUBJUNCTIVE

eusse agi	eussions agi
eusses agi	eussiez agi
eût agi	eussent agi

Usage

Il faut agir!	*We have to act!/We have to do something!*
Il faut agir tout de suite!	*We have to do something right away!*
agir à temps	*to act/take action in time*
agir seul(e)	*to act alone/go it alone*
agir sagement	*to act wisely/intelligently*
agir en ami	*to act as a friend*
agir en conseiller	*to act/conduct oneself as an adviser/consultant*
agir en chef	*to behave the way a boss does/should*
Mais tu agis comme un bébé.	*But you're acting like a baby.*
Quand est-ce que vous déciderez d'agir?	*When will you decide to act/to take action?*

aider   *to help*

j'aide · j'aidai · aidé · aidant   regular *-er* verb

PRESENT		PASSÉ COMPOSÉ	
aide	aidons	ai aidé	avons aidé
aides	aidez	as aidé	avez aidé
aide	aident	a aidé	ont aidé

IMPERFECT		PLUPERFECT	
aidais	aidions	avais aidé	avions aidé
aidais	aidiez	avais aidé	aviez aidé
aidait	aidaient	avait aidé	avaient aidé

PASSÉ SIMPLE		PAST ANTERIOR	
aidai	aidâmes	eus aidé	eûmes aidé
aidas	aidâtes	eus aidé	eûtes aidé
aida	aidèrent	eut aidé	eurent aidé

FUTURE		FUTURE ANTERIOR	
aiderai	aiderons	aurai aidé	aurons aidé
aideras	aiderez	auras aidé	aurez aidé
aidera	aideront	aura aidé	auront aidé

CONDITIONAL		PAST CONDITIONAL	
aiderais	aiderions	aurais aidé	aurions aidé
aiderais	aideriez	aurais aidé	auriez aidé
aiderait	aideraient	aurait aidé	auraient aidé

PRESENT SUBJUNCTIVE		PAST SUBJUNCTIVE	
aide	aidions	aie aidé	ayons aidé
aides	aidiez	aies aidé	ayez aidé
aide	aident	ait aidé	aient aidé

IMPERFECT SUBJUNCTIVE		PLUPERFECT SUBJUNCTIVE	
aidasse	aidassions	eusse aidé	eussions aidé
aidasses	aidassiez	eusses aidé	eussiez aidé
aidât	aidassent	eût aidé	eussent aidé

COMMANDS	
	aidons
aide	aidez

Usage

Je peux t'aider à laver la vaisselle?	*Can I help you do the dishes?*
le temps aidant	*in the course of time*
Le temps aidant, ils se sont raccommodés.	*In the course of time, they made up.*
La télé m'aide à passer le temps.	*The TV helps me pass the time.*

RELATED WORDS

l'aide *(f)*	*help*
Je te remercie de ton aide.	*I thank you for your help.*
Il l'a fait sans notre aide.	*He did it without our help.*
un/une aide	*assistant*
un/une aide de laboratoire	*a laboratory assistant*

PROVERB

Aide-toi, le ciel t'aidera.	*Heaven helps those who help themselves.*

regular -*er* verb · j'aime · j'aimai · aimé · aimant

PRESENT		PASSÉ COMPOSÉ	
aime	aimons	ai aimé	avons aimé
aimes	aimez	as aimé	avez aimé
aime	aiment	a aimé	ont aimé

IMPERFECT		PLUPERFECT	
aimais	aimions	avais aimé	avions aimé
aimais	aimiez	avais aimé	aviez aimé
aimait	aimaient	avait aimé	avaient aimé

PASSÉ SIMPLE		PAST ANTERIOR	
aimai	aimâmes	eus aimé	eûmes aimé
aimas	aimâtes	eus aimé	eûtes aimé
aima	aimèrent	eut aimé	eurent aimé

FUTURE		FUTURE ANTERIOR	
aimerai	aimerons	aurai aimé	aurons aimé
aimeras	aimerez	auras aimé	aurez aimé
aimera	aimeront	aura aimé	auront aimé

CONDITIONAL		PAST CONDITIONAL	
aimerais	aimerions	aurais aimé	aurions aimé
aimerais	aimeriez	aurais aimé	auriez aimé
aimerait	aimeraient	aurait aimé	auraient aimé

PRESENT SUBJUNCTIVE		PAST SUBJUNCTIVE	
aime	aimions	aie aimé	ayons aimé
aimes	aimiez	aies aimé	ayez aimé
aime	aiment	ait aimé	aient aimé

IMPERFECT SUBJUNCTIVE		PLUPERFECT SUBJUNCTIVE	
aimasse	aimassions	eusse aimé	eussions aimé
aimasses	aimassiez	eusses aimé	eussiez aimé
aimât	aimassent	eût aimé	eussent aimé

COMMANDS	
	aimons
aime	aimez

Usage

Je t'aime.	*I love you.*
Il aime la bonne table.	*He likes good food.*
Tu aimes la natation?	*Do you like swimming?*
Il aime qu'on lui écrive.	*He likes for people to write to him.*
Je n'aime pas que tu me parles sur ce ton.	*I don't like it when you speak to me in that tone of voice.*
J'aime le cinéma.	*I like the movies.*
Ils s'aiment beaucoup.	*They love each other a lot.*
J'aime mieux penser qu'il n'était pas au courant.	*I prefer to think that he wasn't aware of the matter.*
Il aimerait autant rester à la maison.	*He'd just as soon stay home.*

PROVERB

Qui aime bien, châtie bien.	*Spare the rod and spoil the child.*

ajouter *to add*

regular *-er* verb

PRESENT		PASSÉ COMPOSÉ	
ajoute	ajoutons	ai ajouté	avons ajouté
ajoutes	ajoutez	as ajouté	avez ajouté
ajoute	ajoutent	a ajouté	ont ajouté

IMPERFECT		PLUPERFECT	
ajoutais	ajoutions	avais ajouté	avions ajouté
ajoutais	ajoutiez	avais ajouté	aviez ajouté
ajoutait	ajoutaient	avait ajouté	avaient ajouté

PASSÉ SIMPLE		PAST ANTERIOR	
ajoutai	ajoutâmes	eus ajouté	eûmes ajouté
ajoutas	ajoutâtes	eus ajouté	eûtes ajouté
ajouta	ajoutèrent	eut ajouté	eurent ajouté

FUTURE		FUTURE ANTERIOR	
ajouterai	ajouterons	aurai ajouté	aurons ajouté
ajouteras	ajouterez	auras ajouté	aurez ajouté
ajoutera	ajouteront	aura ajouté	auront ajouté

CONDITIONAL		PAST CONDITIONAL	
ajouterais	ajouterions	aurais ajouté	aurions ajouté
ajouterais	ajouteriez	aurais ajouté	auriez ajouté
ajouterait	ajouteraient	aurait ajouté	auraient ajouté

PRESENT SUBJUNCTIVE		PAST SUBJUNCTIVE	
ajoute	ajoutions	aie ajouté	ayons ajouté
ajoutes	ajoutiez	aies ajouté	ayez ajouté
ajoute	ajoutent	ait ajouté	aient ajouté

IMPERFECT SUBJUNCTIVE		PLUPERFECT SUBJUNCTIVE	
ajoutasse	ajoutassions	eusse ajouté	eussions ajouté
ajoutasses	ajoutassiez	eusses ajouté	eussiez ajouté
ajoutât	ajoutassent	eût ajouté	eussent ajouté

COMMANDS	
	ajoutons
ajoute	ajoutez

Usage

Combien de carottes faut-il ajouter à la soupe?	*How many carrots do you have to add to the soup?*
—Tu n'as rien à ajouter?	*You have nothing more to add?*
—Si, je voudrais ajouter que...	*Yes, I'd like to add that . . .*
Je crois que ma fille veut ajouter un mot.	*I think my daughter would like to add something.*
Permettez-moi d'ajouter quelques remarques.	*Allow me to add a few remarks.*
Si vous ajoutez son manque d'intégrité à sa grossièreté, vous pouvez comprendre pourquoi on l'a renvoyé.	*If you add his lack of honesty to his coarseness, you can understand why he was fired.*
Son arrivée n'a fait qu'ajouter à la confusion.	*His arrival did nothing but add to the confusion.*

-er verb; spelling changes:
é > è/mute e; g > ge/a, o

j'allège · j'allégeai · allégé · allégeant

PRESENT

allège	allégeons
allèges	allégez
allège	allègent

IMPERFECT

allégeais	allégions
allégeais	allégiez
allégeait	allégeaient

PASSÉ SIMPLE

allégeai	allégeâmes
allégeas	allégeâtes
allégea	allégèrent

FUTURE

allégerai	allégerons
allégeras	allégerez
allégera	allégeront

CONDITIONAL

allégerais	allégerions
allégerais	allégeriez
allégerait	allégeraient

PRESENT SUBJUNCTIVE

allège	allégions
allèges	allégiez
allège	allègent

IMPERFECT SUBJUNCTIVE

allégeasse	allégeassions
allégeasses	allégeassiez
allégeât	allégeassent

COMMANDS

	allégeons
allège	allégez

PASSÉ COMPOSÉ

ai allégé	avons allégé
as allégé	avez allégé
a allégé	ont allégé

PLUPERFECT

avais allégé	avions allégé
avais allégé	aviez allégé
avait allégé	avaient allégé

PAST ANTERIOR

eus allégé	eûmes allégé
eus allégé	eûtes allégé
eut allégé	eurent allégé

FUTURE ANTERIOR

aurai allégé	aurons allégé
auras allégé	aurez allégé
aura allégé	auront allégé

PAST CONDITIONAL

aurais allégé	aurions allégé
aurais allégé	auriez allégé
aurait allégé	auraient allégé

PAST SUBJUNCTIVE

aie allégé	ayons allégé
aies allégé	ayez allégé
ait allégé	aient allégé

PLUPERFECT SUBJUNCTIVE

eusse allégé	eussions allégé
eusses allégé	eussiez allégé
eût allégé	eussent allégé

Usage

alléger les impôts	*to reduce taxes*
alléger un emploi de temps trop chargé	*to lighten a schedule that's too heavy*
alléger la charge	*to lighten one's duties*
alléger un fardeau	*to lighten a burden*
Il faut alléger cette malle. Personne ne pourra la lever.	*You have to lighten that trunk. No one will be able to lift it.*
Tes mots ont allégé ma douleur.	*Your words have alleviated my sorrow.*
Votre présence va alléger sa peine.	*Your presence will lighten her pain.*
Je crois que mes remarques ont allégé l'atmosphère.	*I think my remarks helped clear the air.*

aller pour la santé et l'état des choses

Ça va?	*How are things?* (informal)
Comment allez-vous?	*How are you?* (formal)
Je vais bien, merci.	*I'm fine, thanks.*
Tout va bien.	*Everything is OK.*
Comment vont tes études?	*How are you doing at school?*
Ça va mal.	*There's trouble./Things are going badly.*

aller pour exprimer ce qui convient quant à la mesure, au style, etc.

Ce manteau te va très bien.	*That coat looks good on you.*
Cette couleur ne te va pas du tout.	*That color doesn't look good on you at all.*
Cette chaleur ne me va pas.	*This heat doesn't suit me.*
Ta cravate ne va pas avec ta veste.	*Your tie doesn't match your jacket.*
Tout le monde se retrouve au café à quatre heures. Ça te va?	*Everyone is meeting at the café at four. Is that OK for you?*
Ça va cahin-caha.	*Things are so-so.*
La situation va de mal en pis.	*The situation is going from bad to worse.*

aller + infinitif (le futur proche)

—Qu'est-ce tu vas faire aujourd'hui?	*What are you going to do today?*
—Je vais travailler à la bibliothèque.	*I'm going to study at the library.*
J'allais vous demander un service.	*I was going to ask you for a favor.*

aller chercher

Je vais chercher le médecin.	*I'm going to go get the doctor.*
Tu peux aller me chercher le journal?	*Can you go get me the newspaper?*

aller avec *y* et *en*

On y va?	*Shall we go?*
Il faut y aller doucement.	*Easy does it.*
Il y va de ta carrière.	*Your career is at stake.*
Il en va de même pour nous.	*The same is true of us.*

aller aux activités

aller à la pêche	*to go fishing*
aller à la chasse	*to go hunting*
aller aux nouvelles	*to go find out what's happening*

aller dans les expressions

Ça va sans dire.	*That goes without saying.*
se laisser aller	*to be unkempt/to let oneself go*

irregular verb; compound tenses with *être* | **je vais · j'allai · allé · allant**

PRESENT

vais	allons
vas	allez
va	vont

PASSÉ COMPOSÉ

suis allé(e)	sommes allé(e)s
es allé(e)	êtes allé(e)(s)
est allé(e)	sont allé(e)s

IMPERFECT

allais	allions
allais	alliez
allait	allaient

PLUPERFECT

étais allé(e)	étions allé(e)s
étais allé(e)	étiez allé(e)(s)
était allé(e)	étaient allé(e)s

PASSÉ SIMPLE

allai	allâmes
allas	allâtes
alla	allèrent

PAST ANTERIOR

fus allé(e)	fûmes allé(e)s
fus allé(e)	fûtes allé(e)(s)
fut allé(e)	furent allé(e)s

FUTURE

irai	irons
iras	irez
ira	iront

FUTURE ANTERIOR

serai allé(e)	serons allé(e)s
seras allé(e)	serez allé(e)(s)
sera allé(e)	seront allé(e)s

CONDITIONAL

irais	irions
irais	iriez
irait	iraient

PAST CONDITIONAL

serais allé(e)	serions allé(e)s
serais allé(e)	seriez allé(e)(s)
serait allé(e)	seraient allé(e)s

PRESENT SUBJUNCTIVE

aille	allions
ailles	alliez
aille	aillent

PAST SUBJUNCTIVE

sois allé(e)	soyons allé(e)s
sois allé(e)	soyez allé(e)(s)
soit allé(e)	soient allé(e)s

IMPERFECT SUBJUNCTIVE

allasse	allassions
allasses	allassiez
allât	allassent

PLUPERFECT SUBJUNCTIVE

fusse allé(e)	fussions allé(e)s
fusses allé(e)	fussiez allé(e)(s)
fût allé(e)	fussent allé(e)s

COMMANDS

	allons
va	allez

Usage

aller à pied	*to go on foot/walk somewhere*
Je vais au bureau à pied.	*I walk to the office.*
aller en voiture	*to go by car/drive somewhere*
Elle va en voiture à la fac.	*She goes by car to the university.*
aller en avion	*to go by plane/fly somewhere*
Nous sommes allés à Rome en avion.	*We flew to Rome.*
aller à bicyclette	*to go by bike/cycle somewhere*
Nous sommes allés au village à bicyclette.	*We cycled/rode our bikes to the village.*
aller à pattes	*to hoof it/go on foot* (slang)
Mon vélo est en panne. Je suis allé à pattes.	*My bike is broken. I had to hoof it.*

je me vais · je m'en allai · s'en étant allé · s'en allant

irregular verb;
compound tenses with *être*

PRESENT		PASSÉ COMPOSÉ	
m'en vais	nous en allons	m'en suis allé(e)	nous en sommes allé(e)s
t'en vas	vous en allez	t'en es allé(e)	vous en êtes allé(e)(s)
s'en va	s'en vont	s'en est allé(e)	s'en sont allé(e)s

IMPERFECT		PLUPERFECT	
m'en allais	nous en allions	m'en étais allé(e)	nous en étions allé(e)s
t'en allais	vous en alliez	t'en étais allé(e)	vous en étiez allé(e)(s)
s'en allait	s'en allaient	s'en était allé(e)	s'en étaient allé(e)s

PASSÉ SIMPLE		PAST ANTERIOR	
m'en allai	nous en allâmes	m'en fus allé(e)	nous en fûmes allé(e)s
t'en allas	vous en allâtes	t'en fus allé(e)	vous en fûtes allé(e)(s)
s'en alla	s'en allèrent	s'en fut allé(e)	s'en furent allé(e)s

FUTURE		FUTURE ANTERIOR	
m'en irai	nous en irons	m'en serai allé(e)	nous en serons allé(e)s
t'en iras	vous en irez	t'en seras allé(e)	vous en serez allé(e)(s)
s'en ira	s'en iront	s'en sera allé(e)	s'en seront allé(e)s

CONDITIONAL		PAST CONDITIONAL	
m'en irais	nous en irions	m'en serais allé(e)	nous en serions allé(e)s
t'en irais	vous en iriez	t'en serais allé(e)	vous en seriez allé(e)(s)
s'en irait	s'en iraient	s'en serait allé(e)	s'en seraient allé(e)s

PRESENT SUBJUNCTIVE		PAST SUBJUNCTIVE	
m'en aille	nous en allions	m'en sois allé(e)	nous en soyons allé(e)s
t'en ailles	vous en alliez	t'en sois allé(e)	vous en soyez allé(e)(s)
s'en aille	s'en aillent	s'en soit allé(e)	s'en soient allé(e)s

IMPERFECT SUBJUNCTIVE		PLUPERFECT SUBJUNCTIVE	
m'en allasse	nous en allassions	m'en fusse allé(e)	nous en fussions allé(e)s
t'en allasses	vous en allassiez	t'en fusses allé(e)	vous en fussiez allé(e)(s)
s'en allât	s'en allassent	s'en fût allé(e)	s'en fussent allé(e)s

COMMANDS	
	allons-nous-en
va-t'en	allez-vous-en

Usage

—Tu t'en vas? Pourquoi?	*You're leaving? Why?*
—Il est tard. Il faut que je m'en aille.	*It's late. I've got to go.*
Je m'en suis allé furieux.	*I left furious.*
Ils s'en vont de Paris.	*They are moving away from Paris.*
Tu t'en vas en vacances?	*Are you leaving on vacation?*
Pour trouver un bon travail, il faut s'en aller à Paris.	*To find a good job, you have to go away to/off to Paris.*
Le malade s'en est allé doucement.	*The patient slipped away quietly (i.e., died).*
Cette tache s'en ira au lavage.	*This stain will come out in the wash.*
Mes projets s'en sont allés en fumée.	*My plans fizzled.*

regular -*er* verb   **j'allume · j'allumai · allumé · allumant**

PRESENT		PASSÉ COMPOSÉ	
allume	allumons	ai allumé	avons allumé
allumes	allumez	as allumé	avez allumé
allume	allument	a allumé	ont allumé

IMPERFECT		PLUPERFECT	
allumais	allumions	avais allumé	avions allumé
allumais	allumiez	avais allumé	aviez allumé
allumait	allumaient	avait allumé	avaient allumé

PASSÉ SIMPLE		PAST ANTERIOR	
allumai	allumâmes	eus allumé	eûmes allumé
allumas	allumâtes	eus allumé	eûtes allumé
alluma	allumèrent	eut allumé	eurent allumé

FUTURE		FUTURE ANTERIOR	
allumerai	allumerons	aurai allumé	aurons allumé
allumeras	allumerez	auras allumé	aurez allumé
allumera	allumeront	aura allumé	auront allumé

CONDITIONAL		PAST CONDITIONAL	
allumerais	allumerions	aurais allumé	aurions allumé
allumerais	allumeriez	aurais allumé	auriez allumé
allumerait	allumeraient	aurait allumé	auraient allumé

PRESENT SUBJUNCTIVE		PAST SUBJUNCTIVE	
allume	allumions	aie allumé	ayons allumé
allumes	allumiez	aies allumé	ayez allumé
allume	allument	ait allumé	aient allumé

IMPERFECT SUBJUNCTIVE		PLUPERFECT SUBJUNCTIVE	
allumasse	allumassions	eusse allumé	eussions allumé
allumasses	allumassiez	eusses allumé	eussiez allumé
allumât	allumassent	eût allumé	eussent allumé

COMMANDS	
	allumons
allume	allumez

Usage

allumer la lumière/la radio	*to turn on the light/the radio*
allumer le feu	*to light the fire*
—Tu n'as pas allumé le poêle?	*You didn't turn on the stove?*
—Non, j'ai allumé la télé.	*No, I turned on the TV.*
Laissez la lampe allumée.	*Leave the lamp on.*

RELATED WORDS

une allumette	*a match*
une boîte d'allumettes	*a box of matches*
une pochette d'allumettes	*a matchbook*

aménager *to fix up, make livable*

j'aménage · j'aménageai · aménagé · aménageant

-er verb; spelling change:
g > ge/a, o

PRESENT		PASSÉ COMPOSÉ	
aménage	aménageons	ai aménagé	avons aménagé
aménages	aménagez	as aménagé	avez aménagé
aménage	aménagent	a aménagé	ont aménagé

IMPERFECT		PLUPERFECT	
aménageais	aménagions	avais aménagé	avions aménagé
aménageais	aménagiez	avais aménagé	aviez aménagé
aménageait	aménageaient	avait aménagé	avaient aménagé

PASSÉ SIMPLE		PAST ANTERIOR	
aménageai	aménageâmes	eus aménagé	eûmes aménagé
aménageas	aménageâtes	eus aménagé	eûtes aménagé
aménagea	aménagèrent	eut aménagé	eurent aménagé

FUTURE		FUTURE ANTERIOR	
aménagerai	aménagerons	aurai aménagé	aurons aménagé
aménageras	aménagerez	auras aménagé	aurez aménagé
aménagera	aménageront	aura aménagé	auront aménagé

CONDITIONAL		PAST CONDITIONAL	
aménagerais	aménagerions	aurais aménagé	aurions aménagé
aménagerais	aménageriez	aurais aménagé	auriez aménagé
aménagerait	aménageraient	aurait aménagé	auraient aménagé

PRESENT SUBJUNCTIVE		PAST SUBJUNCTIVE	
aménage	aménagions	aie aménagé	ayons aménagé
aménages	aménagiez	aies aménagé	ayez aménagé
aménage	aménagent	ait aménagé	aient aménagé

IMPERFECT SUBJUNCTIVE		PLUPERFECT SUBJUNCTIVE	
aménageasse	aménageassions	eusse aménagé	eussions aménagé
aménageasses	aménageassiez	eusses aménagé	eussiez aménagé
aménageât	aménageassent	eût aménagé	eussent aménagé

COMMANDS	
	aménageons
aménage	aménagez

Usage

aménager sa chambre	*to fix up one's room*
—Vous allez aménager votre maison?	*Are you going to fix up your house?*
—Oui, on va aménager la mansarde en chambre à coucher.	*Yes, we're going to convert the attic into a bedroom.*
aménager la plage	*to improve the beach*
aménager le programme d'études	*to improve the curriculum*
aménager les conditions du travail	*to improve working conditions*

RELATED WORDS

l'aménagement *(m)*	*fixing up/improvement/adjustment*
l'aménagement *(m)* du territoire	*national planning for use of space*
un aménagement fiscal	*a tax rebate*

-er verb; spelling change: j'amène · j'amenai · amené · amenant
é > è/mute e

PRESENT		PASSÉ COMPOSÉ	
amène	amenons	ai amené	avons amené
amènes	amenez	as amené	avez amené
amène	amènent	a amené	ont amené

IMPERFECT		PLUPERFECT	
amenais	amenions	avais amené	avions amené
amenais	ameniez	avais amené	aviez amené
amenait	amenaient	avait amené	avaient amené

PASSÉ SIMPLE		PAST ANTERIOR	
amenai	amenâmes	eus amené	eûmes amené
amenas	amenâtes	eus amené	eûtes amené
amena	amenèrent	eut amené	eurent amené

FUTURE		FUTURE ANTERIOR	
amènerai	amènerons	aurai amené	aurons amené
amèneras	amènerez	auras amené	aurez amené
amènera	amèneront	aura amené	auront amené

CONDITIONAL		PAST CONDITIONAL	
amènerais	amènerions	aurais amené	aurions amené
amènerais	amèneriez	aurais amené	auriez amené
amènerait	amèneraient	aurait amené	auraient amené

PRESENT SUBJUNCTIVE		PAST SUBJUNCTIVE	
amène	amenions	aie amené	ayons amené
amènes	ameniez	aies amené	ayez amené
amène	amènent	ait amené	aient amené

IMPERFECT SUBJUNCTIVE		PLUPERFECT SUBJUNCTIVE	
amenasse	amenassions	eusse amené	eussions amené
amenasses	amenassiez	eusses amené	eussiez amené
amenât	amenassent	eût amené	eussent amené

COMMANDS	
	amenons
amène	amenez

Usage

Qu'est-ce qui t'amène?	*What brings you here?*
Quel bon vent t'amène?	*To what do I owe the pleasure of seeing you?*
Voilà Richard qui s'amène.	*There's Richard coming this way.*
Ne m'amenez plus de gens comme ça.	*Don't bring any more people like that to me.*
Si vous voulez sortir, vous pouvez nous amener les enfants.	*If you want to go out, you can bring the children to us.*
Tu peux amener ta petite amie dîner avec nous.	*You can bring your girlfriend to have dinner with us.*
Rien ne m'amènera à cet avis.	*Nothing will make me accept that opinion.*
Ses arguments nous ont amenés à cette conclusion.	*His arguments brought us to this conclusion.*
Ses dépenses amèneront une crise.	*His expenses will cause a crisis.*

amorcer *to put bait on a hook; to begin a project; to boot (computer)*

j'amorce · j'amorçai · amorcé · amorçant

-er verb; spelling change:
c > ç/a, o

PRESENT		PASSÉ COMPOSÉ	
amorce	amorçons	ai amorcé	avons amorcé
amorces	amorcez	as amorcé	avez amorcé
amorce	amorcent	a amorcé	ont amorcé

IMPERFECT		PLUPERFECT	
amorçais	amorcions	avais amorcé	avions amorcé
amorçais	amorciez	avais amorcé	aviez amorcé
amorçait	amorçaient	avait amorcé	avaient amorcé

PASSÉ SIMPLE		PAST ANTERIOR	
amorçai	amorçâmes	eus amorcé	eûmes amorcé
amorças	amorçâtes	eus amorcé	eûtes amorcé
amorça	amorcèrent	eut amorcé	eurent amorcé

FUTURE		FUTURE ANTERIOR	
amorcerai	amorcerons	aurai amorcé	aurons amorcé
amorceras	amorcerez	auras amorcé	aurez amorcé
amorcera	amorceront	aura amorcé	auront amorcé

CONDITIONAL		PAST CONDITIONAL	
amorcerais	amorcerions	aurais amorcé	aurions amorcé
amorcerais	amorceriez	aurais amorcé	auriez amorcé
amorcerait	amorceraient	aurait amorcé	auraient amorcé

PRESENT SUBJUNCTIVE		PAST SUBJUNCTIVE	
amorce	amorcions	aie amorcé	ayons amorcé
amorces	amorciez	aies amorcé	ayez amorcé
amorce	amorcent	ait amorcé	aient amorcé

IMPERFECT SUBJUNCTIVE		PLUPERFECT SUBJUNCTIVE	
amorçasse	amorçassions	eusse amorcé	eussions amorcé
amorçasses	amorçassiez	eusses amorcé	eussiez amorcé
amorçât	amorçassent	eût amorcé	eussent amorcé

COMMANDS	
	amorçons
amorce	amorcez

Usage

—Qu'est-ce que tu as pour amorcer l'hameçon?	*What do you have to put on the hook as bait?*
—J'amorce toujours au pain.	*I always use bread as bait.*
amorcer un projet	*to begin a project*
amorcer les travaux	*to begin construction/renovation work*
amorcer une conversation	*to begin a conversation*
amorcer des pourparlers avec	*to begin talks with*
Après le virage, une pente s'amorça.	*After the turn, a slope began.*

RELATED WORD

l'amorce *(f)*	*beginning*
Cette conversation est l'amorce d'une amitié.	*This conversation is the beginning of a friendship.*

regular *-er* reflexive verb;   je m'amuse · je m'amusai · s'étant amusé · s'amusant
compound tenses with *être*

PRESENT

m'amuse	nous amusons
t'amuses	vous amusez
s'amuse	s'amusent

PASSÉ COMPOSÉ

me suis amusé(e)	nous sommes amusé(e)s
t'es amusé(e)	vous êtes amusé(e)(s)
s'est amusé(e)	se sont amusé(e)s

IMPERFECT

m'amusais	nous amusions
t'amusais	vous amusiez
s'amusait	s'amusaient

PLUPERFECT

m'étais amusé(e)	nous étions amusé(e)s
t'étais amusé(e)	vous étiez amusé(e)(s)
s'était amusé(e)	s'étaient amusé(e)s

PASSÉ SIMPLE

m'amusai	nous amusâmes
t'amusas	vous amusâtes
s'amusa	s'amusèrent

PAST ANTERIOR

me fus amusé(e)	nous fûmes amusé(e)s
te fus amusé(e)	vous fûtes amusé(e)(s)
se fut amusé(e)	se furent amusé(e)s

FUTURE

m'amuserai	nous amuserons
t'amuseras	vous amuserez
s'amusera	s'amuseront

FUTURE ANTERIOR

me serai amusé(e)	nous serons amusé(e)s
te seras amusé(e)	vous serez amusé(e)(s)
se sera amusé(e)	se seront amusé(e)s

CONDITIONAL

m'amuserais	nous amuserions
t'amuserais	vous amuseriez
s'amuserait	s'amuseraient

PAST CONDITIONAL

me serais amusé(e)	nous serions amusé(e)s
te serais amusé(e)	vous seriez amusé(e)(s)
se serait amusé(e)	se seraient amusé(e)s

PRESENT SUBJUNCTIVE

m'amuse	nous amusions
t'amuses	vous amusiez
s'amuse	s'amusent

PAST SUBJUNCTIVE

me sois amusé(e)	nous soyons amusé(e)s
te sois amusé(e)	vous soyez amusé(e)(s)
se soit amusé(e)	se soient amusé(e)s

IMPERFECT SUBJUNCTIVE

m'amusasse	nous amusassions
t'amusasses	vous amusassiez
s'amusât	s'amusassent

PLUPERFECT SUBJUNCTIVE

me fusse amusé(e)	nous fussions amusé(e)s
te fusses amusé(e)	vous fussiez amusé(e)(s)
se fût amusé(e)	se fussent amusé(e)s

COMMANDS

	amusons-nous
amuse-toi	amusez-vous

Usage

Si je veux m'amuser, je vais danser.	*If I want to have fun, I go dancing.*
Nous nous sommes bien amusés en France.	*We had a very good time in France.*
Je m'amuse à faire du jardinage.	*I enjoy gardening.*
Je m'amuse à parler avec vous.	*I enjoy talking with you.*
Les enfants se sont amusés comme des fous.	*The children had a ball.*
Qu'est-ce qu'ils s'amusent!	*Boy, are they having fun!*
Il s'amuse à taquiner sa petite sœur.	*He thinks it's fun to tease his younger sister.*
Tu ne peux pas t'amuser avec toute la besogne qui te reste.	*You can't waste any time with all the work you have to do.*

irregular verb; spelling change:
c > ç/o, u

PRESENT

aperçois	apercevons
aperçois	apercevez
aperçoit	aperçoivent

PASSÉ COMPOSÉ

ai aperçu	avons aperçu
as aperçu	avez aperçu
a aperçu	ont aperçu

IMPERFECT

apercevais	apercevions
apercevais	aperceviez
apercevait	apercevaient

PLUPERFECT

avais aperçu	avions aperçu
avais aperçu	aviez aperçu
avait aperçu	avaient aperçu

PASSÉ SIMPLE

aperçus	aperçûmes
aperçus	aperçûtes
aperçut	aperçurent

PAST ANTERIOR

eus aperçu	eûmes aperçu
eus aperçu	eûtes aperçu
eut aperçu	eurent aperçu

FUTURE

apercevrai	apercevrons
apercevras	apercevrez
apercevra	apercevront

FUTURE ANTERIOR

aurai aperçu	aurons aperçu
auras aperçu	aurez aperçu
aura aperçu	auront aperçu

CONDITIONAL

apercevrais	apercevrions
apercevrais	apercevriez
apercevrait	apercevraient

PAST CONDITIONAL

aurais aperçu	aurions aperçu
aurais aperçu	auriez aperçu
aurait aperçu	auraient aperçu

PRESENT SUBJUNCTIVE

aperçoive	apercevions
aperçoives	aperceviez
aperçoive	aperçoivent

PAST SUBJUNCTIVE

aie aperçu	ayons aperçu
aies aperçu	ayez aperçu
ait aperçu	aient aperçu

IMPERFECT SUBJUNCTIVE

aperçusse	aperçussions
aperçusses	aperçussiez
aperçût	aperçussent

PLUPERFECT SUBJUNCTIVE

eusse aperçu	eussions aperçu
eusses aperçu	eussiez aperçu
eût aperçu	eussent aperçu

COMMANDS

	apercevons
aperçois	apercevez

Usage

En descendant la montagne, nous avons aperçu le village.	*Coming down the mountain we caught sight of the village.*
Je t'ai aperçu dans la foule.	*I caught sight of you in the crowd.*
—Ma jupe s'est déchirée.	*My skirt got torn.*
—Ne t'en fais pas. Ça ne s'aperçoit pas.	*Don't worry. It's imperceptible./You can't see it.*

RELATED WORDS

un aperçu	*a survey/general view*
Le professeur nous a donné un aperçu de l'œuvre de ce philosophe.	*The teacher gave us a survey of the work of that philosopher.*
inaperçu(e)	*unnoticed*
Son erreur a passé inaperçue.	*His error went unnoticed.*

irregular verb; sometimes conjugated with *être*

j'apparais · j'apparus · apparu · apparaissant

PRESENT

apparais	apparaissons
apparais	apparaissez
apparaît	apparaissent

PASSÉ COMPOSÉ

ai apparu	avons apparu
as apparu	avez apparu
a apparu	ont apparu

IMPERFECT

apparaissais	apparaissions
apparaissais	apparaissiez
apparaissait	apparaissaient

PLUPERFECT

avais apparu	avions apparu
avais apparu	aviez apparu
avait apparu	avaient apparu

PASSÉ SIMPLE

apparus	apparûmes
apparus	apparûtes
apparut	apparurent

PAST ANTERIOR

eus apparu	eûmes apparu
eus apparu	eûtes apparu
eut apparu	eurent apparu

FUTURE

apparaîtrai	apparaîtrons
apparaîtras	apparaîtrez
apparaîtra	apparaîtront

FUTURE ANTERIOR

aurai apparu	aurons apparu
auras apparu	aurez apparu
aura apparu	auront apparu

CONDITIONAL

apparaîtrais	apparaîtrions
apparaîtrais	apparaîtriez
apparaîtrait	apparaîtraient

PAST CONDITIONAL

aurais apparu	aurions apparu
aurais apparu	auriez apparu
aurait apparu	auraient apparu

PRESENT SUBJUNCTIVE

apparaisse	apparaissions
apparaisses	apparaissiez
apparaisse	apparaissent

PAST SUBJUNCTIVE

aie apparu	ayons apparu
aies apparu	ayez apparu
ait apparu	aient apparu

IMPERFECT SUBJUNCTIVE

apparusse	apparussions
apparusses	apparussiez
apparût	apparussent

PLUPERFECT SUBJUNCTIVE

eusse apparu	eussions apparu
eusses apparu	eussiez apparu
eût apparu	eussent apparu

COMMANDS

	apparaissons
apparais	apparaissez

Usage

Le jour apparaît.	*Day is breaking./It's dawn.*
Il a apparu sans cravate.	*He showed up without a tie.*
Peu à peu les difficultés apparaissaient.	*Little by little, the difficulties appeared.*
Tout d'un coup, la vérité m'a apparu/ m'est apparue.	*All of a sudden the truth became clear to me.*
Elle apparaît dans les restaurants de luxe.	*She is seen in fancy restaurants.*

RELATED WORDS

les apparences *(fpl)*	*appearance(s)*
contre toute apparence	*in spite of what things seemed*
sauver les apparences	*to keep up appearances*
apparent(e)	*apparent*
apparemment	*apparently*

appartenir *to belong*

j'appartiens · j'appartins · appartenu · appartenant   irregular verb

PRESENT		PASSÉ COMPOSÉ	
appartiens	appartenons	ai appartenu	avons appartenu
appartiens	appartenez	as appartenu	avez appartenu
appartient	appartiennent	a appartenu	ont appartenu

IMPERFECT		PLUPERFECT	
appartenais	appartenions	avais appartenu	avions appartenu
appartenais	apparteniez	avais appartenu	aviez appartenu
appartenait	appartenaient	avait appartenu	avaient appartenu

PASSÉ SIMPLE		PAST ANTERIOR	
appartins	appartînmes	eus appartenu	eûmes appartenu
appartins	appartîntes	eus appartenu	eûtes appartenu
appartint	appartinrent	eut appartenu	eurent appartenu

FUTURE		FUTURE ANTERIOR	
appartiendrai	appartiendrons	aurai appartenu	aurons appartenu
appartiendras	appartiendrez	auras appartenu	aurez appartenu
appartiendra	appartiendront	aura appartenu	auront appartenu

CONDITIONAL		PAST CONDITIONAL	
appartiendrais	appartiendrions	aurais appartenu	aurions appartenu
appartiendrais	appartiendriez	aurais appartenu	auriez appartenu
appartiendrait	appartiendraient	aurait appartenu	auraient appartenu

PRESENT SUBJUNCTIVE		PAST SUBJUNCTIVE	
appartienne	appartenions	aie appartenu	ayons appartenu
appartiennes	apparteniez	aies appartenu	ayez appartenu
appartienne	appartiennent	ait appartenu	aient appartenu

IMPERFECT SUBJUNCTIVE		PLUPERFECT SUBJUNCTIVE	
appartinsse	appartinssions	eusse appartenu	eussions appartenu
appartinsses	appartinssiez	eusses appartenu	eussiez appartenu
appartînt	appartinssent	eût appartenu	eussent appartenu

COMMANDS	
	appartenons
appartiens	appartenez

Usage

—Qu'est-ce qui t'appartient?	*What belongs to you?*
—Ces terrains m'appartiennent.	*These parcels of land belong to me.*
Il ne m'appartient pas de vous critiquer.	*It is not for me to criticize you.*
Il ne nous appartient pas de le lui reprocher.	*It is not our right to reproach him.*
Il l'a fait pour des raisons qui lui appartiennent.	*He did it for reasons of his own.*
Il appartient au PDG de prendre cette décision.	*It is the province of the CEO to make that decision.*
Avec tout le travail qu'ils ont, ils ne s'appartiennent plus.	*With all the work they have, their time is no longer their own.*

-er verb; spelling change: *l* to *ll*/mute e   **j'appelle · j'appelai · appelé · appelant**

PRESENT		PASSÉ COMPOSÉ	
appelle	appelons	ai appelé	avons appelé
appelles	appelez	as appelé	avez appelé
appelle	appellent	a appelé	ont appelé

IMPERFECT		PLUPERFECT	
appelais	appelions	avais appelé	avions appelé
appelais	appeliez	avais appelé	aviez appelé
appelait	appelaient	avait appelé	avaient appelé

PASSÉ SIMPLE		PAST ANTERIOR	
appelai	appelâmes	eus appelé	eûmes appelé
appelas	appelâtes	eus appelé	eûtes appelé
appela	appelèrent	eut appelé	eurent appelé

FUTURE		FUTURE ANTERIOR	
appellerai	appellerons	aurai appelé	aurons appelé
appelleras	appellerez	auras appelé	aurez appelé
appellera	appelleront	aura appelé	auront appelé

CONDITIONAL		PAST CONDITIONAL	
appellerais	appellerions	aurais appelé	aurions appelé
appellerais	appelleriez	aurais appelé	auriez appelé
appellerait	appelleraient	aurait appelé	auraient appelé

PRESENT SUBJUNCTIVE		PAST SUBJUNCTIVE	
appelle	appelions	aie appelé	ayons appelé
appelles	appeliez	aies appelé	ayez appelé
appelle	appellent	ait appelé	aient appelé

IMPERFECT SUBJUNCTIVE		PLUPERFECT SUBJUNCTIVE	
appelasse	appelassions	eusse appelé	eussions appelé
appelasses	appelassiez	eusses appelé	eussiez appelé
appelât	appelassent	eût appelé	eussent appelé

COMMANDS	
	appelons
appelle	appelez

Usage

Il appelle son chien.	*He's calling his dog.*
Elle m'appelle tous les jours.	*She calls me up every day.*
appeler les pompiers/la police/ le SAMU	*to call the fire department/the police/ emergency rescue*
Il m'appelle par mon prénom.	*He calls me by my first name.*
appeler un chat un chat	*to call a spade a spade*
Ça, c'est ce que j'appelle un repas!	*That's what I call a meal!*
Un mensonge en appelle un autre.	*One lie leads to another.*

RELATED WORDS

l'appel *(m)*	*call/roll call*
Le professeur fait l'appel.	*The teacher calls the roll/takes attendance.*
l'appel *(m)* du devoir	*the call of duty*
un appel à l'aide	*a call for help*

je m'appelle · je m'appelai · s'étant appelé · s'appelant   -er verb; spelling change:
l > ll/mute e

PRESENT		PASSÉ COMPOSÉ	
m'appelle	nous appelons	me suis appelé(e)	nous sommes appelé(e)s
t'appelles	vous appelez	t'es appelé(e)	vous êtes appelé(e)(s)
s'appelle	s'appellent	s'est appelé(e)	se sont appelé(e)s

IMPERFECT		PLUPERFECT	
m'appelais	nous appelions	m'étais appelé(e)	nous étions appelé(e)s
t'appelais	vous appeliez	t'étais appelé(e)	vous étiez appelé(e)(s)
s'appelait	s'appelaient	s'était appelé(e)	s'étaient appelé(e)s

PASSÉ SIMPLE		PAST ANTERIOR	
m'appelai	nous appelâmes	me fus appelé(e)	nous fûmes appelé(e)s
t'appelas	vous appelâtes	te fus appelé(e)	vous fûtes appelé(e)(s)
s'appela	s'appelèrent	se fut appelé(e)	se furent appelé(e)s

FUTURE		FUTURE ANTERIOR	
m'appellerai	nous appellerons	me serai appelé(e)	nous serons appelé(e)s
t'appelleras	vous appellerez	te seras appelé(e)	vous serez appelé(e)(s)
s'appellera	s'appelleront	se sera appelé(e)	se seront appelé(e)s

CONDITIONAL		PAST CONDITIONAL	
m'appellerais	nous appellerions	me serais appelé(e)	nous serions appelé(e)s
t'appellerais	vous appelleriez	te serais appelé(e)	vous seriez appelé(e)(s)
s'appellerait	s'appelleraient	se serait appelé(e)	se seraient appelé(e)s

PRESENT SUBJUNCTIVE		PAST SUBJUNCTIVE	
m'appelle	nous appelions	me sois appelé(e)	nous soyons appelé(e)s
t'appelles	vous appeliez	te sois appelé(e)	vous soyez appelé(e)(s)
s'appelle	s'appellent	se soit appelé(e)	se soient appelé(e)s

IMPERFECT SUBJUNCTIVE		PLUPERFECT SUBJUNCTIVE	
m'appelasse	nous appelassions	me fusse appelé(e)	nous fussions appelé(e)s
t'appelasses	vous appelassiez	te fusses appelé(e)	vous fussiez appelé(e)(s)
s'appelât	s'appelassent	se fût appelé(e)	se fussent appelé(e)s

COMMANDS	
	appelons-nous
appelle-toi	appelez-vous

Usage

—Comment vous appelez-vous?	*What's your name?*
—Je m'appelle Marie-Christine Daumier.	*My name is Marie-Christine Daumier.*
Je ne sais pas comment il s'appelle.	*I don't know what his name is.*
Comment s'appelle ce village?	*What is the name of this village?*
Comment s'appelle cette machine en anglais?	*What is this machine called in English?*
Voilà ce qui s'appelle une bêtise!	*That's what I call a stupid thing to do!*

regular *-ir* verb | **j'applaudis · j'applaudis · applaudi · applaudissant**

PRESENT		PASSÉ COMPOSÉ	
applaudis	applaudissons	ai applaudi	avons applaudi
applaudis	applaudissez	as applaudi	avez applaudi
applaudit	applaudissent	a applaudi	ont applaudi

IMPERFECT		PLUPERFECT	
applaudissais	applaudissions	avais applaudi	avions applaudi
applaudissais	applaudissiez	avais applaudi	aviez applaudi
applaudissait	applaudissaient	avait applaudi	avaient applaudi

PASSÉ SIMPLE		PAST ANTERIOR	
applaudis	applaudîmes	eus applaudi	eûmes applaudi
applaudis	applaudîtes	eus applaudi	eûtes applaudi
applaudit	applaudirent	eut applaudi	eurent applaudi

FUTURE		FUTURE ANTERIOR	
applaudirai	applaudirons	aurai applaudi	aurons applaudi
applaudiras	applaudirez	auras applaudi	aurez applaudi
applaudira	applaudiront	aura applaudi	auront applaudi

CONDITIONAL		PAST CONDITIONAL	
applaudirais	applaudirions	aurais applaudi	aurions applaudi
applaudirais	applaudiriez	aurais applaudi	auriez applaudi
applaudirait	applaudiraient	aurait applaudi	auraient applaudi

PRESENT SUBJUNCTIVE		PAST SUBJUNCTIVE	
applaudisse	applaudissions	aie applaudi	ayons applaudi
applaudisses	applaudissiez	aies applaudi	ayez applaudi
applaudisse	applaudissent	ait applaudi	aient applaudi

IMPERFECT SUBJUNCTIVE		PLUPERFECT SUBJUNCTIVE	
applaudisse	applaudissions	eusse applaudi	eussions applaudi
applaudisses	applaudissiez	eusses applaudi	eussiez applaudi
applaudît	applaudissent	eût applaudi	eussent applaudi

COMMANDS	
	applaudissons
applaudis	applaudissez

Usage

applaudir les acteurs	*to applaud the actors*
applaudir le gagnant	*to applaud the winner*
Le public a applaudi à tout rompre.	*The audience brought the house down with their applause.*
s'applaudir d'avoir fait qqch	*to pat oneself on the back for having done something*
Il s'applaudit d'avoir renoncé à ce travail avant la faillite de l'entreprise.	*He's patting himself on the back for having quit that job before the company went bankrupt.*

RELATED WORD

les applaudissements *(mpl)*	*applause*
L'actrice est sortie pour recevoir des applaudissements.	*The actress came out to take a bow/receive the applause.*

apporter *to bring*

j'apporte · j'apportai · apporté · apportant
regular -er verb

PRESENT		PASSÉ COMPOSÉ	
apporte	apportons	ai apporté	avons apporté
apportes	apportez	as apporté	avez apporté
apporte	apportent	a apporté	ont apporté

IMPERFECT		PLUPERFECT	
apportais	apportions	avais apporté	avions apporté
apportais	apportiez	avais apporté	aviez apporté
apportait	apportaient	avait apporté	avaient apporté

PASSÉ SIMPLE		PAST ANTERIOR	
apportai	apportâmes	eus apporté	eûmes apporté
apportas	apportâtes	eus apporté	eûtes apporté
apporta	apportèrent	eut apporté	eurent apporté

FUTURE		FUTURE ANTERIOR	
apporterai	apporterons	aurai apporté	aurons apporté
apporteras	apporterez	auras apporté	aurez apporté
apportera	apporteront	aura apporté	auront apporté

CONDITIONAL		PAST CONDITIONAL	
apporterais	apporterions	aurais apporté	aurions apporté
apporterais	apporteriez	aurais apporté	auriez apporté
apporterait	apporteraient	aurait apporté	auraient apporté

PRESENT SUBJUNCTIVE		PAST SUBJUNCTIVE	
apporte	apportions	aie apporté	ayons apporté
apportes	apportiez	aies apporté	ayez apporté
apporte	apportent	ait apporté	aient apporté

IMPERFECT SUBJUNCTIVE		PLUPERFECT SUBJUNCTIVE	
apportasse	apportassions	eusse apporté	eussions apporté
apportasses	apportassiez	eusses apporté	eussiez apporté
apportât	apportassent	eût apporté	eussent apporté

COMMANDS	
	apportons
apporte	apportez

Usage

apporter qqch à qqn	*to bring something to someone*
Apporte-le-nous en descendant.	*Bring it to us when you come downstairs.*
Ce contrat va vous apporter des ennuis.	*That contract will spell trouble for you.*
Son discours n'a rien apporté d'intéressant.	*His speech contributed nothing interesting.*
Il a apporté sa contribution à l'informatique.	*He made his contribution to computer science.*
Sa déclaration apporte de l'eau à mon moulin.	*His statement is grist for the mill.*
Il faudra apporter du soin à cette tâche.	*You will have to use care in this task.*
Sa lettre m'a apporté beaucoup de satisfaction.	*His letter brought me a great deal of satisfaction.*

irregular verb

j'apprends · j'appris · appris · apprenant

PRESENT		PASSÉ COMPOSÉ	
apprends	apprenons	ai appris	avons appris
apprends	apprenez	as appris	avez appris
apprend	apprennent	a appris	ont appris

IMPERFECT		PLUPERFECT	
apprenais	apprenions	avais appris	avions appris
apprenais	appreniez	avais appris	aviez appris
apprenait	apprenaient	avait appris	avaient appris

PASSÉ SIMPLE		PAST ANTERIOR	
appris	apprîmes	eus appris	eûmes appris
appris	apprîtes	eus appris	eûtes appris
apprit	apprirent	eut appris	eurent appris

FUTURE		FUTURE ANTERIOR	
apprendrai	apprendrons	aurai appris	aurons appris
apprendras	apprendrez	auras appris	aurez appris
apprendra	apprendront	aura appris	auront appris

CONDITIONAL		PAST CONDITIONAL	
apprendrais	apprendrions	aurais appris	aurions appris
apprendrais	apprendriez	aurais appris	auriez appris
apprendrait	apprendraient	aurait appris	auraient appris

PRESENT SUBJUNCTIVE		PAST SUBJUNCTIVE	
apprenne	apprenions	aie appris	ayons appris
apprennes	appreniez	aies appris	ayez appris
apprenne	apprennent	ait appris	aient appris

IMPERFECT SUBJUNCTIVE		PLUPERFECT SUBJUNCTIVE	
apprisse	apprissions	eusse appris	eussions appris
apprisses	apprissiez	eusses appris	eussiez appris
apprît	apprissent	eût appris	eussent appris

COMMANDS	
	apprenons
apprends	apprenez

Usage

apprendre à faire qqch	*to learn how to do something*
J'ai appris à nager à l'âge de six ans.	*I learned how to swim when I was six.*
Ce programme s'apprend facilement.	*This program is easily learned.*
J'ai appris que votre mère était souffrante.	*I learned that your mother was ill.*
Nous avons appris la nouvelle par la télé.	*We heard the news on the TV.*
apprendre à qqn à faire qqch	*to teach someone to do something*
Il m'a appris à programmer.	*He taught me how to program.*
Je t'apprendrai à vivre!	*I'll teach you (a lesson)!/I'll teach you a thing or two!*
Je vais t'apprendre à me répondre sur ce ton!	*I'll teach you to answer me in that tone of voice!*

RELATED WORD

l'apprentissage *(m)*	*learning*

s'approcher *to approach*

je m'approche · je m'approchai · s'étant approché · s'approchant

regular -er reflexive verb; compound tenses with *être*

PRESENT

m'approche	nous approchons
t'approches	vous approchez
s'approche	s'approchent

PASSÉ COMPOSÉ

me suis approché(e)	nous sommes approché(e)s
t'es approché(e)	vous êtes approché(e)(s)
s'est approché(e)	se sont approché(e)s

IMPERFECT

m'approchais	nous approchions
t'approchais	vous approchiez
s'approchait	s'approchaient

PLUPERFECT

m'étais approché(e)	nous étions approché(e)s
t'étais approché(e)	vous étiez approché(e)(s)
s'était approché(e)	s'étaient approché(e)s

PASSÉ SIMPLE

m'approchai	nous approchâmes
t'approchas	vous approchâtes
s'approcha	s'approchèrent

PAST ANTERIOR

me fus approché(e)	nous fûmes approché(e)s
te fus approché(e)	vous fûtes approché(e)(s)
se fut approché(e)	se furent approché(e)s

FUTURE

m'approcherai	nous approcherons
t'approcheras	vous approcherez
s'approchera	s'approcheront

FUTURE ANTERIOR

me serai approché(e)	nous serons approché(e)s
te seras approché(e)	vous serez approché(e)(s)
se sera approché(e)	se seront approché(e)s

CONDITIONAL

m'approcherais	nous approcherions
t'approcherais	vous approcheriez
s'approcherait	s'approcheraient

PAST CONDITIONAL

me serais approché(e)	nous serions approché(e)s
te serais approché(e)	vous seriez approché(e)(s)
se serait approché(e)	se seraient approché(e)s

PRESENT SUBJUNCTIVE

m'approche	nous approchions
t'approches	vous approchiez
s'approche	s'approchent

PAST SUBJUNCTIVE

me sois approché(e)	nous soyons approché(e)s
te sois approché(e)	vous soyez approché(e)(s)
se soit approché(e)	se soient approché(e)s

IMPERFECT SUBJUNCTIVE

m'approchasse	nous approchassions
t'approchasses	vous approchassiez
s'approchât	s'approchassent

PLUPERFECT SUBJUNCTIVE

me fusse approché(e)	nous fussions approché(e)s
te fusses approché(e)	vous fussiez approché(e)(s)
se fût approché(e)	se fussent approché(e)s

COMMANDS

	approchons-nous
approche-toi	approchez-vous

Usage

s'approcher de qqch/de qqn	*to come close to/near to/approach*
La voiture s'approcha de l'immeuble.	*The car came close to the apartment house.*
Ne vous approchez pas de nous!	*Don't come near us!*
Le chanteur s'est approché du micro.	*The singer came up to the mike.*
Ce poème s'approche de la perfection.	*This poem comes close to perfection.*
s'approcher de qqch à pas de loup	*to sneak up on something stealthily*

RELATED WORDS

l'approche *(f)*	*approach*
à l'approche des examens	*when exam time draws near*
être d'approche facile	*to be approachable*

regular *-er* verb | **j'approuve · j'approuvai · approuvé · approuvant**

PRESENT		PASSÉ COMPOSÉ	
approuve	approuvons	ai approuvé	avons approuvé
approuves	approuvez	as approuvé	avez approuvé
approuve	approuvent	a approuvé	ont approuvé

IMPERFECT		PLUPERFECT	
approuvais	approuvions	avais approuvé	avions approuvé
approuvais	approuviez	avais approuvé	aviez approuvé
approuvait	approuvaient	avait approuvé	avaient approuvé

PASSÉ SIMPLE		PAST ANTERIOR	
approuvai	approuvâmes	eus approuvé	eûmes approuvé
approuvas	approuvâtes	eus approuvé	eûtes approuvé
approuva	approuvèrent	eut approuvé	eurent approuvé

FUTURE		FUTURE ANTERIOR	
approuverai	approuverons	aurai approuvé	aurons approuvé
approuveras	approuverez	auras approuvé	aurez approuvé
approuvera	approuveront	aura approuvé	auront approuvé

CONDITIONAL		PAST CONDITIONAL	
approuverais	approuverions	aurais approuvé	aurions approuvé
approuverais	approuveriez	aurais approuvé	auriez approuvé
approuverait	approuveraient	aurait approuvé	auraient approuvé

PRESENT SUBJUNCTIVE		PAST SUBJUNCTIVE	
approuve	approuvions	aie approuvé	ayons approuvé
approuves	approuviez	aies approuvé	ayez approuvé
approuve	approuvent	ait approuvé	aient approuvé

IMPERFECT SUBJUNCTIVE		PLUPERFECT SUBJUNCTIVE	
approuvasse	approuvassions	eusse approuvé	eussions approuvé
approuvasses	approuvassiez	eusses approuvé	eussiez approuvé
approuvât	approuvassent	eût approuvé	eussent approuvé

COMMANDS	
	approuvons
approuve	approuvez

Usage

J'ai renoncé à mon poste. J'espère que vous m'approuvez.	*I have quit my job. I hope you agree with me.*
Elle ne se sent pas approuvée.	*She doesn't feel she has the approval of others.*
Je n'approuve pas votre démarche.	*I don't approve of the way you've gone about it.*
Il n'approuve pas la conduite de sa sœur.	*He doesn't approve of his sister's behavior.*
Mon père n'approuve pas que nous sortions ensemble.	*My father doesn't approve of our dating.*
approuver un projet de loi	*to pass a bill*

RELATED WORD

l'approbation *(f)*	*approval*
Il désire notre approbation.	*He wants our approval.*

je m'appuie · je m'appuyai · s'appuyé · s'appuyant

-er reflexive verb; spelling change: *y > i*/mute e; compound tenses with *être*

PRESENT

m'appuie	nous appuyons
t'appuies	vous appuyez
s'appuie	s'appuient

PASSÉ COMPOSÉ

me suis appuyé(e)	nous sommes appuyé(e)s
t'es appuyé(e)	vous êtes appuyé(e)(s)
s'est appuyé(e)	se sont appuyé(e)s

IMPERFECT

m'appuyais	nous appuyions
t'appuyais	vous appuyiez
s'appuyait	s'appuyaient

PLUPERFECT

m'étais appuyé(e)	nous étions appuyé(e)s
t'étais appuyé(e)	vous étiez appuyé(e)(s)
s'était appuyé(e)	s'étaient appuyé(e)s

PASSÉ SIMPLE

m'appuyai	nous appuyâmes
t'appuyas	vous appuyâtes
s'appuya	s'appuyèrent

PAST ANTERIOR

me fus appuyé(e)	nous fûmes appuyé(e)s
te fus appuyé(e)	vous fûtes appuyé(e)(s)
se fut appuyé(e)	se furent appuyé(e)s

FUTURE

m'appuierai	nous appuierons
t'appuieras	vous appuierez
s'appuiera	s'appuieront

FUTURE ANTERIOR

me serai appuyé(e)	nous serons appuyé(e)s
te seras appuyé(e)	vous serez appuyé(e)(s)
se sera appuyé(e)	se seront appuyé(e)s

CONDITIONAL

m'appuierais	nous appuierions
t'appuierais	vous appuieriez
s'appuierait	s'appuieraient

PAST CONDITIONAL

me serais appuyé(e)	nous serions appuyé(e)s
te serais appuyé(e)	vous seriez appuyé(e)(s)
se serait appuyé(e)	se seraient appuyé(e)s

PRESENT SUBJUNCTIVE

m'appuie	nous appuyions
t'appuies	vous appuyiez
s'appuie	s'appuient

PAST SUBJUNCTIVE

me sois appuyé(e)	nous soyons appuyé(e)s
te sois appuyé(e)	vous soyez appuyé(e)(s)
se soit appuyé(e)	se soient appuyé(e)s

IMPERFECT SUBJUNCTIVE

m'appuyasse	nous appuyassions
t'appuyasses	vous appuyassiez
s'appuyât	s'appuyassent

PLUPERFECT SUBJUNCTIVE

me fusse appuyé(e)	nous fussions appuyé(e)s
te fusses appuyé(e)	vous fussiez appuyé(e)(s)
se fût appuyé(e)	se fussent appuyé(e)s

COMMANDS

	appuyons-nous
appuie-toi	appuyez-vous

Usage

s'appuyer sur qqch/contre qqch	*to lean on something*
Appuyez-vous à mon bras.	*Lean on my arm.*
Je m'appuie sur vous.	*I'm counting on you.*
Il s'appuie sur mon amitié.	*He's counting on my friendship.*
Je m'appuie sur votre article dans ma conférence.	*I'm using your article as a basis for my lecture.*
Aujourd'hui je m'appuie les courses.	*I'll take on the errands today.*
Je me suis appuyé une année de six cours.	*I forced myself to take six courses in one year.*

RELATED WORD

appuyer	*to press*
appuyer sur le bouton	*to press the button*

-er verb; spelling change:
g > ge/a, o

j'arrange · j'arrangeai · arrangé · arrangeant

PRESENT		PASSÉ COMPOSÉ	
arrange	arrangeons	ai arrangé	avons arrangé
arranges	arrangez	as arrangé	avez arrangé
arrange	arrangent	a arrangé	ont arrangé

IMPERFECT		PLUPERFECT	
arrangeais	arrangions	avais arrangé	avions arrangé
arrangeais	arrangiez	avais arrangé	aviez arrangé
arrangeait	arrangeaient	avait arrangé	avaient arrangé

PASSÉ SIMPLE		PAST ANTERIOR	
arrangeai	arrangeâmes	eus arrangé	eûmes arrangé
arrangeas	arrangeâtes	eus arrangé	eûtes arrangé
arrangea	arrangèrent	eut arrangé	eurent arrangé

FUTURE		FUTURE ANTERIOR	
arrangerai	arrangerons	aurai arrangé	aurons arrangé
arrangeras	arrangerez	auras arrangé	aurez arrangé
arrangera	arrangeront	aura arrangé	auront arrangé

CONDITIONAL		PAST CONDITIONAL	
arrangerais	arrangerions	aurais arrangé	aurions arrangé
arrangerais	arrangeriez	aurais arrangé	auriez arrangé
arrangerait	arrangeraient	aurait arrangé	auraient arrangé

PRESENT SUBJUNCTIVE		PAST SUBJUNCTIVE	
arrange	arrangions	aie arrangé	ayons arrangé
arranges	arrangiez	aies arrangé	ayez arrangé
arrange	arrangent	ait arrangé	aient arrangé

IMPERFECT SUBJUNCTIVE		PLUPERFECT SUBJUNCTIVE	
arrangeasse	arrangeassions	eusse arrangé	eussions arrangé
arrangeasses	arrangeassiez	eusses arrangé	eussiez arrangé
arrangeât	arrangeassent	eût arrangé	eussent arrangé

COMMANDS	
	arrangeons
arrange	arrangez

Usage

arranger sa coiffure	*to straighten up one's hair/put one's hair in place*
arranger sa cravate	*to straighten one's tie*
arranger sa vie	*to organize one's life*
Ça m'arrange.	*That suits me/is good for me.*
Ça ne nous arrange pas.	*That doesn't help us.*
arranger une réunion/un match à l'avance	*to arrange a meeting/a sporting event in advance*
Tout ça va s'arranger, ne t'en fais pas.	*Everything will work out all right, don't worry.*
Arrange-toi pour finir tes devoirs.	*Do what you have to do to get your homework done.*
On lui a arrangé un rendez-vous avec Louis.	*They fixed her up with Louis.*

arrêter *to stop*

PRESENT		PASSÉ COMPOSÉ	
arrête	arrêtons	ai arrêté	avons arrêté
arrêtes	arrêtez	as arrêté	avez arrêté
arrête	arrêtent	a arrêté	ont arrêté

IMPERFECT		PLUPERFECT	
arrêtais	arrêtions	avais arrêté	avions arrêté
arrêtais	arrêtiez	avais arrêté	aviez arrêté
arrêtait	arrêtaient	avait arrêté	avaient arrêté

PASSÉ SIMPLE		PAST ANTERIOR	
arrêtai	arrêtâmes	eus arrêté	eûmes arrêté
arrêtas	arrêtâtes	eus arrêté	eûtes arrêté
arrêta	arrêtèrent	eut arrêté	eurent arrêté

FUTURE		FUTURE ANTERIOR	
arrêterai	arrêterons	aurai arrêté	aurons arrêté
arrêteras	arrêterez	auras arrêté	aurez arrêté
arrêtera	arrêteront	aura arrêté	auront arrêté

CONDITIONAL		PAST CONDITIONAL	
arrêterais	arrêterions	aurais arrêté	aurions arrêté
arrêterais	arrêteriez	aurais arrêté	auriez arrêté
arrêterait	arrêteraient	aurait arrêté	auraient arrêté

PRESENT SUBJUNCTIVE		PAST SUBJUNCTIVE	
arrête	arrêtions	aie arrêté	ayons arrêté
arrêtes	arrêtiez	aies arrêté	ayez arrêté
arrête	arrêtent	ait arrêté	aient arrêté

IMPERFECT SUBJUNCTIVE		PLUPERFECT SUBJUNCTIVE	
arrêtasse	arrêtassions	eusse arrêté	eussions arrêté
arrêtasses	arrêtassiez	eusses arrêté	eussiez arrêté
arrêtât	arrêtassent	eût arrêté	eussent arrêté

COMMANDS	
	arrêtons
arrête	arrêtez

Usage

Il a arrêté la voiture devant le cinéma.	*He stopped the car in front of the movie theater.*
À quelle heure la station arrête-t-elle ses émissions?	*At what time does the station sign off?*
arrêter des dispositions générales	*to lay down basic rules*
arrêter un plan	*to decide on a plan/finalize a plan*
arrêter une décision	*to make a decision*
arrêter ses études	*to give up one's studies*
arrêter le football	*to give up soccer*
arrêter de fumer	*to stop smoking*
On ne l'arrête pas de parler.	*You just can't shut her up/get her to stop talking.*
se faire arrêter	*to get arrested*

regular *-er* reflexive verb; **je m'arrête · je m'arrêtai · s'étant arrêté · s'arrêtant**
compound tenses with *être*

PRESENT		PASSÉ COMPOSÉ	
m'arrête	nous arrêtons	me suis arrêté(e)	nous sommes arrêté(e)s
t'arrêtes	vous arrêtez	t'es arrêté(e)	vous êtes arrêté(e)(s)
s'arrête	s'arrêtent	s'est arrêté(e)	se sont arrêté(e)s

IMPERFECT		PLUPERFECT	
m'arrêtais	nous arrêtions	m'étais arrêté(e)	nous étions arrêté(e)s
t'arrêtais	vous arrêtiez	t'étais arrêté(e)	vous étiez arrêté(e)(s)
s'arrêtait	s'arrêtaient	s'était arrêté(e)	s'étaient arrêté(e)s

PASSÉ SIMPLE		PAST ANTERIOR	
m'arrêtai	nous arrêtâmes	me fus arrêté(e)	nous fûmes arrêté(e)s
t'arrêtas	vous arrêtâtes	te fus arrêté(e)	vous fûtes arrêté(e)(s)
s'arrêta	s'arrêtèrent	se fut arrêté(e)	se furent arrêté(e)s

FUTURE		FUTURE ANTERIOR	
m'arrêterai	nous arrêterons	me serai arrêté(e)	nous serons arrêté(e)s
t'arrêteras	vous arrêterez	te seras arrêté(e)	vous serez arrêté(e)(s)
s'arrêtera	s'arrêteront	se sera arrêté(e)	se seront arrêté(e)s

CONDITIONAL		PAST CONDITIONAL	
m'arrêterais	nous arrêterions	me serais arrêté(e)	nous serions arrêté(e)s
t'arrêterais	vous arrêteriez	te serais arrêté(e)	vous seriez arrêté(e)(s)
s'arrêterait	s'arrêteraient	se serait arrêté(e)	se seraient arrêté(e)s

PRESENT SUBJUNCTIVE		PAST SUBJUNCTIVE	
m'arrête	nous arrêtions	me sois arrêté(e)	nous soyons arrêté(e)s
t'arrêtes	vous arrêtiez	te sois arrêté(e)	vous soyez arrêté(e)(s)
s'arrête	s'arrêtent	se soit arrêté(e)	se soient arrêté(e)s

IMPERFECT SUBJUNCTIVE		PLUPERFECT SUBJUNCTIVE	
m'arrêtasse	nous arrêtassions	me fusse arrêté(e)	nous fussions arrêté(e)s
t'arrêtasses	vous arrêtassiez	te fusses arrêté(e)	vous fussiez arrêté(e)(s)
s'arrêtât	s'arrêtassent	se fût arrêté(e)	se fussent arrêté(e)s

COMMANDS	
	arrêtons-nous
arrête-toi	arrêtez-vous

Usage

Le train s'est arrêté dans le village.	*The train stopped in the village.*
On va s'arrêter au prochain relais.	*We'll stop at the next service area.*
s'arrêter net, s'arrêter court	*to stop short/stop suddenly*
On s'arrête une semaine dans le Midi.	*We'll stay for a week in southern France.*
Tu dois t'arrêter pour te reposer.	*You ought to stop to rest.*
Dans notre bureau on s'arrête à cinq heures.	*In our office we stop work at five o'clock.*
On s'arrête aux détails.	*We're paying too much attention to details.*

RELATED WORDS

l'arrêt *(m)*	*stop* (bus, train)
l'arrêt d'autobus	*bus stop*
On descend au prochain arrêt.	*We get off at the next stop.*

arriver *to arrive, get to*

j'arrive · j'arrivai · arrivé · arrivant

regular -*er* verb;
compound tenses with *être*

PRESENT		PASSÉ COMPOSÉ	
arrive	arrivons	suis arrivé(e)	sommes arrivé(e)s
arrives	arrivez	es arrivé(e)	êtes arrivé(e)(s)
arrive	arrivent	est arrivé(e)	sont arrivé(e)s

IMPERFECT		PLUPERFECT	
arrivais	arrivions	étais arrivé(e)	étions arrivé(e)s
arrivais	arriviez	étais arrivé(e)	étiez arrivé(e)(s)
arrivait	arrivaient	était arrivé(e)	étaient arrivé(e)s

PASSÉ SIMPLE		PAST ANTERIOR	
arrivai	arrivâmes	fus arrivé(e)	fûmes arrivé(e)s
arrivas	arrivâtes	fus arrivé(e)	fûtes arrivé(e)(s)
arriva	arrivèrent	fut arrivé(e)	furent arrivé(e)s

FUTURE		FUTURE ANTERIOR	
arriverai	arriverons	serai arrivé(e)	serons arrivé(e)s
arriveras	arriverez	seras arrivé(e)	serez arrivé(e)(s)
arrivera	arriveront	sera arrivé(e)	seront arrivé(e)s

CONDITIONAL		PAST CONDITIONAL	
arriverais	arriverions	serais arrivé(e)	serions arrivé(e)s
arriverais	arriveriez	serais arrivé(e)	seriez arrivé(e)(s)
arriverait	arriveraient	serait arrivé(e)	seraient arrivé(e)s

PRESENT SUBJUNCTIVE		PAST SUBJUNCTIVE	
arrive	arrivions	sois arrivé(e)	soyons arrivé(e)s
arrives	arriviez	sois arrivé(e)	soyez arrivé(e)(s)
arrive	arrivent	soit arrivé(e)	soient arrivé(e)s

IMPERFECT SUBJUNCTIVE		PLUPERFECT SUBJUNCTIVE	
arrivasse	arrivassions	fusse arrivé(e)	fussions arrivé(e)s
arrivasses	arrivassiez	fusses arrivé(e)	fussiez arrivé(e)(s)
arrivât	arrivassent	fût arrivé(e)	fussent arrivé(e)s

COMMANDS	
	arrivons
arrive	arrivez

Usage

L'avion arrive à quelle heure?	*What time does the plane arrive?*
Il faut que vous arriviez à l'heure.	*You have to arrive on time.*
Nous sommes arrivés en taxi.	*We came by cab.*
Votre paquet n'est pas encore arrivé.	*Your package hasn't gotten here yet.*
Il commence à faire chaud. L'été arrive.	*It's beginning to get warm. Summer is almost here.*
Je suis arrivé chez moi à six heures.	*I got home at six o'clock.*
Quand êtes-vous arrivé à Paris?	*When did you get to Paris?*
—Où est Jean-Christophe?	*Where is Jean-Christophe?*
—Il arrive.	*He'll be here any minute.*

RELATED WORD

l'arrivée *(f)*	*arrival*

irregular reflexive verb;
compound tenses with *être*

je m'assieds (*or* **je m'assois**) · **je m'assis** ·
s'étant assis · **s'asseyant** (*or* **s'assoyant**)

PRESENT		PASSÉ COMPOSÉ	
m'assieds	nous asseyons	me suis assis(e)	nous sommes assis(es)
t'assieds	vous asseyez	t'es assis(e)	vous êtes assis(e)
s'assied	s'asseyent	s'est assis(e)	se sont assis(es)

IMPERFECT		PLUPERFECT	
m'asseyais	nous asseyions	m'étais assis(e)	nous étions assis(es)
t'asseyais	vous asseyiez	t'étais assis(e)	vous étiez assis(e)
s'asseyait	s'asseyaient	s'était assis(e)	s'étaient assis(es)

PASSÉ SIMPLE		PAST ANTERIOR	
m'assis	nous assîmes	me fus assis(e)	nous fûmes assis(es)
t'assis	vous assîtes	te fus assis(e)	vous fûtes assis(e)
s'assit	s'assirent	se fut assis(e)	se furent assis(es)

FUTURE		FUTURE ANTERIOR	
m'assiérai	nous assiérons	me serai assis(e)	nous serons assis(es)
t'assiéras	vous assiérez	te seras assis(e)	vous serez assis(e)
s'assiéra	s'assiéront	se sera assis(e)	se seront assis(es)

CONDITIONAL		PAST CONDITIONAL	
m'assiérais	nous assiérions	me serais assis(e)	nous serions assis(es)
t'assiérais	vous assiériez	te serais assis(e)	vous seriez assis(e)
s'assiérait	s'assiéraient	se serait assis(e)	se seraient assis(es)

PRESENT SUBJUNCTIVE		PAST SUBJUNCTIVE	
m'asseye	nous asseyions	me sois assis(e)	nous soyons assis(es)
t'asseyes	vous asseyiez	te sois assis(e)	vous soyez assis(e)
s'asseye	s'asseyent	se soit assis(e)	se soient assis(es)

IMPERFECT SUBJUNCTIVE		PLUPERFECT SUBJUNCTIVE	
m'assisse	nous assissions	me fusse assis(e)	nous fussions assis(es)
t'assisses	vous assissiez	te fusses assis(e)	vous fussiez assis(e)
s'assît	s'assissent	se fût assis(e)	se fussent assis(es)

COMMANDS		ALTERNATE COMMAND FORMS	
	asseyons-nous		assoyons-nous
assieds-toi	asseyez-vous	assois-toi	assoyez-vous

ALTERNATE FORMS

PRESENT	m'assieds *or* m'assois
IMPERFECT	m'asseyais *or* m'assoyais
FUTURE	m'assiérai *or* m'assoirai
CONDITIONAL	m'assiérais *or* m'assoirais
PRESENT SUBJUNCTIVE	m'asseye *or* m'assoie

Usage

Je peux m'asseoir?	*May I sit down?*
Oui, asseyez-vous, s'il vous plaît.	*Yes, sit down please.*
Asseyons-nous à table.	*Let's sit down at the table.*
s'asseoir sur une chaise/sur le canapé	*to sit down on a chair/on the sofa*
Où s'est-elle assise?	*Where did she sit?*
Ils se sont assis à notre table.	*They sat down at our table.*

assister *to attend; to assist*

j'assiste · j'assistai · **assisté** · **assistant**   regular -*er* verb

PRESENT		PASSÉ COMPOSÉ	
assiste	assistons	ai assisté	avons assisté
assistes	assistez	as assisté	avez assisté
assiste	assistent	a assisté	ont assisté

IMPERFECT		PLUPERFECT	
assistais	assistions	avais assisté	avions assisté
assistais	assistiez	avais assisté	aviez assisté
assistait	assistaient	avait assisté	avaient assisté

PASSÉ SIMPLE		PAST ANTERIOR	
assistai	assistâmes	eus assisté	eûmes assisté
assistas	assistâtes	eus assisté	eûtes assisté
assista	assistèrent	eut assisté	eurent assisté

FUTURE		FUTURE ANTERIOR	
assisterai	assisterons	aurai assisté	aurons assisté
assisteras	assisterez	auras assisté	aurez assisté
assistera	assisteront	aura assisté	auront assisté

CONDITIONAL		PAST CONDITIONAL	
assisterais	assisterions	aurais assisté	aurions assisté
assisterais	assisteriez	aurais assisté	auriez assisté
assisterait	assisteraient	aurait assisté	auraient assisté

PRESENT SUBJUNCTIVE		PAST SUBJUNCTIVE	
assiste	assistions	aie assisté	ayons assisté
assistes	assistiez	aies assisté	ayez assisté
assiste	assistent	ait assisté	aient assisté

IMPERFECT SUBJUNCTIVE		PLUPERFECT SUBJUNCTIVE	
assistasse	assistassions	eusse assisté	eussions assisté
assistasses	assistassiez	eusses assisté	eussiez assisté
assistât	assistassent	eût assisté	eussent assisté

COMMANDS	
	assistons
assiste	assistez

Usage

assister à	*to attend*
—Ton frère assiste à toutes ses classes?	*Does your brother attend all his classes?*
—Non, mais il assiste à tous les concerts de rock.	*No, but he attends all the rock concerts.*
—Tu assistes aux matchs de football?	*Do you attend soccer matches?*
—Non, je n'assiste qu'aux matchs de tennis.	*No, I attend only tennis matches.*

RELATED WORDS

un assistant/une assistante	*assistant*
l'assistance (*f*)	*audience/attendance*
direction assistée	*power steering*

regular -*er* verb

j'assure · j'assurai · assuré · assurant

PRESENT		PASSÉ COMPOSÉ	
assure	assurons	ai assuré	avons assuré
assures	assurez	as assuré	avez assuré
assure	assurent	a assuré	ont assuré

IMPERFECT		PLUPERFECT	
assurais	assurions	avais assuré	avions assuré
assurais	assuriez	avais assuré	aviez assuré
assurait	assuraient	avait assuré	avaient assuré

PASSÉ SIMPLE		PAST ANTERIOR	
assurai	assurâmes	eus assuré	eûmes assuré
assuras	assurâtes	eus assuré	eûtes assuré
assura	assurèrent	eut assuré	eurent assuré

FUTURE		FUTURE ANTERIOR	
assurerai	assurerons	aurai assuré	aurons assuré
assureras	assurerez	auras assuré	aurez assuré
assurera	assureront	aura assuré	auront assuré

CONDITIONAL		PAST CONDITIONAL	
assurerais	assurerions	aurais assuré	aurions assuré
assurerais	assureriez	aurais assuré	auriez assuré
assurerait	assureraient	aurait assuré	auraient assuré

PRESENT SUBJUNCTIVE		PAST SUBJUNCTIVE	
assure	assurions	aie assuré	ayons assuré
assures	assuriez	aies assuré	ayez assuré
assure	assurent	ait assuré	aient assuré

IMPERFECT SUBJUNCTIVE		PLUPERFECT SUBJUNCTIVE	
assurasse	assurassions	eusse assuré	eussions assuré
assurasses	assurassiez	eusses assuré	eussiez assuré
assurât	assurassent	eût assuré	eussent assuré

COMMANDS	
	assurons
assure	assurez

Usage

assurer à qqn que	*to assure someone that*
Je vous assure que cet hôtel va vous plaire.	*I assure you that you'll like this hotel.*
assurer un service	*to provide a service*
Cette compagnie assure notre accès à l'Internet.	*That company provides our Internet access.*
assurer qqn (sur)	*to insure someone*
assurer qqn sur la vie	*to insure someone's life*
être assuré(e)	*to be insured*
s'assurer contre qqch	*to insure oneself against something*
s'assurer sur la vie	*to take out life insurance*

RELATED WORD

l'assurance *(f)*	*insurance*

PRESENT		PASSÉ COMPOSÉ	
atteins	atteignons	ai atteint	avons atteint
atteins	atteignez	as atteint	avez atteint
atteint	atteignent	a atteint	ont atteint

IMPERFECT		PLUPERFECT	
atteignais	atteignions	avais atteint	avions atteint
atteignais	atteigniez	avais atteint	aviez atteint
atteignait	atteignaient	avait atteint	avaient atteint

PASSÉ SIMPLE		PAST ANTERIOR	
atteignis	atteignîmes	eus atteint	eûmes atteint
atteignis	atteignîtes	eus atteint	eûtes atteint
atteignit	atteignirent	eut atteint	eurent atteint

FUTURE		FUTURE ANTERIOR	
atteindrai	atteindrons	aurai atteint	aurons atteint
atteindras	atteindrez	auras atteint	aurez atteint
atteindra	atteindront	aura atteint	auront atteint

CONDITIONAL		PAST CONDITIONAL	
atteindrais	atteindrions	aurais atteint	aurions atteint
atteindrais	atteindriez	aurais atteint	auriez atteint
atteindrait	atteindraient	aurait atteint	auraient atteint

PRESENT SUBJUNCTIVE		PAST SUBJUNCTIVE	
atteigne	atteignions	aie atteint	ayons atteint
atteignes	atteigniez	aies atteint	ayez atteint
atteigne	atteignent	ait atteint	aient atteint

IMPERFECT SUBJUNCTIVE		PLUPERFECT SUBJUNCTIVE	
atteignisse	atteignissions	eusse atteint	eussions atteint
atteignisses	atteignissiez	eusses atteint	eussiez atteint
atteignît	atteignissent	eût atteint	eussent atteint

COMMANDS	
	atteignons
atteins	atteignez

Usage

L'autocar a atteint Lyon.
The bus reached Lyons.

Les enfants ne peuvent pas atteindre les bonbons, parce que je les ai placés trop haut.
The children can't reach the candy because I put it too high up.

atteindre un but
to reach a goal

La critique de son œuvre n'a pas atteint ce peintre.
The criticism of his work did not affect this painter.

Cette famille a été atteinte par une grande tragédie.
That family was struck by a great tragedy.

La balle l'a atteint au mollet.
The bullet struck him in the calf.

Dans ce pays pauvre, la population est atteinte de beaucoup de maladies.
In this poor country the population suffers from many illnesses.

regular *-re* verb   **j'attends · j'attendis · attendu · attendant**

PRESENT		PASSÉ COMPOSÉ	
attends	attendons	ai attendu	avons attendu
attends	attendez	as attendu	avez attendu
attend	attendent	a attendu	ont attendu

IMPERFECT		PLUPERFECT	
attendais	attendions	avais attendu	avions attendu
attendais	attendiez	avais attendu	aviez attendu
attendait	attendaient	avait attendu	avaient attendu

PASSÉ SIMPLE		PAST ANTERIOR	
attendis	attendîmes	eus attendu	eûmes attendu
attendis	attendîtes	eus attendu	eûtes attendu
attendit	attendirent	eut attendu	eurent attendu

FUTURE		FUTURE ANTERIOR	
attendrai	attendrons	aurai attendu	aurons attendu
attendras	attendrez	auras attendu	aurez attendu
attendra	attendront	aura attendu	auront attendu

CONDITIONAL		PAST CONDITIONAL	
attendrais	attendrions	aurais attendu	aurions attendu
attendrais	attendriez	aurais attendu	auriez attendu
attendrait	attendraient	aurait attendu	auraient attendu

PRESENT SUBJUNCTIVE		PAST SUBJUNCTIVE	
attende	attendions	aie attendu	ayons attendu
attendes	attendiez	aies attendu	ayez attendu
attende	attendent	ait attendu	aient attendu

IMPERFECT SUBJUNCTIVE		PLUPERFECT SUBJUNCTIVE	
attendisse	attendissions	eusse attendu	eussions attendu
attendisses	attendissiez	eusses attendu	eussiez attendu
attendît	attendissent	eût attendu	eussent attendu

COMMANDS	
	attendons
attends	attendez

Usage

attendre l'autobus/le métro	*to wait for the bus/the subway*
attendre un ami/le professeur	*to wait for a friend/the teacher*
attendre une heure/un mois	*to wait an hour/a month*
Attends-moi! Je descends tout de suite.	*Wait for me! I'll be right down.*
—J'attends qu'il s'en aille.	*I'm waiting for him to leave.*
—Moi aussi, j'attends son départ avec impatience.	*I'm also waiting impatiently for him to leave.*
Qu'attend-il pour t'inviter à dîner?	*What's he waiting for to ask you to dinner?*
Un grand avenir vous attend!	*A great future awaits you!*
Quand tu verras l'accueil qui t'attend!	*Wait till you see the welcome that's in store for you!*
Il n'attend pas grand-chose de ces négociations.	*He doesn't expect much from these negotiations.*

s'attendre *to expect*

PRESENT		PASSÉ COMPOSÉ	
m'attends	nous attendons	me suis attendu(e)	nous sommes attendu(e)s
t'attends	vous attendez	t'es attendu(e)	vous êtes attendu(e)(s)
s'attend	s'attendent	s'est attendu(e)	se sont attendu(e)s

IMPERFECT		PLUPERFECT	
m'attendais	nous attendions	m'étais attendu(e)	nous étions attendu(e)s
t'attendais	vous attendiez	t'étais attendu(e)	vous étiez attendu(e)(s)
s'attendait	s'attendaient	s'était attendu(e)	s'étaient attendu(e)s

PASSÉ SIMPLE		PAST ANTERIOR	
m'attendis	nous attendîmes	me fus attendu(e)	nous fûmes attendu(e)s
t'attendis	vous attendîtes	te fus attendu(e)	vous fûtes attendu(e)(s)
s'attendit	s'attendirent	se fut attendu(e)	se furent attendu(e)s

FUTURE		FUTURE ANTERIOR	
m'attendrai	nous attendrons	me serai attendu(e)	nous serons attendu(e)s
t'attendras	vous attendrez	te seras attendu(e)	vous serez attendu(e)(s)
s'attendra	s'attendront	se sera attendu(e)	se seront attendu(e)s

CONDITIONAL		PAST CONDITIONAL	
m'attendrais	nous attendrions	me serais attendu(e)	nous serions attendu(e)s
t'attendrais	vous attendriez	te serais attendu(e)	vous seriez attendu(e)(s)
s'attendrait	s'attendraient	se serait attendu(e)	se seraient attendu(e)s

PRESENT SUBJUNCTIVE		PAST SUBJUNCTIVE	
m'attende	nous attendions	me sois attendu(e)	nous soyons attendu(e)s
t'attendes	vous attendiez	te sois attendu(e)	vous soyez attendu(e)(s)
s'attende	s'attendent	se soit attendu(e)	se soient attendu(e)s

IMPERFECT SUBJUNCTIVE		PLUPERFECT SUBJUNCTIVE	
m'attendisse	nous attendissions	me fusse attendu(e)	nous fussions attendu(e)s
t'attendisses	vous attendissiez	te fusses attendu(e)	vous fussiez attendu(e)(s)
s'attendît	s'attendissent	se fût attendu(e)	se fussent attendu(e)s

COMMANDS	
	attendons-nous
attends-toi	attendez-vous

Usage

s'attendre à qqch	*to expect something*
Je ne m'attendais pas à perdre tant d'argent.	*I wasn't expecting to lose so much money.*
Il faut s'attendre au pire.	*We must expect the worst.*
—On ne s'attendait pas à vous voir ici.	*We didn't expect to see you here.*
—Je ne m'attendais pas à pouvoir venir.	*I didn't expect to be able to come.*
Maman s'attend à ce que tu fasses tes devoirs.	*Mother expects you to finish your homework.*
Il ne s'attendait pas à ce que tu lui dises des mensonges.	*He wasn't expecting that you would tell him lies.*

regular -*er* verb

j'attire · j'attirai · attiré · attirant

PRESENT		PASSÉ COMPOSÉ	
attire	attirons	ai attiré	avons attiré
attires	attirez	as attiré	avez attiré
attire	attirent	a attiré	ont attiré

IMPERFECT		PLUPERFECT	
attirais	attirions	avais attiré	avions attiré
attirais	attiriez	avais attiré	aviez attiré
attirait	attiraient	avait attiré	avaient attiré

PASSÉ SIMPLE		PAST ANTERIOR	
attirai	attirâmes	eus attiré	eûmes attiré
attiras	attirâtes	eus attiré	eûtes attiré
attira	attirèrent	eut attiré	eurent attiré

FUTURE		FUTURE ANTERIOR	
attirerai	attirerons	aurai attiré	aurons attiré
attireras	attirerez	auras attiré	aurez attiré
attirera	attireront	aura attiré	auront attiré

CONDITIONAL		PAST CONDITIONAL	
attirerais	attirerions	aurais attiré	aurions attiré
attirerais	attireriez	aurais attiré	auriez attiré
attirerait	attireraient	aurait attiré	auraient attiré

PRESENT SUBJUNCTIVE		PAST SUBJUNCTIVE	
attire	attirions	aie attiré	ayons attiré
attires	attiriez	aies attiré	ayez attiré
attire	attirent	ait attiré	aient attiré

IMPERFECT SUBJUNCTIVE		PLUPERFECT SUBJUNCTIVE	
attirasse	attirassions	eusse attiré	eussions attiré
attirasses	attirassiez	eusses attiré	eussiez attiré
attirât	attirassent	eût attiré	eussent attiré

COMMANDS	
	attirons
attire	attirez

Usage

Il l'attira dans la cuisine.	*He drew her into the kitchen.*
J'essaie de l'attirer dans un piège.	*I'm trying to lure him into a trap.*
Sa tenue attira tous les regards.	*Her outfit attracted everyone's glances.*
C'est une belle femme qui attire tous les regards.	*She's a beautiful woman who is the center of attention.*
Le cirque attire des foules d'enfants.	*The circus draws crowds of children.*
Je ne veux pas leur attirer des ennuis.	*I don't want to cause them any trouble.*
Sa situation attira la pitié des voisins.	*His situation gained him the neighbors' pity.*
Permettez que j'attire votre attention sur ce fait.	*Allow me to draw your attention to this fact.*
Tu vas t'attirer la colère du patron.	*You're going to make the boss angry at you.*
C'est ça qui m'attire.	*That's what I like about it.*

attraper *to catch*

j'attrape · j'attrapai · attrapé · attrapant   regular *-er* verb

PRESENT		PASSÉ COMPOSÉ	
attrape	attrapons	ai attrapé	avons attrapé
attrapes	attrapez	as attrapé	avez attrapé
attrape	attrapent	a attrapé	ont attrapé

IMPERFECT		PLUPERFECT	
attrapais	attrapions	avais attrapé	avions attrapé
attrapais	attrapiez	avais attrapé	aviez attrapé
attrapait	attrapaient	avait attrapé	avaient attrapé

PASSÉ SIMPLE		PAST ANTERIOR	
attrapai	attrapâmes	eus attrapé	eûmes attrapé
attrapas	attrapâtes	eus attrapé	eûtes attrapé
attrapa	attrapèrent	eut attrapé	eurent attrapé

FUTURE		FUTURE ANTERIOR	
attraperai	attraperons	aurai attrapé	aurons attrapé
attraperas	attraperez	auras attrapé	aurez attrapé
attrapera	attraperont	aura attrapé	auront attrapé

CONDITIONAL		PAST CONDITIONAL	
attraperais	attraperions	aurais attrapé	aurions attrapé
attraperais	attraperiez	aurais attrapé	auriez attrapé
attraperait	attraperaient	aurait attrapé	auraient attrapé

PRESENT SUBJUNCTIVE		PAST SUBJUNCTIVE	
attrape	attrapions	aie attrapé	ayons attrapé
attrapes	attrapiez	aies attrapé	ayez attrapé
attrape	attrapent	ait attrapé	aient attrapé

IMPERFECT SUBJUNCTIVE		PLUPERFECT SUBJUNCTIVE	
attrapasse	attrapassions	eusse attrapé	eussions attrapé
attrapasses	attrapassiez	eusses attrapé	eussiez attrapé
attrapât	attrapassent	eût attrapé	eussent attrapé

COMMANDS	
	attrapons
attrape	attrapez

Usage

attraper un rhume/la grippe/une maladie	*to catch a cold/the flu/a disease*
Cette infection s'attrape facilement.	*This infection is very contagious.*
On a attrapé le cambrioleur la main dans le sac.	*They caught the burglar red-handed.*
Tu ne vas pas l'attraper avec une ruse comme ça.	*You're not going to trap him with a trick like that.*
Je commence à attraper le coup.	*I'm beginning to get the hang of it.*
Je vais jeter la balle. Attrape!	*I'm going to throw the ball. Catch!*
Tu attrapes quelques mots quand on parle vite?	*Do you catch a few words when we talk fast?*
Cours si tu veux attraper le train.	*Run if you want to catch the train.*
Gare à toi si tes parents t'attrapent!	*Just watch it if your parents get hold of you!*

regular *-ir* verb | **j'avertis · j'avertis · averti · avertissant**

PRESENT		PASSÉ COMPOSÉ	
avertis	avertissons	ai averti	avons averti
avertis	avertissez	as averti	avez averti
avertit	avertissent	a averti	ont averti

IMPERFECT		PLUPERFECT	
avertissais	avertissions	avais averti	avions averti
avertissais	avertissiez	avais averti	aviez averti
avertissait	avertissaient	avait averti	avaient averti

PASSÉ SIMPLE		PAST ANTERIOR	
avertis	avertîmes	eus averti	eûmes averti
avertis	avertîtes	eus averti	eûtes averti
avertit	avertirent	eut averti	eurent averti

FUTURE		FUTURE ANTERIOR	
avertirai	avertirons	aurai averti	aurons averti
avertiras	avertirez	auras averti	aurez averti
avertira	avertiront	aura averti	auront averti

CONDITIONAL		PAST CONDITIONAL	
avertirais	avertirions	aurais averti	aurions averti
avertirais	avertiriez	aurais averti	auriez averti
avertirait	avertiraient	aurait averti	auraient averti

PRESENT SUBJUNCTIVE		PAST SUBJUNCTIVE	
avertisse	avertissions	aie averti	ayons averti
avertisses	avertissiez	aies averti	ayez averti
avertisse	avertissent	ait averti	aient averti

IMPERFECT SUBJUNCTIVE		PLUPERFECT SUBJUNCTIVE	
avertisse	avertissions	eusse averti	eussions averti
avertisses	avertissiez	eusses averti	eussiez averti
avertît	avertissent	eût averti	eussent averti

COMMANDS	
	avertissons
avertis	avertissez

Usage

Je vous avertis de son départ.	*I'm alerting you to his departure.*
Le chef m'a averti qu'il n'était pas content de mon travail.	*The boss let me know that he wasn't happy with my work.*
C'est un public averti qui assiste à ces concerts.	*It's an informed audience that attends these concerts.*
Tiens-toi pour averti.	*Consider yourself notified/warned.*
Je t'avertis que ta conduite est inacceptable.	*I'm alerting you that your behavior is unacceptable.*

RELATED WORDS

un avertissement	*a warning*
Les étudiants ont reçu un avertissement.	*The students received a warning.*
avertissement au lecteur	*foreword*

avoir + noun *to be* + adjective

avoir faim	*to be hungry*
avoir soif	*to be thirsty*
avoir sommeil	*to be sleepy*
avoir chaud	*to be warm* (said of people)
avoir froid	*to be cold* (said of people)
avoir raison	*to be right*
avoir tort	*to be wrong*
avoir de la chance	*to be lucky*

avoir pour exprimer le rapport entre la personne et ses circonstances

avoir besoin de qqch	*to need something*
avoir hâte de faire qqch	*to be in a hurry to do something*
avoir envie de faire qqch	*to feel like doing something*
avoir du mal à faire qqch	*to have trouble/difficulty doing something*

en avoir pour

—Tu en as pour longtemps? *Will you be long?*
—J'en ai pour cinq minutes. *It will take me five minutes.*

avoir à

Je n'ai rien à faire. *I have nothing to do.*
On n'a pas à se plaindre. *We can't complain.*
J'ai qqch à vous dire. *I have something to tell you.*
Nous avons trois cents pages à lire. *We have three hundred pages to read.*
Elle a à faire le ménage avant de sortir. *She has to do the housework before going out.*

n'avoir qu'à all one has to do is

Tu n'as qu'à lui demander. *All you have to do is ask him.*
On n'a qu'à patienter. *All we have to do is be patient.*
Je n'avais qu'à ne pas sortir. *I shouldn't have gone out in the first place.*

ne rien avoir

Je n'ai rien à te dire. *I have nothing to say to you.*
Cela n'a rien à voir avec cette affaire. *That has nothing to do with this matter.*
Il n'y a rien à faire. *There's nothing to be done.*

avoir to get

Vous pouvez m'avoir ce journal? *Can you get that newspaper for me?*
J'ai eu ce livre pour dix euros. *I got this book for ten euros.*

PRESENT		PASSÉ COMPOSÉ	
ai	avons	ai eu	avons eu
as	avez	as eu	avez eu
a	ont	a eu	ont eu

IMPERFECT		PLUPERFECT	
avais	avions	avais eu	avions eu
avais	aviez	avais eu	aviez eu
avait	avaient	avait eu	avaient eu

PASSÉ SIMPLE		PAST ANTERIOR	
eus	eûmes	eus eu	eûmes eu
eus	eûtes	eus eu	eûtes eu
eut	eurent	eut eu	eurent eu

FUTURE		FUTURE ANTERIOR	
aurai	aurons	aurai eu	aurons eu
auras	aurez	auras eu	aurez eu
aura	auront	aura eu	auront eu

CONDITIONAL		PAST CONDITIONAL	
aurais	aurions	aurais eu	aurions eu
aurais	auriez	aurais eu	auriez eu
aurait	auraient	aurait eu	auraient eu

PRESENT SUBJUNCTIVE		PAST SUBJUNCTIVE	
aie	ayons	aie eu	ayons eu
aies	ayez	aies eu	ayez eu
ait	aient	ait eu	aient eu

IMPERFECT SUBJUNCTIVE		PLUPERFECT SUBJUNCTIVE	
eusse	eussions	eusse eu	eussions eu
eusses	eussiez	eusses eu	eussiez eu
eût	eussent	eût eu	eussent eu

COMMANDS	
	ayons
aie	ayez

Usage

—Tu as des pièces de cinquante centimes?
—Non, je regrette, je n'ai pas de monnaie.
—J'ai rendez-vous avec Julie.
—Tu as de la chance.
—Qu'est-ce que tu as?
—Ne t'en fais pas. Je n'ai rien.
—Nous n'avons pas de viande.
—Il faudra faire avec ce que nous avons.

—Il y a combien d'élèves dans cette classe?

—Il y en a vingt-trois.

Do you have any fifty-cent coins?
No, sorry, I have no change.
I have a date with Julie.
You're lucky.
What's wrong with you?
Don't worry. It's nothing.
We have no meat.
We'll have to make do with what we have.

How many students are there in this class?

There are twenty-three.

baisser *to lower*

je baisse · je baissai · baissé · baissant regular *-er* verb

PRESENT		PASSÉ COMPOSÉ	
baisse	baissons	ai baissé	avons baissé
baisses	baissez	as baissé	avez baissé
baisse	baissent	a baissé	ont baissé

IMPERFECT		PLUPERFECT	
baissais	baissions	avais baissé	avions baissé
baissais	baissiez	avais baissé	aviez baissé
baissait	baissaient	avait baissé	avaient baissé

PASSÉ SIMPLE		PAST ANTERIOR	
baissai	baissâmes	eus baissé	eûmes baissé
baissas	baissâtes	eus baissé	eûtes baissé
baissa	baissèrent	eut baissé	eurent baissé

FUTURE		FUTURE ANTERIOR	
baisserai	baisserons	aurai baissé	aurons baissé
baisseras	baisserez	auras baissé	aurez baissé
baissera	baisseront	aura baissé	auront baissé

CONDITIONAL		PAST CONDITIONAL	
baisserais	baisserions	aurais baissé	aurions baissé
baisserais	baisseriez	aurais baissé	auriez baissé
baisserait	baisseraient	aurait baissé	auraient baissé

PRESENT SUBJUNCTIVE		PAST SUBJUNCTIVE	
baisse	baissions	aie baissé	ayons baissé
baisses	baissiez	aies baissé	ayez baissé
baisse	baissent	ait baissé	aient baissé

IMPERFECT SUBJUNCTIVE		PLUPERFECT SUBJUNCTIVE	
baissasse	baissassions	eusse baissé	eussions baissé
baissasses	baissassiez	eusses baissé	eussiez baissé
baissât	baissassent	eût baissé	eussent baissé

COMMANDS	
	baissons
baisse	baissez

Usage

baisser la tête	*to lower one's head*
Il est entré la tête baissée.	*He came in with his head lowered.*
baisser les yeux	*to lower one's eyes/to look down*
La température baisse.	*The temperature is dropping.*
—Tu crois qu'il demande trop d'argent pour cette vieille voiture?	*Do you think he's asking too much for that old car?*
—Oui. Essaie de lui faire baisser le prix.	*Yes. Try to make him lower the price.*
Le rideau baisse.	*The curtain comes down.*
Le jour baisse.	*It's beginning to get dark.*
Vers cinq heures je baisse les stores.	*Around five o'clock I lower the blinds.*
Le boxeur a baissé les bras.	*The boxer threw in the towel.*
Sur l'autoroute il faut baisser les phares.	*On the highway you must dim your headlights.*

-*er* verb; spelling change:
y > i/mute *e*

je balaie · je balayai · balayé · balayant

PRESENT

balaie	balayons
balaies	balayez
balaie	balaient

PASSÉ COMPOSÉ

ai balayé	avons balayé
as balayé	avez balayé
a balayé	ont balayé

IMPERFECT

balayais	balayions
balayais	balayiez
balayait	balayaient

PLUPERFECT

avais balayé	avions balayé
avais balayé	aviez balayé
avait balayé	avaient balayé

PASSÉ SIMPLE

balayai	balayâmes
balayas	balayâtes
balaya	balayèrent

PAST ANTERIOR

eus balayé	eûmes balayé
eus balayé	eûtes balayé
eut balayé	eurent balayé

FUTURE

balaierai	balaierons
balaieras	balaierez
balaiera	balaieront

FUTURE ANTERIOR

aurai balayé	aurons balayé
auras balayé	aurez balayé
aura balayé	auront balayé

CONDITIONAL

balaierais	balaierions
balaierais	balaieriez
balaierait	balaieraient

PAST CONDITIONAL

aurais balayé	aurions balayé
aurais balayé	auriez balayé
aurait balayé	auraient balayé

PRESENT SUBJUNCTIVE

balaie	balayions
balaies	balayiez
balaie	balaient

PAST SUBJUNCTIVE

aie balayé	ayons balayé
aies balayé	ayez balayé
ait balayé	aient balayé

IMPERFECT SUBJUNCTIVE

balayasse	balayassions
balayasses	balayassiez
balayât	balayassent

PLUPERFECT SUBJUNCTIVE

eusse balayé	eussions balayé
eusses balayé	eussiez balayé
eût balayé	eussent balayé

COMMANDS

	balayons
balaie	balayez

Usage

NOTE: This verb is sometimes seen without the *y > i* change, such as *balaye.*

balayer le plancher/l'escalier/la cuisine	*to sweep the floor/the stairs/the kitchen*
balayer les feuilles/la poussière	*to sweep up the leaves/the dust*
balayer les obstacles	*to sweep away all obstacles*
L'arrivée des enfants a balayé nos soucis.	*The arrival of the children made us forget our cares.*
L'orage a tout balayé sur son passage.	*The storm swept away everything in its path.*
Le chef a balayé une dizaine d'employés.	*The boss fired about ten employees.*

RELATED WORDS

le balai	*broom*
le balayeur	*street sweeper*

bâtir *to build*

je bâtis · je bâtis · bâti · bâtissant regular *-ir* verb

PRESENT		PASSÉ COMPOSÉ	
bâtis	bâtissons	ai bâti	avons bâti
bâtis	bâtissez	as bâti	avez bâti
bâtit	bâtissent	a bâti	ont bâti

IMPERFECT		PLUPERFECT	
bâtissais	bâtissions	avais bâti	avions bâti
bâtissais	bâtissiez	avais bâti	aviez bâti
bâtissait	bâtissaient	avait bâti	avaient bâti

PASSÉ SIMPLE		PAST ANTERIOR	
bâtis	bâtîmes	eus bâti	eûmes bâti
bâtis	bâtîtes	eus bâti	eûtes bâti
bâtit	bâtirent	eut bâti	eurent bâti

FUTURE		FUTURE ANTERIOR	
bâtirai	bâtirons	aurai bâti	aurons bâti
bâtiras	bâtirez	auras bâti	aurez bâti
bâtira	bâtiront	aura bâti	auront bâti

CONDITIONAL		PAST CONDITIONAL	
bâtirais	bâtirions	aurais bâti	aurions bâti
bâtirais	bâtiriez	aurais bâti	auriez bâti
bâtirait	bâtiraient	aurait bâti	auraient bâti

PRESENT SUBJUNCTIVE		PAST SUBJUNCTIVE	
bâtisse	bâtissions	aie bâti	ayons bâti
bâtisses	bâtissiez	aies bâti	ayez bâti
bâtisse	bâtissent	ait bâti	aient bâti

IMPERFECT SUBJUNCTIVE		PLUPERFECT SUBJUNCTIVE	
bâtisse	bâtissions	eusse bâti	eussions bâti
bâtisses	bâtissiez	eusses bâti	eussiez bâti
bâtît	bâtissent	eût bâti	eussent bâti

COMMANDS	
	bâtissons
bâtis	bâtissez

Usage

bâtir un immeuble/une maison	*to build an apartment house/a house*
bâtir son avenir	*to construct one's future*
bâtir un plan	*to draw up a plan*
bâtir sa réputation	*to build up one's reputation*
(se) faire bâtir	*to have something built*
Nous (nous) faisons bâtir une maison à la campagne.	*We're having a house built in the country.*

RELATED WORDS

un bâtiment	*a building*
Lui, il est du bâtiment.	*He knows which end is up.*

irregular verb; only one *t* in the
singular of the present tense

je bats · je battis · battu · battant

PRESENT		PASSÉ COMPOSÉ	
bats	battons	ai battu	avons battu
bats	battez	as battu	avez battu
bat	battent	a battu	ont battu

IMPERFECT		PLUPERFECT	
battais	battions	avais battu	avions battu
battais	battiez	avais battu	aviez battu
battait	battaient	avait battu	avaient battu

PASSÉ SIMPLE		PAST ANTERIOR	
battis	battîmes	eus battu	eûmes battu
battis	battîtes	eus battu	eûtes battu
battit	battirent	eut battu	eurent battu

FUTURE		FUTURE ANTERIOR	
battrai	battrons	aurai battu	aurons battu
battras	battrez	auras battu	aurez battu
battra	battront	aura battu	auront battu

CONDITIONAL		PAST CONDITIONAL	
battrais	battrions	aurais battu	aurions battu
battrais	battriez	aurais battu	auriez battu
battrait	battraient	aurait battu	auraient battu

PRESENT SUBJUNCTIVE		PAST SUBJUNCTIVE	
batte	battions	aie battu	ayons battu
battes	battiez	aies battu	ayez battu
batte	battent	ait battu	aient battu

IMPERFECT SUBJUNCTIVE		PLUPERFECT SUBJUNCTIVE	
battisse	battissions	eusse battu	eussions battu
battisses	battissiez	eusses battu	eussiez battu
battît	battissent	eût battu	eussent battu

COMMANDS	
	battons
bats	battez

Usage

battre qqn	*to beat/hit someone*
battre des œufs	*to beat eggs*
battre les cartes	*to shuffle the deck*
battre des mains	*to clap one's hands*
battre la retraite	*to beat a retreat/have the army withdraw*
Je ne bats jamais mes enfants.	*I never hit my children.*
On a battu la victime à mort.	*The victim was beaten to death.*
Elle sort les tapis au jardin pour les battre.	*She takes the rugs out to the garden to beat them.*
battre qqn/un rival	*to defeat someone/a rival*
Notre équipe a battu nos rivaux.	*Our team beat our rivals.*
Je ne me tiens pas pour battu!	*I don't consider myself defeated.*
Ils nous ont battus 10 à 6.	*They beat us 10 to 6.*

bavarder *to chat, chatter, gossip*

je bavarde · je bavardai · bavardé · bavardant regular *-er* verb

PRESENT		PASSÉ COMPOSÉ	
bavarde	bavardons	ai bavardé	avons bavardé
bavardes	bavardez	as bavardé	avez bavardé
bavarde	bavardent	a bavardé	ont bavardé

IMPERFECT		PLUPERFECT	
bavardais	bavardions	avais bavardé	avions bavardé
bavardais	bavardiez	avais bavardé	aviez bavardé
bavardait	bavardaient	avait bavardé	avaient bavardé

PASSÉ SIMPLE		PAST ANTERIOR	
bavardai	bavardâmes	eus bavardé	eûmes bavardé
bavardas	bavardâtes	eus bavardé	eûtes bavardé
bavarda	bavardèrent	eut bavardé	eurent bavardé

FUTURE		FUTURE ANTERIOR	
bavarderai	bavarderons	aurai bavardé	aurons bavardé
bavarderas	bavarderez	auras bavardé	aurez bavardé
bavardera	bavarderont	aura bavardé	auront bavardé

CONDITIONAL		PAST CONDITIONAL	
bavarderais	bavarderions	aurais bavardé	aurions bavardé
bavarderais	bavarderiez	aurais bavardé	auriez bavardé
bavarderait	bavarderaient	aurait bavardé	auraient bavardé

PRESENT SUBJUNCTIVE		PAST SUBJUNCTIVE	
bavarde	bavardions	aie bavardé	ayons bavardé
bavardes	bavardiez	aies bavardé	ayez bavardé
bavarde	bavardent	ait bavardé	aient bavardé

IMPERFECT SUBJUNCTIVE		PLUPERFECT SUBJUNCTIVE	
bavardasse	bavardassions	eusse bavardé	eussions bavardé
bavardasses	bavardassiez	eusses bavardé	eussiez bavardé
bavardât	bavardassent	eût bavardé	eussent bavardé

COMMANDS	
	bavardons
bavarde	bavardez

Usage

Tu perds tout ton temps à bavarder.	*You're wasting all your time gabbing.*
C'est affolant. Ils n'arrêtent pas de bavarder.	*It's maddening. They don't stop talking.*
Tout le monde est au courant! Qui aura bavardé?	*Everyone knows about it! Who could have talked?*

RELATED WORDS

bavard(e)	*talkative*
bavard(e) comme une pie	*a real chatterbox*
Lui, c'est un bavard intarissable.	*He never gets tired of talking.*
le bavardage	*chatter/talk*
Je ne peux pas travailler. Mes collègues n'arrêtent pas leur bavardage.	*I can't work. My coworkers won't stop their talking.*

regular *-ir* verb | **je bénis · je bénis · béni · bénissant**

PRESENT

bénis	bénissons
bénis	bénissez
bénit	bénissent

PASSÉ COMPOSÉ

ai béni	avons béni
as béni	avez béni
a béni	ont béni

IMPERFECT

bénissais	bénissions
bénissais	bénissiez
bénissait	bénissaient

PLUPERFECT

avais béni	avions béni
avais béni	aviez béni
avait béni	avaient béni

PASSÉ SIMPLE

bénis	bénîmes
bénis	bénîtes
bénit	bénirent

PAST ANTERIOR

eus béni	eûmes béni
eus béni	eûtes béni
eut béni	eurent béni

FUTURE

bénirai	bénirons
béniras	bénirez
bénira	béniront

FUTURE ANTERIOR

aurai béni	aurons béni
auras béni	aurez béni
aura béni	auront béni

CONDITIONAL

bénirais	bénirions
bénirais	béniriez
bénirait	béniraient

PAST CONDITIONAL

aurais béni	aurions béni
aurais béni	auriez béni
aurait béni	auraient béni

PRESENT SUBJUNCTIVE

bénisse	bénissions
bénisses	bénissiez
bénisse	bénissent

PAST SUBJUNCTIVE

aie béni	ayons béni
aies béni	ayez béni
ait béni	aient béni

IMPERFECT SUBJUNCTIVE

bénisse	bénissions
bénisses	bénissiez
bénît	bénissent

PLUPERFECT SUBJUNCTIVE

eusse béni	eussions béni
eusses béni	eussiez béni
eût béni	eussent béni

COMMANDS

	bénissons
bénis	bénissez

Usage

Le curé du village a béni leur mariage.	*The village priest blessed their marriage.*
Dieu vous bénisse!	*God bless you!* (said to someone who sneezes)
Dieu soit béni!	*Praise the Lord!*
Je bénis l'agent de police qui m'a sauvé.	*I am thankful to the policeman who saved me.*
Nous bénissons cette coïncidence.	*We are so grateful for this coincidence.*

RELATED WORDS

bénit(e)	*blessed* (when used as an adjective)
l'eau bénite	*holy water*
le bénitier	*holy water font*

blaguer *to kid, joke*

je blague · je blaguai · blagué · blaguant   regular *-er* verb

PRESENT		PASSÉ COMPOSÉ	
blague	blaguons	ai blagué	avons blagué
blagues	blaguez	as blagué	avez blagué
blague	blaguent	a blagué	ont blagué

IMPERFECT		PLUPERFECT	
blaguais	blaguions	avais blagué	avions blagué
blaguais	blaguiez	avais blagué	aviez blagué
blaguait	blaguaient	avait blagué	avaient blagué

PASSÉ SIMPLE		PAST ANTERIOR	
blaguai	blaguâmes	eus blagué	eûmes blagué
blaguas	blaguâtes	eus blagué	eûtes blagué
blagua	blaguèrent	eut blagué	eurent blagué

FUTURE		FUTURE ANTERIOR	
blaguerai	blaguerons	aurai blagué	aurons blagué
blagueras	blaguerez	auras blagué	aurez blagué
blaguera	blagueront	aura blagué	auront blagué

CONDITIONAL		PAST CONDITIONAL	
blaguerais	blaguerions	aurais blagué	aurions blagué
blaguerais	blagueriez	aurais blagué	auriez blagué
blaguerait	blagueraient	aurait blagué	auraient blagué

PRESENT SUBJUNCTIVE		PAST SUBJUNCTIVE	
blague	blaguions	aie blagué	ayons blagué
blagues	blaguiez	aies blagué	ayez blagué
blague	blaguent	ait blagué	aient blagué

IMPERFECT SUBJUNCTIVE		PLUPERFECT SUBJUNCTIVE	
blaguasse	blaguassions	eusse blagué	eussions blagué
blaguasses	blaguassiez	eusses blagué	eussiez blagué
blaguât	blaguassent	eût blagué	eussent blagué

COMMANDS	
	blaguons
blague	blaguez

Usage

NOTE: *Blaguer* is colloquial for *plaisanter*.

Tu blagues!	*You're kidding!*
Sans blaguer.	*I'm not kidding.*
Ne t'offense pas. Je l'ai dit pour blaguer.	*Don't be offended. I said it as a joke.*
Tu ne blagues pas?	*Are you on the level?*

RELATED WORDS

la blague	*joke/trick*
Sans blague?	*No kidding?*
Il nous a fait une blague.	*He played a trick on us.*
Tout ça c'est de la blague.	*That's just hogwash.*
Quelle blague!	*What baloney!*
un blagueur/une blagueuse	*a kidder/jokester*

regular *-er* verb | **je blâme · je blâmai · blâmé · blâmant**

PRESENT		PASSÉ COMPOSÉ	
blâme	blâmons	ai blâmé	avons blâmé
blâmes	blâmez	as blâmé	avez blâmé
blâme	blâment	a blâmé	ont blâmé

IMPERFECT		PLUPERFECT	
blâmais	blâmions	avais blâmé	avions blâmé
blâmais	blâmiez	avais blâmé	aviez blâmé
blâmait	blâmaient	avait blâmé	avaient blâmé

PASSÉ SIMPLE		PAST ANTERIOR	
blâmai	blâmâmes	eus blâmé	eûmes blâmé
blâmas	blâmâtes	eus blâmé	eûtes blâmé
blâma	blâmèrent	eut blâmé	eurent blâmé

FUTURE		FUTURE ANTERIOR	
blâmerai	blâmerons	aurai blâmé	aurons blâmé
blâmeras	blâmerez	auras blâmé	aurez blâmé
blâmera	blâmeront	aura blâmé	auront blâmé

CONDITIONAL		PAST CONDITIONAL	
blâmerais	blâmerions	aurais blâmé	aurions blâmé
blâmerais	blâmeriez	aurais blâmé	auriez blâmé
blâmerait	blâmeraient	aurait blâmé	auraient blâmé

PRESENT SUBJUNCTIVE		PAST SUBJUNCTIVE	
blâme	blâmions	aie blâmé	ayons blâmé
blâmes	blâmiez	aies blâmé	ayez blâmé
blâme	blâment	ait blâmé	aient blâmé

IMPERFECT SUBJUNCTIVE		PLUPERFECT SUBJUNCTIVE	
blâmasse	blâmassions	eusse blâmé	eussions blâmé
blâmasses	blâmassiez	eusses blâmé	eussiez blâmé
blâmât	blâmassent	eût blâmé	eussent blâmé

COMMANDS	
	blâmons
blâme	blâmez

Usage

Il me blâme de son renvoi.	*He blames me for his getting fired.*
Je ne te blâme pas. Tu n'y es pour rien.	*I don't blame you. You're not at fault.*
Cet enfant n'est pas à blâmer. Il est à plaindre.	*This child is not deserving of blame. He is to be pitied.*

RELATED WORDS

le blâme	*blame/reprimand* (school or sports)
L'arbitre lui a donné un blâme.	*The umpire gave him a reprimand.*
Il mérite un blâme.	*He deserves a formal reprimand.*
Il a encouru un blâme.	*He got a reprimand.*
Votre collègue essaie de rejeter le blâme sur vous.	*Your colleague is trying to make you look like the guilty party.*
blâmable	*blameful/deserving of blame*

je blesse · je blessai · blessé · blessant   regular -er verb

PRESENT

blesse	blessons
blesses	blessez
blesse	blessent

PASSÉ COMPOSÉ

ai blessé	avons blessé
as blessé	avez blessé
a blessé	ont blessé

IMPERFECT

blessais	blessions
blessais	blessiez
blessait	blessaient

PLUPERFECT

avais blessé	avions blessé
avais blessé	aviez blessé
avait blessé	avaient blessé

PASSÉ SIMPLE

blessai	blessâmes
blessas	blessâtes
blessa	blessèrent

PAST ANTERIOR

eus blessé	eûmes blessé
eus blessé	eûtes blessé
eut blessé	eurent blessé

FUTURE

blesserai	blesserons
blesseras	blesserez
blessera	blesseront

FUTURE ANTERIOR

aurai blessé	aurons blessé
auras blessé	aurez blessé
aura blessé	auront blessé

CONDITIONAL

blesserais	blesserions
blesserais	blesseriez
blesserait	blesseraient

PAST CONDITIONAL

aurais blessé	aurions blessé
aurais blessé	auriez blessé
aurait blessé	auraient blessé

PRESENT SUBJUNCTIVE

blesse	blessions
blesses	blessiez
blesse	blessent

PAST SUBJUNCTIVE

aie blessé	ayons blessé
aies blessé	ayez blessé
ait blessé	aient blessé

IMPERFECT SUBJUNCTIVE

blessasse	blessassions
blessasses	blessassiez
blessât	blessassent

PLUPERFECT SUBJUNCTIVE

eusse blessé	eussions blessé
eusses blessé	eussiez blessé
eût blessé	eussent blessé

COMMANDS

	blessons
blesse	blessez

Usage

L'agresseur a blessé sa victime d'un coup de couteau.	*The attacker stabbed his victim.*
Il a été blessé dans un accident.	*He was hurt in an accident.*
Ma grand-mère s'est blessée en tombant.	*My grandmother fell and hurt herself.*
Je me suis blessé le bras.	*I hurt my arm.*
Cette musique blesse l'oreille!	*This music hurts your ears!*
Ces sacrées chaussures me blessent!	*These darned shoes are hurting me!*
Votre remarque m'a blessé au vif.	*Your remark hurt me deeply.*
Ça m'a profondément blessé.	*That really hurt me.*
Tu te blesses pour un rien.	*You get offended too easily.*
Votre commentaire a blessé mon amour-propre.	*Your comment hurt my pride.*

irregular verb

je bois · je bus · bu · buvant

PRESENT		PASSÉ COMPOSÉ	
bois	buvons	ai bu	avons bu
bois	buvez	as bu	avez bu
boit	boivent	a bu	ont bu

IMPERFECT		PLUPERFECT	
buvais	buvions	avais bu	avions bu
buvais	buviez	avais bu	aviez bu
buvait	buvaient	avait bu	avaient bu

PASSÉ SIMPLE		PAST ANTERIOR	
bus	bûmes	eus bu	eûmes bu
bus	bûtes	eus bu	eûtes bu
but	burent	eut bu	eurent bu

FUTURE		FUTURE ANTERIOR	
boirai	boirons	aurai bu	aurons bu
boiras	boirez	auras bu	aurez bu
boira	boiront	aura bu	auront bu

CONDITIONAL		PAST CONDITIONAL	
boirais	boirions	aurais bu	aurions bu
boirais	boiriez	aurais bu	auriez bu
boirait	boiraient	aurait bu	auraient bu

PRESENT SUBJUNCTIVE		PAST SUBJUNCTIVE	
boive	buvions	aie bu	ayons bu
boives	buviez	aies bu	ayez bu
boive	boivent	ait bu	aient bu

IMPERFECT SUBJUNCTIVE		PLUPERFECT SUBJUNCTIVE	
busse	bussions	eusse bu	eussions bu
busses	bussiez	eusses bu	eussiez bu
bût	bussent	eût bu	eussent bu

COMMANDS	
	buvons
bois	buvez

Usage

boire du café/du thé/du vin/de la bière	*to drink coffee/tea/wine/beer*
Allons boire un verre!	*Let's go have a drink!*
Tu veux boire un coup?	*Do you want to have a drink?*
Tu as soif? Je vais te donner à boire.	*Are you thirsty? I'll give you something to drink.*
Chez nous on boit du vin à table.	*We drink wine with our meals.*
Nous allons boire à votre réussite.	*We are going to drink to your health.*
Le vin blanc se boit avec le poisson.	*White wine is drunk with fish.*
Ce n'est pas la mer à boire!	*It's not really so hard to do!*
Les étudiants buvaient les paroles du professeur.	*The students were hanging on the professor's every word.*

je bouge · je bougeai · bougé · bougeant

-er verb; spelling change:
g > ge/a, o

PRESENT		PASSÉ COMPOSÉ	
bouge	bougeons	ai bougé	avons bougé
bouges	bougez	as bougé	avez bougé
bouge	bougent	a bougé	ont bougé

IMPERFECT		PLUPERFECT	
bougeais	bougions	avais bougé	avions bougé
bougeais	bougiez	avais bougé	aviez bougé
bougeait	bougeaient	avait bougé	avaient bougé

PASSÉ SIMPLE		PAST ANTERIOR	
bougeai	bougeâmes	eus bougé	eûmes bougé
bougeas	bougeâtes	eus bougé	eûtes bougé
bougea	bougèrent	eut bougé	eurent bougé

FUTURE		FUTURE ANTERIOR	
bougerai	bougerons	aurai bougé	aurons bougé
bougeras	bougerez	auras bougé	aurez bougé
bougera	bougeront	aura bougé	auront bougé

CONDITIONAL		PAST CONDITIONAL	
bougerais	bougerions	aurais bougé	aurions bougé
bougerais	bougeriez	aurais bougé	auriez bougé
bougerait	bougeraient	aurait bougé	auraient bougé

PRESENT SUBJUNCTIVE		PAST SUBJUNCTIVE	
bouge	bougions	aie bougé	ayons bougé
bouges	bougiez	aies bougé	ayez bougé
bouge	bougent	ait bougé	aient bougé

IMPERFECT SUBJUNCTIVE		PLUPERFECT SUBJUNCTIVE	
bougeasse	bougeassions	eusse bougé	eussions bougé
bougeasses	bougeassiez	eusses bougé	eussiez bougé
bougeât	bougeassent	eût bougé	eussent bougé

COMMANDS	
	bougeons
bouge	bougez

Usage

Ne bouge pas! On va nous entendre!	*Don't move! They'll hear us!*
Tu peux venir à n'importe quelle heure. Je ne bouge pas de chez moi aujourd'hui.	*You can come at any time. I'm not budging from my house today.*
Le prix de l'essence n'a pas bougé.	*The price of gasoline has stayed the same.*
Elle n'a pas bougé le petit doigt.	*She didn't lift a finger (to help with the task).*

RELATED WORDS

la bougeotte	*moving around/fidgetiness*
Ils ont vécu un peu partout. Ils ont la bougeotte.	*They've lived almost everywhere. They're always on the move.*
Tu as la bougeotte aujourd'hui. Qu'est-ce qui t'arrive?	*You're fidgety today. What's the matter with you?*

irregular verb

je bous · je bouillis · bouilli · bouillant

PRESENT		PASSÉ COMPOSÉ	
bous	bouillons	ai bouilli	avons bouilli
bous	bouillez	as bouilli	avez bouilli
bout	bouillent	a bouilli	ont bouilli

IMPERFECT		PLUPERFECT	
bouillais	bouillions	avais bouilli	avions bouilli
bouillais	bouilliez	avais bouilli	aviez bouilli
bouillait	bouillaient	avait bouilli	avaient bouilli

PASSÉ SIMPLE		PAST ANTERIOR	
bouillis	bouillîmes	eus bouilli	eûmes bouilli
bouillis	bouillîtes	eus bouilli	eûtes bouilli
bouillit	bouillirent	eut bouilli	eurent bouilli

FUTURE		FUTURE ANTERIOR	
bouillirai	bouillirons	aurai bouilli	aurons bouilli
bouilliras	bouillirez	auras bouilli	aurez bouilli
bouillira	bouilliront	aura bouilli	auront bouilli

CONDITIONAL		PAST CONDITIONAL	
bouillirais	bouillirions	aurais bouilli	aurions bouilli
bouillirais	bouilliriez	aurais bouilli	auriez bouilli
bouillirait	bouilliraient	aurait bouilli	auraient bouilli

PRESENT SUBJUNCTIVE		PAST SUBJUNCTIVE	
bouille	bouillions	aie bouilli	ayons bouilli
bouilles	bouilliez	aies bouilli	ayez bouilli
bouille	bouillent	ait bouilli	aient bouilli

IMPERFECT SUBJUNCTIVE		PLUPERFECT SUBJUNCTIVE	
bouillisse	bouillissions	eusse bouilli	eussions bouilli
bouillisses	bouillissiez	eusses bouilli	eussiez bouilli
bouillît	bouillissent	eût bouilli	eussent bouilli

COMMANDS	
	bouillons
bous	bouillez

Usage

L'eau bout.	*The water is boiling.*
Je vais faire bouillir l'eau pour la soupe.	*I'm going to bring the water to a boil for soup.*
de l'eau bouillie	*boiled water*
de l'eau bouillante	*boiling water*
faire bouillir à gros bouillons	*to bring to a full boil*
Il bout de colère.	*He's seething with anger.*

RELATED WORDS

la bouillie	*baby's cereal*
C'est de la bouillie pour les chats.	*It's an illegible text./This text is a mess.*
mettre/réduire en bouillie	*to beat to a pulp*
Son ennemi était réduit en bouillie.	*His enemy was beaten to a pulp.*
le bouillon	*broth/stock*

je brosse · je brossai · brossé · brossant   regular *-er* verb

PRESENT		PASSÉ COMPOSÉ	
brosse	brossons	ai brossé	avons brossé
brosses	brossez	as brossé	avez brossé
brosse	brossent	a brossé	ont brossé

IMPERFECT		PLUPERFECT	
brossais	brossions	avais brossé	avions brossé
brossais	brossiez	avais brossé	aviez brossé
brossait	brossaient	avait brossé	avaient brossé

PASSÉ SIMPLE		PAST ANTERIOR	
brossai	brossâmes	eus brossé	eûmes brossé
brossas	brossâtes	eus brossé	eûtes brossé
brossa	brossèrent	eut brossé	eurent brossé

FUTURE		FUTURE ANTERIOR	
brosserai	brosserons	aurai brossé	aurons brossé
brosseras	brosserez	auras brossé	aurez brossé
brossera	brosseront	aura brossé	auront brossé

CONDITIONAL		PAST CONDITIONAL	
brosserais	brosserions	aurais brossé	aurions brossé
brosserais	brosseriez	aurais brossé	auriez brossé
brosserait	brosseraient	aurait brossé	auraient brossé

PRESENT SUBJUNCTIVE		PAST SUBJUNCTIVE	
brosse	brossions	aie brossé	ayons brossé
brosses	brossiez	aies brossé	ayez brossé
brosse	brossent	ait brossé	aient brossé

IMPERFECT SUBJUNCTIVE		PLUPERFECT SUBJUNCTIVE	
brossasse	brossassions	eusse brossé	eussions brossé
brossasses	brossassiez	eusses brossé	eussiez brossé
brossât	brossassent	eût brossé	eussent brossé

COMMANDS	
	brossons
brosse	brossez

Usage

Brosse le manteau.	*Brush (off) the coat.*
se brosser les dents	*to brush one's teeth*
se brosser les cheveux	*to brush one's hair*

RELATED WORDS

une brosse à dents	*a toothbrush*
une brosse à cheveux	*a hairbrush*
une brosse à vêtements	*a clothing brush*
donner un coup de brosse à	*to brush* (especially clothing)
avoir/porter les cheveux en brosse	*to have a crew cut*

regular *-er* verb

je brûle · je brûlai · brûlé · brûlant

PRESENT		PASSÉ COMPOSÉ	
brûle	brûlons	ai brûlé	avons brûlé
brûles	brûlez	as brûlé	avez brûlé
brûle	brûlent	a brûlé	ont brûlé

IMPERFECT		PLUPERFECT	
brûlais	brûlions	avais brûlé	avions brûlé
brûlais	brûliez	avais brûlé	aviez brûlé
brûlait	brûlaient	avait brûlé	avaient brûlé

PASSÉ SIMPLE		PAST ANTERIOR	
brûlai	brûlâmes	eus brûlé	eûmes brûlé
brûlas	brûlâtes	eus brûlé	eûtes brûlé
brûla	brûlèrent	eut brûlé	eurent brûlé

FUTURE		FUTURE ANTERIOR	
brûlerai	brûlerons	aurai brûlé	aurons brûlé
brûleras	brûlerez	auras brûlé	aurez brûlé
brûlera	brûleront	aura brûlé	auront brûlé

CONDITIONAL		PAST CONDITIONAL	
brûlerais	brûlerions	aurais brûlé	aurions brûlé
brûlerais	brûleriez	aurais brûlé	auriez brûlé
brûlerait	brûleraient	aurait brûlé	auraient brûlé

PRESENT SUBJUNCTIVE		PAST SUBJUNCTIVE	
brûle	brûlions	aie brûlé	ayons brûlé
brûles	brûliez	aies brûlé	ayez brûlé
brûle	brûlent	ait brûlé	aient brûlé

IMPERFECT SUBJUNCTIVE		PLUPERFECT SUBJUNCTIVE	
brûlasse	brûlassions	eusse brûlé	eussions brûlé
brûlasses	brûlassiez	eusses brûlé	eussiez brûlé
brûlât	brûlassent	eût brûlé	eussent brûlé

COMMANDS	
	brûlons
brûle	brûlez

Usage

On brûle les ordures.	*We burn the garbage.*
Les soldats ont brûlé la ville.	*The soldiers burned the city.*
Il a le visage brûlé par le soleil.	*His face is sunburned.*
Au feu! La maison brûle!	*Fire! The house is burning!*
Cet appareil brûle beaucoup d'électricité.	*This machine consumes a lot of electricity.*
Il a brûlé un feu rouge.	*He went through a red light.*
Tu brûles!	*You're getting warmer!* (children's guessing games)
Fais attention au feu. Tu vas te brûler.	*Careful of the fire. You're going to get burned.*
brûler de faire qqch	*to be dying to do something*
Je brûle de l'interroger.	*I am dying to question him.*

cacher   *to hide*

PRESENT		PASSÉ COMPOSÉ	
cache	cachons	ai caché	avons caché
caches	cachez	as caché	avez caché
cache	cachent	a caché	ont caché

IMPERFECT		PLUPERFECT	
cachais	cachions	avais caché	avions caché
cachais	cachiez	avais caché	aviez caché
cachait	cachaient	avait caché	avaient caché

PASSÉ SIMPLE		PAST ANTERIOR	
cachai	cachâmes	eus caché	eûmes caché
cachas	cachâtes	eus caché	eûtes caché
cacha	cachèrent	eut caché	eurent caché

FUTURE		FUTURE ANTERIOR	
cacherai	cacherons	aurai caché	aurons caché
cacheras	cacherez	auras caché	aurez caché
cachera	cacheront	aura caché	auront caché

CONDITIONAL		PAST CONDITIONAL	
cacherais	cacherions	aurais caché	aurions caché
cacherais	cacheriez	aurais caché	auriez caché
cacherait	cacheraient	aurait caché	auraient caché

PRESENT SUBJUNCTIVE		PAST SUBJUNCTIVE	
cache	cachions	aie caché	ayons caché
caches	cachiez	aies caché	ayez caché
cache	cachent	ait caché	aient caché

IMPERFECT SUBJUNCTIVE		PLUPERFECT SUBJUNCTIVE	
cachasse	cachassions	eusse caché	eussions caché
cachasses	cachassiez	eusses caché	eussiez caché
cachât	cachassent	eût caché	eussent caché

COMMANDS	
	cachons
cache	cachez

Usage

Ils ont caché l'argent au sous-sol.	*They hid the money in the basement.*
Les arbres cachent la plage.	*You can't see the beach because of the trees.*
Il fait frais ici. Les arbres cachent le soleil.	*It's cool here. The trees block the sun.*
Il cache ses vraies intentions.	*He's hiding his real intentions.*
Je ne leur ai pas caché ma colère.	*I didn't hide my anger from them.*
Je ne vous cache pas que je suis inquiet.	*I won't pretend that I am not nervous.*
Tu n'as rien à cacher.	*You have nothing to hide.*
Il ne se cache pas de sa peur.	*He doesn't hide from the fact that he's afraid.*
Il ne faut pas se cacher de ses sentiments.	*You mustn't deny your feelings.*
Les enfants jouent à cache-cache. Ils se cachent derrière les arbres.	*The children are playing hide-and-seek. They're hiding behind the trees.*

regular *-er* verb | **je casse · je cassai · cassé · cassant**

PRESENT		**PASSÉ COMPOSÉ**	
casse	cassons	ai cassé	avons cassé
casses	cassez	as cassé	avez cassé
casse	cassent	a cassé	ont cassé

IMPERFECT		**PLUPERFECT**	
cassais	cassions	avais cassé	avions cassé
cassais	cassiez	avais cassé	aviez cassé
cassait	cassaient	avait cassé	avaient cassé

PASSÉ SIMPLE		**PAST ANTERIOR**	
cassai	cassâmes	eus cassé	eûmes cassé
cassas	cassâtes	eus cassé	eûtes cassé
cassa	cassèrent	eut cassé	eurent cassé

FUTURE		**FUTURE ANTERIOR**	
casserai	casserons	aurai cassé	aurons cassé
casseras	casserez	auras cassé	aurez cassé
cassera	casseront	aura cassé	auront cassé

CONDITIONAL		**PAST CONDITIONAL**	
casserais	casserions	aurais cassé	aurions cassé
casserais	casseriez	aurais cassé	auriez cassé
casserait	casseraient	aurait cassé	auraient cassé

PRESENT SUBJUNCTIVE		**PAST SUBJUNCTIVE**	
casse	cassions	aie cassé	ayons cassé
casses	cassiez	aies cassé	ayez cassé
casse	cassent	ait cassé	aient cassé

IMPERFECT SUBJUNCTIVE		**PLUPERFECT SUBJUNCTIVE**	
cassasse	cassassions	eusse cassé	eussions cassé
cassasses	cassassiez	eusses cassé	eussiez cassé
cassât	cassassent	eût cassé	eussent cassé

COMMANDS	
	cassons
casse	cassez

Usage

casser un carreau	*to smash a windowpane*
J'ai cassé trois assiettes aujourd'hui.	*I broke three plates today.*
Et moi, j'ai cassé un verre.	*And I broke a glass.*
Oh, cet enfant casse tout.	*Oh, this child is always breaking something.*
Il a cassé le poste de télé en morceaux.	*He smashed the TV to pieces.*
Après Noël, les commerçants cassent les prix.	*After Christmas, the storekeepers slash prices.*
Je vais te casser la figure! *(slang)*	*I'll break your neck!*
Ils lui ont cassé le bras pendant la bagarre.	*They broke his arm during the fight.*

se casser

se casser le bras/la jambe	*to break one's arm/one's leg*
se casser un bras/une jambe	*to break one's arm/one's leg*
Ne te casse pas la tête (là-dessus).	*Don't worry about it.*
Tu vas te casser la figure!	*You'll break your neck/get killed!*
Tu vas te casser la gueule! *(vulgar)*	*You'll break your neck/get killed!*

Des expressions

J'ai entendu un bruit à tout casser.	*I heard a deafening noise.*
On nous a servi un repas à tout casser.	*They served us a first-rate meal.*
casser la croûte	*to have a snack*
des paroles cassantes	*sharp words*

casser en argot

casser sa pipe	*to die/kick the bucket* (slang)
—Je vois que tu ne t'es pas cassé la tête.	*I see you haven't overworked.*
—Et toi, tu t'es cassé?	*And you strained, I suppose?*
Tu me casses la tête avec tes histoires.	*You're boring me to tears with your stories.*
Ce plat ne casse rien.	*This dish is nothing special.*
Ce film ne casse pas des briques.	*This movie is no great shakes.*

Des mots composés avec casse-

le casse-cou	*daredevil*
être casse-cou	*to be reckless*
le casse-pieds	*pain in the neck*
le casse-tête	*puzzle/brainteaser*
le casse-noisette	*nutcracker*
Casse-Noisette	*Tchaikovsky's "Nutcracker Suite"*
le casse-croûte	*snack*
prendre son casse-croûte	*to take along one's snack*

Related Words

la cassation d'un testament *(legal)*	*the annulling of a will*
la cour de cassation	*court of final appeal*
une voix cassée	*a hoarse, raspy voice*

casser intransitif

Le câble a cassé.	*The cable broke.*
Fais attention! Ça casse.	*Careful! That can break.*

TOP 30 VERBS

regular -*er* verb | **je cause · je causai · causé · causant**

PRESENT		PASSÉ COMPOSÉ	
cause	causons	ai causé	avons causé
causes	causez	as causé	avez causé
cause	causent	a causé	ont causé

IMPERFECT		PLUPERFECT	
causais	causions	avais causé	avions causé
causais	causiez	avais causé	aviez causé
causait	causaient	avait causé	avaient causé

PASSÉ SIMPLE		PAST ANTERIOR	
causai	causâmes	eus causé	eûmes causé
causas	causâtes	eus causé	eûtes causé
causa	causèrent	eut causé	eurent causé

FUTURE		FUTURE ANTERIOR	
causerai	causerons	aurai causé	aurons causé
causeras	causerez	auras causé	aurez causé
causera	causeront	aura causé	auront causé

CONDITIONAL		PAST CONDITIONAL	
causerais	causerions	aurais causé	aurions causé
causerais	causeriez	aurais causé	auriez causé
causerait	causeraient	aurait causé	auraient causé

PRESENT SUBJUNCTIVE		PAST SUBJUNCTIVE	
cause	causions	aie causé	ayons causé
causes	causiez	aies causé	ayez causé
cause	causent	ait causé	aient causé

IMPERFECT SUBJUNCTIVE		PLUPERFECT SUBJUNCTIVE	
causasse	causassions	eusse causé	eussions causé
causasses	causassiez	eusses causé	eussiez causé
causât	causassent	eût causé	eussent causé

COMMANDS	
	causons
cause	causez

Usage

Cet accident m'a causé beaucoup d'ennuis.	*That accident caused me a lot of trouble.*
Je ne veux pas vous causer de la peine.	*I don't want to hurt you/cause you grief.*

RELATED WORDS

Quelle est la cause de l'accident?	*What is the cause of the accident?*
agir en connaissance de cause	*to act in full knowledge of what one is doing*

SLANG MEANING

causer	*to chat*
faire un petit bout de causette	*to have a chat*
la causerie	*talking/chatting*

céder *to yield, give up, give in*

je cède · je cédai · cédé · cédant *-er* verb; spelling change: *é > è*/mute e

PRESENT		PASSÉ COMPOSÉ	
cède	cédons	ai cédé	avons cédé
cèdes	cédez	as cédé	avez cédé
cède	cèdent	a cédé	ont cédé

IMPERFECT		PLUPERFECT	
cédais	cédions	avais cédé	avions cédé
cédais	cédiez	avais cédé	aviez cédé
cédait	cédaient	avait cédé	avaient cédé

PASSÉ SIMPLE		PAST ANTERIOR	
cédai	cédâmes	eus cédé	eûmes cédé
cédas	cédâtes	eus cédé	eûtes cédé
céda	cédèrent	eut cédé	eurent cédé

FUTURE		FUTURE ANTERIOR	
céderai	céderons	aurai cédé	aurons cédé
céderas	céderez	auras cédé	aurez cédé
cédera	céderont	aura cédé	auront cédé

CONDITIONAL		PAST CONDITIONAL	
céderais	céderions	aurais cédé	aurions cédé
céderais	céderiez	aurais cédé	auriez cédé
céderait	céderaient	aurait cédé	auraient cédé

PRESENT SUBJUNCTIVE		PAST SUBJUNCTIVE	
cède	cédions	aie cédé	ayons cédé
cèdes	cédiez	aies cédé	ayez cédé
cède	cèdent	ait cédé	aient cédé

IMPERFECT SUBJUNCTIVE		PLUPERFECT SUBJUNCTIVE	
cédasse	cédassions	eusse cédé	eussions cédé
cédasses	cédassiez	eusses cédé	eussiez cédé
cédât	cédassent	eût cédé	eussent cédé

COMMANDS	
	cédons
cède	cédez

Usage

céder qqch à qqn
> to give something up to someone/ yield something

Je vous cède ma place.
> You may have my seat.

L'armée a cédé du terrain.
> The army gave up ground.

céder le pas à
> to yield one's place/let someone get ahead of one

Les problèmes économiques cèdent le pas maintenant aux problèmes de l'environnement.
> Economic concerns are now taking a back seat to environmental problems.

Il m'a cédé son tour.
> He gave me his turn.

Il a cédé à sa peur.
> He gave in to his fear.

-er verb; spelling change:
é > è/mute e

je célèbre · je célébrai · célébré · célébrant

PRESENT		PASSÉ COMPOSÉ	
célèbre	célébrons	ai célébré	avons célébré
célèbres	célébrez	as célébré	avez célébré
célèbre	célèbrent	a célébré	ont célébré

IMPERFECT		PLUPERFECT	
célébrais	célébrions	avais célébré	avions célébré
célébrais	célébriez	avais célébré	aviez célébré
célébrait	célébraient	avait célébré	avaient célébré

PASSÉ SIMPLE		PAST ANTERIOR	
célébrai	célébrâmes	eus célébré	eûmes célébré
célébras	célébrâtes	eus célébré	eûtes célébré
célébra	célébrèrent	eut célébré	eurent célébré

FUTURE		FUTURE ANTERIOR	
célébrerai	célébrerons	aurai célébré	aurons célébré
célébreras	célébrerez	auras célébré	aurez célébré
célébrera	célébreront	aura célébré	auront célébré

CONDITIONAL		PAST CONDITIONAL	
célébrerais	célébrerions	aurais célébré	aurions célébré
célébrerais	célébreriez	aurais célébré	auriez célébré
célébrerait	célébreraient	aurait célébré	auraient célébré

PRESENT SUBJUNCTIVE		PAST SUBJUNCTIVE	
célèbre	célébrions	aie célébré	ayons célébré
célèbres	célébriez	aies célébré	ayez célébré
célèbre	célèbrent	ait célébré	aient célébré

IMPERFECT SUBJUNCTIVE		PLUPERFECT SUBJUNCTIVE	
célébrasse	célébrassions	eusse célébré	eussions célébré
célébrasses	célébrassiez	eusses célébré	eussiez célébré
célébrât	célébrassent	eût célébré	eussent célébré

COMMANDS	
	célébrons
célèbre	célébrez

Usage

Elle a célébré son anniversaire.	*She celebrated her birthday.*
célébrer un mariage	*to celebrate a marriage*
célébrer la messe	*to celebrate/conduct mass*
Nous célébrerons le fête légale.	*We will observe the legal holiday.*
célébrer l'œuvre littéraire d'un auteur	*to celebrate an author's literary work*
célébrer la mémoire de qqn	*to celebrate/commemorate someone's memory*

RELATED WORDS

la célébration de la messe/d'un mariage	*the celebration of mass/of a marriage*
un artiste célèbre	*a famous artist*
se rendre/devenir célèbre	*to become famous*

changer *to change*

changer = transformer

changer qqch en qqch	*to change something into something*
Il a changé son salle de séjour en cabinet de travail.	*He changed his living room into a study.*

Changer de l'argent

changer de l'argent	*to change money/convert currency*
le bureau de change	*foreign currency exchange office*
gagner/perdre au change	*to gain/lose money in an exchange operation*

changer de + singular noun

changer d'adresse	*to move/change addresses*
changer de train/d'autobus/d'avion	*to change trains/buses/planes*
changer de vêtements	*to change one's clothes*
changer d'avis, changer d'idée	*to change one's mind*
changer de ton	*to change one's tune*
Quand elle a vu son ancien fiancé, elle a changé de couleur.	*When she saw her former fiancé, she changed color.*
Ce politicien a changé de camp.	*This politician has changed sides.*
Changeons de route pour qu'on ne nous poursuive pas.	*Let's go a different way so that they don't follow us.*

changer qqch

changer ses plans	*to change one's plans*
changer les draps	*to change the sheets*
changer sa voiture	*to get a different car*
changer sa façon de vivre	*to change one's way of life*
changer les couches à un enfant	*to change a child's diapers*
changer qqch contre qqch	*to exchange something for something*
changer un enfant	*to change a child* (clothing, diapers)
Il a changé sa vieille bicyclette contre une nouvelle.	*He exchanged his old bicycle for a new one.*

changer qqch de place *to move something*

Nous avons changé tous les meubles de place.	*We've moved all the furniture.*
On m'a changé de poste.	*They moved me to a different job.*

se changer *to change one's clothes*

Tu vas te changer avant de sortir?	*Are you going to change before going out?*

TOP 30 VERBS

-er verb; spelling change:
g > ge/a, o

je change · je changeai · changé · changeant

PRESENT

change	changeons
changes	changez
change	changent

PASSÉ COMPOSÉ

ai changé	avons changé
as changé	avez changé
a changé	ont changé

IMPERFECT

changeais	changions
changeais	changiez
changeait	changeaient

PLUPERFECT

avais changé	avions changé
avais changé	aviez changé
avait changé	avaient changé

PASSÉ SIMPLE

changeai	changeâmes
changeas	changeâtes
changea	changèrent

PAST ANTERIOR

eus changé	eûmes changé
eus changé	eûtes changé
eut changé	eurent changé

FUTURE

changerai	changerons
changeras	changerez
changera	changeront

FUTURE ANTERIOR

aurai changé	aurons changé
auras changé	aurez changé
aura changé	auront changé

CONDITIONAL

changerais	changerions
changerais	changeriez
changerait	changeraient

PAST CONDITIONAL

aurais changé	aurions changé
aurais changé	auriez changé
aurait changé	auraient changé

PRESENT SUBJUNCTIVE

change	changions
changes	changiez
change	changent

PAST SUBJUNCTIVE

aie changé	ayons changé
aies changé	ayez changé
ait changé	aient changé

IMPERFECT SUBJUNCTIVE

changeasse	changeassions
changeasses	changeassiez
changeât	changeassent

PLUPERFECT SUBJUNCTIVE

eusse changé	eussions changé
eusses changé	eussiez changé
eût changé	eussent changé

COMMANDS

	changeons
change	changez

Usage

Tout ça ne change rien.	*All that changes nothing/makes no difference.*
Je vois que rien ne te changera.	*I see that nothing will change you.*
changer une ampoule	*to change a lightbulb*
On ne peut pas le changer.	*He'll never change.*
changer les idées à qqn	*to take someone's mind off things*
Un dîner en ville te changera les idées.	*A dinner out will take your mind off things.*
Il a démissionné? Ça change tout!	*He resigned? That makes all the difference.*

PHRASE CÉLÈBRE

Plus ça change, plus c'est la même chose.	*The more things change the more they remain the same.*

| je chante · je chantai · chanté · chantant | regular *-er* verb |

PRESENT

chante	chantons
chantes	chantez
chante	chantent

PASSÉ COMPOSÉ

ai chanté	avons chanté
as chanté	avez chanté
a chanté	ont chanté

IMPERFECT

chantais	chantions
chantais	chantiez
chantait	chantaient

PLUPERFECT

avais chanté	avions chanté
avais chanté	aviez chanté
avait chanté	avaient chanté

PASSÉ SIMPLE

chantai	chantâmes
chantas	chantâtes
chanta	chantèrent

PAST ANTERIOR

eus chanté	eûmes chanté
eus chanté	eûtes chanté
eut chanté	eurent chanté

FUTURE

chanterai	chanterons
chanteras	chanterez
chantera	chanteront

FUTURE ANTERIOR

aurai chanté	aurons chanté
auras chanté	aurez chanté
aura chanté	auront chanté

CONDITIONAL

chanterais	chanterions
chanterais	chanteriez
chanterait	chanteraient

PAST CONDITIONAL

aurais chanté	aurions chanté
aurais chanté	auriez chanté
aurait chanté	auraient chanté

PRESENT SUBJUNCTIVE

chante	chantions
chantes	chantiez
chante	chantent

PAST SUBJUNCTIVE

aie chanté	ayons chanté
aies chanté	ayez chanté
ait chanté	aient chanté

IMPERFECT SUBJUNCTIVE

chantasse	chantassions
chantasses	chantassiez
chantât	chantassent

PLUPERFECT SUBJUNCTIVE

eusse chanté	eussions chanté
eusses chanté	eussiez chanté
eût chanté	eussent chanté

COMMANDS

	chantons
chante	chantez

Usage

chanter une chanson	to sing a song
chanter juste	to sing on key
chanter faux	to sing off key
Il chante en parlant.	He speaks in a singsong.
C'est comme si je chantais!	I see I'm wasting my breath!
Qu'est-ce que tu me chantes là?	What nonsense are you telling me?
On peut aller au cinéma si le film te chante.	We can go to the movies if the film appeals to you.
Ça ne me chante pas de passer la soirée avec eux.	I really don't feel like spending the evening with them.
Il téléphone à ses parents quand ça lui chante.	He calls his parents when he feels like it.

-er verb; spelling change:
g > ge/a, o

je charge · je chargeai · chargé · chargeant

PRESENT		PASSÉ COMPOSÉ	
charge	chargeons	ai chargé	avons chargé
charges	chargez	as chargé	avez chargé
charge	chargent	a chargé	ont chargé

IMPERFECT		PLUPERFECT	
chargeais	chargions	avais chargé	avions chargé
chargeais	chargiez	avais chargé	aviez chargé
chargeait	chargeaient	avait chargé	avaient chargé

PASSÉ SIMPLE		PAST ANTERIOR	
chargeai	chargeâmes	eus chargé	eûmes chargé
chargeas	chargeâtes	eus chargé	eûtes chargé
chargea	chargèrent	eut chargé	eurent chargé

FUTURE		FUTURE ANTERIOR	
chargerai	chargerons	aurai chargé	aurons chargé
chargeras	chargerez	auras chargé	aurez chargé
chargera	chargeront	aura chargé	auront chargé

CONDITIONAL		PAST CONDITIONAL	
chargerais	chargerions	aurais chargé	aurions chargé
chargerais	chargeriez	aurais chargé	auriez chargé
chargerait	chargeraient	aurait chargé	auraient chargé

PRESENT SUBJUNCTIVE		PAST SUBJUNCTIVE	
charge	chargions	aie chargé	ayons chargé
charges	chargiez	aies chargé	ayez chargé
charge	chargent	ait chargé	aient chargé

IMPERFECT SUBJUNCTIVE		PLUPERFECT SUBJUNCTIVE	
chargeasse	chargeassions	eusse chargé	eussions chargé
chargeasses	chargeassiez	eusses chargé	eussiez chargé
chargeât	chargeassent	eût chargé	eussent chargé

COMMANDS	
	chargeons
charge	chargez

Usage

charger le camion	*to load the truck*
avoir les bras chargés	*to be loaded down/have a lot to carry*
Il a chargé le paquet sur son épaule.	*He put the package on his shoulder.*
Les escargots m'ont chargé l'estomac.	*The snails upset my stomach.*
J'ai la mémoire chargée de détails.	*My memory is overloaded with details.*
J'ai l'horaire très chargé aujourd'hui.	*I have a very full schedule today.*
télécharger	*to download/upload*

charger qqn de (faire) qqch

charger qqn de qqch	*to put someone in charge of something*
charger qqn de faire qqch	*to give someone the responsibility for doing something*

chercher *to look for*

je cherche · je cherchai · cherché · cherchant   regular *-er* verb

D'autres sens du mot

Il faut chercher un taxi pour y aller.	*We have to get a cab to get there.*
chercher à tâtons	*to grope for*
Je cherchais mes lunettes à tâtons dans le noir.	*I was hunting around for my glasses in the dark.*
Qu'est-ce que vous cherchez en disant cela?	*What do you mean by that?*
Ça va chercher dans les cinq mille euros.	*That's going to cost about five thousand euros.*

verb of motion + *chercher*

aller chercher qqn	*to go pick up/get someone*
Tu peux aller chercher papa à la gare?	*Can you go pick up Dad at the station?*
Il faut aller chercher du secours.	*We have to get help.*
Va me chercher le journal, s'il te plaît.	*Go get me the newspaper, please.*
Qu'est-ce que tu viens chercher?	*What have you come to get?*
Maman est descendue chercher une baguette pour le dîner.	*Mother went downstairs to get a baguette for dinner.*
Sortons chercher la voiture.	*Let's go out and pick up the car.*
Cherche! Cherche!/Va chercher! *(to a dog)*	*Go get it!/Fetch!*

Expressions

Ce type est pénible. Il cherche toujours midi à quatorze heures.	*That guy is annoying. He's always looking for complications.*
Il est toujours à chercher la bagarre.	*He's always looking for a fight.*
—Alors, comment s'appelle-t-elle?	*So, what's her name?*
—Attendez un peu, je cherche encore son nom.	*Wait a minute, I'm still trying to remember her name.*
C'est comme chercher une aiguille dans une botte de foin.	*It's like looking for a needle in a haystack.*
chercher la petite bête	*to split hairs*
Je la trouve fatigante. Elle cherche toujours des noises à tout le monde.	*I find her tiresome. She's always trying to pick a quarrel with everyone.*
Méfiez-vous de cet homme. Il vous cherche des histoires.	*Be careful of that man. He's trying to make trouble for you.*
Les agents de police lui ont cherché des poux/des crosses.	*The policemen gave him a hard time.*
chercher ses mots	*to have trouble finding words*
Cherchez la femme.	*Look for the woman. (as the explanation for events)*

TOP 30 VERBS

regular -*er* verb | **je cherche · je cherchai · cherché · cherchant**

PRESENT

cherche	cherchons
cherches	cherchez
cherche	cherchent

PASSÉ COMPOSÉ

ai cherché	avons cherché
as cherché	avez cherché
a cherché	ont cherché

IMPERFECT

cherchais	cherchions
cherchais	cherchiez
cherchait	cherchaient

PLUPERFECT

avais cherché	avions cherché
avais cherché	aviez cherché
avait cherché	avaient cherché

PASSÉ SIMPLE

cherchai	cherchâmes
cherchas	cherchâtes
chercha	cherchèrent

PAST ANTERIOR

eus cherché	eûmes cherché
eus cherché	eûtes cherché
eut cherché	eurent cherché

FUTURE

chercherai	chercherons
chercheras	chercherez
cherchera	chercheront

FUTURE ANTERIOR

aurai cherché	aurons cherché
auras cherché	aurez cherché
aura cherché	auront cherché

CONDITIONAL

chercherais	chercherions
chercherais	chercheriez
chercherait	chercheraient

PAST CONDITIONAL

aurais cherché	aurions cherché
aurais cherché	auriez cherché
aurait cherché	auraient cherché

PRESENT SUBJUNCTIVE

cherche	cherchions
cherches	cherchiez
cherche	cherchent

PAST SUBJUNCTIVE

aie cherché	ayons cherché
aies cherché	ayez cherché
ait cherché	aient cherché

IMPERFECT SUBJUNCTIVE

cherchasse	cherchassions
cherchasses	cherchassiez
cherchât	cherchassent

PLUPERFECT SUBJUNCTIVE

eusse cherché	eussions cherché
eusses cherché	eussiez cherché
eût cherché	eussent cherché

COMMANDS

	cherchons
cherche	cherchez

Usage

chercher qqn	*to look for someone*
La mère cherche son enfant.	*The mother is looking for her child.*
chercher qqch	*to look for something*
chercher un objet perdu	*to look for a lost object*
chercher un emploi	*to look for a job*
chercher une solution/une excuse	*to look for a solution/an excuse*
chercher un mot dans le dictionnaire	*to look up a word in the dictionary*
chercher un logement	*to be looking for a place to live*
chercher partout	*to look everywhere*
J'ai cherché une pièce dans ma poche.	*I looked for a coin in my pocket.*
Tu n'as pas bien cherché!	*You didn't look carefully.*
chercher à faire qqch	*to try to do something*
Je vais chercher à savoir la date.	*I'll try to find out the date.*

je choisis · je choisis · choisi · choisissant   regular *-ir* verb

PRESENT		PASSÉ COMPOSÉ	
choisis	choisissons	ai choisi	avons choisi
choisis	choisissez	as choisi	avez choisi
choisit	choisissent	a choisi	ont choisi

IMPERFECT		PLUPERFECT	
choisissais	choisissions	avais choisi	avions choisi
choisissais	choisissiez	avais choisi	aviez choisi
choisissait	choisissaient	avait choisi	avaient choisi

PASSÉ SIMPLE		PAST ANTERIOR	
choisis	choisîmes	eus choisi	eûmes choisi
choisis	choisîtes	eus choisi	eûtes choisi
choisit	choisirent	eut choisi	eurent choisi

FUTURE		FUTURE ANTERIOR	
choisirai	choisirons	aurai choisi	aurons choisi
choisiras	choisirez	auras choisi	aurez choisi
choisira	choisiront	aura choisi	auront choisi

CONDITIONAL		PAST CONDITIONAL	
choisirais	choisirions	aurais choisi	aurions choisi
choisirais	choisiriez	aurais choisi	auriez choisi
choisirait	choisiraient	aurait choisi	auraient choisi

PRESENT SUBJUNCTIVE		PAST SUBJUNCTIVE	
choisisse	choisissions	aie choisi	ayons choisi
choisisses	choisissiez	aies choisi	ayez choisi
choisisse	choisissent	ait choisi	aient choisi

IMPERFECT SUBJUNCTIVE		PLUPERFECT SUBJUNCTIVE	
choisisse	choisissions	eusse choisi	eussions choisi
choisisses	choisissiez	eusses choisi	eussiez choisi
choisît	choisissent	eût choisi	eussent choisi

COMMANDS	
	choisissons
choisis	choisissez

Usage

Tu n'as qu'à choisir.	*All you have to do is choose.*
Je ne sais pas pourquoi on m'a choisi pour ce travail.	*I don't know why I got picked for this job.*
Vous avez choisi, monsieur?	*Have you decided, sir?* (waiter to customer)

RELATED WORDS

le choix	*choice*
l'embarras du choix	*too much to choose from*
Je n'avais pas le choix.	*I had no choice.*
question au choix	*optional question*
Tu peux louer la voiture de ton choix.	*You can rent the car you like best.*
des fruits de premier choix	*choice fruit*

irregular verb; only one *t* in
the singular of the present tense

je combats · je combattis · combattu · combattant

PRESENT		PASSÉ COMPOSÉ	
combats	combattons	ai combattu	avons combattu
combats	combattez	as combattu	avez combattu
combat	combattent	a combattu	ont combattu

IMPERFECT		PLUPERFECT	
combattais	combattions	avais combattu	avions combattu
combattais	combattiez	avais combattu	aviez combattu
combattait	combattaient	avait combattu	avaient combattu

PASSÉ SIMPLE		PAST ANTERIOR	
combattis	combattîmes	eus combattu	eûmes combattu
combattis	combattîtes	eus combattu	eûtes combattu
combattit	combattirent	eut combattu	eurent combattu

FUTURE		FUTURE ANTERIOR	
combattrai	combattrons	aurai combattu	aurons combattu
combattras	combattrez	auras combattu	aurez combattu
combattra	combattront	aura combattu	auront combattu

CONDITIONAL		PAST CONDITIONAL	
combattrais	combattrions	aurais combattu	aurions combattu
combattrais	combattriez	aurais combattu	auriez combattu
combattrait	combattraient	aurait combattu	auraient combattu

PRESENT SUBJUNCTIVE		PAST SUBJUNCTIVE	
combatte	combattions	aie combattu	ayons combattu
combattes	combattiez	aies combattu	ayez combattu
combatte	combattent	ait combattu	aient combattu

IMPERFECT SUBJUNCTIVE		PLUPERFECT SUBJUNCTIVE	
combattisse	combattissions	eusse combattu	eussions combattu
combattisses	combattissiez	eusses combattu	eussiez combattu
combattît	combattissent	eût combattu	eussent combattu

COMMANDS	
	combattons
combats	combattez

Usage

Les femmes ont combattu pour avoir leurs droits.	*Women fought to get their rights.*
Les soldats sont prêts à combattre.	*The soldiers are ready to fight.*
Ils combattront pour défendre nos frontières.	*They will fight to protect our borders.*
Les forces armées combattent l'ennemi.	*The armed forces are fighting the enemy.*
Ce malade combat le cancer.	*This patient is fighting cancer.*

RELATED WORDS

le combat	*fight*
Ce régiment n'est jamais allé au combat.	*This regiment never fought.*
un combat aérien/naval	*an air/sea battle*
un combat corps à corps	*hand-to-hand combat*

je commande · je commandai · commandé · commandant   regular -*er* verb

PRESENT		PASSÉ COMPOSÉ	
commande	commandons	ai commandé	avons commandé
commandes	commandez	as commandé	avez commandé
commande	commandent	a commandé	ont commandé

IMPERFECT		PLUPERFECT	
commandais	commandions	avais commandé	avions commandé
commandais	commandiez	avais commandé	aviez commandé
commandait	commandaient	avait commandé	avaient commandé

PASSÉ SIMPLE		PAST ANTERIOR	
commandai	commandâmes	eus commandé	eûmes commandé
commandas	commandâtes	eus commandé	eûtes commandé
commanda	commandèrent	eut commandé	eurent commandé

FUTURE		FUTURE ANTERIOR	
commanderai	commanderons	aurai commandé	aurons commandé
commanderas	commanderez	auras commandé	aurez commandé
commandera	commanderont	aura commandé	auront commandé

CONDITIONAL		PAST CONDITIONAL	
commanderais	commanderions	aurais commandé	aurions commandé
commanderais	commanderiez	aurais commandé	auriez commandé
commanderait	commanderaient	aurait commandé	auraient commandé

PRESENT SUBJUNCTIVE		PAST SUBJUNCTIVE	
commande	commandions	aie commandé	ayons commandé
commandes	commandiez	aies commandé	ayez commandé
commande	commandent	ait commandé	aient commandé

IMPERFECT SUBJUNCTIVE		PLUPERFECT SUBJUNCTIVE	
commandasse	commandassions	eusse commandé	eussions commandé
commandasses	commandassiez	eusses commandé	eussiez commandé
commandât	commandassent	eût commandé	eussent commandé

COMMANDS	
	commandons
commande	commandez

Usage

—Est-ce que vous avez commandé? — *Have you ordered?* (in a restaurant)
—Nous avons commandé le poulet. — *We ordered chicken.*

commander à qqn de faire qqch — *to order someone to do something*
Qui commande ici? — *Who gives the orders here?*
Tu n'as pas le droit de me commander. — *You have no right to order me around.*
Chez eux c'est Madame qui commande. — *In their house it's the wife who gives the orders.*

commander des livres sur Internet — *to order books online*
Il faut faire ce que les circonstances commandent. — *We have to do what the circumstances require.*
Il ne se commande plus. — *He can't control himself anymore.*

-*er* verb; spelling
change: *c > ç/a, o*

je commence · je commençai · commencé · commençant

PRESENT		PASSÉ COMPOSÉ	
commence	commençons	ai commencé	avons commencé
commences	commencez	as commencé	avez commencé
commence	commencent	a commencé	ont commencé

IMPERFECT		PLUPERFECT	
commençais	commencions	avais commencé	avions commencé
commençais	commenciez	avais commencé	aviez commencé
commençait	commençaient	avait commencé	avaient commencé

PASSÉ SIMPLE		PAST ANTERIOR	
commençai	commençâmes	eus commencé	eûmes commencé
commenças	commençâtes	eus commencé	eûtes commencé
commença	commencèrent	eut commencé	eurent commencé

FUTURE		FUTURE ANTERIOR	
commencerai	commencerons	aurai commencé	aurons commencé
commenceras	commencerez	auras commencé	aurez commencé
commencera	commenceront	aura commencé	auront commencé

CONDITIONAL		PAST CONDITIONAL	
commencerais	commencerions	aurais commencé	aurions commencé
commencerais	commenceriez	aurais commencé	auriez commencé
commencerait	commenceraient	aurait commencé	auraient commencé

PRESENT SUBJUNCTIVE		PAST SUBJUNCTIVE	
commence	commencions	aie commencé	ayons commencé
commences	commenciez	aies commencé	ayez commencé
commence	commencent	ait commencé	aient commencé

IMPERFECT SUBJUNCTIVE		PLUPERFECT SUBJUNCTIVE	
commençasse	commençassions	eusse commencé	eussions commencé
commençasses	commençassiez	eusses commencé	eussiez commencé
commençât	commençassent	eût commencé	eussent commencé

COMMANDS	
	commençons
commence	commencez

Usage

commencer qqch	*to begin something*
commencer son travail	*to begin one's work*
commencer un projet	*to begin a project*
commencer le jeu	*to begin the game*
commencer le violon/la flûte	*to start taking violin/flute lessons*
—Qu'est-ce que tu attends? Commence la lessive.	*What are you waiting for? Get started on the laundry.*
—Ne commence pas. J'ai beaucoup à faire.	*Don't start. I have a lot to do.*
commencer à faire qqch	*to begin to do something*
commencer à laver la voiture	*to begin washing the car*
commencer à travailler	*to begin working*

commettre *to commit*

je commets · je commis · commis · commettant

irregular verb; only one *t* in the singular of the present tense

PRESENT		PASSÉ COMPOSÉ	
commets	commettons	ai commis	avons commis
commets	commettez	as commis	avez commis
commet	commettent	a commis	ont commis

IMPERFECT		PLUPERFECT	
commettais	commettions	avais commis	avions commis
commettais	commettiez	avais commis	aviez commis
commettait	commettaient	avait commis	avaient commis

PASSÉ SIMPLE		PAST ANTERIOR	
commis	commîmes	eus commis	eûmes commis
commis	commîtes	eus commis	eûtes commis
commit	commirent	eut commis	eurent commis

FUTURE		FUTURE ANTERIOR	
commettrai	commettrons	aurai commis	aurons commis
commettras	commettrez	auras commis	aurez commis
commettra	commettront	aura commis	auront commis

CONDITIONAL		PAST CONDITIONAL	
commettrais	commettrions	aurais commis	aurions commis
commettrais	commettriez	aurais commis	auriez commis
commettrait	commettraient	aurait commis	auraient commis

PRESENT SUBJUNCTIVE		PAST SUBJUNCTIVE	
commette	commettions	aie commis	ayons commis
commettes	commettiez	aies commis	ayez commis
commette	commettent	ait commis	aient commis

IMPERFECT SUBJUNCTIVE		PLUPERFECT SUBJUNCTIVE	
commisse	commissions	eusse commis	eussions commis
commisses	commissiez	eusses commis	eussiez commis
commît	commissent	eût commis	eussent commis

COMMANDS	
	commettons
commets	commettez

Usage

Il a commis un crime.	*He committed a crime.*
commettre une gaffe	*to make a blunder*
commettre une indiscrétion	*to be indiscreet*
commettre une maladresse	*to do/say something awkward*
commettre une erreur	*to make a mistake*
Je crains d'avoir commis une imprudence.	*I'm afraid I've done something unwise.*
Il a commis un poème.	*He wrote a terrible poem.*
commettre un avocat	*to appoint a lawyer*
avocat commis d'office	*a lawyer appointed by the court*

PRESENT

compare	comparons
compares	comparez
compare	comparent

PASSÉ COMPOSÉ

ai comparé	avons comparé
as comparé	avez comparé
a comparé	ont comparé

IMPERFECT

comparais	comparions
comparais	compariez
comparait	comparaient

PLUPERFECT

avais comparé	avions comparé
avais comparé	aviez comparé
avait comparé	avaient comparé

PASSÉ SIMPLE

comparai	comparâmes
comparas	comparâtes
compara	comparèrent

PAST ANTERIOR

eus comparé	eûmes comparé
eus comparé	eûtes comparé
eut comparé	eurent comparé

FUTURE

comparerai	comparerons
compareras	comparerez
comparera	compareront

FUTURE ANTERIOR

aurai comparé	aurons comparé
auras comparé	aurez comparé
aura comparé	auront comparé

CONDITIONAL

comparerais	comparerions
comparerais	compareriez
comparerait	compareraient

PAST CONDITIONAL

aurais comparé	aurions comparé
aurais comparé	auriez comparé
aurait comparé	auraient comparé

PRESENT SUBJUNCTIVE

compare	comparions
compares	compariez
compare	comparent

PAST SUBJUNCTIVE

aie comparé	ayons comparé
aies comparé	ayez comparé
ait comparé	aient comparé

IMPERFECT SUBJUNCTIVE

comparasse	comparassions
comparasses	comparassiez
comparât	comparassent

PLUPERFECT SUBJUNCTIVE

eusse comparé	eussions comparé
eusses comparé	eussiez comparé
eût comparé	eussent comparé

COMMANDS

	comparons
compare	comparez

Usage

comparer deux livres	*to compare two books*
comparer un article à un autre	*to compare one article to another*
Il faut comparer les prix avant d'acheter.	*You should compare prices before buying.*
On la compare toujours à Céline Dion.	*People always compare her to Céline Dion.*

RELATED WORDS

la comparaison	*comparison*
Cette ville est sans comparaison avec Paris.	*This city cannot be compared to Paris.*
un adverbe de comparaison	*an adverb of comparison*
comparatif/comparative	*comparative*
Le comparatif se fait avec *plus* ou *moins*.	*The comparative is formed with* plus *or* moins.

je comprends · je compris · compris · comprenant — irregular verb

PRESENT
comprends	comprenons
comprends	comprenez
comprend	comprennent

PASSÉ COMPOSÉ
ai compris	avons compris
as compris	avez compris
a compris	ont compris

IMPERFECT
comprenais	comprenions
comprenais	compreniez
comprenait	comprenaient

PLUPERFECT
avais compris	avions compris
avais compris	aviez compris
avait compris	avaient compris

PASSÉ SIMPLE
compris	comprîmes
compris	comprîtes
comprit	comprirent

PAST ANTERIOR
eus compris	eûmes compris
eus compris	eûtes compris
eut compris	eurent compris

FUTURE
comprendrai	comprendrons
comprendras	comprendrez
comprendra	comprendront

FUTURE ANTERIOR
aurai compris	aurons compris
auras compris	aurez compris
aura compris	auront compris

CONDITIONAL
comprendrais	comprendrions
comprendrais	comprendriez
comprendrait	comprendraient

PAST CONDITIONAL
aurais compris	aurions compris
aurais compris	auriez compris
aurait compris	auraient compris

PRESENT SUBJUNCTIVE
comprenne	comprenions
comprennes	compreniez
comprenne	comprennent

PAST SUBJUNCTIVE
aie compris	ayons compris
aies compris	ayez compris
ait compris	aient compris

IMPERFECT SUBJUNCTIVE
comprisse	comprissions
comprisses	comprissiez
comprît	comprissent

PLUPERFECT SUBJUNCTIVE
eusse compris	eussions compris
eusses compris	eussiez compris
eût compris	eussent compris

COMMANDS
	comprenons
comprends	comprenez

Usage

comprendre le français	*to understand French*
comprendre le sens d'un mot	*to understand the meaning of a word*
comprendre l'importance de la situation	*to understand the importance of the situation*
comprendre une explication	*to understand an explanation*
comprendre une plaisanterie	*to understand a joke*
comprendre la blague	*to understand the joke* (slang)
comprendre le problème	*to understand the problem*
comprendre la vie	*to understand life*
comprendre les choses	*to understand things*

RELATED WORD

compréhensif/compréhensive — *comprehensive/understanding*

regular *-er* verb | **je compte · je comptai · compté · comptant**

PRESENT

compte	comptons
comptes	comptez
compte	comptent

PASSÉ COMPOSÉ

ai compté	avons compté
as compté	avez compté
a compté	ont compté

IMPERFECT

comptais	comptions
comptais	comptiez
comptait	comptaient

PLUPERFECT

avais compté	avions compté
avais compté	aviez compté
avait compté	avaient compté

PASSÉ SIMPLE

comptai	comptâmes
comptas	comptâtes
compta	comptèrent

PAST ANTERIOR

eus compté	eûmes compté
eus compté	eûtes compté
eut compté	eurent compté

FUTURE

compterai	compterons
compteras	compterez
comptera	compteront

FUTURE ANTERIOR

aurai compté	aurons compté
auras compté	aurez compté
aura compté	auront compté

CONDITIONAL

compterais	compterions
compterais	compteriez
compterait	compteraient

PAST CONDITIONAL

aurais compté	aurions compté
aurais compté	auriez compté
aurait compté	auraient compté

PRESENT SUBJUNCTIVE

compte	comptions
comptes	comptiez
compte	comptent

PAST SUBJUNCTIVE

aie compté	ayons compté
aies compté	ayez compté
ait compté	aient compté

IMPERFECT SUBJUNCTIVE

comptasse	comptassions
comptasses	comptassiez
comptât	comptassent

PLUPERFECT SUBJUNCTIVE

eusse compté	eussions compté
eusses compté	eussiez compté
eût compté	eussent compté

COMMANDS

	comptons
compte	comptez

Usage

Cet enfant sait compter de un à dix.	*This child knows how to count from one to ten.*
Comptez votre argent.	*Count your money.*
Comptez les étudiants dans ce cours.	*Count the students in this class.*
C'est le premier pas qui compte.	*It's the first step that is the most important.*
compter sur qqn	*to rely on someone*
—Je compte sur vous.	*I'm counting on you.*
—Et vous pouvez compter sur moi.	*And you can count on me.*
compter faire qqch	*to intend to do something*
Nous comptons passer nos vacances à Baton Rouge.	*We intend to spend our vacation in Baton Rouge.*

PRESENT

conclus	concluons
conclus	concluez
conclut	concluent

PASSÉ COMPOSÉ

ai conclu	avons conclu
as conclu	avez conclu
a conclu	ont conclu

IMPERFECT

concluais	concluions
concluais	concluiez
concluait	concluaient

PLUPERFECT

avais conclu	avions conclu
avais conclu	aviez conclu
avait conclu	avaient conclu

PASSÉ SIMPLE

conclus	conclûmes
conclus	conclûtes
conclut	conclurent

PAST ANTERIOR

eus conclu	eûmes conclu
eus conclu	eûtes conclu
eut conclu	eurent conclu

FUTURE

conclurai	conclurons
concluras	conclurez
conclura	concluront

FUTURE ANTERIOR

aurai conclu	aurons conclu
auras conclu	aurez conclu
aura conclu	auront conclu

CONDITIONAL

conclurais	conclurions
conclurais	concluriez
conclurait	concluraient

PAST CONDITIONAL

aurais conclu	aurions conclu
aurais conclu	auriez conclu
aurait conclu	auraient conclu

PRESENT SUBJUNCTIVE

conclue	concluions
conclues	concluiez
conclue	concluent

PAST SUBJUNCTIVE

aie conclu	ayons conclu
aies conclu	ayez conclu
ait conclu	aient conclu

IMPERFECT SUBJUNCTIVE

conclusse	conclussions
conclusses	conclussiez
conclût	conclussent

PLUPERFECT SUBJUNCTIVE

eusse conclu	eussions conclu
eusses conclu	eussiez conclu
eût conclu	eussent conclu

COMMANDS

	concluons
conclus	concluez

Usage

conclure la paix	*to make peace/sign a peace treaty*
conclure un traité	*to sign a treaty*
Marché conclu!	*It's a deal!*
conclure que	*to conclude that*
J'en conclus qu'ils ne veulent pas venir.	*I conclude that they don't want to come.*
Il a conclu son discours avec un proverbe.	*He ended his speech with a proverb.*

RELATED WORD

la conclusion	*conclusion*
Je suis arrivé à la conclusion que ce projet ne peut pas se réaliser.	*I have come to the conclusion that this project cannot be carried out.*
Nous pouvons tirer des conclusions de ces renseignements.	*We can draw conclusions from this information.*

irregular verb | **je conduis · je conduisis · conduit · conduisant**

PRESENT

conduis	conduisons
conduis	conduisez
conduit	conduisent

PASSÉ COMPOSÉ

ai conduit	avons conduit
as conduit	avez conduit
a conduit	ont conduit

IMPERFECT

conduisais	conduisions
conduisais	conduisiez
conduisait	conduisaient

PLUPERFECT

avais conduit	avions conduit
avais conduit	aviez conduit
avait conduit	avaient conduit

PASSÉ SIMPLE

conduisis	conduisîmes
conduisis	conduisîtes
conduisit	conduisirent

PAST ANTERIOR

eus conduit	eûmes conduit
eus conduit	eûtes conduit
eut conduit	eurent conduit

FUTURE

conduirai	conduirons
conduiras	conduirez
conduira	conduiront

FUTURE ANTERIOR

aurai conduit	aurons conduit
auras conduit	aurez conduit
aura conduit	auront conduit

CONDITIONAL

conduirais	conduirions
conduirais	conduiriez
conduirait	conduiraient

PAST CONDITIONAL

aurais conduit	aurions conduit
aurais conduit	auriez conduit
aurait conduit	auraient conduit

PRESENT SUBJUNCTIVE

conduise	conduisions
conduises	conduisiez
conduise	conduisent

PAST SUBJUNCTIVE

aie conduit	ayons conduit
aies conduit	ayez conduit
ait conduit	aient conduit

IMPERFECT SUBJUNCTIVE

conduisisse	conduisissions
conduisisses	conduisissiez
conduisît	conduisissent

PLUPERFECT SUBJUNCTIVE

eusse conduit	eussions conduit
eusses conduit	eussiez conduit
eût conduit	eussent conduit

COMMANDS

	conduisons
conduis	conduisez

Usage

conduire une voiture	_to drive a car_
savoir conduire	_to know how to drive_
Vous conduisez vite!	_You drive fast!_
conduire à droite/à gauche	_to drive on the right/on the left_
passer son permis de conduire	_to take one's driver's license test_
Qu'est-ce qui vous a conduit à cette conclusion?	_What led you to this conclusion?_
Dutoit conduira l'orchestre.	_Dutoit will conduct the orchestra._
se conduire	_to behave_
—Lui, il ne sait pas se conduire avec les gens.	_He doesn't know how to behave with people._
—Il ose se conduire comme ça?	_He dares to behave like that?_

connaître *to know, be familiar with*

je connais · je connus · connu · connaissant   irregular verb

connaître les gens

—Est-ce que tu connais beaucoup de monde à Montréal? — *Do you know a lot of people in Montreal?*

—Oui, je connais tout le monde, moi. — *Yes, I know everyone.*

—Je croyais que tu n'allais pas protester. — *I thought you were not going to protest.*

—Tu me connais mal. — *You don't know me at all.*

—Tu connais le nouveau PDG? — *Do you know the new CEO?*

—Non, mais présente-moi. Je voudrais le connaître. — *No, but introduce me. I'd like to meet him.*

—Je le connais depuis longtemps. — *I've known him for a long time.*

—Où est-ce que tu l'as connu? — *Where did you get to know/meet him?*

Si tu ne m'invites pas, je ne te connais plus. — *If you don't invite me I'll have nothing more to do with you.*

Personne ne lui connaissait d'ennemis. — *He had no known enemies.*

Je connais un peu la programmation. — *I know some programming.*

connaître les endroits

Je connais Paris comme ma poche. — *I know Paris like the back of my hand.*

Je voudrais connaître la Louisiane. — *I'd like to visit Louisiana.*

Tu connais un bon restaurant dans le coin? — *Do you know a good restaurant in the neighborhood?*

connaître les choses

—Tu y connais quelque chose en bureautique? — *Do you know anything about office automation?*

—Je n'y connais rien. — *I don't know anything about it.*

Notre entreprise a connu des revers. — *Our firm has had setbacks.*

La pauvreté, il a connu ça. — *He knows what poverty is.*

se connaître

On a refusé de faire un vol en parapente. On se connaît. — *We refused to take a hang glider/paraglider flight. We know ourselves/our limits.*

s'y connaître — *to be an expert/well-versed*

Il s'y connaît en littérature. — *He's well-versed in literature.*

faire connaître

Il nous fera connaître sa stratégie. — *He will inform us of his strategy.*

Je vous ferai connaître mon avis. — *I'll let you know what I think.*

TOP 30 VERBS

irregular verb | **je connais · je connus · connu · connaissant**

PRESENT		PASSÉ COMPOSÉ	
connais	connaissons	ai connu	avons connu
connais	connaissez	as connu	avez connu
connaît	connaissent	a connu	ont connu

IMPERFECT		PLUPERFECT	
connaissais	connaissions	avais connu	avions connu
connaissais	connaissiez	avais connu	aviez connu
connaissait	connaissaient	avait connu	avaient connu

PASSÉ SIMPLE		PAST ANTERIOR	
connus	connûmes	eus connu	eûmes connu
connus	connûtes	eus connu	eûtes connu
connut	connurent	eut connu	eurent connu

FUTURE		FUTURE ANTERIOR	
connaîtrai	connaîtrons	aurai connu	aurons connu
connaîtras	connaîtrez	auras connu	aurez connu
connaîtra	connaîtront	aura connu	auront connu

CONDITIONAL		PAST CONDITIONAL	
connaîtrais	connaîtrions	aurais connu	aurions connu
connaîtrais	connaîtriez	aurais connu	auriez connu
connaîtrait	connaîtraient	aurait connu	auraient connu

PRESENT SUBJUNCTIVE		PAST SUBJUNCTIVE	
connaisse	connaissions	aie connu	ayons connu
connaisses	connaissiez	aies connu	ayez connu
connaisse	connaissent	ait connu	aient connu

IMPERFECT SUBJUNCTIVE		PLUPERFECT SUBJUNCTIVE	
connusse	connussions	eusse connu	eussions connu
connusses	connussiez	eusses connu	eussiez connu
connût	connussent	eût connu	eussent connu

COMMANDS	
	connaissons
connais	connaissez

Usage

Je connais votre père.	*I know your father.*
Il connaît bien Paris.	*He knows Paris well.*
Je ne connais pas Lyon.	*I've never been to Lyons.*

RELATED WORDS

connu(e)	*famous/well-known*
un auteur très connu	*a very famous author*
la connaissance	*acquaintance*
faire la connaissance de qqn	*to make someone's acquaintance*
Je suis enchanté de faire votre connaissance, Mademoiselle.	*I'm delighted to meet you, Miss.* (formal)
les connaissances *(fpl)*	*knowledge*
Il a de bonnes connaissances en informatique.	*He has a good knowledge of computer science.*

conquérir · *to conquer*

je conquiers · je conquis · conquis · conquérant irregular verb

PRESENT

conquiers	conquérons
conquiers	conquérez
conquiert	conquièrent

IMPERFECT

conquérais	conquérions
conquérais	conquériez
conquérait	conquéraient

PASSÉ SIMPLE

conquis	conquîmes
conquis	conquîtes
conquit	conquirent

FUTURE

conquerrai	conquerrons
conquerras	conquerrez
conquerra	conquerront

CONDITIONAL

conquerrais	conquerrions
conquerrais	conquerriez
conquerrait	conquerraient

PRESENT SUBJUNCTIVE

conquière	conquérions
conquières	conquériez
conquière	conquièrent

IMPERFECT SUBJUNCTIVE

conquisse	conquissions
conquisses	conquissiez
conquît	conquissent

COMMANDS

	conquérons
conquiers	conquérez

PASSÉ COMPOSÉ

ai conquis	avons conquis
as conquis	avez conquis
a conquis	ont conquis

PLUPERFECT

avais conquis	avions conquis
avais conquis	aviez conquis
avait conquis	avaient conquis

PAST ANTERIOR

eus conquis	eûmes conquis
eus conquis	eûtes conquis
eut conquis	eurent conquis

FUTURE ANTERIOR

aurai conquis	aurons conquis
auras conquis	aurez conquis
aura conquis	auront conquis

PAST CONDITIONAL

aurais conquis	aurions conquis
aurais conquis	auriez conquis
aurait conquis	auraient conquis

PAST SUBJUNCTIVE

aie conquis	ayons conquis
aies conquis	ayez conquis
ait conquis	aient conquis

PLUPERFECT SUBJUNCTIVE

eusse conquis	eussions conquis
eusses conquis	eussiez conquis
eût conquis	eussent conquis

Usage

Notre produit a conquis dix pour cent du marché.	*Our product has captured 10 percent of the market.*
conquérir le monde	*to conquer the world*
être conquis(e) à	*to be won over to*
Je suis conquis à cette idée.	*I have been won over to that idea.*

RELATED WORDS

la conquête	*conquest*
faire la conquête du pays	*to conquer the country*
Il a fait ses conquêtes.	*He's had his success with women.*

regular -er verb   **je conseille · je conseillai · conseillé · conseillant**

PRESENT

conseille	conseillons
conseilles	conseillez
conseille	conseillent

PASSÉ COMPOSÉ

ai conseillé	avons conseillé
as conseillé	avez conseillé
a conseillé	ont conseillé

IMPERFECT

conseillais	conseillions
conseillais	conseilliez
conseillait	conseillaient

PLUPERFECT

avais conseillé	avions conseillé
avais conseillé	aviez conseillé
avait conseillé	avaient conseillé

PASSÉ SIMPLE

conseillai	conseillâmes
conseillas	conseillâtes
conseilla	conseillèrent

PAST ANTERIOR

eus conseillé	eûmes conseillé
eus conseillé	eûtes conseillé
eut conseillé	eurent conseillé

FUTURE

conseillerai	conseillerons
conseilleras	conseillerez
conseillera	conseilleront

FUTURE ANTERIOR

aurai conseillé	aurons conseillé
auras conseillé	aurez conseillé
aura conseillé	auront conseillé

CONDITIONAL

conseillerais	conseillerions
conseillerais	conseilleriez
conseillerait	conseilleraient

PAST CONDITIONAL

aurais conseillé	aurions conseillé
aurais conseillé	auriez conseillé
aurait conseillé	auraient conseillé

PRESENT SUBJUNCTIVE

conseille	conseillions
conseilles	conseilliez
conseille	conseillent

PAST SUBJUNCTIVE

aie conseillé	ayons conseillé
aies conseillé	ayez conseillé
ait conseillé	aient conseillé

IMPERFECT SUBJUNCTIVE

conseillasse	conseillassions
conseillasses	conseillassiez
conseillât	conseillassent

PLUPERFECT SUBJUNCTIVE

eusse conseillé	eussions conseillé
eusses conseillé	eussiez conseillé
eût conseillé	eussent conseillé

COMMANDS

	conseillons
conseille	conseillez

Usage

conseiller qqn	*to advise someone*
Il sait conseiller ses amis.	*He knows how to advise his friends.*
J'ai l'impression d'avoir été mal conseillé.	*I have the impression that I was ill-advised.*
conseiller qqch à qqn	*to suggest something to someone*
Le médecin lui a conseillé le repos.	*The doctor advised rest for him.*
conseiller à qqn de faire qqch	*to advise someone to do something*
On leur a conseillé de ne plus attendre.	*We advised them not to wait any longer.*

RELATED WORDS

le conseil	*piece of advice*
les conseils	*advice*
La nuit porte conseil.	*Sleep on it.*
C'est une femme de bon conseil.	*She gives good advice.*

je consens · je consentis · consenti · consentant   irregular verb

PRESENT		PASSÉ COMPOSÉ	
consens	consentons	ai consenti	avons consenti
consens	consentez	as consenti	avez consenti
consent	consentent	a consenti	ont consenti

IMPERFECT		PLUPERFECT	
consentais	consentions	avais consenti	avions consenti
consentais	consentiez	avais consenti	aviez consenti
consentait	consentaient	avait consenti	avaient consenti

PASSÉ SIMPLE		PAST ANTERIOR	
consentis	consentîmes	eus consenti	eûmes consenti
consentis	consentîtes	eus consenti	eûtes consenti
consentit	consentirent	eut consenti	eurent consenti

FUTURE		FUTURE ANTERIOR	
consentirai	consentirons	aurai consenti	aurons consenti
consentiras	consentirez	auras consenti	aurez consenti
consentira	consentiront	aura consenti	auront consenti

CONDITIONAL		PAST CONDITIONAL	
consentirais	consentirions	aurais consenti	aurions consenti
consentirais	consentiriez	aurais consenti	auriez consenti
consentirait	consentiraient	aurait consenti	auraient consenti

PRESENT SUBJUNCTIVE		PAST SUBJUNCTIVE	
consente	consentions	aie consenti	ayons consenti
consentes	consentiez	aies consenti	ayez consenti
consente	consentent	ait consenti	aient consenti

IMPERFECT SUBJUNCTIVE		PLUPERFECT SUBJUNCTIVE	
consentisse	consentissions	eusse consenti	eussions consenti
consentisses	consentissiez	eusses consenti	eussiez consenti
consentît	consentissent	eût consenti	eussent consenti

COMMANDS	
	consentons
consens	consentez

Usage

consentir à faire qqch	*to agree to do something*
Je consens à y aller avec vous.	*I agree to go there with you.*
consentir à ce que qqn fasse qqch	*to allow someone to do something*
Je consens à ce qu'il y aille avec vous.	*I allow him to go there with you.*
—Vous y consentez?	*Do you agree to it?*
—Non, je n'y consentirai jamais.	*No, I will never agree to it.*
consentir qqch à qqn	*to grant someone something*
Je leur ai consenti un prêt.	*I decided to make them a loan.*

RELATED WORD

Elle se déplace avec/sans le consentement de son frère.	*She's traveling with/without her brother's consent.*
Ils ont donné leur consentement au mariage.	*They gave their consent to the marriage.*

PRESENT		PASSÉ COMPOSÉ	
construis	construisons	ai construit	avons construit
construis	construisez	as construit	avez construit
construit	construisent	a construit	ont construit

IMPERFECT		PLUPERFECT	
construisais	construisions	avais construit	avions construit
construisais	construisiez	avais construit	aviez construit
construisait	construisaient	avait construit	avaient construit

PASSÉ SIMPLE		PAST ANTERIOR	
construisis	construisîmes	eus construit	eûmes construit
construisis	construisîtes	eus construit	eûtes construit
construisit	construisirent	eut construit	eurent construit

FUTURE		FUTURE ANTERIOR	
construirai	construirons	aurai construit	aurons construit
construiras	construirez	auras construit	aurez construit
construira	construiront	aura construit	auront construit

CONDITIONAL		PAST CONDITIONAL	
construirais	construirions	aurais construit	aurions construit
construirais	construiriez	aurais construit	auriez construit
construirait	construiraient	aurait construit	auraient construit

PRESENT SUBJUNCTIVE		PAST SUBJUNCTIVE	
construise	construisions	aie construit	ayons construit
construises	construisiez	aies construit	ayez construit
construise	construisent	ait construit	aient construit

IMPERFECT SUBJUNCTIVE		PLUPERFECT SUBJUNCTIVE	
construisisse	construisissions	eusse construit	eussions construit
construisisses	construisissiez	eusses construit	eussiez construit
construisît	construisissent	eût construit	eussent construit

COMMANDS	
	construisons
construis	construisez

Usage

construire une maison	*to build a house*
faire construire une maison	*to have a house built*
construire une phrase	*to construct/build a sentence*
—Cette expression se construit avec le subjonctif?	*Does this expression take the subjunctive?*
—Non, elle se construit avec l'indicatif.	*No, it takes the indicative.*

RELATED WORDS

la construction	*building*
la construction de navires	*shipbuilding*
les matériaux de construction	*construction materials*
de construction américaine	*American-built*
la construction de la phrase	*the structure of the sentence*
le constructeur/la constructrice	*builder/manufacturer*

je contiens · je contins · contenu · contenant   irregular verb

PRESENT		PASSÉ COMPOSÉ	
contiens	contenons	ai contenu	avons contenu
contiens	contenez	as contenu	avez contenu
contient	contiennent	a contenu	ont contenu

IMPERFECT		PLUPERFECT	
contenais	contenions	avais contenu	avions contenu
contenais	conteniez	avais contenu	aviez contenu
contenait	contenaient	avait contenu	avaient contenu

PASSÉ SIMPLE		PAST ANTERIOR	
contins	contînmes	eus contenu	eûmes contenu
contins	contîntes	eus contenu	eûtes contenu
contint	continrent	eut contenu	eurent contenu

FUTURE		FUTURE ANTERIOR	
contiendrai	contiendrons	aurai contenu	aurons contenu
contiendras	contiendrez	auras contenu	aurez contenu
contiendra	contiendront	aura contenu	auront contenu

CONDITIONAL		PAST CONDITIONAL	
contiendrais	contiendrions	aurais contenu	aurions contenu
contiendrais	contiendriez	aurais contenu	auriez contenu
contiendrait	contiendraient	aurait contenu	auraient contenu

PRESENT SUBJUNCTIVE		PAST SUBJUNCTIVE	
contienne	contenions	aie contenu	ayons contenu
contiennes	conteniez	aies contenu	ayez contenu
contienne	contiennent	ait contenu	aient contenu

IMPERFECT SUBJUNCTIVE		PLUPERFECT SUBJUNCTIVE	
continsse	continssions	eusse contenu	eussions contenu
continsses	continssiez	eusses contenu	eussiez contenu
contînt	continssent	eût contenu	eussent contenu

COMMANDS	
	contenons
contiens	contenez

Usage

—Cette bouteille contient un litre d'eau?	*Does this bottle hold a liter of water?*
—Non, elle en contient un litre et demi.	*No, it holds a liter and a half.*
La foule a été contenue par la barrière.	*The barrier held the crowd back.*
Cette composition contient des fautes.	*This composition contains mistakes.*
Son livre contient beaucoup d'idées importantes.	*His book contains many important ideas.*
se contenir	*to control one's emotions*

RELATED WORDS

le contenu	*content*
le contenu du livre	*the contents of the book*
le contenu bouleversant de son message	*the disturbing content of his message*
contenu(e)	*contained/restrained*
des sentiments contenus	*restrained feelings*

regular *-er* verb   **je continue · je continuai · continué · continuant**

PRESENT		PASSÉ COMPOSÉ	
continue	continuons	ai continué	avons continué
continues	continuez	as continué	avez continué
continue	continuent	a continué	ont continué

IMPERFECT		PLUPERFECT	
continuais	continuions	avais continué	avions continué
continuais	continuiez	avais continué	aviez continué
continuait	continuaient	avait continué	avaient continué

PASSÉ SIMPLE		PAST ANTERIOR	
continuai	continuâmes	eus continué	eûmes continué
continuas	continuâtes	eus continué	eûtes continué
continua	continuèrent	eut continué	eurent continué

FUTURE		FUTURE ANTERIOR	
continuerai	continuerons	aurai continué	aurons continué
continueras	continuerez	auras continué	aurez continué
continuera	continueront	aura continué	auront continué

CONDITIONAL		PAST CONDITIONAL	
continuerais	continuerions	aurais continué	aurions continué
continuerais	continueriez	aurais continué	auriez continué
continuerait	continueraient	aurait continué	auraient continué

PRESENT SUBJUNCTIVE		PAST SUBJUNCTIVE	
continue	continuions	aie continué	ayons continué
continues	continuiez	aies continué	ayez continué
continue	continuent	ait continué	aient continué

IMPERFECT SUBJUNCTIVE		PLUPERFECT SUBJUNCTIVE	
continuasse	continuassions	eusse continué	eussions continué
continuasses	continuassiez	eusses continué	eussiez continué
continuât	continuassent	eût continué	eussent continué

COMMANDS	
	continuons
continue	continuez

Usage

Nous continuons nos traditions.	*We are continuing our traditions.*
Le gouvernement continue sa politique.	*The government goes on with its policy.*
Le nouveau président continue l'ancien.	*The new president is picking up where the former one left off.*
Gare à toi si tu continues comme ça!	*You'd better watch it if you keep up like this!*
continuer à/de faire qqch	*to keep on doing something/continue to do something*
Je continue à essayer de la contacter.	*I'm continuing to try to get in touch with her.*
L'autoroute continue jusqu'à La Nouvelle Orléans.	*The highway continues until New Orleans.*

contraindre *to force, constrain*

PRESENT

contrains	contraignons
contrains	contraignez
contraint	contraignent

IMPERFECT

contraignais	contraignions
contraignais	contraigniez
contraignait	contraignaient

PASSÉ SIMPLE

contraignis	contraignîmes
contraignis	contraignîtes
contraignit	contraignirent

FUTURE

contraindrai	contraindrons
contraindras	contraindrez
contraindra	contraindront

CONDITIONAL

contraindrais	contraindrions
contraindrais	contraindriez
contraindrait	contraindraient

PRESENT SUBJUNCTIVE

contraigne	contraignions
contraignes	contraigniez
contraigne	contraignent

IMPERFECT SUBJUNCTIVE

contraignisse	contraignissions
contraignisses	contraignissiez
contraignît	contraignissent

COMMANDS

	contraignons
contrains	contraignez

PASSÉ COMPOSÉ

ai contraint	avons contraint
as contraint	avez contraint
a contraint	ont contraint

PLUPERFECT

avais contraint	avions contraint
avais contraint	aviez contraint
avait contraint	avaient contraint

PAST ANTERIOR

eus contraint	eûmes contraint
eus contraint	eûtes contraint
eut contraint	eurent contraint

FUTURE ANTERIOR

aurai contraint	aurons contraint
auras contraint	aurez contraint
aura contraint	auront contraint

PAST CONDITIONAL

aurais contraint	aurions contraint
aurais contraint	auriez contraint
aurait contraint	auraient contraint

PAST SUBJUNCTIVE

aie contraint	ayons contraint
aies contraint	ayez contraint
ait contraint	aient contraint

PLUPERFECT SUBJUNCTIVE

eusse contraint	eussions contraint
eusses contraint	eussiez contraint
eût contraint	eussent contraint

Usage

Les circonstances me contraignent à la frugalité.
Circumstances are forcing me to be frugal.

être contraint(e) de faire qqch
to be obliged to do something

Je suis contraint de partir en voyage.
I'm obliged to leave on a trip.

—Tu es allé avec lui chez son oncle?
Did you go with him to his uncle's?

—Je me suis contraint.
I forced myself.

contraindre qqn à faire qqch
to force someone to do something

contraint et forcé
under duress

J'ai avoué contraint et forcé.
I confessed under duress.

RELATED WORD

la contrainte
constraint/limitation

Il m'a parlé sans contrainte.
He spoke to me without any reservation.

PRESENT		PASSÉ COMPOSÉ	
contredis	contredisons	ai contredit	avons contredit
contredis	contredisez	as contredit	avez contredit
contredit	contredisent	a contredit	ont contredit

IMPERFECT		PLUPERFECT	
contredisais	contredisions	avais contredit	avions contredit
contredisais	contredisiez	avais contredit	aviez contredit
contredisait	contredisaient	avait contredit	avaient contredit

PASSÉ SIMPLE		PAST ANTERIOR	
contredis	contredîmes	eus contredit	eûmes contredit
contredis	contredîtes	eus contredit	eûtes contredit
contredit	contredirent	eut contredit	eurent contredit

FUTURE		FUTURE ANTERIOR	
contredirai	contredirons	aurai contredit	aurons contredit
contrediras	contredirez	auras contredit	aurez contredit
contredira	contrediront	aura contredit	auront contredit

CONDITIONAL		PAST CONDITIONAL	
contredirais	contredirions	aurais contredit	aurions contredit
contredirais	contrediriez	aurais contredit	auriez contredit
contredirait	contrediraient	aurait contredit	auraient contredit

PRESENT SUBJUNCTIVE		PAST SUBJUNCTIVE	
contredise	contredisions	aie contredit	ayons contredit
contredises	contredisiez	aies contredit	ayez contredit
contredise	contredisent	ait contredit	aient contredit

IMPERFECT SUBJUNCTIVE		PLUPERFECT SUBJUNCTIVE	
contredisse	contredissions	eusse contredit	eussions contredit
contredisses	contredissiez	eusses contredit	eussiez contredit
contredît	contredissent	eût contredit	eussent contredit

COMMANDS	
	contredisons
contredis	contredisez

Usage

Tu oses contredire le professeur?	*You dare to contradict the teacher?*
—Arrête de me contredire.	*Stop contradicting me.*
—Je ne contredis personne.	*I'm not contradicting anyone.*
J'hésite à le contredire.	*I am reluctant to contradict him.*
Permettez-moi de vous contredire.	*Allow me to contradict you.*
Son explication contredit les faits.	*His explanation contradicts the facts.*
se contredire	*to contradict oneself/each other*
Tu te contredis tout le temps.	*You're contradicting yourself all the time.*
Les deux déclarations se contredisent.	*The two statements contradict each other.*

RELATED WORDS

la contradiction	*contradiction*
avoir un esprit de contradiction	*to be contrary*

convaincre   *to convince*

je convaincs · je convainquis · convaincu · convainquant   irregular verb

PRESENT		PASSÉ COMPOSÉ	
convaincs	convainquons	ai convaincu	avons convaincu
convaincs	convainquez	as convaincu	avez convaincu
convainc	convainquent	a convaincu	ont convaincu

IMPERFECT		PLUPERFECT	
convainquais	convainquions	avais convaincu	avions convaincu
convainquais	convainquiez	avais convaincu	aviez convaincu
convainquait	convainquaient	avait convaincu	avaient convaincu

PASSÉ SIMPLE		PAST ANTERIOR	
convainquis	convainquîmes	eus convaincu	eûmes convaincu
convainquis	convainquîtes	eus convaincu	eûtes convaincu
convainquit	convainquirent	eut convaincu	eurent convaincu

FUTURE		FUTURE ANTERIOR	
convaincrai	convaincrons	aurai convaincu	aurons convaincu
convaincras	convaincrez	auras convaincu	aurez convaincu
convaincra	convaincront	aura convaincu	auront convaincu

CONDITIONAL		PAST CONDITIONAL	
convaincrais	convaincrions	aurais convaincu	aurions convaincu
convaincrais	convaincriez	aurais convaincu	auriez convaincu
convaincrait	convaincraient	aurait convaincu	auraient convaincu

PRESENT SUBJUNCTIVE		PAST SUBJUNCTIVE	
convainque	convainquions	aie convaincu	ayons convaincu
convainques	convainquiez	aies convaincu	ayez convaincu
convainque	convainquent	ait convaincu	aient convaincu

IMPERFECT SUBJUNCTIVE		PLUPERFECT SUBJUNCTIVE	
convainquisse	convainquissions	eusse convaincu	eussions convaincu
convainquisses	convainquissiez	eusses convaincu	eussiez convaincu
convainquît	convainquissent	eût convaincu	eussent convaincu

COMMANDS	
	convainquons
convaincs	convainquez

Usage

convaincre qqn de qqch	*to convince someone of something*
Il m'a convaincu de l'importance de la programmation.	*He convinced me of the importance of programming.*
Je l'ai convaincu de nous accompagner.	*I convinced him to accompany us.*

RELATED WORDS

convaincant(e)	*convincing*
un témoignage convaincant	*a convincing testimony*
une preuve convaincante	*a convincing piece of evidence*
convaincu(e)	*convinced/dyed-in-the-wool*
C'est un socialiste convaincu.	*He's a socialist through and through.*

irregular verb | **je conviens · je convins · convenu · convenant**

PRESENT		PASSÉ COMPOSÉ	
conviens	convenons	ai convenu	avons convenu
conviens	convenez	as convenu	avez convenu
convient	conviennent	a convenu	ont convenu

IMPERFECT		PLUPERFECT	
convenais	convenions	avais convenu	avions convenu
convenais	conveniez	avais convenu	aviez convenu
convenait	convenaient	avait convenu	avaient convenu

PASSÉ SIMPLE		PAST ANTERIOR	
convins	convînmes	eus convenu	eûmes convenu
convins	convîntes	eus convenu	eûtes convenu
convint	convinrent	eut convenu	eurent convenu

FUTURE		FUTURE ANTERIOR	
conviendrai	conviendrons	aurai convenu	aurons convenu
conviendras	conviendrez	auras convenu	aurez convenu
conviendra	conviendront	aura convenu	auront convenu

CONDITIONAL		PAST CONDITIONAL	
conviendrais	conviendrions	aurais convenu	aurions convenu
conviendrais	conviendriez	aurais convenu	auriez convenu
conviendrait	conviendraient	aurait convenu	auraient convenu

PRESENT SUBJUNCTIVE		PAST SUBJUNCTIVE	
convienne	convenions	aie convenu	ayons convenu
conviennes	conveniez	aies convenu	ayez convenu
convienne	conviennent	ait convenu	aient convenu

IMPERFECT SUBJUNCTIVE		PLUPERFECT SUBJUNCTIVE	
convinsse	convinssions	eusse convenu	eussions convenu
convinsses	convinssiez	eusses convenu	eussiez convenu
convînt	convinssent	eût convenu	eussent convenu

COMMANDS	
	convenons
conviens	convenez

Usage

Nous convenons que c'est dangereux.	*We agree that it's dangerous.*
Vous n'en convenez pas?	*Do you disagree?*
Ça ne convient pas.	*That's not suitable.*
Tes vêtements ne conviennent pas à l'occasion.	*Your clothes are inappropriate for the occasion.*
—Il convient que vous partiez tout de suite.	*You ought to leave right away.*
—Je n'en conviens pas.	*I don't agree.*

RELATED WORDS

convenable	*suitable*
une tenue convenable	*a suitable/appropriate outfit*
convenu(e)	*agreed upon*
C'est convenu, alors.	*Then it's agreed upon.*

corriger *to correct*

je corrige · je corrigeai · corrigé · corrigeant

-er verb; spelling change:
g > ge/a, o

PRESENT		PASSÉ COMPOSÉ	
corrige	corrigeons	ai corrigé	avons corrigé
corriges	corrigez	as corrigé	avez corrigé
corrige	corrigent	a corrigé	ont corrigé

IMPERFECT		PLUPERFECT	
corrigeais	corrigions	avais corrigé	avions corrigé
corrigeais	corrigiez	avais corrigé	aviez corrigé
corrigeait	corrigeaient	avait corrigé	avaient corrigé

PASSÉ SIMPLE		PAST ANTERIOR	
corrigeai	corrigeâmes	eus corrigé	eûmes corrigé
corrigeas	corrigeâtes	eus corrigé	eûtes corrigé
corrigea	corrigèrent	eut corrigé	eurent corrigé

FUTURE		FUTURE ANTERIOR	
corrigerai	corrigerons	aurai corrigé	aurons corrigé
corrigeras	corrigerez	auras corrigé	aurez corrigé
corrigera	corrigeront	aura corrigé	auront corrigé

CONDITIONAL		PAST CONDITIONAL	
corrigerais	corrigerions	aurais corrigé	aurions corrigé
corrigerais	corrigeriez	aurais corrigé	auriez corrigé
corrigerait	corrigeraient	aurait corrigé	auraient corrigé

PRESENT SUBJUNCTIVE		PAST SUBJUNCTIVE	
corrige	corrigions	aie corrigé	ayons corrigé
corriges	corrigiez	aies corrigé	ayez corrigé
corrige	corrigent	ait corrigé	aient corrigé

IMPERFECT SUBJUNCTIVE		PLUPERFECT SUBJUNCTIVE	
corrigeasse	corrigeassions	eusse corrigé	eussions corrigé
corrigeasses	corrigeassiez	eusses corrigé	eussiez corrigé
corrigeât	corrigeassent	eût corrigé	eussent corrigé

COMMANDS	
	corrigeons
corrige	corrigez

Usage

Le professeur corrige les copies.	*The teacher corrects the compositions.*
—Vous permettez que je vous corrige?	*May I correct you?*
—Oui, corrigez-moi si je fais une faute en parlant.	*Yes, correct me if I make a mistake while speaking.*
Si tu continues comme ça tu vas te faire corriger!	*If you keep that up you're going to get a spanking!*

RELATED WORDS

le correctif	*qualifying statement*
Permettez-moi d'apporter un correctif à votre compte-rendu.	*Allow me to qualify what you said in your report.*
la correction	*correction/correctness; spanking*
Le professeur fait ses corrections.	*The teacher is marking papers.*

regular *-re* verb   **je corromps · je corrompis · corrompu · corrompant**

PRESENT

corromps	corrompons
corromps	corrompez
corrompt	corrompent

PASSÉ COMPOSÉ

ai corrompu	avons corrompu
as corrompu	avez corrompu
a corrompu	ont corrompu

IMPERFECT

corrompais	corrompions
corrompais	corrompiez
corrompait	corrompaient

PLUPERFECT

avais corrompu	avions corrompu
avais corrompu	aviez corrompu
avait corrompu	avaient corrompu

PASSÉ SIMPLE

corrompis	corrompîmes
corrompis	corrompîtes
corrompit	corrompirent

PAST ANTERIOR

eus corrompu	eûmes corrompu
eus corrompu	eûtes corrompu
eut corrompu	eurent corrompu

FUTURE

corromprai	corromprons
corrompras	corromprez
corrompra	corrompront

FUTURE ANTERIOR

aurai corrompu	aurons corrompu
auras corrompu	aurez corrompu
aura corrompu	auront corrompu

CONDITIONAL

corromprais	corromprions
corromprais	corrompriez
corromprait	corrompraient

PAST CONDITIONAL

aurais corrompu	aurions corrompu
aurais corrompu	auriez corrompu
aurait corrompu	auraient corrompu

PRESENT SUBJUNCTIVE

corrompe	corrompions
corrompes	corrompiez
corrompe	corrompent

PAST SUBJUNCTIVE

aie corrompu	ayons corrompu
aies corrompu	ayez corrompu
ait corrompu	aient corrompu

IMPERFECT SUBJUNCTIVE

corrompisse	corrompissions
corrompisses	corrompissiez
corrompît	corrompissent

PLUPERFECT SUBJUNCTIVE

eusse corrompu	eussions corrompu
eusses corrompu	eussiez corrompu
eût corrompu	eussent corrompu

COMMANDS

	corrompons
corromps	corrompez

Usage

Son jugement est corrompu par sa colère.	*His judgment is distorted by his anger.*
La chaleur a corrompu la viande.	*The heat spoiled the meat.*
corrompre un témoin	*to bribe a witness*
Ce juge est corrompu.	*That judge can be bribed.*

RELATED WORDS

la corruption	*corruption/debasement*
la corruption de la langue	*the debasement/corruption of language*
la corruption des mœurs	*the corruption of conduct*

se coucher *to go to bed*

je me couche · je me couchai · s'étant couché ·   regular -er reflexive verb;
se couchant   compound tenses with *être*

PRESENT

me couche	nous couchons
te couches	vous couchez
se couche	se couchent

PASSÉ COMPOSÉ

me suis couché(e)	nous sommes couché(e)s
t'es couché(e)	vous êtes couché(e)(s)
s'est couché(e)	se sont couché(e)s

IMPERFECT

me couchais	nous couchions
te couchais	vous couchiez
se couchait	se couchaient

PLUPERFECT

m'étais couché(e)	nous étions couché(e)s
t'étais couché(e)	vous étiez couché(e)(s)
s'était couché(e)	s'étaient couché(e)s

PASSÉ SIMPLE

me couchai	nous couchâmes
te couchas	vous couchâtes
se coucha	se couchèrent

PAST ANTERIOR

me fus couché(e)	nous fûmes couché(e)s
te fus couché(e)	vous fûtes couché(e)(s)
se fut couché(e)	se furent couché(e)s

FUTURE

me coucherai	nous coucherons
te coucheras	vous coucherez
se couchera	se coucheront

FUTURE ANTERIOR

me serai couché(e)	nous serons couché(e)s
te seras couché(e)	vous serez couché(e)(s)
se sera couché(e)	se seront couché(e)s

CONDITIONAL

me coucherais	nous coucherions
te coucherais	vous coucheriez
se coucherait	se coucheraient

PAST CONDITIONAL

me serais couché(e)	nous serions couché(e)s
te serais couché(e)	vous seriez couché(e)(s)
se serait couché(e)	se seraient couché(e)s

PRESENT SUBJUNCTIVE

me couche	nous couchions
te couches	vous couchiez
se couche	se couchent

PAST SUBJUNCTIVE

me sois couché(e)	nous soyons couché(e)s
te sois couché(e)	vous soyez couché(e)(s)
se soit couché(e)	se soient couché(e)s

IMPERFECT SUBJUNCTIVE

me couchasse	nous couchassions
te couchasses	vous couchassiez
se couchât	se couchassent

PLUPERFECT SUBJUNCTIVE

me fusse couché(e)	nous fussions couché(e)s
te fusses couché(e)	vous fussiez couché(e)(s)
se fût couché(e)	se fussent couché(e)s

COMMANDS

	couchons-nous
couche-toi	couchez-vous

Usage

—Nous, on se couche tôt.   *We go to bed early.*
—Vous faites bien. Moi je me couche   *You're right to do so. I go to bed too late.*
    trop tard.

se coucher comme les poules   *to go to bed early*
Va te coucher!   *Get out of here!*
Je l'ai envoyé se coucher.   *I sent him packing/told him where to get off.*
Le cycliste se couchait sur le guidon.   *The cyclist bent over the handlebars.*

irregular verb

je couds · je cousis · cousu · cousant

PRESENT	
couds	cousons
couds	cousez
coud	cousent

PASSÉ COMPOSÉ	
ai cousu	avons cousu
as cousu	avez cousu
a cousu	ont cousu

IMPERFECT	
cousais	cousions
cousais	cousiez
cousait	cousaient

PLUPERFECT	
avais cousu	avions cousu
avais cousu	aviez cousu
avait cousu	avaient cousu

PASSÉ SIMPLE	
cousis	cousîmes
cousis	cousîtes
cousit	cousirent

PAST ANTERIOR	
eus cousu	eûmes cousu
eus cousu	eûtes cousu
eut cousu	eurent cousu

FUTURE	
coudrai	coudrons
coudras	coudrez
coudra	coudront

FUTURE ANTERIOR	
aurai cousu	aurons cousu
auras cousu	aurez cousu
aura cousu	auront cousu

CONDITIONAL	
coudrais	coudrions
coudrais	coudriez
coudrait	coudraient

PAST CONDITIONAL	
aurais cousu	aurions cousu
aurais cousu	auriez cousu
aurait cousu	auraient cousu

PRESENT SUBJUNCTIVE	
couse	cousions
couses	cousiez
couse	cousent

PAST SUBJUNCTIVE	
aie cousu	ayons cousu
aies cousu	ayez cousu
ait cousu	aient cousu

IMPERFECT SUBJUNCTIVE	
cousisse	cousissions
cousisses	cousissiez
cousît	cousissent

PLUPERFECT SUBJUNCTIVE	
eusse cousu	eussions cousu
eusses cousu	eussiez cousu
eût cousu	eussent cousu

COMMANDS	
	cousons
couds	cousez

Usage

—Tu sais coudre un bouton à un vêtement?	*Do you know how to sew a button on an article of clothing?*
—Non, je dois apprendre à coudre.	*No, I ought to learn how to sew.*
coudre à la main	*to sew by hand*
coudre à la machine	*to sew by machine*
être cousu(e) d'or	*to be very wealthy*

RELATED WORDS

la couture	*sewing; fashion; seam*
sans couture	*seamless*
le couturier/la couturière	*fashion designer*
la haute couture	*high fashion*
une maison de couture	*fashion house*

je cours · je courus · couru · courant   irregular verb

PRESENT		PASSÉ COMPOSÉ	
cours	courons	ai couru	avons couru
cours	courez	as couru	avez couru
court	courent	a couru	ont couru

IMPERFECT		PLUPERFECT	
courais	courions	avais couru	avions couru
courais	couriez	avais couru	aviez couru
courait	couraient	avait couru	avaient couru

PASSÉ SIMPLE		PAST ANTERIOR	
courus	courûmes	eus couru	eûmes couru
courus	courûtes	eus couru	eûtes couru
courut	coururent	eut couru	eurent couru

FUTURE		FUTURE ANTERIOR	
courrai	courrons	aurai couru	aurons couru
courras	courrez	auras couru	aurez couru
courra	courront	aura couru	auront couru

CONDITIONAL		PAST CONDITIONAL	
courrais	courrions	aurais couru	aurions couru
courrais	courriez	aurais couru	auriez couru
courrait	courraient	aurait couru	auraient couru

PRESENT SUBJUNCTIVE		PAST SUBJUNCTIVE	
coure	courions	aie couru	ayons couru
coures	couriez	aies couru	ayez couru
coure	courent	ait couru	aient couru

IMPERFECT SUBJUNCTIVE		PLUPERFECT SUBJUNCTIVE	
courusse	courussions	eusse couru	eussions couru
courusses	courussiez	eusses couru	eussiez couru
courût	courussent	eût couru	eussent couru

COMMANDS	
	courons
cours	courez

Usage

courir vite	*to run fast*
courir chercher le médecin	*to run off to get the doctor*
J'ai couru partout pour trouver ce livre.	*I ran everywhere to find this book.*
Elle est entrée en courant.	*She ran in.*
Les enfants sont sortis au jardin en courant.	*The children ran out into the garden.*
La police est montée en courant.	*The police ran upstairs.*
—Tu as fini?	*Did you finish?*
—Oui, mais j'ai tout fait en courant.	*Yes, but I rushed through everything.*
Il y a un bruit qui court.	*There's a rumor going around.*
courir un risque	*to run a risk*
Un prof comme ça, ça ne court pas les rues.	*You don't find teachers like him everywhere.*

irregular verb
je couvre · je couvris · couvert · couvrant

PRESENT	
couvre	couvrons
couvres	couvrez
couvre	couvrent

PASSÉ COMPOSÉ	
ai couvert	avons couvert
as couvert	avez couvert
a couvert	ont couvert

IMPERFECT	
couvrais	couvrions
couvrais	couvriez
couvrait	couvraient

PLUPERFECT	
avais couvert	avions couvert
avais couvert	aviez couvert
avait couvert	avaient couvert

PASSÉ SIMPLE	
couvris	couvrîmes
couvris	couvrîtes
couvrit	couvrirent

PAST ANTERIOR	
eus couvert	eûmes couvert
eus couvert	eûtes couvert
eut couvert	eurent couvert

FUTURE	
couvrirai	couvrirons
couvriras	couvrirez
couvrira	couvriront

FUTURE ANTERIOR	
aurai couvert	aurons couvert
auras couvert	aurez couvert
aura couvert	auront couvert

CONDITIONAL	
couvrirais	couvririons
couvrirais	couvririez
couvrirait	couvriraient

PAST CONDITIONAL	
aurais couvert	aurions couvert
aurais couvert	auriez couvert
aurait couvert	auraient couvert

PRESENT SUBJUNCTIVE	
couvre	couvrions
couvres	couvriez
couvre	couvrent

PAST SUBJUNCTIVE	
aie couvert	ayons couvert
aies couvert	ayez couvert
ait couvert	aient couvert

IMPERFECT SUBJUNCTIVE	
couvrisse	couvrissions
couvrisses	couvrissiez
couvrît	couvrissent

PLUPERFECT SUBJUNCTIVE	
eusse couvert	eussions couvert
eusses couvert	eussiez couvert
eût couvert	eussent couvert

COMMANDS	
	couvrons
couvre	couvrez

Usage

J'ai couvert les murs d'affiches.	*I covered the walls with posters.*
Couvrez la casserole de son couvercle.	*Cover the pot with its lid.*
Il fait froid aujourd'hui. Couvre-toi bien!	*It's cold today. Dress warmly!*
La mère a couvert sa fille de baisers.	*The mother covered her daughter with kisses.*
Il s'est couvert de honte.	*He disgraced himself.*
—Ne me demande pas de couvrir tes fautes.	*Don't ask me to cover up for your mistakes.*
—J'ai peur de me couvrir de ridicule.	*I'm afraid to look ridiculous.*

craindre *to fear*

je crains · je craignis · craint · craignant — irregular verb

PRESENT		PASSÉ COMPOSÉ	
crains	craignons	ai craint	avons craint
crains	craignez	as craint	avez craint
craint	craignent	a craint	ont craint

IMPERFECT		PLUPERFECT	
craignais	craignions	avais craint	avions craint
craignais	craigniez	avais craint	aviez craint
craignait	craignaient	avait craint	avaient craint

PASSÉ SIMPLE		PAST ANTERIOR	
craignis	craignîmes	eus craint	eûmes craint
craignis	craignîtes	eus craint	eûtes craint
craignit	craignirent	eut craint	eurent craint

FUTURE		FUTURE ANTERIOR	
craindrai	craindrons	aurai craint	aurons craint
craindras	craindrez	auras craint	aurez craint
craindra	craindront	aura craint	auront craint

CONDITIONAL		PAST CONDITIONAL	
craindrais	craindrions	aurais craint	aurions craint
craindrais	craindriez	aurais craint	auriez craint
craindrait	craindraient	aurait craint	auraient craint

PRESENT SUBJUNCTIVE		PAST SUBJUNCTIVE	
craigne	craignions	aie craint	ayons craint
craignes	craigniez	aies craint	ayez craint
craigne	craignent	ait craint	aient craint

IMPERFECT SUBJUNCTIVE		PLUPERFECT SUBJUNCTIVE	
craignisse	craignissions	eusse craint	eussions craint
craignisses	craignissiez	eusses craint	eussiez craint
craignît	craignissent	eût craint	eussent craint

COMMANDS	
	craignons
crains	craignez

Usage

—Je crains qu'il soit déjà parti.	*I fear he has already left.*
—C'est exactement ce que je craignais!	*That's just what I was afraid of!*
Je craignais qu'il ne vienne.	*I was afraid he would come.*
Il craint que vous ne le sachiez pas.	*He fears that you won't know it.*
Je crains le pire.	*I fear the worst.*
Il ne craindra pas de vous le dire.	*He won't hesitate to tell you.*
C'est un danger à craindre.	*It's a danger one should be afraid of.*

RELATED WORDS

la crainte	*fear*
Vous pouvez être sans crainte au sujet de votre fils.	*You have no reason to have any fear about your son.*
Je l'ai caché de crainte qu'il ne le voie.	*I hid it for fear that he would see it.*

regular *-er* verb | **je crée · je créai · créé · créant**

PRESENT		PASSÉ COMPOSÉ	
crée	créons	ai créé	avons créé
crées	créez	as créé	avez créé
crée	créent	a créé	ont créé

IMPERFECT		PLUPERFECT	
créais	créions	avais créé	avions créé
créais	créiez	avais créé	aviez créé
créait	créaient	avait créé	avaient créé

PASSÉ SIMPLE		PAST ANTERIOR	
créai	créâmes	eus créé	eûmes créé
créas	créâtes	eus créé	eûtes créé
créa	créèrent	eut créé	eurent créé

FUTURE		FUTURE ANTERIOR	
créerai	créerons	aurai créé	aurons créé
créeras	créerez	auras créé	aurez créé
créera	créeront	aura créé	auront créé

CONDITIONAL		PAST CONDITIONAL	
créerais	créerions	aurais créé	aurions créé
créerais	créeriez	aurais créé	auriez créé
créerait	créeraient	aurait créé	auraient créé

PRESENT SUBJUNCTIVE		PAST SUBJUNCTIVE	
crée	créions	aie créé	ayons créé
crées	créiez	aies créé	ayez créé
crée	créent	ait créé	aient créé

IMPERFECT SUBJUNCTIVE		PLUPERFECT SUBJUNCTIVE	
créasse	créassions	eusse créé	eussions créé
créasses	créassiez	eusses créé	eussiez créé
créât	créassent	eût créé	eussent créé

COMMANDS	
	créons
crée	créez

Usage

la nécessité de créer	*the need to create*
Ce type m'a créé des ennuis avec le chef.	*That guy made trouble for me with the boss.*
Ce commerçant a su se créer une clientèle.	*This storekeeper was able to build up a clientele.*
créer un mot	*to coin a word*
créer une histoire de toutes pièces	*to make up a story from beginning to end*

RELATED WORDS

la création	*creation*
créateur/créatrice	*creative*
la créativité	*creativity/creative spirit*
le créateur/la créatrice	*creator/designer*
des investissements créateurs d'emplois	*investments that create jobs*

crever *to burst, puncture; to wear out; to die* (slang)

je crève · je crevai · crevé · crevant

-er verb; spelling change:
e > è/mute e

PRESENT		PASSÉ COMPOSÉ	
crève	crevons	ai crevé	avons crevé
crèves	crevez	as crevé	avez crevé
crève	crèvent	a crevé	ont crevé

IMPERFECT		PLUPERFECT	
crevais	crevions	avais crevé	avions crevé
crevais	creviez	avais crevé	aviez crevé
crevait	crevaient	avait crevé	avaient crevé

PASSÉ SIMPLE		PAST ANTERIOR	
crevai	crevâmes	eus crevé	eûmes crevé
crevas	crevâtes	eus crevé	eûtes crevé
creva	crevèrent	eut crevé	eurent crevé

FUTURE		FUTURE ANTERIOR	
crèverai	crèverons	aurai crevé	aurons crevé
crèveras	crèverez	auras crevé	aurez crevé
crèvera	crèveront	aura crevé	auront crevé

CONDITIONAL		PAST CONDITIONAL	
crèverais	crèverions	aurais crevé	aurions crevé
crèverais	crèveriez	aurais crevé	auriez crevé
crèverait	crèveraient	aurait crevé	auraient crevé

PRESENT SUBJUNCTIVE		PAST SUBJUNCTIVE	
crève	crevions	aie crevé	ayons crevé
crèves	creviez	aies crevé	ayez crevé
crève	crèvent	ait crevé	aient crevé

IMPERFECT SUBJUNCTIVE		PLUPERFECT SUBJUNCTIVE	
crevasse	crevassions	eusse crevé	eussions crevé
crevasses	crevassiez	eusses crevé	eussiez crevé
crevât	crevassent	eût crevé	eussent crevé

COMMANDS	
	crevons
crève	crevez

Usage

Le pneu de sa voiture a crevé.	*The tire on his car burst/got punctured.*
J'avais mis tant de papiers dans ma serviette qu'elle a crevé.	*I had put so many papers into my briefcase that it broke.*
Ça crève les yeux! *(slang)*	*It's obvious!/It's as plain as the nose on your face!*
Qu'il crève! *(vulgar)*	*I hope he drops dead!*
Il crève de faim.	*He's famished/starving.*
On crève de froid ici!	*You could freeze to death here!*
On crève de chaud!	*We're dying of the heat!*

RELATED WORDS

crevé(e)	*exhausted*
Je suis crevé.	*I'm beat.*
un pneu crevé	*a flat tire*
une crevaison	*a flat tire*

regular *-er* verb

je crie · je criai · crié · criant

PRESENT		PASSÉ COMPOSÉ	
crie	crions	ai crié	avons crié
cries	criez	as crié	avez crié
crie	crient	a crié	ont crié

IMPERFECT		PLUPERFECT	
criais	criions	avais crié	avions crié
criais	criiez	avais crié	aviez crié
criait	criaient	avait crié	avaient crié

PASSÉ SIMPLE		PAST ANTERIOR	
criai	criâmes	eus crié	eûmes crié
crias	criâtes	eus crié	eûtes crié
cria	crièrent	eut crié	eurent crié

FUTURE		FUTURE ANTERIOR	
crierai	crierons	aurai crié	aurons crié
crieras	crierez	auras crié	aurez crié
criera	crieront	aura crié	auront crié

CONDITIONAL		PAST CONDITIONAL	
crierais	crierions	aurais crié	aurions crié
crierais	crieriez	aurais crié	auriez crié
crierait	crieraient	aurait crié	auraient crié

PRESENT SUBJUNCTIVE		PAST SUBJUNCTIVE	
crie	criions	aie crié	ayons crié
cries	criiez	aies crié	ayez crié
crie	crient	ait crié	aient crié

IMPERFECT SUBJUNCTIVE		PLUPERFECT SUBJUNCTIVE	
criasse	criassions	eusse crié	eussions crié
criasses	criassiez	eusses crié	eussiez crié
criât	criassent	eût crié	eussent crié

COMMANDS	
	crions
crie	criez

Usage

—Les enfants crient à tue-tête.	*The children are screaming their heads off.*
—Pourquoi est-ce qu'ils crient comme ça?	*Why are they shouting like that?*
Il crie fort.	*He's screaming loudly.*
Je lui ai crié de s'en aller.	*I yelled at him to leave.*
crier au loup	*to cry wolf*
crier à l'assassin	*to cry murder*

RELATED WORDS

le cri	*shout/scream*
un cri de joie/de douleur	*a shout of joy/pain*
C'est le dernier cri.	*It's all the rage now./It's the latest.*
criard(e)	*loud/gaudy*
des couleurs criardes	*gaudy colors*

je crois · je crus · cru · croyant   irregular verb

croire = penser, accepter comme vrai

Je crois que non.	*I don't think so.*
Je crois que oui.	*I think so.*
—Elle n'est pas encore arrivée?	*Hasn't she arrived yet?*
—Je crois que si.	*I think so.*
Je n'en crois pas mes yeux/mes oreilles!	*I can't believe my eyes/my ears!*
Je crois bien qu'il est souffrant.	*I think he's ill.*
Vous pouvez m'en croire.	*You can take it from me.*
À l'en croire,...	*If he is to be believed . . ./If you go by what he says . . .*
C'est à n'y pas croire.	*It's unbelievable.*
—Je crois dur comme fer qu'elle m'aime sincèrement.	*I firmly believe that she loves me sincerely.*
—Elle n'est pas celle que tu crois.	*She's not the kind of person you think she is.*
J'aime à croire qu'il nous avertira.	*I would like to think he will notify us.*
Je le crois capable de tout.	*I wouldn't put anything past him.*
Je le crois méchant et malhonnête.	*I think he is wicked and dishonest.*

croire à

Personne ne croit à son innocence.	*No one believes in his innocence.*
Je ne crois plus à ses promesses.	*I don't believe his promises anymore.*
Il faut croire à l'avenir.	*One must have faith in the future.*
Ils croient à l'astrologie.	*They believe in astrology.*
Tu crois aux fantômes?	*Do you believe in ghosts?*

croire en

croire en Dieu	*to believe in God*
Nous croyions en lui.	*We had confidence in him.*

se croire

Tu te crois malin, toi!	*You think you're clever!*
Il se croit très important.	*He thinks he's very important.*
Il se croit une grosse tête.	*He thinks he's a genius.*

faire croire

faire croire qqch à qqn	*to convince someone of something*
Tu ne peux pas me faire croire qu'on a congédié tout le monde.	*You can't expect me to believe that everyone was fired.*

Proverb

Voir, c'est croire.	*Seeing is believing.*

irregular verb | **je crois · je crus · cru · croyant**

PRESENT		PASSÉ COMPOSÉ	
crois	croyons	ai cru	avons cru
crois	croyez	as cru	avez cru
croit	croient	a cru	ont cru

IMPERFECT		PLUPERFECT	
croyais	croyions	avais cru	avions cru
croyais	croyiez	avais cru	aviez cru
croyait	croyaient	avait cru	avaient cru

PASSÉ SIMPLE		PAST ANTERIOR	
crus	crûmes	eus cru	eûmes cru
crus	crûtes	eus cru	eûtes cru
crut	crurent	eut cru	eurent cru

FUTURE		FUTURE ANTERIOR	
croirai	croirons	aurai cru	aurons cru
croiras	croirez	auras cru	aurez cru
croira	croiront	aura cru	auront cru

CONDITIONAL		PAST CONDITIONAL	
croirais	croirions	aurais cru	aurions cru
croirais	croiriez	aurais cru	auriez cru
croirait	croiraient	aurait cru	auraient cru

PRESENT SUBJUNCTIVE		PAST SUBJUNCTIVE	
croie	croyions	aie cru	ayons cru
croies	croyiez	aies cru	ayez cru
croie	croient	ait cru	aient cru

IMPERFECT SUBJUNCTIVE		PLUPERFECT SUBJUNCTIVE	
crusse	crussions	eusse cru	eussions cru
crusses	crussiez	eusses cru	eussiez cru
crût	crussent	eût cru	eussent cru

COMMANDS	
	croyons
crois	croyez

Usage

croire qqn	*to believe someone*
—Croyez-moi, c'était bien dangereux.	*Believe me, it was very dangerous.*
—Je vous crois.	*I believe you.*
croire que	*to believe that*
Je crois qu'il est là.	*I think he's here.*
Je ne crois pas qu'il comprendra.	*I don't think he'll understand.*
Je ne crois pas qu'il comprenne.	*I (really) don't think he'll understand.*
Croyez-vous qu'il comprenne?	*Do you think he'll understand?*
croire qqch	*to believe something*
Je ne crois pas cette explication.	*I don't believe this explanation.*
Elle ne croit pas ce que je lui dis.	*She doesn't believe what I'm telling her.*

croître *to grow*

je croîs · je crûs · crû · croissant   irregular verb

PRESENT		PASSÉ COMPOSÉ	
croîs	croissons	ai crû	avons crû
croîs	croissez	as crû	avez crû
croît	croissent	a crû	ont crû

IMPERFECT		PLUPERFECT	
croissais	croissions	avais crû	avions crû
croissais	croissiez	avais crû	aviez crû
croissait	croissaient	avait crû	avaient crû

PASSÉ SIMPLE		PAST ANTERIOR	
crûs	crûmes	eus crû	eûmes crû
crûs	crûtes	eus crû	eûtes crû
crût	crûrent	eut crû	eurent crû

FUTURE		FUTURE ANTERIOR	
croîtrai	croîtrons	aurai crû	aurons crû
croîtras	croîtrez	auras crû	aurez crû
croîtra	croîtront	aura crû	auront crû

CONDITIONAL		PAST CONDITIONAL	
croîtrais	croîtrions	aurais crû	aurions crû
croîtrais	croîtriez	aurais crû	auriez crû
croîtrait	croîtraient	aurait crû	auraient crû

PRESENT SUBJUNCTIVE		PAST SUBJUNCTIVE	
croisse	croissions	aie crû	ayons crû
croisses	croissiez	aies crû	ayez crû
croisse	croissent	ait crû	aient crû

IMPERFECT SUBJUNCTIVE		PLUPERFECT SUBJUNCTIVE	
crûsse	crûssions	eusse crû	eussions crû
crûsses	crûssiez	eusses crû	eussiez crû
crût	crûssent	eût crû	eussent crû

COMMANDS	
	croissons
croîs	croissez

Usage

croître en richesse	*to grow in wealth*
Les fleurs croissent dans notre jardin.	*The flowers are growing in our garden.*
La chaleur n'arrête pas de croître.	*The heat keeps increasing.*

RELATED WORDS

la croissance	*growth*
être en pleine croissance	*to be in a growth phase*
Cet enfant est en pleine croissance.	*This child is growing rapidly.*
Cette entreprise est en pleine croissance.	*This company is expanding steadily.*

irregular verb · **je cueille · je cueillis · cueilli · cueillant**

PRESENT		PASSÉ COMPOSÉ	
cueille	cueillons	ai cueilli	avons cueilli
cueilles	cueillez	as cueilli	avez cueilli
cueille	cueillent	a cueilli	ont cueilli

IMPERFECT		PLUPERFECT	
cueillais	cueillions	avais cueilli	avions cueilli
cueillais	cueilliez	avais cueilli	aviez cueilli
cueillait	cueillaient	avait cueilli	avaient cueilli

PASSÉ SIMPLE		PAST ANTERIOR	
cueillis	cueillîmes	eus cueilli	eûmes cueilli
cueillis	cueillîtes	eus cueilli	eûtes cueilli
cueillit	cueillirent	eut cueilli	eurent cueilli

FUTURE		FUTURE ANTERIOR	
cueillerai	cueillerons	aurai cueilli	aurons cueilli
cueilleras	cueillerez	auras cueilli	aurez cueilli
cueillera	cueilleront	aura cueilli	auront cueilli

CONDITIONAL		PAST CONDITIONAL	
cueillerais	cueillerions	aurais cueilli	aurions cueilli
cueillerais	cueilleriez	aurais cueilli	auriez cueilli
cueillerait	cueilleraient	aurait cueilli	auraient cueilli

PRESENT SUBJUNCTIVE		PAST SUBJUNCTIVE	
cueille	cueillions	aie cueilli	ayons cueilli
cueilles	cueilliez	aies cueilli	ayez cueilli
cueille	cueillent	ait cueilli	aient cueilli

IMPERFECT SUBJUNCTIVE		PLUPERFECT SUBJUNCTIVE	
cueillisse	cueillissions	eusse cueilli	eussions cueilli
cueillisses	cueillissiez	eusses cueilli	eussiez cueilli
cueillît	cueillissent	eût cueilli	eussent cueilli

COMMANDS	
	cueillons
cueille	cueillez

Usage

cueillir des fleurs/pommes/fraises	*to pick flowers/apples/strawberries*
cueillir qqn	*to nab someone*
La police a cueilli le malfaiteur dans sa cachette.	*The police caught the criminal in his hiding place.*
cueillir qqn à froid	*to catch someone off guard*

RELATED WORDS

la cueillette	*picking/gathering*
Les hommes primitifs pratiquaient la cueillette.	*Primitive humans were gatherers.*

cuire *to cook*

je cuis · je cuisis · cuit · cuisant   irregular verb

PRESENT		PASSÉ COMPOSÉ	
cuis	cuisons	ai cuit	avons cuit
cuis	cuisez	as cuit	avez cuit
cuit	cuisent	a cuit	ont cuit

IMPERFECT		PLUPERFECT	
cuisais	cuisions	avais cuit	avions cuit
cuisais	cuisiez	avais cuit	aviez cuit
cuisait	cuisaient	avait cuit	avaient cuit

PASSÉ SIMPLE		PAST ANTERIOR	
cuisis	cuisîmes	eus cuit	eûmes cuit
cuisis	cuisîtes	eus cuit	eûtes cuit
cuisit	cuisirent	eut cuit	eurent cuit

FUTURE		FUTURE ANTERIOR	
cuirai	cuirons	aurai cuit	aurons cuit
cuiras	cuirez	auras cuit	aurez cuit
cuira	cuiront	aura cuit	auront cuit

CONDITIONAL		PAST CONDITIONAL	
cuirais	cuirions	aurais cuit	aurions cuit
cuirais	cuiriez	aurais cuit	auriez cuit
cuirait	cuiraient	aurait cuit	auraient cuit

PRESENT SUBJUNCTIVE		PAST SUBJUNCTIVE	
cuise	cuisions	aie cuit	ayons cuit
cuises	cuisiez	aies cuit	ayez cuit
cuise	cuisent	ait cuit	aient cuit

IMPERFECT SUBJUNCTIVE		PLUPERFECT SUBJUNCTIVE	
cuisisse	cuisissions	eusse cuit	eussions cuit
cuisisses	cuisissiez	eusses cuit	eussiez cuit
cuisît	cuisissent	eût cuit	eussent cuit

COMMANDS	
	cuisons
cuis	cuisez

Usage

La viande cuit.	*The meat is cooking.*
Je fais cuire de la viande.	*I'm cooking meat.*
J'aime la viande bien cuite.	*I like well-done meat.*
Le poulet était cuit à point.	*The chicken was done to perfection.*
La climatisation ne marche pas. On cuit!	*The air conditioning is not working. We're roasting!*
Dans la politique il faut être un dur à cuir.	*In politics you have to be thick-skinned.*
Elle m'a dit d'aller me faire cuire un œuf.	*She told me to go fly a kite.*
Les carottes sont cuites!	*That's it for us! We're done for!*
Nous sommes cuits!	*We're done for!*
Tu auras cet emploi. C'est du tout cuit.	*You'll get that job. It's in the bag.*
Si tu ne fais pas ce que je t'ordonne, il t'en cuira.	*If you don't do what I order you to, you'll be in for it.*

regular *-er* verb | **je danse · je dansai · dansé · dansant**

PRESENT
danse	dansons
danses	dansez
danse	dansent

IMPERFECT
dansais	dansions
dansais	dansiez
dansait	dansaient

PASSÉ SIMPLE
dansai	dansâmes
dansas	dansâtes
dansa	dansèrent

FUTURE
danserai	danserons
danseras	danserez
dansera	danseront

CONDITIONAL
danserais	danserions
danserais	danseriez
danserait	danseraient

PRESENT SUBJUNCTIVE
danse	dansions
danses	dansiez
danse	dansent

IMPERFECT SUBJUNCTIVE
dansasse	dansassions
dansasses	dansassiez
dansât	dansassent

PASSÉ COMPOSÉ
ai dansé	avons dansé
as dansé	avez dansé
a dansé	ont dansé

PLUPERFECT
avais dansé	avions dansé
avais dansé	aviez dansé
avait dansé	avaient dansé

PAST ANTERIOR
eus dansé	eûmes dansé
eus dansé	eûtes dansé
eut dansé	eurent dansé

FUTURE ANTERIOR
aurai dansé	aurons dansé
auras dansé	aurez dansé
aura dansé	auront dansé

PAST CONDITIONAL
aurais dansé	aurions dansé
aurais dansé	auriez dansé
aurait dansé	auraient dansé

PAST SUBJUNCTIVE
aie dansé	ayons dansé
aies dansé	ayez dansé
ait dansé	aient dansé

PLUPERFECT SUBJUNCTIVE
eusse dansé	eussions dansé
eusses dansé	eussiez dansé
eût dansé	eussent dansé

COMMANDS
	dansons
danse	dansez

Usage

—Vous savez danser?	*Do you know how to dance?*
—Non, pas du tout. Je n'aime pas danser.	*No, not at all. I don't like dancing.*
Vous dansez?/On danse?	*Would you like to dance?*
Je ne savais pas sur quel pied danser en attendant ton coup de fil.	*I was on pins and needles waiting for your call.*
danser sur la corde raide	*to walk a tightrope*
C'est un empêcheur de danser en rond.	*He's a spoilsport/wet blanket.*
J'ai trop bu. Tout danse devant mes yeux.	*I've had too much to drink. Everything is swimming before my eyes.*

RELATED WORDS
la danse	*dance*
entrer dans la danse	*to join in*

décevoir   *to disappoint*

je déçois · je déçus · déçu · décevant

irregular verb; spelling
change: *c > ç/o, u*

PRESENT		PASSÉ COMPOSÉ	
déçois	décevons	ai déçu	avons déçu
déçois	décevez	as déçu	avez déçu
déçoit	déçoivent	a déçu	ont déçu

IMPERFECT		PLUPERFECT	
décevais	décevions	avais déçu	avions déçu
décevais	déceviez	avais déçu	aviez déçu
décevait	décevaient	avait déçu	avaient déçu

PASSÉ SIMPLE		PAST ANTERIOR	
déçus	déçûmes	eus déçu	eûmes déçu
déçus	déçûtes	eus déçu	eûtes déçu
déçut	déçurent	eut déçu	eurent déçu

FUTURE		FUTURE ANTERIOR	
décevrai	décevrons	aurai déçu	aurons déçu
décevras	décevrez	auras déçu	aurez déçu
décevra	décevront	aura déçu	auront déçu

CONDITIONAL		PAST CONDITIONAL	
décevrais	décevrions	aurais déçu	aurions déçu
décevrais	décevriez	aurais déçu	auriez déçu
décevrait	décevraient	aurait déçu	auraient déçu

PRESENT SUBJUNCTIVE		PAST SUBJUNCTIVE	
déçoive	décevions	aie déçu	ayons déçu
déçoives	déceviez	aies déçu	ayez déçu
déçoive	déçoivent	ait déçu	aient déçu

IMPERFECT SUBJUNCTIVE		PLUPERFECT SUBJUNCTIVE	
déçusse	déçussions	eusse déçu	eussions déçu
déçusses	déçussiez	eusses déçu	eussiez déçu
déçût	déçussent	eût déçu	eussent déçu

COMMANDS		
	décevons	
déçois	décevez	

Usage

—Le repas ne vous a pas déçu?	*You found the meal disappointing?*
—Non, ce restaurant ne déçoit jamais.	*No, this restaurant is consistently good.*
Ma petite amie m'a déçu.	*My girlfriend disappointed me.*
Les étudiants ont déçu leurs professeurs.	*The students disappointed their professors.*
Ce voyage m'a déçu.	*That trip disappointed me.*

RELATED WORDS

la déception	*disappointment*
éprouver une déception	*to experience a disappointment*
Sa vie est pleine de cruelles déceptions.	*His life is full of bitter disappointments.*
décevant(e)	*disappointing*
Les résultats sont assez décevants.	*The results are rather disappointing.*

-er verb; spelling
change: *g* > *ge/a, o*

je décharge · je déchargeai · déchargé · déchargeant

PRESENT		PASSÉ COMPOSÉ	
décharge	déchargeons	ai déchargé	avons déchargé
décharges	déchargez	as déchargé	avez déchargé
décharge	déchargent	a déchargé	ont déchargé

IMPERFECT		PLUPERFECT	
déchargeais	déchargions	avais déchargé	avions déchargé
déchargeais	déchargiez	avais déchargé	aviez déchargé
déchargeait	déchargeaient	avait déchargé	avaient déchargé

PASSÉ SIMPLE		PAST ANTERIOR	
déchargeai	déchargeâmes	eus déchargé	eûmes déchargé
déchargeas	déchargeâtes	eus déchargé	eûtes déchargé
déchargea	déchargèrent	eut déchargé	eurent déchargé

FUTURE		FUTURE ANTERIOR	
déchargerai	déchargerons	aurai déchargé	aurons déchargé
déchargeras	déchargerez	auras déchargé	aurez déchargé
déchargera	déchargeront	aura déchargé	auront déchargé

CONDITIONAL		PAST CONDITIONAL	
déchargerais	déchargerions	aurais déchargé	aurions déchargé
déchargerais	déchargeriez	aurais déchargé	auriez déchargé
déchargerait	déchargeraient	aurait déchargé	auraient déchargé

PRESENT SUBJUNCTIVE		PAST SUBJUNCTIVE	
décharge	déchargions	aie déchargé	ayons déchargé
décharges	déchargiez	aies déchargé	ayez déchargé
décharge	déchargent	ait déchargé	aient déchargé

IMPERFECT SUBJUNCTIVE		PLUPERFECT SUBJUNCTIVE	
déchargeasse	déchargeassions	eusse déchargé	eussions déchargé
déchargeasses	déchargeassiez	eusses déchargé	eussiez déchargé
déchargeât	déchargeassent	eût déchargé	eussent déchargé

COMMANDS

	déchargeons
décharge	déchargez

Usage

décharger un véhicule	*to unload a vehicle*
décharger les caisses d'un camion	*to unload the crates from a truck*
—J'ai tant de bagages.	*I have so much luggage.*
—Permettez-moi de vous décharger.	*Let me take your bags for you.*
L'autobus déchargeait ses passagers.	*The bus was letting off its passengers.*
Nous pouvons vous décharger de cette responsabilité.	*We can take that responsibility off your shoulders.*
On l'a déchargé de ses fonctions.	*He was fired.*
La pile s'est déchargée.	*The battery ran down.*

RELATED WORDS

le déchargement	*unloading*
la décharge	*defense* (legal)

déchirer *to tear, rip*

je déchire · je déchirai · déchiré · déchirant

regular *-er* verb

PRESENT

déchire	déchirons
déchires	déchirez
déchire	déchirent

PASSÉ COMPOSÉ

ai déchiré	avons déchiré
as déchiré	avez déchiré
a déchiré	ont déchiré

IMPERFECT

déchirais	déchirions
déchirais	déchiriez
déchirait	déchiraient

PLUPERFECT

avais déchiré	avions déchiré
avais déchiré	aviez déchiré
avait déchiré	avaient déchiré

PASSÉ SIMPLE

déchirai	déchirâmes
déchiras	déchirâtes
déchira	déchirèrent

PAST ANTERIOR

eus déchiré	eûmes déchiré
eus déchiré	eûtes déchiré
eut déchiré	eurent déchiré

FUTURE

déchirerai	déchirerons
déchireras	déchirerez
déchirera	déchireront

FUTURE ANTERIOR

aurai déchiré	aurons déchiré
auras déchiré	aurez déchiré
aura déchiré	auront déchiré

CONDITIONAL

déchirerais	déchirerions
déchirerais	déchireriez
déchirerait	déchireraient

PAST CONDITIONAL

aurais déchiré	aurions déchiré
aurais déchiré	auriez déchiré
aurait déchiré	auraient déchiré

PRESENT SUBJUNCTIVE

déchire	déchirions
déchires	déchiriez
déchire	déchirent

PAST SUBJUNCTIVE

aie déchiré	ayons déchiré
aies déchiré	ayez déchiré
ait déchiré	aient déchiré

IMPERFECT SUBJUNCTIVE

déchirasse	déchirassions
déchirasses	déchirassiez
déchirât	déchirassent

PLUPERFECT SUBJUNCTIVE

eusse déchiré	eussions déchiré
eusses déchiré	eussiez déchiré
eût déchiré	eussent déchiré

COMMANDS

	déchirons
déchire	déchirez

Usage

—Elle a déchiré sa lettre?	*Did she tear up his letter?*
—Oui, elle l'a déchirée en petits morceaux.	*Yes, she tore it into little pieces.*
Regarde! Tu as déchiré ta chemise!	*Look! You tore your shirt!*
Tu ne peux pas sortir avec ce pantalon déchiré.	*You can't go out in those torn pants.*
se déchirer un muscle	*to tear a muscle*
Ta robe s'est déchirée.	*Your dress has gotten torn.*
Ils se déchirent.	*They're tearing each other apart/ destroying each other.*

RELATED WORDS

la déchirure	*tear*
le déchirement	*emotional pain*

regular -er verb | **je décide · je décidai · décidé · décidant**

PRESENT

décide	décidons
décides	décidez
décide	décident

IMPERFECT

décidais	décidions
décidais	décidiez
décidait	décidaient

PASSÉ SIMPLE

décidai	décidâmes
décidas	décidâtes
décida	décidèrent

FUTURE

déciderai	déciderons
décideras	déciderez
décidera	décideront

CONDITIONAL

déciderais	déciderions
déciderais	décideriez
déciderait	décideraient

PRESENT SUBJUNCTIVE

décide	décidions
décides	décidiez
décide	décident

IMPERFECT SUBJUNCTIVE

décidasse	décidassions
décidasses	décidassiez
décidât	décidassent

COMMANDS

	décidons
décide	décidez

PASSÉ COMPOSÉ

ai décidé	avons décidé
as décidé	avez décidé
a décidé	ont décidé

PLUPERFECT

avais décidé	avions décidé
avais décidé	aviez décidé
avait décidé	avaient décidé

PAST ANTERIOR

eus décidé	eûmes décidé
eus décidé	eûtes décidé
eut décidé	eurent décidé

FUTURE ANTERIOR

aurai décidé	aurons décidé
auras décidé	aurez décidé
aura décidé	auront décidé

PAST CONDITIONAL

aurais décidé	aurions décidé
aurais décidé	auriez décidé
aurait décidé	auraient décidé

PAST SUBJUNCTIVE

aie décidé	ayons décidé
aies décidé	ayez décidé
ait décidé	aient décidé

PLUPERFECT SUBJUNCTIVE

eusse décidé	eussions décidé
eusses décidé	eussiez décidé
eût décidé	eussent décidé

Usage

—On a décidé de partir demain.	*We have decided to leave tomorrow.*
—Comment avez-vous décidé cela?	*How did you come to that decision?*
Rien n'est encore décidé.	*Nothing has been decided./Everything is still up in the air.*
se décider	*to make up one's mind*
Mais décidez-vous donc!	*Make up your mind already!*
décider qqn à faire qqch	*to persuade someone to do something*
Il faut décider Pierre à nous aider.	*We've got to persuade Pierre to help us.*

RELATED WORDS

prendre une décision	*to make a decision*
le décideur/la décideuse	*decision maker*
décidé(e)	*resolute/decisive*

déclarer *to declare*

PRESENT		PASSÉ COMPOSÉ	
déclare	déclarons	ai déclaré	avons déclaré
déclares	déclarez	as déclaré	avez déclaré
déclare	déclarent	a déclaré	ont déclaré

IMPERFECT		PLUPERFECT	
déclarais	déclarions	avais déclaré	avions déclaré
déclarais	déclariez	avais déclaré	aviez déclaré
déclarait	déclaraient	avait déclaré	avaient déclaré

PASSÉ SIMPLE		PAST ANTERIOR	
déclarai	déclarâmes	eus déclaré	eûmes déclaré
déclaras	déclarâtes	eus déclaré	eûtes déclaré
déclara	déclarèrent	eut déclaré	eurent déclaré

FUTURE		FUTURE ANTERIOR	
déclarerai	déclarerons	aurai déclaré	aurons déclaré
déclareras	déclarerez	auras déclaré	aurez déclaré
déclarera	déclareront	aura déclaré	auront déclaré

CONDITIONAL		PAST CONDITIONAL	
déclarerais	déclarerions	aurais déclaré	aurions déclaré
déclarerais	déclareriez	aurais déclaré	auriez déclaré
déclarerait	déclareraient	aurait déclaré	auraient déclaré

PRESENT SUBJUNCTIVE		PAST SUBJUNCTIVE	
déclare	déclarions	aie déclaré	ayons déclaré
déclares	déclariez	aies déclaré	ayez déclaré
déclare	déclarent	ait déclaré	aient déclaré

IMPERFECT SUBJUNCTIVE		PLUPERFECT SUBJUNCTIVE	
déclarasse	déclarassions	eusse déclaré	eussions déclaré
déclarasses	déclarassiez	eusses déclaré	eussiez déclaré
déclarât	déclarassent	eût déclaré	eussent déclaré

COMMANDS	
	déclarons
déclare	déclarez

Usage

déclarer que	*to declare that*
Le Président a déclaré que l'économie est en pleine croissance.	*The president declared that the economy is growing apace.*
On déclare les enfants à la mairie.	*The births of children are registered at city hall.*
Le juge l'a déclaré coupable.	*The judge declared him guilty.*
déclarer la guerre (à)	*to declare war (on)*
se déclarer	*to state one's opinion; to declare one's love*
Je ne veux pas me déclarer sur l'état de l'entreprise.	*I don't want to state my opinion about the condition of the firm.*
Marc s'est déclaré à Nicole.	*Marc told Nicole that he loved her.*

irregular verb | **je découvre · je découvris · découvert · découvrant**

PRESENT		PASSÉ COMPOSÉ	
découvre	découvrons	ai découvert	avons découvert
découvres	découvrez	as découvert	avez découvert
découvre	découvrent	a découvert	ont découvert

IMPERFECT		PLUPERFECT	
découvrais	découvrions	avais découvert	avions découvert
découvrais	découvriez	avais découvert	aviez découvert
découvrait	découvraient	avait découvert	avaient découvert

PASSÉ SIMPLE		PAST ANTERIOR	
découvris	découvrîmes	eus découvert	eûmes découvert
découvris	découvrîtes	eus découvert	eûtes découvert
découvrit	découvrirent	eut découvert	eurent découvert

FUTURE		FUTURE ANTERIOR	
découvrirai	découvrirons	aurai découvert	aurons découvert
découvriras	découvrirez	auras découvert	aurez découvert
découvrira	découvriront	aura découvert	auront découvert

CONDITIONAL		PAST CONDITIONAL	
découvrirais	découvririons	aurais découvert	aurions découvert
découvrirais	découvririez	aurais découvert	auriez découvert
découvrirait	découvriraient	aurait découvert	auraient découvert

PRESENT SUBJUNCTIVE		PAST SUBJUNCTIVE	
découvre	découvrions	aie découvert	ayons découvert
découvres	découvriez	aies découvert	ayez découvert
découvre	découvrent	ait découvert	aient découvert

IMPERFECT SUBJUNCTIVE		PLUPERFECT SUBJUNCTIVE	
découvrisse	découvrissions	eusse découvert	eussions découvert
découvrisses	découvrissiez	eusses découvert	eussiez découvert
découvrît	découvrissent	eût découvert	eussent découvert

COMMANDS	
	découvrons
découvre	découvrez

Usage

J'ai découvert quelqu'un que je connaissais dans l'amphithéâtre.	*I spotted someone I knew in the lecture hall.*
Le chien policier a découvert le criminel.	*The police dog sniffed out the criminal.*
découvrir St Pierre pour couvrir St Paul	*to rob Peter to pay Paul*
En voyageant dans le Midi nous avons découvert des petits villages charmants.	*Traveling through the south of France we discovered delightful little villages.*
Les médecins ont découvert la cause de sa maladie.	*The doctors discovered the cause of his illness.*
Christophe Colomb a découvert l'Amérique.	*Christopher Columbus discovered America.*
Dans l'adversité on se découvre.	*We get to know ourselves in adversity.*

décrire *to describe*

je décris · je décrivis · décrit · décrivant irregular verb

PRESENT		PASSÉ COMPOSÉ	
décris	décrivons	ai décrit	avons décrit
décris	décrivez	as décrit	avez décrit
décrit	décrivent	a décrit	ont décrit

IMPERFECT		PLUPERFECT	
décrivais	décrivions	avais décrit	avions décrit
décrivais	décriviez	avais décrit	aviez décrit
décrivait	décrivaient	avait décrit	avaient décrit

PASSÉ SIMPLE		PAST ANTERIOR	
décrivis	décrivîmes	eus décrit	eûmes décrit
décrivis	décrivîtes	eus décrit	eûtes décrit
décrivit	décrivirent	eut décrit	eurent décrit

FUTURE		FUTURE ANTERIOR	
décrirai	décrirons	aurai décrit	aurons décrit
décriras	décrirez	auras décrit	aurez décrit
décrira	décriront	aura décrit	auront décrit

CONDITIONAL		PAST CONDITIONAL	
décrirais	décririons	aurais décrit	aurions décrit
décrirais	décririez	aurais décrit	auriez décrit
décrirait	décriraient	aurait décrit	auraient décrit

PRESENT SUBJUNCTIVE		PAST SUBJUNCTIVE	
décrive	décrivions	aie décrit	ayons décrit
décrives	décriviez	aies décrit	ayez décrit
décrive	décrivent	ait décrit	aient décrit

IMPERFECT SUBJUNCTIVE		PLUPERFECT SUBJUNCTIVE	
décrivisse	décrivissions	eusse décrit	eussions décrit
décrivisses	décrivissiez	eusses décrit	eussiez décrit
décrivît	décrivissent	eût décrit	eussent décrit

COMMANDS	
	décrivons
décris	décrivez

Usage

Décrivez vos amis. — *Describe your friends.*
Vous avez très bien décrit la situation. — *You have described the situation very well.*
Décrivez-moi l'arbre que vous avez vu. — *Describe for me the tree you saw.*
Il nous a décrit les animaux de l'Australie. — *He described the animals of Australia for us.*
Le chef a décrit le projet en détail. — *The boss gave a detailed description of the project.*

RELATED WORDS

la description — *description*
L'agent nous a donné une description de la maison. — *The agent gave us a description of the house.*
descriptif/descriptive — *descriptive*

PRESENT		PASSÉ COMPOSÉ	
déduis	déduisons	ai déduit	avons déduit
déduis	déduisez	as déduit	avez déduit
déduit	déduisent	a déduit	ont déduit

IMPERFECT		PLUPERFECT	
déduisais	déduisions	avais déduit	avions déduit
déduisais	déduisiez	avais déduit	aviez déduit
déduisait	déduisaient	avait déduit	avaient déduit

PASSÉ SIMPLE		PAST ANTERIOR	
déduisis	déduisîmes	eus déduit	eûmes déduit
déduisis	déduisîtes	eus déduit	eûtes déduit
déduisit	déduisirent	eut déduit	eurent déduit

FUTURE		FUTURE ANTERIOR	
déduirai	déduirons	aurai déduit	aurons déduit
déduiras	déduirez	auras déduit	aurez déduit
déduira	déduiront	aura déduit	auront déduit

CONDITIONAL		PAST CONDITIONAL	
déduirais	déduirions	aurais déduit	aurions déduit
déduirais	déduiriez	aurais déduit	auriez déduit
déduirait	déduiraient	aurait déduit	auraient déduit

PRESENT SUBJUNCTIVE		PAST SUBJUNCTIVE	
déduise	déduisions	aie déduit	ayons déduit
déduises	déduisiez	aies déduit	ayez déduit
déduise	déduisent	ait déduit	aient déduit

IMPERFECT SUBJUNCTIVE		PLUPERFECT SUBJUNCTIVE	
déduisisse	déduisissions	eusse déduit	eussions déduit
déduisisses	déduisissiez	eusses déduit	eussiez déduit
déduisît	déduisissent	eût déduit	eussent déduit

COMMANDS	
	déduisons
déduis	déduisez

Usage

—Il a dit qu'il veut partir.	*He said he wants to leave.*
—J'en déduis qu'il n'est pas content ici.	*I conclude therefore that he isn't happy here.*
déduire les frais de voyage de la somme	*to deduct travel expenses from the amount*

RELATED WORD

la déduction	*deduction/conclusion*
tirer des déductions	*to draw conclusions*

défaire   *to undo*

je défais · je défis · défait · défaisant   irregular verb

PRESENT		PASSÉ COMPOSÉ	
défais	défaisons	ai défait	avons défait
défais	défaites	as défait	avez défait
défait	défont	a défait	ont défait

IMPERFECT		PLUPERFECT	
défaisais	défaisions	avais défait	avions défait
défaisais	défaisiez	avais défait	aviez défait
défaisait	défaisaient	avait défait	avaient défait

PASSÉ SIMPLE		PAST ANTERIOR	
défis	défîmes	eus défait	eûmes défait
défis	défîtes	eus défait	eûtes défait
défit	défirent	eut défait	eurent défait

FUTURE		FUTURE ANTERIOR	
déferai	déferons	aurai défait	aurons défait
déferas	déferez	auras défait	aurez défait
défera	déferont	aura défait	auront défait

CONDITIONAL		PAST CONDITIONAL	
déferais	déferions	aurais défait	aurions défait
déferais	déferiez	aurais défait	auriez défait
déferait	déferaient	aurait défait	auraient défait

PRESENT SUBJUNCTIVE		PAST SUBJUNCTIVE	
défasse	défassions	aie défait	ayons défait
défasses	défassiez	aies défait	ayez défait
défasse	défassent	ait défait	aient défait

IMPERFECT SUBJUNCTIVE		PLUPERFECT SUBJUNCTIVE	
défisse	défissions	eusse défait	eussions défait
défisses	défissiez	eusses défait	eussiez défait
défît	défissent	eût défait	eussent défait

COMMANDS	
	défaisons
défais	défaites

Usage

défaire sa cravate	*to undo one's tie*
défaire ses cheveux	*to let one's hair down*
avec les cheveux défaits	*with one's hair down*
défaire les valises	*to unpack*
défaire sa tente	*to take down one's tent*
défaire le lit	*to unmake the bed*
un lit défait	*an unmade bed*
un lit qui n'avait pas été défait	*a bed which hadn't been slept in*
un visage défait par la douleur	*a face visibly affected by grief*
se défaire de qqn/de qqch	*to get rid of someone/something*
Je voudrais me défaire de cet imbécile.	*I'd like to get that moron out of here.*
Il ne réussit pas à se défaire de cette mauvaise habitude.	*He can't get rid of that bad habit.*

regular -*re* verb | **je défends · je défendis · défendu · défendant**

PRESENT		PASSÉ COMPOSÉ	
défends	défendons	ai défendu	avons défendu
défends	défendez	as défendu	avez défendu
défend	défendent	a défendu	ont défendu

IMPERFECT		PLUPERFECT	
défendais	défendions	avais défendu	avions défendu
défendais	défendiez	avais défendu	aviez défendu
défendait	défendaient	avait défendu	avaient défendu

PASSÉ SIMPLE		PAST ANTERIOR	
défendis	défendîmes	eus défendu	eûmes défendu
défendis	défendîtes	eus défendu	eûtes défendu
défendit	défendirent	eut défendu	eurent défendu

FUTURE		FUTURE ANTERIOR	
défendrai	défendrons	aurai défendu	aurons défendu
défendras	défendrez	auras défendu	aurez défendu
défendra	défendront	aura défendu	auront défendu

CONDITIONAL		PAST CONDITIONAL	
défendrais	défendrions	aurais défendu	aurions défendu
défendrais	défendriez	aurais défendu	auriez défendu
défendrait	défendraient	aurait défendu	auraient défendu

PRESENT SUBJUNCTIVE		PAST SUBJUNCTIVE	
défende	défendions	aie défendu	ayons défendu
défendes	défendiez	aies défendu	ayez défendu
défende	défendent	ait défendu	aient défendu

IMPERFECT SUBJUNCTIVE		PLUPERFECT SUBJUNCTIVE	
défendisse	défendissions	eusse défendu	eussions défendu
défendisses	défendissiez	eusses défendu	eussiez défendu
défendît	défendissent	eût défendu	eussent défendu

COMMANDS	
	défendons
défends	défendez

Usage

défendre les frontières du pays	*to defend the borders of the country*
Mon grand-père se défend bien pour son âge.	*My grandfather is doing well for his age.*
Je ne peux pas me défendre de me fâcher contre lui.	*I can't help getting angry with him.*
Il s'est défendu d'avoir fait ta connaissance.	*He denied having met you.*
défendre qqch à qqn	*to forbid someone to have something*
Le médecin lui a défendu le sel.	*The doctor took him off salt.*
défendre à qqn de faire qqch	*to forbid someone to do something*
Je te défends de me parler sur ce ton.	*I forbid you to speak to me in that tone.*

demander *to ask, ask for*

je demande · je demandai · demandé · demandant   regular -er verb

PRESENT		PASSÉ COMPOSÉ	
demande	demandons	ai demandé	avons demandé
demandes	demandez	as demandé	avez demandé
demande	demandent	a demandé	ont demandé

IMPERFECT		PLUPERFECT	
demandais	demandions	avais demandé	avions demandé
demandais	demandiez	avais demandé	aviez demandé
demandait	demandaient	avait demandé	avaient demandé

PASSÉ SIMPLE		PAST ANTERIOR	
demandai	demandâmes	eus demandé	eûmes demandé
demandas	demandâtes	eus demandé	eûtes demandé
demanda	demandèrent	eut demandé	eurent demandé

FUTURE		FUTURE ANTERIOR	
demanderai	demanderons	aurai demandé	aurons demandé
demanderas	demanderez	auras demandé	aurez demandé
demandera	demanderont	aura demandé	auront demandé

CONDITIONAL		PAST CONDITIONAL	
demanderais	demanderions	aurais demandé	aurions demandé
demanderais	demanderiez	aurais demandé	auriez demandé
demanderait	demanderaient	aurait demandé	auraient demandé

PRESENT SUBJUNCTIVE		PAST SUBJUNCTIVE	
demande	demandions	aie demandé	ayons demandé
demandes	demandiez	aies demandé	ayez demandé
demande	demandent	ait demandé	aient demandé

IMPERFECT SUBJUNCTIVE		PLUPERFECT SUBJUNCTIVE	
demandasse	demandassions	eusse demandé	eussions demandé
demandasses	demandassiez	eusses demandé	eussiez demandé
demandât	demandassent	eût demandé	eussent demandé

COMMANDS	
	demandons
demande	demandez

Usage

Il m'a demandé si je voulais boire.	*He asked me if I wanted something to drink.*
Demandez-lui quand elle sera de retour.	*Ask her when she'll be back.*
demander le chemin	*to ask directions*
demander qqch à qqn	*to ask someone for something*
—Qu'est-ce qu'il a demandé à ses amis?	*What did he ask his friends for?*
—Il leur a demandé un prêt.	*He asked them for a loan.*
Il a demandé une voiture à ses parents.	*He asked his parents for a car.*
J'ai un service à vous demander.	*I have a favor to ask of you.*
demander à qqn de faire qqch	*to ask someone to do something*
Ils m'ont demandé de passer les voir.	*They asked me to stop by to see them.*
Je ne t'ai pas demandé de faire la vaisselle?	*Didn't I ask you to do the dishes?*

-er verb; spelling change: **je déménage · je déménageai · déménagé ·**
g > ge/a, o **déménageant**

PRESENT	
déménage	déménageons
déménages	déménagez
déménage	déménagent

PASSÉ COMPOSÉ	
ai déménagé	avons déménagé
as déménagé	avez déménagé
a déménagé	ont déménagé

IMPERFECT	
déménageais	déménagions
déménageais	déménagiez
déménageait	déménageaient

PLUPERFECT	
avais déménagé	avions déménagé
avais déménagé	aviez déménagé
avait déménagé	avaient déménagé

PASSÉ SIMPLE	
déménageai	déménageâmes
déménageas	déménageâtes
déménagea	déménagèrent

PAST ANTERIOR	
eus déménagé	eûmes déménagé
eus déménagé	eûtes déménagé
eut déménagé	eurent déménagé

FUTURE	
déménagerai	déménagerons
déménageras	déménagerez
déménagera	déménageront

FUTURE ANTERIOR	
aurai déménagé	aurons déménagé
auras déménagé	aurez déménagé
aura déménagé	auront déménagé

CONDITIONAL	
déménagerais	déménagerions
déménagerais	déménageriez
déménagerait	déménageraient

PAST CONDITIONAL	
aurais déménagé	aurions déménagé
aurais déménagé	auriez déménagé
aurait déménagé	auraient déménagé

PRESENT SUBJUNCTIVE	
déménage	déménagions
déménages	déménagiez
déménage	déménagent

PAST SUBJUNCTIVE	
aie déménagé	ayons déménagé
aies déménagé	ayez déménagé
ait déménagé	aient déménagé

IMPERFECT SUBJUNCTIVE	
déménageasse	déménageassions
déménageasses	déménageassiez
déménageât	déménageassent

PLUPERFECT SUBJUNCTIVE	
eusse déménagé	eussions déménagé
eusses déménagé	eussiez déménagé
eût déménagé	eussent déménagé

COMMANDS	
	déménageons
déménage	déménagez

Usage

Nous déménageons demain.	*We're moving tomorrow.*
déménager le frigo	*to move the refrigerator out of the house*
déménager le salon	*to move the furniture out of the living room*
Il nous a fait déménager.	*He threw us out/sent us on our merry way.*

RELATED WORDS

le déménagement	*move*
Le déménagement du bureau a été très difficile.	*Moving the office was very hard.*
faire un déménagement	*to move*
les déménageurs *(mpl)*	*movers*
emménager	*to move in*

dépasser   *to pass, exceed*

je dépasse · je dépassai · dépassé · dépassant   regular -er verb

PRESENT

dépasse	dépassons
dépasses	dépassez
dépasse	dépassent

IMPERFECT

dépassais	dépassions
dépassais	dépassiez
dépassait	dépassaient

PASSÉ SIMPLE

dépassai	dépassâmes
dépassas	dépassâtes
dépassa	dépassèrent

FUTURE

dépasserai	dépasserons
dépasseras	dépasserez
dépassera	dépasseront

CONDITIONAL

dépasserais	dépasserions
dépasserais	dépasseriez
dépasserait	dépasseraient

PRESENT SUBJUNCTIVE

dépasse	dépassions
dépasses	dépassiez
dépasse	dépassent

IMPERFECT SUBJUNCTIVE

dépassasse	dépassassions
dépassasses	dépassassiez
dépassât	dépassassent

COMMANDS

	dépassons
dépasse	dépassez

PASSÉ COMPOSÉ

ai dépassé	avons dépassé
as dépassé	avez dépassé
a dépassé	ont dépassé

PLUPERFECT

avais dépassé	avions dépassé
avais dépassé	aviez dépassé
avait dépassé	avaient dépassé

PAST ANTERIOR

eus dépassé	eûmes dépassé
eus dépassé	eûtes dépassé
eut dépassé	eurent dépassé

FUTURE ANTERIOR

aurai dépassé	aurons dépassé
auras dépassé	aurez dépassé
aura dépassé	auront dépassé

PAST CONDITIONAL

aurais dépassé	aurions dépassé
aurais dépassé	auriez dépassé
aurait dépassé	auraient dépassé

PAST SUBJUNCTIVE

aie dépassé	ayons dépassé
aies dépassé	ayez dépassé
ait dépassé	aient dépassé

PLUPERFECT SUBJUNCTIVE

eusse dépassé	eussions dépassé
eusses dépassé	eussiez dépassé
eût dépassé	eussent dépassé

Usage

dépasser une personne en marchant	*to walk past someone*
dépasser une voiture	*to pass a car* (while driving)
dépasser tout le monde	*to beat/be better than everyone*
dépasser ses amis	*to outshine/exceed his friends*
dépasser une limite	*to exceed/go beyond a limit*
dépasser une frontière	*to go beyond a border/have prominence abroad*
dépasser une certaine somme d'argent	*to cost more than a certain amount of money*

RELATED WORDS

le dépassement	*passing/overtaking another car while driving*
se sentir dépassé(e)	*to feel out of one's depth*

regular *-er* reflexive verb;
compound tenses with *être*

**je me dépêche · je me dépêchai ·
s'étant dépêché · se dépêchant**

PRESENT

me dépêche	nous dépêchons
te dépêches	vous dépêchez
se dépêche	se dépêchent

PASSÉ COMPOSÉ

me suis dépêché(e)	nous sommes dépêché(e)s
t'es dépêché(e)	vous êtes dépêché(e)(s)
s'est dépêché(e)	se sont dépêché(e)s

IMPERFECT

me dépêchais	nous dépêchions
te dépêchais	vous dépêchiez
se dépêchait	se dépêchaient

PLUPERFECT

m'étais dépêché(e)	nous étions dépêché(e)s
t'étais dépêché(e)	vous étiez dépêché(e)(s)
s'était dépêché(e)	s'étaient dépêché(e)s

PASSÉ SIMPLE

me dépêchai	nous dépêchâmes
te dépêchas	vous dépêchâtes
se dépêcha	se dépêchèrent

PAST ANTERIOR

me fus dépêché(e)	nous fûmes dépêché(e)s
te fus dépêché(e)	vous fûtes dépêché(e)(s)
se fut dépêché(e)	se furent dépêché(e)s

FUTURE

me dépêcherai	nous dépêcherons
te dépêcheras	vous dépêcherez
se dépêchera	se dépêcheront

FUTURE ANTERIOR

me serai dépêché(e)	nous serons dépêché(e)s
te seras dépêché(e)	vous serez dépêché(e)(s)
se sera dépêché(e)	se seront dépêché(e)s

CONDITIONAL

me dépêcherais	nous dépêcherions
te dépêcherais	vous dépêcheriez
se dépêcherait	se dépêcheraient

PAST CONDITIONAL

me serais dépêché(e)	nous serions dépêché(e)s
te serais dépêché(e)	vous seriez dépêché(e)(s)
se serait dépêché(e)	se seraient dépêché(e)s

PRESENT SUBJUNCTIVE

me dépêche	nous dépêchions
te dépêches	vous dépêchiez
se dépêche	se dépêchent

PAST SUBJUNCTIVE

me sois dépêché(e)	nous soyons dépêché(e)s
te sois dépêché(e)	vous soyez dépêché(e)(s)
se soit dépêché(e)	se soient dépêché(e)s

IMPERFECT SUBJUNCTIVE

me dépêchasse	nous dépêchassions
te dépêchasses	vous dépêchassiez
se dépêchât	se dépêchassent

PLUPERFECT SUBJUNCTIVE

me fusse dépêché(e)	nous fussions dépêché(e)s
te fusses dépêché(e)	vous fussiez dépêché(e)(s)
se fût dépêché(e)	se fussent dépêché(e)s

COMMANDS

	dépêchons-nous
dépêche-toi	dépêchez-vous

Usage

Dépêche-toi! Le train est déjà en gare.	*Hurry up! The train is already in the station.*
Je me suis dépêché de faire le ménage.	*I hurried to do the housework.*
Dépêche-toi de préparer le dîner. Tout le monde a faim.	*Hurry and make dinner. Everyone is hungry.*
On s'est dépêchés de partir.	*We rushed away./We hurried and left.*
Il faut que vous vous dépêchiez si vous voulez arriver à l'heure.	*You have to hurry up if you want to arrive on time.*

132 | dépenser   *to spend (money)*

je dépense · je dépensai · dépensé · dépensant   regular -er verb

PRESENT

dépense	dépensons
dépenses	dépensez
dépense	dépensent

IMPERFECT

dépensais	dépensions
dépensais	dépensiez
dépensait	dépensaient

PASSÉ SIMPLE

dépensai	dépensâmes
dépensas	dépensâtes
dépensa	dépensèrent

FUTURE

dépenserai	dépenserons
dépenseras	dépenserez
dépensera	dépenseront

CONDITIONAL

dépenserais	dépenserions
dépenserais	dépenseriez
dépenserait	dépenseraient

PRESENT SUBJUNCTIVE

dépense	dépensions
dépenses	dépensiez
dépense	dépensent

IMPERFECT SUBJUNCTIVE

dépensasse	dépensassions
dépensasses	dépensassiez
dépensât	dépensassent

COMMANDS

	dépensons
dépense	dépensez

PASSÉ COMPOSÉ

ai dépensé	avons dépensé
as dépensé	avez dépensé
a dépensé	ont dépensé

PLUPERFECT

avais dépensé	avions dépensé
avais dépensé	aviez dépensé
avait dépensé	avaient dépensé

PAST ANTERIOR

eus dépensé	eûmes dépensé
eus dépensé	eûtes dépensé
eut dépensé	eurent dépensé

FUTURE ANTERIOR

aurai dépensé	aurons dépensé
auras dépensé	aurez dépensé
aura dépensé	auront dépensé

PAST CONDITIONAL

aurais dépensé	aurions dépensé
aurais dépensé	auriez dépensé
aurait dépensé	auraient dépensé

PAST SUBJUNCTIVE

aie dépensé	ayons dépensé
aies dépensé	ayez dépensé
ait dépensé	aient dépensé

PLUPERFECT SUBJUNCTIVE

eusse dépensé	eussions dépensé
eusses dépensé	eussiez dépensé
eût dépensé	eussent dépensé

Usage

—Il a dépensé tout son argent à acheter des vêtements.

He spent all his money buying clothing.

—Oui, il dépense sans compter.

Yes, he spends too freely.

se dépenser
Tu te dépenses trop pour les autres.

to expend one's energy
You overwork yourself too much for other people.

RELATED WORDS

la dépense
pouvoir se permettre une dépense
les dépenses d'exploitation
les dépenses du ménage
une grande dépense de temps

expense
to be able to afford an outlay of money
operating costs/expenses
household expenses
a big expenditure of time

-er verb; spelling
change: c > ç/a, o

je déplace · je déplaçai · déplacé · déplaçant

PRESENT		PASSÉ COMPOSÉ	
déplace	déplaçons	ai déplacé	avons déplacé
déplaces	déplacez	as déplacé	avez déplacé
déplace	déplacent	a déplacé	ont déplacé

IMPERFECT		PLUPERFECT	
déplaçais	déplacions	avais déplacé	avions déplacé
déplaçais	déplaciez	avais déplacé	aviez déplacé
déplaçait	déplaçaient	avait déplacé	avaient déplacé

PASSÉ SIMPLE		PAST ANTERIOR	
déplaçai	déplaçâmes	eus déplacé	eûmes déplacé
déplaças	déplaçâtes	eus déplacé	eûtes déplacé
déplaça	déplacèrent	eut déplacé	eurent déplacé

FUTURE		FUTURE ANTERIOR	
déplacerai	déplacerons	aurai déplacé	aurons déplacé
déplaceras	déplacerez	auras déplacé	aurez déplacé
déplacera	déplaceront	aura déplacé	auront déplacé

CONDITIONAL		PAST CONDITIONAL	
déplacerais	déplacerions	aurais déplacé	aurions déplacé
déplacerais	déplaceriez	aurais déplacé	auriez déplacé
déplacerait	déplaceraient	aurait déplacé	auraient déplacé

PRESENT SUBJUNCTIVE		PAST SUBJUNCTIVE	
déplace	déplacions	aie déplacé	ayons déplacé
déplaces	déplaciez	aies déplacé	ayez déplacé
déplace	déplacent	ait déplacé	aient déplacé

IMPERFECT SUBJUNCTIVE		PLUPERFECT SUBJUNCTIVE	
déplaçasse	déplaçassions	eusse déplacé	eussions déplacé
déplaçasses	déplaçassiez	eusses déplacé	eussiez déplacé
déplaçât	déplaçassent	eût déplacé	eussent déplacé

COMMANDS	
	déplaçons
déplace	déplacez

Usage

Déplacez le canapé vers la gauche.	*Move the sofa to the left.*
On a déplacé la date de la réunion.	*They moved the date of the meeting forward.*
se déplacer	*to move/shift position/travel*
Avec Internet, on peut faire ses achats sans se déplacer.	*With the Internet you can do your shopping without leaving the house.*
Après l'accident il se déplaçait avec une canne.	*After the accident he got around with a cane.*
Il se déplace beaucoup pour affaires.	*He travels a lot on business.*

RELATED WORDS

déplacé(e)	*out of place/uncalled for*
Vos propos déplacés ont agacé tout le monde.	*Your inappropriate remarks disturbed everyone.*

je déplais · je déplus · déplu · déplaisant
irregular verb

PRESENT		PASSÉ COMPOSÉ	
déplais	déplaisons	ai déplu	avons déplu
déplais	déplaisez	as déplu	avez déplu
déplaît	déplaisent	a déplu	ont déplu

IMPERFECT		PLUPERFECT	
déplaisais	déplaisions	avais déplu	avions déplu
déplaisais	déplaisiez	avais déplu	aviez déplu
déplaisait	déplaisaient	avait déplu	avaient déplu

PASSÉ SIMPLE		PAST ANTERIOR	
déplus	déplûmes	eus déplu	eûmes déplu
déplus	déplûtes	eus déplu	eûtes déplu
déplut	déplurent	eut déplu	eurent déplu

FUTURE		FUTURE ANTERIOR	
déplairai	déplairons	aurai déplu	aurons déplu
déplairas	déplairez	auras déplu	aurez déplu
déplaira	déplairont	aura déplu	auront déplu

CONDITIONAL		PAST CONDITIONAL	
déplairais	déplairions	aurais déplu	aurions déplu
déplairais	déplairiez	aurais déplu	auriez déplu
déplairait	déplairaient	aurait déplu	auraient déplu

PRESENT SUBJUNCTIVE		PAST SUBJUNCTIVE	
déplaise	déplaisions	aie déplu	ayons déplu
déplaises	déplaisiez	aies déplu	ayez déplu
déplaise	déplaisent	ait déplu	aient déplu

IMPERFECT SUBJUNCTIVE		PLUPERFECT SUBJUNCTIVE	
déplusse	déplussions	eusse déplu	eussions déplu
déplusses	déplussiez	eusses déplu	eussiez déplu
déplût	déplussent	eût déplu	eussent déplu

COMMANDS	
	déplaisons
déplais	déplaisez

Usage

Le trajet en autobus déplaît à tout le monde. — *Nobody likes the bus trip.*

Ce chef déplaît à tous ses employés. — *This boss is disliked by all his employees.*

Ça me déplaît qu'il ne vienne pas. — *I don't like it that he is not coming.*

Ça me déplaît que tu aies dit ça. — *I don't like it that you said that.*

Il ne te déplaît pas de te conduire comme ça. — *You can't enjoy behaving like that.*

Elle a rompu avec son petit ami. Elle dit qu'il lui avait déplu. — *She broke it off with her boyfriend. She says that he no longer appealed to her.*

se déplaire (à) — *to be unhappy (in a place)/not to like being (in a place)*

Ils ont déménagé à Paris parce qu'ils se déplaisaient à Marseille. — *They moved to Paris because they didn't like it in Marseilles.*

-er verb; spelling
change: *g > ge/a, o*

je dérange · je dérangeai · dérangé · dérangeant

PRESENT		PASSÉ COMPOSÉ	
dérange	dérangeons	ai dérangé	avons dérangé
déranges	dérangez	as dérangé	avez dérangé
dérange	dérangent	a dérangé	ont dérangé

IMPERFECT		PLUPERFECT	
dérangeais	dérangions	avais dérangé	avions dérangé
dérangeais	dérangiez	avais dérangé	aviez dérangé
dérangeait	dérangeaient	avait dérangé	avaient dérangé

PASSÉ SIMPLE		PAST ANTERIOR	
dérangeai	dérangeâmes	eus dérangé	eûmes dérangé
dérangeas	dérangeâtes	eus dérangé	eûtes dérangé
dérangea	dérangèrent	eut dérangé	eurent dérangé

FUTURE		FUTURE ANTERIOR	
dérangerai	dérangerons	aurai dérangé	aurons dérangé
dérangeras	dérangerez	auras dérangé	aurez dérangé
dérangera	dérangeront	aura dérangé	auront dérangé

CONDITIONAL		PAST CONDITIONAL	
dérangerais	dérangerions	aurais dérangé	aurions dérangé
dérangerais	dérangeriez	aurais dérangé	auriez dérangé
dérangerait	dérangeraient	aurait dérangé	auraient dérangé

PRESENT SUBJUNCTIVE		PAST SUBJUNCTIVE	
dérange	dérangions	aie dérangé	ayons dérangé
déranges	dérangiez	aies dérangé	ayez dérangé
dérange	dérangent	ait dérangé	aient dérangé

IMPERFECT SUBJUNCTIVE		PLUPERFECT SUBJUNCTIVE	
dérangeasse	dérangeassions	eusse dérangé	eussions dérangé
dérangeasses	dérangeassiez	eusses dérangé	eussiez dérangé
dérangeât	dérangeassent	eût dérangé	eussent dérangé

COMMANDS	
	dérangeons
dérange	dérangez

Usage

Ne pas déranger, s'il vous plaît.	*Please do not disturb.* (sign)
Tu peux baisser la radio? Le bruit me dérange.	*Can you turn down the radio? The noise is bothering me.*
Vous travaillez. Je ne vous dérangerai pas.	*You're working. I won't disturb you.*
J'ai trop bien mangé et maintenant je suis un peu dérangé.	*I ate too much and now I've got an upset stomach.*
Ne vous dérangez pas.	*Don't bother.*

RELATED WORDS

le dérangement	*bothering; malfunction*
Ce téléphone est en dérangement.	*This phone is out of order.*
Cette ligne téléphonique est en dérangement.	*This phone line is having problems.*

descendre   *to go down, descend*

je descends · je descendis · descendu ·
descendant
regular *-re* verb; compound tenses with
être, with *avoir* when verb is transitive

PRESENT

descends	descendons
descends	descendez
descend	descendent

PASSÉ COMPOSÉ

suis descendu(e)	sommes descendu(e)s
es descendu(e)	êtes descendu(e)(s)
est descendu(e)	sont descendu(e)s

IMPERFECT

descendais	descendions
descendais	descendiez
descendait	descendaient

PLUPERFECT

étais descendu(e)	étions descendu(e)s
étais descendu(e)	étiez descendu(e)(s)
était descendu(e)	étaient descendu(e)s

PASSÉ SIMPLE

descendis	descendîmes
descendis	descendîtes
descendit	descendirent

PAST ANTERIOR

fus descendu(e)	fûmes descendu(e)s
fus descendu(e)	fûtes descendu(e)(s)
fut descendu(e)	furent descendu(e)s

FUTURE

descendrai	descendrons
descendras	descendrez
descendra	descendront

FUTURE ANTERIOR

serai descendu(e)	serons descendu(e)s
seras descendu(e)	serez descendu(e)(s)
sera descendu(e)	seront descendu(e)s

CONDITIONAL

descendrais	descendrions
descendrais	descendriez
descendrait	descendraient

PAST CONDITIONAL

serais descendu(e)	serions descendu(e)s
serais descendu(e)	seriez descendu(e)(s)
serait descendu(e)	seraient descendu(e)s

PRESENT SUBJUNCTIVE

descende	descendions
descendes	descendiez
descende	descendent

PAST SUBJUNCTIVE

sois descendu(e)	soyons descendu(e)s
sois descendu(e)	soyez descendu(e)(s)
soit descendu(e)	soient descendu(e)s

IMPERFECT SUBJUNCTIVE

descendisse	descendissions
descendisses	descendissiez
descendît	descendissent

PLUPERFECT SUBJUNCTIVE

fusse descendu(e)	fussions descendu(e)s
fusses descendu(e)	fussiez descendu(e)(s)
fût descendu(e)	fussent descendu(e)s

COMMANDS

	descendons
descends	descendez

Usage

descendre faire les courses	*to go out to do the shopping*
Maman est descendue acheter du pain.	*Mother went down to get bread.*
descendre l'escalier	*to go down the stairs*
L'ascenseur est en panne. Nous avons descendu l'escalier.	*The elevator is out of order. We took the stairs down.*
descendre qqch	*to take/bring something down*
—Est-ce le chasseur a descendu les valises?	*Has the bellboy brought the suitcases down?*
—Non, il ne les a pas encore descendues.	*No, he hasn't brought them down yet.*
descendre qqn	*to shoot someone (down)*
Le policier a descendu le cambrioleur.	*The policeman shot the burglar dead.*

regular -re reflexive verb;
compound tenses with *être*

**je me détends · je me détendis ·
s'étant détendu · se détendant**

PRESENT

me détends	nous détendons
te détends	vous détendez
se détend	se détendent

IMPERFECT

me détendais	nous détendions
te détendais	vous détendiez
se détendait	se détendaient

PASSÉ SIMPLE

me détendis	nous détendîmes
te détendis	vous détendîtes
se détendit	se détendirent

FUTURE

me détendrai	nous détendrons
te détendras	vous détendrez
se détendra	se détendront

CONDITIONAL

me détendrais	nous détendrions
te détendrais	vous détendriez
se détendrait	se détendraient

PRESENT SUBJUNCTIVE

me détende	nous détendions
te détendes	vous détendiez
se détende	se détendent

IMPERFECT SUBJUNCTIVE

me détendisse	nous détendissions
te détendisses	vous détendissiez
se détendît	se détendissent

PASSÉ COMPOSÉ

me suis détendu(e)	nous sommes détendu(e)s
t'es détendu(e)	vous êtes détendu(e)(s)
s'est détendu(e)	se sont détendu(e)s

PLUPERFECT

m'étais détendu(e)	nous étions détendu(e)s
t'étais détendu(e)	vous étiez détendu(e)(s)
s'était détendu(e)	s'étaient détendu(e)s

PAST ANTERIOR

me fus détendu(e)	nous fûmes détendu(e)s
te fus détendu(e)	vous fûtes détendu(e)(s)
se fut détendu(e)	se furent détendu(e)s

FUTURE ANTERIOR

me serai détendu(e)	nous serons détendu(e)s
te seras détendu(e)	vous serez détendu(e)(s)
se sera détendu(e)	se seront détendu(e)s

PAST CONDITIONAL

me serais détendu(e)	nous serions détendu(e)s
te serais détendu(e)	vous seriez détendu(e)(s)
se serait détendu(e)	se seraient détendu(e)s

PAST SUBJUNCTIVE

me sois détendu(e)	nous soyons détendu(e)s
te sois détendu(e)	vous soyez détendu(e)(s)
se soit détendu(e)	se soient détendu(e)s

PLUPERFECT SUBJUNCTIVE

me fusse détendu(e)	nous fussions détendu(e)s
te fusses détendu(e)	vous fussiez détendu(e)(s)
se fût détendu(e)	se fussent détendu(e)s

COMMANDS

	détendons-nous
détends-toi	détendez-vous

Usage

Détendez-vous un peu!	*Relax a little!*
—Je me suis assis à côté du fleuve pour me détendre.	*I sat down next to the river to relax.*
—C'est bien. Il faut que vous vous détendiez.	*Good. You have to relax.*

RELATED WORDS

la détente	*relaxation; spring/trigger*
J'ai besoin d'une demi-heure de détente.	*I need a half hour of relaxation.*
Les employés n'ont pas une minute de détente.	*The employees don't have a minute to relax.*
appuyer sur la détente	*to pull the trigger*

détester *to hate*

PRESENT		PASSÉ COMPOSÉ	
déteste	détestons	ai détesté	avons détesté
détestes	détestez	as détesté	avez détesté
déteste	détestent	a détesté	ont détesté

IMPERFECT		PLUPERFECT	
détestais	détestions	avais détesté	avions détesté
détestais	détestiez	avais détesté	aviez détesté
détestait	détestaient	avait détesté	avaient détesté

PASSÉ SIMPLE		PAST ANTERIOR	
détestai	détestâmes	eus détesté	eûmes détesté
détestas	détestâtes	eus détesté	eûtes détesté
détesta	détestèrent	eut détesté	eurent détesté

FUTURE		FUTURE ANTERIOR	
détesterai	détesterons	aurai détesté	aurons détesté
détesteras	détesterez	auras détesté	aurez détesté
détestera	détesteront	aura détesté	auront détesté

CONDITIONAL		PAST CONDITIONAL	
détesterais	détesterions	aurais détesté	aurions détesté
détesterais	détesteriez	aurais détesté	auriez détesté
détesterait	détesteraient	aurait détesté	auraient détesté

PRESENT SUBJUNCTIVE		PAST SUBJUNCTIVE	
déteste	détestions	aie détesté	ayons détesté
détestes	détestiez	aies détesté	ayez détesté
déteste	détestent	ait détesté	aient détesté

IMPERFECT SUBJUNCTIVE		PLUPERFECT SUBJUNCTIVE	
détestasse	détestassions	eusse détesté	eussions détesté
détestasses	détestassiez	eusses détesté	eussiez détesté
détestât	détestassent	eût détesté	eussent détesté

COMMANDS	
	détestons
déteste	détestez

Usage

détester qqn/qqch	*to hate someone/something*
Je déteste ce fonctionnaire.	*I hate that government official/worker.*
—Elle ne l'aime plus. Elle dit qu'elle le déteste.	*She doesn't like him anymore. She says she hates him.*
—Lui, il dit la même chose. Ils se détestent donc.	*He says the same thing. So they hate each other.*
Je déteste la chaleur.	*I hate the heat.*
Je déteste les légumes surgelés.	*I hate frozen vegetables.*
détester faire qqch	*to hate doing something*
Je déteste apporter mon déjeuner.	*I hate bringing my lunch.*

RELATED WORD

détestable	*detestable*

regular *-er* verb | **je détourne · je détournai · détourné · détournant**

PRESENT		PASSÉ COMPOSÉ	
détourne	détournons	ai détourné	avons détourné
détournes	détournez	as détourné	avez détourné
détourne	détournent	a détourné	ont détourné

IMPERFECT		PLUPERFECT	
détournais	détournions	avais détourné	avions détourné
détournais	détourniez	avais détourné	aviez détourné
détournait	détournaient	avait détourné	avaient détourné

PASSÉ SIMPLE		PAST ANTERIOR	
détournai	détournâmes	eus détourné	eûmes détourné
détournas	détournâtes	eus détourné	eûtes détourné
détourna	détournèrent	eut détourné	eurent détourné

FUTURE		FUTURE ANTERIOR	
détournerai	détournerons	aurai détourné	aurons détourné
détourneras	détournerez	auras détourné	aurez détourné
détournera	détourneront	aura détourné	auront détourné

CONDITIONAL		PAST CONDITIONAL	
détournerais	détournerions	aurais détourné	aurions détourné
détournerais	détourneriez	aurais détourné	auriez détourné
détournerait	détourneraient	aurait détourné	auraient détourné

PRESENT SUBJUNCTIVE		PAST SUBJUNCTIVE	
détourne	détournions	aie détourné	ayons détourné
détournes	détourniez	aies détourné	ayez détourné
détourne	détournent	ait détourné	aient détourné

IMPERFECT SUBJUNCTIVE		PLUPERFECT SUBJUNCTIVE	
détournasse	détournassions	eusse détourné	eussions détourné
détournasses	détournassiez	eusses détourné	eussiez détourné
détournât	détournassent	eût détourné	eussent détourné

COMMANDS	
	détournons
détourne	détournez

Usage

On a détourné notre train par Lyon.	*Our train was rerouted through Lyons.*
Ses amies l'ont détournée du droit chemin.	*Her friends caused her to go astray.*
Les terroristes ont détourné un avion.	*The terrorists hijacked a plane.*
détourner les yeux	*to avert one's glance*
détourner l'attention de qqn	*to divert someone's attention*
détourner des fonds	*to embezzle money*

RELATED WORDS

le détournement d'un avion	*the hijacking of a plane*
le détournement des fonds	*embezzlement*

détruire *to destroy*

je détruis · je détruisis · détruit · détruisant   irregular verb

PRESENT		PASSÉ COMPOSÉ	
détruis	détruisons	ai détruit	avons détruit
détruis	détruisez	as détruit	avez détruit
détruit	détruisent	a détruit	ont détruit

IMPERFECT		PLUPERFECT	
détruisais	détruisions	avais détruit	avions détruit
détruisais	détruisiez	avais détruit	aviez détruit
détruisait	détruisaient	avait détruit	avaient détruit

PASSÉ SIMPLE		PAST ANTERIOR	
détruisis	détruisîmes	eus détruit	eûmes détruit
détruisis	détruisîtes	eus détruit	eûtes détruit
détruisit	détruisirent	eut détruit	eurent détruit

FUTURE		FUTURE ANTERIOR	
détruirai	détruirons	aurai détruit	aurons détruit
détruiras	détruirez	auras détruit	aurez détruit
détruira	détruiront	aura détruit	auront détruit

CONDITIONAL		PAST CONDITIONAL	
détruirais	détruirions	aurais détruit	aurions détruit
détruirais	détruiriez	aurais détruit	auriez détruit
détruirait	détruiraient	aurait détruit	auraient détruit

PRESENT SUBJUNCTIVE		PAST SUBJUNCTIVE	
détruise	détruisions	aie détruit	ayons détruit
détruises	détruisiez	aies détruit	ayez détruit
détruise	détruisent	ait détruit	aient détruit

IMPERFECT SUBJUNCTIVE		PLUPERFECT SUBJUNCTIVE	
détruisisse	détruisissions	eusse détruit	eussions détruit
détruisisses	détruisissiez	eusses détruit	eussiez détruit
détruisît	détruisissent	eût détruit	eussent détruit

COMMANDS	
	détruisons
détruis	détruisez

Usage

—Le bombardement a détruit le port.	*The bombing destroyed the port.*
—Les alentours du port ont aussi été détruits.	*The area around the port was also destroyed.*
Le feu a détruit la maison.	*Fire destroyed the house.*
La grêle a détruit la récolte.	*The hail destroyed the harvest.*
La mort de leur enfant a détruit leur vie.	*The death of their child destroyed their lives.*

RELATED WORDS

destructeur/destructrice	*destructive*
une guerre destructrice	*a destructive/devastating war*
la destruction	*destruction*
Ils craignaient la destruction de leur pays.	*They feared the destruction of their country.*

irregular verb;
compound tenses with *être*

je deviens · je devins · devenu · devenant

PRESENT		PASSÉ COMPOSÉ	
deviens	devenons	suis devenu(e)	sommes devenu(e)s
deviens	devenez	es devenu(e)	êtes devenu(e)(s)
devient	deviennent	est devenu(e)	sont devenu(e)s

IMPERFECT		PLUPERFECT	
devenais	devenions	étais devenu(e)	étions devenu(e)s
devenais	deveniez	étais devenu(e)	étiez devenu(e)(s)
devenait	devenaient	était devenu(e)	étaient devenu(e)s

PASSÉ SIMPLE		PAST ANTERIOR	
devins	devînmes	fus devenu(e)	fûmes devenu(e)s
devins	devîntes	fus devenu(e)	fûtes devenu(e)(s)
devint	devinrent	fut devenu(e)	furent devenu(e)s

FUTURE		FUTURE ANTERIOR	
deviendrai	deviendrons	serai devenu(e)	serons devenu(e)s
deviendras	deviendrez	seras devenu(e)	serez devenu(e)(s)
deviendra	deviendront	sera devenu(e)	seront devenu(e)s

CONDITIONAL		PAST CONDITIONAL	
deviendrais	deviendrions	serais devenu(e)	serions devenu(e)s
deviendrais	deviendriez	serais devenu(e)	seriez devenu(e)(s)
deviendrait	deviendraient	serait devenu(e)	seraient devenu(e)s

PRESENT SUBJUNCTIVE		PAST SUBJUNCTIVE	
devienne	devenions	sois devenu(e)	soyons devenu(e)s
deviennes	deveniez	sois devenu(e)	soyez devenu(e)(s)
devienne	deviennent	soit devenu(e)	soient devenu(e)s

IMPERFECT SUBJUNCTIVE		PLUPERFECT SUBJUNCTIVE	
devinsse	devinssions	fusse devenu(e)	fussions devenu(e)s
devinsses	devinssiez	fusses devenu(e)	fussiez devenu(e)(s)
devînt	devinssent	fût devenu(e)	fussent devenu(e)s

COMMANDS	
	devenons
deviens	devenez

Usage

devenir + adjective

Il devient inquiet.	*He's getting upset/nervous.*
Les élèves deviennent paresseux.	*The pupils are getting lazy.*
La situation devenait grave.	*The situation was becoming serious.*
Ce film devient ennuyeux.	*The film is getting boring.*

devenir + noun

Après de longues études il est devenu chirurgien.	*After many years of study he became a surgeon.*
Notre candidat a gagné aux élections et est devenu président.	*Our candidate won the elections and became president.*
La grenouille devint un prince.	*The frog turned into a prince.*

devoir = avoir une dette

—Quand est-ce que tu me paieras ce que tu me dois? | *When will you pay me what you owe me?*

—Comment? Je t'ai déjà remboursé. Je ne te dois plus rien. | *What? I already paid you back. I don't owe you anything more.*

—Tu dois ta réussite à ce professeur? | *Do you owe your success to that professor?*

—Oui, je lui dois tout. | *Yes, I owe everything to him.*

devoir (present tense) + infinitive

—Vous devez travailler un peu plus. | *You should work harder.*

—Et vous, vous devez vous taire. | *And you should keep quiet.*

—Il n'est pas encore arrivé? | *He hasn't arrived yet?*

—Pas encore. Son train doit avoir du retard. | *His train must be delayed.*

devoir (passé composé tense) + infinitive

J'avais oublié mon portefeuille. J'ai dû rentrer. | *I had forgotten my wallet. I had to go back home.*

La montre qu'ils m'ont vendue ne marchait pas. Ils ont dû me rendre mon argent. | *The watch they sold me didn't work. They had to give me my money back.*

devoir (future tense) + infinitive

—Regarde! Quelqu'un a essayé de crocheter la serrure! | *Look! Someone tried to pick the lock!*

—La police devra être mise au courant. | *The police will have to be informed.*

devoir (imperfect tense) + infinitive

En rentrant de l'école, je devais toujours aider ma mère. | *When I would come home from school, I always had to help my mother.*

devoir (conditional) + infinitive

Tu devrais être plus gentil avec lui, tu sais. | *You should be kinder to him, you know.*

devoir (past conditional) + infinitive

Tu n'aurais jamais dû venir sans prévenir. | *You should never have come without warning.*

se devoir de + infinitive *to owe it to oneself to*

Il se doit d'avouer ce qu'il sait. | *He owes it to himself to admit what he knows.*

TOP 30 VERBS

irregular verb; feminine form
of past participle *dû* is *due*

je dois · je dus · dû · devant

PRESENT

dois	devons
dois	devez
doit	doivent

IMPERFECT

devais	devions
devais	deviez
devait	devaient

PASSÉ SIMPLE

dus	dûmes
dus	dûtes
dut	durent

FUTURE

devrai	devrons
devras	devrez
devra	devront

CONDITIONAL

devrais	devrions
devrais	devriez
devrait	devraient

PRESENT SUBJUNCTIVE

doive	devions
doives	deviez
doive	doivent

IMPERFECT SUBJUNCTIVE

dusse	dussions
dusses	dussiez
dût	dussent

COMMANDS

	devons
dois	devez

PASSÉ COMPOSÉ

ai dû	avons dû
as dû	avez dû
a dû	ont dû

PLUPERFECT

avais dû	avions dû
avais dû	aviez dû
avait dû	avaient dû

PAST ANTERIOR

eus dû	eûmes dû
eus dû	eûtes dû
eut dû	eurent dû

FUTURE ANTERIOR

aurai dû	aurons dû
auras dû	aurez dû
aura dû	auront dû

PAST CONDITIONAL

aurais dû	aurions dû
aurais dû	auriez dû
aurait dû	auraient dû

PAST SUBJUNCTIVE

aie dû	ayons dû
aies dû	ayez dû
ait dû	aient dû

PLUPERFECT SUBJUNCTIVE

eusse dû	eussions du
eusses dû	eussiez dû
eût dû	eussent dû

Usage

Ce type me doit mille euros.	*That guy owes me one thousand euros.*
Il doit de grosses sommes d'argent à ses amis.	*He owes his friends large sums of money.*
Je ne demande que ce qui m'est dû.	*I ask for only what is due me/what I am owed.*

devoir + infinitive *to have to, ought to do something*

| Tu dois lui téléphoner de temps en temps. | *You ought to call him/her from time to time.* |
| Qu'est-ce qu'on doit faire? | *What should we do?* |

RELATED WORDS

| le devoir | *duty* |
| les devoirs *(mpl)* | *homework* |

dire *to say, tell*

je dis · je dis · dit · disant   irregular verb

dire + noun

ce qu'on peut dire	*what one can say*
dire la vérité	*to tell the truth*
Je vous dirai mes projets.	*I'll tell you my plans.*
Dites-moi la nouvelle.	*Tell me the news.*

dire reporting information

Elle m'a dit que les enfants étaient fatigués.	*She told me that the children were tired.*
Il faut que tu me dises ce qui t'intéresse.	*You must tell me what interests you.*
Vous pouvez me dire où se trouve l'hôpital?	*Can you tell me where the hospital is?*
Dites-moi combien ça coûte.	*Tell me how much it is.*
Il m'a dit comment faire pour arriver chez lui.	*He told me how to get to his house.*

dire à qqn de faire qqch or *dire à qqn qu'il* + subjunctive *to tell someone to do something*

Dis-lui de faire la lessive.	*Tell him to do the laundry.*
Dis-lui qu'il fasse la lessive.	*Tell him to do the laundry.*

dire = penser

On dirait un médecin.	*You'd think he/she was a doctor.*
Dans ce restaurant, on se dirait en France.	*In this restaurant you'd think you were in France.*

dire = plaire, intéresser

—Ça vous dit d'assister au concert?	*Do you feel like going to the concert?*
—Non, merci, ça ne me dit rien.	*No, I don't feel like it.*
Si le cœur vous en dit.	*If you really feel like it.*

Expressions avec *dire*

À qui le dis-tu!	*You're telling me!*
À ce qu'il dit, la situation à l'entreprise est mauvaise.	*According to what he says, the situation at the firm is bad.*
Je ne te le fais pas dire.	*I'm not putting words in your mouth.*
Je ne me le fais pas dire deux fois.	*You don't have to tell me twice.*
Je lui ai dit son fait.	*I told him off.*
C'est tout dire.	*There's nothing more to be said.*

TOP 30 VERBS

irregular verb | **je dis · je dis · dit · disant**

PRESENT

dis	disons
dis	dites
dit	disent

IMPERFECT

disais	disions
disais	disiez
disait	disaient

PASSÉ SIMPLE

dis	dîmes
dis	dîtes
dit	dirent

FUTURE

dirai	dirons
diras	direz
dira	diront

CONDITIONAL

dirais	dirions
dirais	diriez
dirait	diraient

PRESENT SUBJUNCTIVE

dise	disions
dises	disiez
dise	disent

IMPERFECT SUBJUNCTIVE

disse	dissions
disses	dissiez
dît	dissent

COMMANDS

	disons
dis	dites

PASSÉ COMPOSÉ

ai dit	avons dit
as dit	avez dit
a dit	ont dit

PLUPERFECT

avais dit	avions dit
avais dit	aviez dit
avait dit	avaient dit

PAST ANTERIOR

eus dit	eûmes dit
eus dit	eûtes dit
eut dit	eurent dit

FUTURE ANTERIOR

aurai dit	aurons dit
auras dit	aurez dit
aura dit	auront dit

PAST CONDITIONAL

aurais dit	aurions dit
aurais dit	auriez dit
aurait dit	auraient dit

PAST SUBJUNCTIVE

aie dit	ayons dit
aies dit	ayez dit
ait dit	aient dit

PLUPERFECT SUBJUNCTIVE

eusse dit	eussions dit
eusses dit	eussiez dit
eût dit	eussent dit

Usage

—Qu'est-ce qu'il en pense? — *What does he think of it?*
—Je ne sais pas. Il n'a rien dit. — *I don't know. He didn't say anything.*
Je t'ai dit que c'était lui le coupable! — *I told you that he was the guilty one.*
Il ne m'a pas encore dit quand il arrivera. — *He still hasn't told me when he will arrive.*

Je lui ai dit pourquoi j'étais fâché. — *I told him why I was angry.*
Dis-moi ce qui t'a plu. — *Tell me what you liked.*
Ils vont nous dire ce qu'ils veulent. — *They're going to tell us what they want.*
Je leur ai dit de sortir. — *I told them to go out.*
Je vous ai dit de ne pas me déranger. — *I told you not to bother me.*
Qu'est-ce qu'il t'a dit de faire? — *What did he tell you to do?*

je disparais · je disparus · disparu · disparaissant   irregular verb

PRESENT		PASSÉ COMPOSÉ	
disparais	disparaissons	ai disparu	avons disparu
disparais	disparaissez	as disparu	avez disparu
disparaît	disparaissent	a disparu	ont disparu

IMPERFECT		PLUPERFECT	
disparaissais	disparaissions	avais disparu	avions disparu
disparaissais	disparaissiez	avais disparu	aviez disparu
disparaissait	disparaissaient	avait disparu	avaient disparu

PASSÉ SIMPLE		PAST ANTERIOR	
disparus	disparûmes	eus disparu	eûmes disparu
disparus	disparûtes	eus disparu	eûtes disparu
disparut	disparurent	eut disparu	eurent disparu

FUTURE		FUTURE ANTERIOR	
disparaîtrai	disparaîtrons	aurai disparu	aurons disparu
disparaîtras	disparaîtrez	auras disparu	aurez disparu
disparaîtra	disparaîtront	aura disparu	auront disparu

CONDITIONAL		PAST CONDITIONAL	
disparaîtrais	disparaîtrions	aurais disparu	aurions disparu
disparaîtrais	disparaîtriez	aurais disparu	auriez disparu
disparaîtrait	disparaîtraient	aurait disparu	auraient disparu

PRESENT SUBJUNCTIVE		PAST SUBJUNCTIVE	
disparaisse	disparaissions	aie disparu	ayons disparu
disparaisses	disparaissiez	aies disparu	ayez disparu
disparaisse	disparaissent	ait disparu	aient disparu

IMPERFECT SUBJUNCTIVE		PLUPERFECT SUBJUNCTIVE	
disparusse	disparussions	eusse disparu	eussions disparu
disparusses	disparussiez	eusses disparu	eussiez disparu
disparût	disparussent	eût disparu	eussent disparu

COMMANDS	
	disparaissons
disparais	disparaissez

Usage

Le train a disparu dans le tunnel.	*The train disappeared into the tunnel.*
Tous les documents ont disparu.	*All the documents have disappeared.*
C'est une coutume en voie de disparaître.	*It's a custom that is disappearing.*
Les ennemis du dictateur ont commencé à disparaître.	*The dictator's enemies have begun to disappear.*
Ma serviette a disparu.	*My briefcase has disappeared./I've lost my briefcase.*
Votre message a fait disparaître mes soucis.	*Your message relieved my anxiety.*

RELATED WORDS

La disparition de la stagiaire fait l'objet d'une enquête policière.	*The intern's disappearance is the subject of a police investigation.*
une civilisation disparue	*a vanished civilization*
un soldat porté disparu	*a missing soldier*

regular *-er* verb | **je donne · je donnai · donné · donnant**

PRESENT		PASSÉ COMPOSÉ	
donne	donnons	ai donné	avons donné
donnes	donnez	as donné	avez donné
donne	donnent	a donné	ont donné

IMPERFECT		PLUPERFECT	
donnais	donnions	avais donné	avions donné
donnais	donniez	avais donné	aviez donné
donnait	donnaient	avait donné	avaient donné

PASSÉ SIMPLE		PAST ANTERIOR	
donnai	donnâmes	eus donné	eûmes donné
donnas	donnâtes	eus donné	eûtes donné
donna	donnèrent	eut donné	eurent donné

FUTURE		FUTURE ANTERIOR	
donnerai	donnerons	aurai donné	aurons donné
donneras	donnerez	auras donné	aurez donné
donnera	donneront	aura donné	auront donné

CONDITIONAL		PAST CONDITIONAL	
donnerais	donnerions	aurais donné	aurions donné
donnerais	donneriez	aurais donné	auriez donné
donnerait	donneraient	aurait donné	auraient donné

PRESENT SUBJUNCTIVE		PAST SUBJUNCTIVE	
donne	donnions	aie donné	ayons donné
donnes	donniez	aies donné	ayez donné
donne	donnent	ait donné	aient donné

IMPERFECT SUBJUNCTIVE		PLUPERFECT SUBJUNCTIVE	
donnasse	donnassions	eusse donné	eussions donné
donnasses	donnassiez	eusses donné	eussiez donné
donnât	donnassent	eût donné	eussent donné

COMMANDS	
	donnons
donne	donnez

Usage

donner qqch à qqn	*to give something to someone*
Elle nous a donné de très beaux cadeaux.	*She gave us very lovely gifts.*
Elle a donné un baiser à son fiancé.	*She gave her fiancé a kiss.*
Elle a donné un coup de pied au chat.	*She kicked the cat.*
Donné c'est donné.	*You can't take back a gift.*
C'est à qui de donner?	*Whose turn is it to deal?* (cards)

se donner

Le pays s'est donné un nouveau président.	*The country chose a new president.*

RELATED WORDS

le don	*gift*
doué(e)	*gifted*
Il est doué pour les langues.	*He has a gift for languages.*

PRESENT		PASSÉ COMPOSÉ	
dors	dormons	ai dormi	avons dormi
dors	dormez	as dormi	avez dormi
dort	dorment	a dormi	ont dormi

IMPERFECT		PLUPERFECT	
dormais	dormions	avais dormi	avions dormi
dormais	dormiez	avais dormi	aviez dormi
dormait	dormaient	avait dormi	avaient dormi

PASSÉ SIMPLE		PAST ANTERIOR	
dormis	dormîmes	eus dormi	eûmes dormi
dormis	dormîtes	eus dormi	eûtes dormi
dormit	dormirent	eut dormi	eurent dormi

FUTURE		FUTURE ANTERIOR	
dormirai	dormirons	aurai dormi	aurons dormi
dormiras	dormirez	auras dormi	aurez dormi
dormira	dormiront	aura dormi	auront dormi

CONDITIONAL		PAST CONDITIONAL	
dormirais	dormirions	aurais dormi	aurions dormi
dormirais	dormiriez	aurais dormi	auriez dormi
dormirait	dormiraient	aurait dormi	auraient dormi

PRESENT SUBJUNCTIVE		PAST SUBJUNCTIVE	
dorme	dormions	aie dormi	ayons dormi
dormes	dormiez	aies dormi	ayez dormi
dorme	dorment	ait dormi	aient dormi

IMPERFECT SUBJUNCTIVE		PLUPERFECT SUBJUNCTIVE	
dormisse	dormissions	eusse dormi	eussions dormi
dormisses	dormissiez	eusses dormi	eussiez dormi
dormît	dormissent	eût dormi	eussent dormi

COMMANDS	
	dormons
dors	dormez

Usage

Dors bien!	*Sleep well!*
Il dort comme un loir.	*He sleeps like a log* (lit., *dormouse*).
J'ai mal/bien dormi.	*I slept badly/well.*
C'est une histoire à dormir debout.	*It's a cock and bull story.*
—Il dort encore?	*He's still sleeping?*
—Oui, il dort très tard.	*Yes, he sleeps late.*
—Tu as sommeil?	*Are you sleepy?*
—Oui, très. Je dors debout.	*Yes, very. I can hardly stand up.*
—Les problèmes de ton fils t'inquiètent?	*Do your son's problems worry you?*
—Oui, je n'en dors pas.	*Yes, I can't sleep because of them.*

PROVERB

Méfiez-vous de l'eau qui dort.	*Still waters run deep.*

regular *-er* verb | **je doute · je doutai · douté · doutant**

PRESENT		PASSÉ COMPOSÉ	
doute	doutons	ai douté	avons douté
doutes	doutez	as douté	avez douté
doute	doutent	a douté	ont douté

IMPERFECT		PLUPERFECT	
doutais	doutions	avais douté	avions douté
doutais	doutiez	avais douté	aviez douté
doutait	doutaient	avait douté	avaient douté

PASSÉ SIMPLE		PAST ANTERIOR	
doutai	doutâmes	eus douté	eûmes douté
doutas	doutâtes	eus douté	eûtes douté
douta	doutèrent	eut douté	eurent douté

FUTURE		FUTURE ANTERIOR	
douterai	douterons	aurai douté	aurons douté
douteras	douterez	auras douté	aurez douté
doutera	douteront	aura douté	auront douté

CONDITIONAL		PAST CONDITIONAL	
douterais	douterions	aurais douté	aurions douté
douterais	douteriez	aurais douté	auriez douté
douterait	douteraient	aurait douté	auraient douté

PRESENT SUBJUNCTIVE		PAST SUBJUNCTIVE	
doute	doutions	aie douté	ayons douté
doutes	doutiez	aies douté	ayez douté
doute	doutent	ait douté	aient douté

IMPERFECT SUBJUNCTIVE		PLUPERFECT SUBJUNCTIVE	
doutasse	doutassions	eusse douté	eussions douté
doutasses	doutassiez	eusses douté	eussiez douté
doutât	doutassent	eût douté	eussent douté

COMMANDS	
	doutons
doute	doutez

Usage

douter de + **noun** *to doubt something*

—Vous doutez de sa sincérité? | *Do you doubt his sincerity?*
—Oui, j'en doute. | *Yes, I have doubts about it.*

douter que + **subjunctive** *to doubt that*

Je doute qu'elle puisse venir. | *I doubt that she can come.*

ne pas douter que + **indicative** *not to doubt that*

Elle ne doute pas que nous l'appuyons. | *She doesn't doubt that we support her.*

se douter de *to suspect*

Je me doute de leurs intentions. | *I'm suspicious of their intentions.*

écouter _to listen to_

j'écoute · j'écoutai · écouté · écoutant _regular -er verb_

PRESENT		PASSÉ COMPOSÉ	
écoute	écoutons	ai écouté	avons écouté
écoutes	écoutez	as écouté	avez écouté
écoute	écoutent	a écouté	ont écouté

IMPERFECT		PLUPERFECT	
écoutais	écoutions	avais écouté	avions écouté
écoutais	écoutiez	avais écouté	aviez écouté
écoutait	écoutaient	avait écouté	avaient écouté

PASSÉ SIMPLE		PAST ANTERIOR	
écoutai	écoutâmes	eus écouté	eûmes écouté
écoutas	écoutâtes	eus écouté	eûtes écouté
écouta	écoutèrent	eut écouté	eurent écouté

FUTURE		FUTURE ANTERIOR	
écouterai	écouterons	aurai écouté	aurons écouté
écouteras	écouterez	auras écouté	aurez écouté
écoutera	écouteront	aura écouté	auront écouté

CONDITIONAL		PAST CONDITIONAL	
écouterais	écouterions	aurais écouté	aurions écouté
écouterais	écouteriez	aurais écouté	auriez écouté
écouterait	écouteraient	aurait écouté	auraient écouté

PRESENT SUBJUNCTIVE		PAST SUBJUNCTIVE	
écoute	écoutions	aie écouté	ayons écouté
écoutes	écoutiez	aies écouté	ayez écouté
écoute	écoutent	ait écouté	aient écouté

IMPERFECT SUBJUNCTIVE		PLUPERFECT SUBJUNCTIVE	
écoutasse	écoutassions	eusse écouté	eussions écouté
écoutasses	écoutassiez	eusses écouté	eussiez écouté
écoutât	écoutassent	eût écouté	eussent écouté

COMMANDS	
	écoutons
écoute	écoutez

Usage

écouter qqch/qqn	_to listen to something/someone_
écouter des cédés/des chansons	_to listen to CDs/songs_
écouter le discours du Président	_to listen to the president's speech_
écouter le professeur	_to listen to the teacher_
Écoute(z)!	_Listen!_
C'est une personne qui ne sait pas écouter.	_She's not a good listener._
Il m'a écouté jusqu'au bout.	_He heard me out._
Fais attention. Ici il y a toujours quelqu'un qui écoute aux portes.	_Be careful. There's always someone eavesdropping._
Écoute(z) ça un peu!	_Can you believe what you're hearing?_

s'écouter

Tu t'écoutes trop.	_You're becoming a real hypochondriac._
Il aime s'écouter parler.	_He likes to hear himself talk._

irregular verb   j'écris · j'écrivis · écrit · écrivant

PRESENT		PASSÉ COMPOSÉ	
écris	écrivons	ai écrit	avons écrit
écris	écrivez	as écrit	avez écrit
écrit	écrivent	a écrit	ont écrit

IMPERFECT		PLUPERFECT	
écrivais	écrivions	avais écrit	avions écrit
écrivais	écriviez	avais écrit	aviez écrit
écrivait	écrivaient	avait écrit	avaient écrit

PASSÉ SIMPLE		PAST ANTERIOR	
écrivis	écrivîmes	eus écrit	eûmes écrit
écrivis	écrivîtes	eus écrit	eûtes écrit
écrivit	écrivirent	eut écrit	eurent écrit

FUTURE		FUTURE ANTERIOR	
écrirai	écrirons	aurai écrit	aurons écrit
écriras	écrirez	auras écrit	aurez écrit
écrira	écriront	aura écrit	auront écrit

CONDITIONAL		PAST CONDITIONAL	
écrirais	écririons	aurais écrit	aurions écrit
écrirais	écririez	aurais écrit	auriez écrit
écrirait	écriraient	aurait écrit	auraient écrit

PRESENT SUBJUNCTIVE		PAST SUBJUNCTIVE	
écrive	écrivions	aie écrit	ayons écrit
écrives	écriviez	aies écrit	ayez écrit
écrive	écrivent	ait écrit	aient écrit

IMPERFECT SUBJUNCTIVE		PLUPERFECT SUBJUNCTIVE	
écrivisse	écrivissions	eusse écrit	eussions écrit
écrivisses	écrivissiez	eusses écrit	eussiez écrit
écrivît	écrivissent	eût écrit	eussent écrit

COMMANDS	
	écrivons
écris	écrivez

Usage

écrire une lettre	*to write a letter*
écrire au crayon/à l'encre	*to write in pencil/in ink*
écrire au tableau	*to write on the board*
écrire à la machine	*to type*
écrire un mot	*to write a word*
écrire ses coordonnées	*to write down one's name and address*
écrire dans la marge	*to write in the margin*
écrire qqch à qqn	*to write something to someone*
Écris-moi un petit mot.	*Drop me a line.*
Je lui ai écrit deux lettres, mais il ne m'a pas répondu.	*I wrote two letters to him but he hasn't answered me.*
Comment (est-ce que) ça s'écrit?	*How do you spell that?*
Le mot *ville* s'écrit avec deux *l*.	*The word* ville *is spelled with two ls.*

PRESENT		PASSÉ COMPOSÉ	
efface	effaçons	ai effacé	avons effacé
effaces	effacez	as effacé	avez effacé
efface	effacent	a effacé	ont effacé

IMPERFECT		PLUPERFECT	
effaçais	effacions	avais effacé	avions effacé
effaçais	effaciez	avais effacé	aviez effacé
effaçait	effaçaient	avait effacé	avaient effacé

PASSÉ SIMPLE		PAST ANTERIOR	
effaçai	effaçâmes	eus effacé	eûmes effacé
effaças	effaçâtes	eus effacé	eûtes effacé
effaça	effacèrent	eut effacé	eurent effacé

FUTURE		FUTURE ANTERIOR	
effacerai	effacerons	aurai effacé	aurons effacé
effaceras	effacerez	auras effacé	aurez effacé
effacera	effaceront	aura effacé	auront effacé

CONDITIONAL		PAST CONDITIONAL	
effacerais	effacerions	aurais effacé	aurions effacé
effacerais	effaceriez	aurais effacé	auriez effacé
effacerait	effaceraient	aurait effacé	auraient effacé

PRESENT SUBJUNCTIVE		PAST SUBJUNCTIVE	
efface	effacions	aie effacé	ayons effacé
effaces	effaciez	aies effacé	ayez effacé
efface	effacent	ait effacé	aient effacé

IMPERFECT SUBJUNCTIVE		PLUPERFECT SUBJUNCTIVE	
effaçasse	effaçassions	eusse effacé	eussions effacé
effaçasses	effaçassiez	eusses effacé	eussiez effacé
effaçât	effaçassent	eût effacé	eussent effacé

COMMANDS	
	effaçons
efface	effacez

Usage

Effacez ce que vous avez écrit.	*Erase what you have written.*
Effacez le tableau.	*Erase the board.*
J'espère que le temps effacera mes peines.	*I hope that time will erase my sorrow.*
s'effacer	*to step aside*
Je me suis effacé pour la laisser passer.	*I stepped aside to let her pass.*
Le candidat perdant s'est effacé devant l'autre.	*The losing candidate conceded to the other one.*

-er verb; spelling change: é > è/mute e   **j'élève · j'élevai · élevé · élevant**

PRESENT		PASSÉ COMPOSÉ	
élève	élevons	ai élevé	avons élevé
élèves	élevez	as élevé	avez élevé
élève	élèvent	a élevé	ont élevé

IMPERFECT		PLUPERFECT	
élevais	élevions	avais élevé	avions élevé
élevais	éleviez	avais élevé	aviez élevé
élevait	élevaient	avait élevé	avaient élevé

PASSÉ SIMPLE		PAST ANTERIOR	
élevai	élevâmes	eus élevé	eûmes élevé
élevas	élevâtes	eus élevé	eûtes élevé
éleva	élevèrent	eut élevé	eurent élevé

FUTURE		FUTURE ANTERIOR	
élèverai	élèverons	aurai élevé	aurons élevé
élèveras	élèverez	auras élevé	aurez élevé
élèvera	élèveront	aura élevé	auront élevé

CONDITIONAL		PAST CONDITIONAL	
élèverais	élèverions	aurais élevé	aurions élevé
élèverais	élèveriez	aurais élevé	auriez élevé
élèverait	élèveraient	aurait élevé	auraient élevé

PRESENT SUBJUNCTIVE		PAST SUBJUNCTIVE	
élève	élevions	aie élevé	ayons élevé
élèves	éleviez	aies élevé	ayez élevé
élève	élèvent	ait élevé	aient élevé

IMPERFECT SUBJUNCTIVE		PLUPERFECT SUBJUNCTIVE	
élevasse	élevassions	eusse élevé	eussions élevé
élevasses	élevassiez	eusses élevé	eussiez élevé
élevât	élevassent	eût élevé	eussent élevé

COMMANDS	
	élevons
élève	élevez

Usage

élever des vaches, des chèvres	*to raise cows/goats*
C'est un enfant facile à élever.	*He's a child who is easy to raise.*
Vous ne devez pas élever votre fils dans le coton.	*You mustn't overprotect your son.*
élever un monument aux soldats tombés à la guerre	*to erect a monument to the soldiers fallen in war*
élever la voix	*to raise one's voice*

RELATED WORDS

bien élevé(e)	*well brought up/polite*
mal élevé(e)	*poorly brought up/impolite*
l'élevage *(m)*	*raising/breeding*

élire *to elect*

PRESENT		PASSÉ COMPOSÉ	
élis	élisons	ai élu	avons élu
élis	élisez	as élu	avez élu
élit	élisent	a élu	ont élu

IMPERFECT		PLUPERFECT	
élisais	élisions	avais élu	avions élu
élisais	élisiez	avais élu	aviez élu
élisait	élisaient	avait élu	avaient élu

PASSÉ SIMPLE		PAST ANTERIOR	
élus	élûmes	eus élu	eûmes élu
élus	élûtes	eus élu	eûtes élu
élut	élurent	eut élu	eurent élu

FUTURE		FUTURE ANTERIOR	
élirai	élirons	aurai élu	aurons élu
éliras	élirez	auras élu	aurez élu
élira	éliront	aura élu	auront élu

CONDITIONAL		PAST CONDITIONAL	
élirais	élirions	aurais élu	aurions élu
élirais	éliriez	aurais élu	auriez élu
élirait	éliraient	aurait élu	auraient élu

PRESENT SUBJUNCTIVE		PAST SUBJUNCTIVE	
élise	élisions	aie élu	ayons élu
élises	élisiez	aies élu	ayez élu
élise	élisent	ait élu	aient élu

IMPERFECT SUBJUNCTIVE		PLUPERFECT SUBJUNCTIVE	
élusse	élussions	eusse élu	eussions élu
élusses	élussiez	eusses élu	eussiez élu
élût	élussent	eût élu	eussent élu

COMMANDS	
	élisons
élis	élisez

Usage

On élit le président français pour cinq ans.	*The French president is elected for five years.*
Il a été élu à l'unanimité.	*He was elected unanimously.*

RELATED WORDS

les élections *(fpl)*	*election(s)*
Aux États-Unis les élections sont en novembre.	*In the United States elections are in November.*
réélire	*to reelect*
Il a été réélu président.	*He was reelected president.*

regular -er verb   **j'embrasse · j'embrassai · embrassé · embrassant**

PRESENT

embrasse	embrassons
embrasses	embrassez
embrasse	embrassent

PASSÉ COMPOSÉ

ai embrassé	avons embrassé
as embrassé	avez embrassé
a embrassé	ont embrassé

IMPERFECT

embrassais	embrassions
embrassais	embrassiez
embrassait	embrassaient

PLUPERFECT

avais embrassé	avions embrassé
avais embrassé	aviez embrassé
avait embrassé	avaient embrassé

PASSÉ SIMPLE

embrassai	embrassâmes
embrassas	embrassâtes
embrassa	embrassèrent

PAST ANTERIOR

eus embrassé	eûmes embrassé
eus embrassé	eûtes embrassé
eut embrassé	eurent embrassé

FUTURE

embrasserai	embrasserons
embrasseras	embrasserez
embrassera	embrasseront

FUTURE ANTERIOR

aurai embrassé	aurons embrassé
auras embrassé	aurez embrassé
aura embrassé	auront embrassé

CONDITIONAL

embrasserais	embrasserions
embrasserais	embrasseriez
embrasserait	embrasseraient

PAST CONDITIONAL

aurais embrassé	aurions embrassé
aurais embrassé	auriez embrassé
aurait embrassé	auraient embrassé

PRESENT SUBJUNCTIVE

embrasse	embrassions
embrasses	embrassiez
embrasse	embrassent

PAST SUBJUNCTIVE

aie embrassé	ayons embrassé
aies embrassé	ayez embrassé
ait embrassé	aient embrassé

IMPERFECT SUBJUNCTIVE

embrassasse	embrassassions
embrassasses	embrassassiez
embrassât	embrassassent

PLUPERFECT SUBJUNCTIVE

eusse embrassé	eussions embrassé
eusses embrassé	eussiez embrassé
eût embrassé	eussent embrassé

COMMANDS

	embrassons
embrasse	embrassez

Usage

Embrasse ta mère pour moi.	_Give your mother a kiss for me._
Jean et Marie s'embrassent.	_Jean and Marie kiss (each other)._
Je t'embrasse.	_Love_ (at the closing of a letter)
embrasser une cause	_to embrace a cause_

j'emmène · j'emmenai · emmené · emmenant

-er verb; spelling change: é > è/mute e

PRESENT		PASSÉ COMPOSÉ	
emmène	emmenons	ai emmené	avons emmené
emmènes	emmenez	as emmené	avez emmené
emmène	emmènent	a emmené	ont emmené

IMPERFECT		PLUPERFECT	
emmenais	emmenions	avais emmené	avions emmené
emmenais	emmeniez	avais emmené	aviez emmené
emmenait	emmenaient	avait emmené	avaient emmené

PASSÉ SIMPLE		PAST ANTERIOR	
emmenai	emmenâmes	eus emmené	eûmes emmené
emmenas	emmenâtes	eus emmené	eûtes emmené
emmena	emmenèrent	eut emmené	eurent emmené

FUTURE		FUTURE ANTERIOR	
emmènerai	emmènerons	aurai emmené	aurons emmené
emmèneras	emmènerez	auras emmené	aurez emmené
emmènera	emmèneront	aura emmené	auront emmené

CONDITIONAL		PAST CONDITIONAL	
emmènerais	emmènerions	aurais emmené	aurions emmené
emmènerais	emmèneriez	aurais emmené	auriez emmené
emmènerait	emmèneraient	aurait emmené	auraient emmené

PRESENT SUBJUNCTIVE		PAST SUBJUNCTIVE	
emmène	emmenions	aie emmené	ayons emmené
emmènes	emmeniez	aies emmené	ayez emmené
emmène	emmènent	ait emmené	aient emmené

IMPERFECT SUBJUNCTIVE		PLUPERFECT SUBJUNCTIVE	
emmenasse	emmenassions	eusse emmené	eussions emmené
emmenasses	emmenassiez	eusses emmené	eussiez emmené
emmenât	emmenassent	eût emmené	eussent emmené

COMMANDS	
	emmenons
emmène	emmenez

Usage

Tu vas en ville? Viens, je t'emmène.	*You're going downtown? Come on, I'll take you.*
Il m'a emmené dîner dans son restaurant préféré.	*He took me to dinner at his favorite restaurant.*
Cet endroit me déplaît. Emmenez-moi ailleurs.	*I don't like this place. Take me somewhere else.*
Le train emmenait les voyageurs à la frontière.	*The train was taking the travelers to the border.*
Tu ne te rends pas compte qu'on t'emmène en bateau.	*You don't realize you're being taken for a ride.*
Il l'emmenait en bateau avec ses promesses de mariage.	*He strung her along with his promises of marriage.*

irregular reflexive verb; **je m'émeus · je m'émus · s'étant ému · s'émouvant**
compound tenses with *être*

PRESENT		PASSÉ COMPOSÉ	
m'émeus	nous émouvons	me suis ému(e)	nous sommes ému(e)s
t'émeus	vous émouvez	t'es ému(e)	vous êtes ému(e)(s)
s'émeut	s'émeuvent	s'est ému(e)	se sont ému(e)s

IMPERFECT		PLUPERFECT	
m'émouvais	nous émouvions	m'étais ému(e)	nous étions ému(e)s
t'émouvais	vous émouviez	t'étais ému(e)	vous étiez ému(e)(s)
s'émouvait	s'émouvaient	s'était ému(e)	s'étaient ému(e)s

PASSÉ SIMPLE		PAST ANTERIOR	
m'émus	nous émûmes	me fus ému(e)	nous fûmes ému(e)s
t'émus	vous émûtes	te fus ému(e)	vous fûtes ému(e)(s)
s'émut	s'émurent	se fut ému(e)	se furent ému(e)s

FUTURE		FUTURE ANTERIOR	
m'émouvrai	nous émouvrons	me serai ému(e)	nous serons ému(e)s
t'émouvras	vous émouvrez	te seras ému(e)	vous serez ému(e)(s)
s'émouvra	s'émouvront	se sera ému(e)	se seront ému(e)s

CONDITIONAL		PAST CONDITIONAL	
m'émouvrais	nous émouvrions	me serais ému(e)	nous serions ému(e)s
t'émouvrais	vous émouvriez	te serais ému(e)	vous seriez ému(e)(s)
s'émouvrait	s'émouvraient	se serait ému(e)	se seraient ému(e)s

PRESENT SUBJUNCTIVE		PAST SUBJUNCTIVE	
m'émeuve	nous émouvions	me sois ému(e)	nous soyons ému(e)s
t'émeuves	vous émouviez	te sois ému(e)	vous soyez ému(e)(s)
s'émeuve	s'émeuvent	se soit ému(e)	se soient ému(e)s

IMPERFECT SUBJUNCTIVE		PLUPERFECT SUBJUNCTIVE	
m'émusse	nous émussions	me fusse ému(e)	nous fussions ému(e)s
t'émusses	vous émussiez	te fusses ému(e)	vous fussiez ému(e)(s)
s'émût	s'émussent	se fût ému(e)	se fussent ému(e)s

COMMANDS	
	émouvons-nous
émeus-toi	émouvez-vous

Usage

Nous nous sommes émus en écoutant le discours.	*We were stirred as we listened to the speech.*
Il me l'a dit sans s'émouvoir.	*He told it to me calmly/without getting ruffled.*
Elle ne s'émeut de rien.	*Nothing shakes her.*
émouvoir qqn	*to move/disturb someone*
Les cris des blessés l'ont ému profondément.	*The screams of the wounded troubled him deeply.*
Le discours du président a ému la nation entière.	*The president's speech moved the entire nation.*

RELATED WORDS

l'émotion (*f*)	*emotion; fright*
Leur émotion était grande pendant le bombardement de la ville.	*They had a terrible fright during the bombing of the city.*

empêcher *to prevent, hinder*

j'empêche · j'empêchai · empêché · empêchant   regular *-er* verb

PRESENT		PASSÉ COMPOSÉ	
empêche	empêchons	ai empêché	avons empêché
empêches	empêchez	as empêché	avez empêché
empêche	empêchent	a empêché	ont empêché

IMPERFECT		PLUPERFECT	
empêchais	empêchions	avais empêché	avions empêché
empêchais	empêchiez	avais empêché	aviez empêché
empêchait	empêchaient	avait empêché	avaient empêché

PASSÉ SIMPLE		PAST ANTERIOR	
empêchai	empêchâmes	eus empêché	eûmes empêché
empêchas	empêchâtes	eus empêché	eûtes empêché
empêcha	empêchèrent	eut empêché	eurent empêché

FUTURE		FUTURE ANTERIOR	
empêcherai	empêcherons	aurai empêché	aurons empêché
empêcheras	empêcherez	auras empêché	aurez empêché
empêchera	empêcheront	aura empêché	auront empêché

CONDITIONAL		PAST CONDITIONAL	
empêcherais	empêcherions	aurais empêché	aurions empêché
empêcherais	empêcheriez	aurais empêché	auriez empêché
empêcherait	empêcheraient	aurait empêché	auraient empêché

PRESENT SUBJUNCTIVE		PAST SUBJUNCTIVE	
empêche	empêchions	aie empêché	ayons empêché
empêches	empêchiez	aies empêché	ayez empêché
empêche	empêchent	ait empêché	aient empêché

IMPERFECT SUBJUNCTIVE		PLUPERFECT SUBJUNCTIVE	
empêchasse	empêchassions	eusse empêché	eussions empêché
empêchasses	empêchassiez	eusses empêché	eussiez empêché
empêchât	empêchassent	eût empêché	eussent empêché

COMMANDS	
	empêchons
empêche	empêchez

Usage

empêcher qqn de faire qqch	*to prevent someone from doing something*
Le bruit m'empêche de travailler.	*The noise is keeping me from studying.*
Le mauvais temps nous a empêchés de partir.	*The bad weather prevented us from leaving.*
Ça ne m'empêche pas de dormir.	*I'm not losing any sleep over it.*
Nos soldats ont empêché l'ennemi de franchir la frontière.	*Our soldiers prevented the enemy from crossing the border.*
Il a empêché qu'une mauvaise situation se produise.	*He kept a bad situation from happening.*
Elle ne pouvait pas s'empêcher de pleurer.	*She couldn't keep from crying.*
—Il a parlé très sincèrement.	*He spoke very sincerely.*
—N'empêche qu'il a tort en tout.	*All the same, he's wrong about everything.*

-er verb; spelling change: **j'emploie · j'employai · employé · employant**
y > i/mute *e*

PRESENT		PASSÉ COMPOSÉ	
emploie	employons	ai employé	avons employé
emploies	employez	as employé	avez employé
emploie	emploient	a employé	ont employé

IMPERFECT		PLUPERFECT	
employais	employions	avais employé	avions employé
employais	employiez	avais employé	aviez employé
employait	employaient	avait employé	avaient employé

PASSÉ SIMPLE		PAST ANTERIOR	
employai	employâmes	eus employé	eûmes employé
employas	employâtes	eus employé	eûtes employé
employa	employèrent	eut employé	eurent employé

FUTURE		FUTURE ANTERIOR	
emploierai	emploierons	aurai employé	aurons employé
emploieras	emploierez	auras employé	aurez employé
emploiera	emploieront	aura employé	auront employé

CONDITIONAL		PAST CONDITIONAL	
emploierais	emploierions	aurais employé	aurions employé
emploierais	emploieriez	aurais employé	auriez employé
emploierait	emploieraient	aurait employé	auraient employé

PRESENT SUBJUNCTIVE		PAST SUBJUNCTIVE	
emploie	employions	aie employé	ayons employé
emploies	employiez	aies employé	ayez employé
emploie	emploient	ait employé	aient employé

IMPERFECT SUBJUNCTIVE		PLUPERFECT SUBJUNCTIVE	
employasse	employassions	eusse employé	eussions employé
employasses	employassiez	eusses employé	eussiez employé
employât	employassent	eût employé	eussent employé

COMMANDS	
	employons
emploie	employez

Usage

employer un stylo pour écrire	*to use a pen to write*
Il emploie son temps à se préparer pour les examens.	*He's using his time to prepare himself for his exams.*
Il emploie bien son temps.	*He uses his time wisely.*
—Est-ce que j'ai bien employé ce mot?	*Did I use that word correctly?*
—Non, tu l'emploies toujours mal.	*No, you always use it incorrectly.*
s'employer pour	*to devote oneself to*
Il s'est beaucoup employé pour la construction d'une nouvelle école.	*He really went to great lengths to have a new school built.*

RELATED WORDS

l'emploi *(m)*	*use; job*
mon emploi du temps	*my schedule*

encourager   *to encourage*

PRESENT		PASSÉ COMPOSÉ	
encourage	encourageons	ai encouragé	avons encouragé
encourages	encouragez	as encouragé	avez encouragé
encourage	encouragent	a encouragé	ont encouragé

IMPERFECT		PLUPERFECT	
encourageais	encouragions	avais encouragé	avions encouragé
encourageais	encouragiez	avais encouragé	aviez encouragé
encourageait	encourageaient	avait encouragé	avaient encouragé

PASSÉ SIMPLE		PAST ANTERIOR	
encourageai	encourageâmes	eus encouragé	eûmes encouragé
encourageas	encourageâtes	eus encouragé	eûtes encouragé
encouragea	encouragèrent	eut encouragé	eurent encouragé

FUTURE		FUTURE ANTERIOR	
encouragerai	encouragerons	aurai encouragé	aurons encouragé
encourageras	encouragerez	auras encouragé	aurez encouragé
encouragera	encourageront	aura encouragé	auront encouragé

CONDITIONAL		PAST CONDITIONAL	
encouragerais	encouragerions	aurais encouragé	aurions encouragé
encouragerais	encourageriez	aurais encouragé	auriez encouragé
encouragerait	encourageraient	aurait encouragé	auraient encouragé

PRESENT SUBJUNCTIVE		PAST SUBJUNCTIVE	
encourage	encouragions	aie encouragé	ayons encouragé
encourages	encouragiez	aies encouragé	ayez encouragé
encourage	encouragent	ait encouragé	aient encouragé

IMPERFECT SUBJUNCTIVE		PLUPERFECT SUBJUNCTIVE	
encourageasse	encourageassions	eusse encouragé	eussions encouragé
encourageasses	encourageassiez	eusses encouragé	eussiez encouragé
encourageât	encourageassent	eût encouragé	eussent encouragé

COMMANDS	
	encourageons
encourage	encouragez

Usage

C'est un professeur qui encourage ses étudiants.
He's a teacher who encourages his students.

Les fanas encourageaient leur équipe.
The fans cheered on their team.

encourager qqn à faire qqch
to encourage someone to do something

Il m'a encouragé à poursuivre mes études.
He encouraged me to continue my studies.

Le professeur encourage les étudiants à s'exprimer.
The teacher encourages the students to express themselves.

RELATED WORD

encourageant(e)
encouraging

Son attitude n'est pas très encourageante.
His attitude is not very encouraging.

Ces revers sont fort peu encourageants.
These setbacks are not very encouraging.

irregular reflexive verb; compound tenses with *être*

je m'endors · je m'endormis · s'étant endormi · s'endormant

PRESENT

m'endors	nous endormons
t'endors	vous endormez
s'endort	s'endorment

PASSÉ COMPOSÉ

me suis endormi(e)	nous sommes endormi(e)s
t'es endormi(e)	vous êtes endormi(e)(s)
s'est endormi(e)	se sont endormi(e)s

IMPERFECT

m'endormais	nous endormions
t'endormais	vous endormiez
s'endormait	s'endormaient

PLUPERFECT

m'étais endormi(e)	nous étions endormi(e)s
t'étais endormi(e)	vous étiez endormi(e)(s)
s'était endormi(e)	s'étaient endormi(e)s

PASSÉ SIMPLE

m'endormis	nous endormîmes
t'endormis	vous endormîtes
s'endormit	s'endormirent

PAST ANTERIOR

me fus endormi(e)	nous fûmes endormi(e)s
te fus endormi(e)	vous fûtes endormi(e)(s)
se fut endormi(e)	se furent endormi(e)s

FUTURE

m'endormirai	nous endormirons
t'endormiras	vous endormirez
s'endormira	s'endormiront

FUTURE ANTERIOR

me serai endormi(e)	nous serons endormi(e)s
te seras endormi(e)	vous serez endormi(e)(s)
se sera endormi(e)	se seront endormi(e)s

CONDITIONAL

m'endormirais	nous endormirions
t'endormirais	vous endormiriez
s'endormirait	s'endormiraient

PAST CONDITIONAL

me serais endormi(e)	nous serions endormi(e)s
te serais endormi(e)	vous seriez endormi(e)(s)
se serait endormi(e)	se seraient endormi(e)s

PRESENT SUBJUNCTIVE

m'endorme	nous endormions
t'endormes	vous endormiez
s'endorme	s'endorment

PAST SUBJUNCTIVE

me sois endormi(e)	nous soyons endormi(e)s
te sois endormi(e)	vous soyez endormi(e)(s)
se soit endormi(e)	se soient endormi(e)s

IMPERFECT SUBJUNCTIVE

m'endormisse	nous endormissions
t'endormisses	vous endormissiez
s'endormît	s'endormissent

PLUPERFECT SUBJUNCTIVE

me fusse endormi(e)	nous fussions endormi(e)s
te fusses endormi(e)	vous fussiez endormi(e)(s)
se fût endormi(e)	se fussent endormi(e)s

COMMANDS

	endormons-nous
endors-toi	endormez-vous

Usage

—Tu as l'air fatigué, Claudette.
—Ça ne m'étonne pas. Je me suis endormie à trois heures du matin.
Le prof s'est fâché parce que Daniel s'est endormi en classe.

You look tired, Claudette.
That doesn't surprise me. I fell asleep at three in the morning.
The teacher got angry because Daniel fell asleep in class.

RELATED WORD

endormir
Je vais endormir les enfants.
Ce film endormira les spectateurs.
J'ai besoin d'une pilule pour endormir la douleur.

to put to sleep/put to rest
I'm going to put the children to sleep.
This film will put the audience to sleep.
I need a pill to stop the pain.

s'enfuir *to flee, run away, escape*

je m'enfuis · je m'enfuis · s'étant enfui · s'enfuyant

irregular reflexive verb;
compound tenses with *être*

PRESENT

m'enfuis	nous enfuyons
t'enfuis	vous enfuyez
s'enfuit	s'enfuient

IMPERFECT

m'enfuyais	nous enfuyions
t'enfuyais	vous enfuyiez
s'enfuyait	s'enfuyaient

PASSÉ SIMPLE

m'enfuis	nous enfuîmes
t'enfuis	vous enfuîtes
s'enfuit	s'enfuirent

FUTURE

m'enfuirai	nous enfuirons
t'enfuiras	vous enfuirez
s'enfuira	s'enfuiront

CONDITIONAL

m'enfuirais	nous enfuirions
t'enfuirais	vous enfuiriez
s'enfuirait	s'enfuiraient

PRESENT SUBJUNCTIVE

m'enfuie	nous enfuyions
t'enfuies	vous enfuyiez
s'enfuie	s'enfuient

IMPERFECT SUBJUNCTIVE

m'enfuisse	nous enfuissions
t'enfuisses	vous enfuissiez
s'enfuît	s'enfuissent

PASSÉ COMPOSÉ

me suis enfui(e)	nous sommes enfui(e)s
t'es enfui(e)	vous êtes enfui(e)(s)
s'est enfui(e)	se sont enfui(e)s

PLUPERFECT

m'étais enfui(e)	nous étions enfui(e)s
t'étais enfui(e)	vous étiez enfui(e)(s)
s'était enfui(e)	s'étaient enfui(e)s

PAST ANTERIOR

me fus enfui(e)	nous fûmes enfui(e)s
te fus enfui(e)	vous fûtes enfui(e)(s)
se fut enfui(e)	se furent enfui(e)s

FUTURE ANTERIOR

me serai enfui(e)	nous serons enfui(e)s
te seras enfui(e)	vous serez enfui(e)(s)
se sera enfui(e)	se seront enfui(e)s

PAST CONDITIONAL

me serais enfui(e)	nous serions enfui(e)s
te serais enfui(e)	vous seriez enfui(e)(s)
se serait enfui(e)	se seraient enfui(e)s

PAST SUBJUNCTIVE

me sois enfui(e)	nous soyons enfui(e)s
te sois enfui(e)	vous soyez enfui(e)(s)
se soit enfui(e)	se soient enfui(e)s

PLUPERFECT SUBJUNCTIVE

me fusse enfui(e)	nous fussions enfui(e)s
te fusses enfui(e)	vous fussiez enfui(e)(s)
se fût enfui(e)	se fussent enfui(e)s

COMMANDS

	enfuyons-nous
enfuis-toi	enfuyez-vous

Usage

Les prisonniers se sont enfuis.	*The prisoners fled.*
Un criminel dangereux s'est enfui de la prison.	*A dangerous criminal escaped from jail.*
Pour éviter une peine de prison il s'est enfui au Brésil.	*To avoid a prison sentence he ran away to Brazil.*
Leurs parents s'opposaient à leur mariage. Ils se sont donc enfuis.	*Their parents were against their marriage. So they eloped.*

-er verb; spelling change:
é > è/mute e

j'enlève · j'enlevai · enlevé · enlevant

PRESENT		PASSÉ COMPOSÉ	
enlève	enlevons	ai enlevé	avons enlevé
enlèves	enlevez	as enlevé	avez enlevé
enlève	enlèvent	a enlevé	ont enlevé

IMPERFECT		PLUPERFECT	
enlevais	enlevions	avais enlevé	avions enlevé
enlevais	enleviez	avais enlevé	aviez enlevé
enlevait	enlevaient	avait enlevé	avaient enlevé

PASSÉ SIMPLE		PAST ANTERIOR	
enlevai	enlevâmes	eus enlevé	eûmes enlevé
enlevas	enlevâtes	eus enlevé	eûtes enlevé
enleva	enlevèrent	eut enlevé	eurent enlevé

FUTURE		FUTURE ANTERIOR	
enlèverai	enlèverons	aurai enlevé	aurons enlevé
enlèveras	enlèverez	auras enlevé	aurez enlevé
enlèvera	enlèveront	aura enlevé	auront enlevé

CONDITIONAL		PAST CONDITIONAL	
enlèverais	enlèverions	aurais enlevé	aurions enlevé
enlèverais	enlèveriez	aurais enlevé	auriez enlevé
enlèverait	enlèveraient	aurait enlevé	auraient enlevé

PRESENT SUBJUNCTIVE		PAST SUBJUNCTIVE	
enlève	enlevions	aie enlevé	ayons enlevé
enlèves	enleviez	aies enlevé	ayez enlevé
enlève	enlèvent	ait enlevé	aient enlevé

IMPERFECT SUBJUNCTIVE		PLUPERFECT SUBJUNCTIVE	
enlevasse	enlevassions	eusse enlevé	eussions enlevé
enlevasses	enlevassiez	eusses enlevé	eussiez enlevé
enlevât	enlevassent	eût enlevé	eussent enlevé

COMMANDS	
	enlevons
enlève	enlevez

Usage

Il fait chaud ici. Je vais enlever ma veste.	*It's warm here. I'm going to take my jacket off.*
Enlevez cette chaise. Personne ne peut passer.	*Take away that chair. No one can pass.*
Enlevez ce mot de la phrase.	*Take this word out of the sentence.*
L'enfant a été enlevé.	*The child was kidnapped.*
Enlève tes mains de ta poche quand je te parle!	*Take your hands out of your pockets when I talk to you!*
Enlève tes coudes de la table!	*Get your elbows off the table!*
enlever des taches	*to get out stains*

ennuyer *to bore; to annoy*

j'ennuie · j'ennuyai · ennuyé · ennuyant

-er verb; spelling
change: *y > i*/mute e

PRESENT

ennuie	ennuyons
ennuies	ennuyez
ennuie	ennuient

PASSÉ COMPOSÉ

ai ennuyé	avons ennuyé
as ennuyé	avez ennuyé
a ennuyé	ont ennuyé

IMPERFECT

ennuyais	ennuyions
ennuyais	ennuyiez
ennuyait	ennuyaient

PLUPERFECT

avais ennuyé	avions ennuyé
avais ennuyé	aviez ennuyé
avait ennuyé	avaient ennuyé

PASSÉ SIMPLE

ennuyai	ennuyâmes
ennuyas	ennuyâtes
ennuya	ennuyèrent

PAST ANTERIOR

eus ennuyé	eûmes ennuyé
eus ennuyé	eûtes ennuyé
eut ennuyé	eurent ennuyé

FUTURE

ennuierai	ennuierons
ennuieras	ennuierez
ennuiera	ennuieront

FUTURE ANTERIOR

aurai ennuyé	aurons ennuyé
auras ennuyé	aurez ennuyé
aura ennuyé	auront ennuyé

CONDITIONAL

ennuierais	ennuierions
ennuierais	ennuieriez
ennuierait	ennuieraient

PAST CONDITIONAL

aurais ennuyé	aurions ennuyé
aurais ennuyé	auriez ennuyé
aurait ennuyé	auraient ennuyé

PRESENT SUBJUNCTIVE

ennuie	ennuyions
ennuies	ennuyiez
ennuie	ennuient

PAST SUBJUNCTIVE

aie ennuyé	ayons ennuyé
aies ennuyé	ayez ennuyé
ait ennuyé	aient ennuyé

IMPERFECT SUBJUNCTIVE

ennuyasse	ennuyassions
ennuyasses	ennuyassiez
ennuyât	ennuyassent

PLUPERFECT SUBJUNCTIVE

eusse ennuyé	eussions ennuyé
eusses ennuyé	eussiez ennuyé
eût ennuyé	eussent ennuyé

COMMANDS

	ennuyons
ennuie	ennuyez

Usage

Ce nouveau film m'a tellement ennuyé.	*This new film bored me so much.*
Ça m'ennuie de te voir si triste.	*It bothers me to see you so sad.*
Il m'ennuie avec ses accès de colère.	*He's annoying me with his fits of anger.*
Ça t'ennuierait de m'accompagner?	*Would you mind going with me?*
Nous ne voudrions pas vous ennuyer.	*We would not want to cause you any trouble.*

RELATED WORDS

l'ennui *(m)*	*boredom; trouble*
Ce roman est à mourir d'ennui.	*That novel can bore you to death.*
C'est un type qui vous cause toujours des ennuis.	*He's a guy who always gives you trouble.*
Si tu ne paies pas tes amendes, tu auras des ennuis avec la police.	*If you don't pay your fines, you'll have trouble with the police.*

regular *-re* verb

PRESENT		PASSÉ COMPOSÉ	
entends	entendons	ai entendu	avons entendu
entends	entendez	as entendu	avez entendu
entend	entendent	a entendu	ont entendu

IMPERFECT		PLUPERFECT	
entendais	entendions	avais entendu	avions entendu
entendais	entendiez	avais entendu	aviez entendu
entendait	entendaient	avait entendu	avaient entendu

PASSÉ SIMPLE		PAST ANTERIOR	
entendis	entendîmes	eus entendu	eûmes entendu
entendis	entendîtes	eus entendu	eûtes entendu
entendit	entendirent	eut entendu	eurent entendu

FUTURE		FUTURE ANTERIOR	
entendrai	entendrons	aurai entendu	aurons entendu
entendras	entendrez	auras entendu	aurez entendu
entendra	entendront	aura entendu	auront entendu

CONDITIONAL		PAST CONDITIONAL	
entendrais	entendrions	aurais entendu	aurions entendu
entendrais	entendriez	aurais entendu	auriez entendu
entendrait	entendraient	aurait entendu	auraient entendu

PRESENT SUBJUNCTIVE		PAST SUBJUNCTIVE	
entende	entendions	aie entendu	ayons entendu
entendes	entendiez	aies entendu	ayez entendu
entende	entendent	ait entendu	aient entendu

IMPERFECT SUBJUNCTIVE		PLUPERFECT SUBJUNCTIVE	
entendisse	entendissions	eusse entendu	eussions entendu
entendisses	entendissiez	eusses entendu	eussiez entendu
entendît	entendissent	eût entendu	eussent entendu

COMMANDS	
	entendons
entends	entendez

Usage

J'entends de la musique.	*I hear music.*
Maintenant ils vont m'entendre!	*Are they going to catch it from me!*
Je n'entends pas qu'il me parle sur ce ton.	*I won't stand for his speaking to me that way.*
—Tu y entends quelque chose?	*Do you understand this at all?*
—Non, je n'y entends rien.	*No, I don't understand anything about it.*
—Il sait que tu veux qu'il te rende l'argent?	*Does he know that you want him to return the money to you?*
—Je l'ai laissé entendre.	*I hinted at it.*

RELATED WORD

Entendu!	*Agreed!*

entrer *to enter, come/go in*

j'entre · j'entrai · entré · entrant

regular -er verb;
compound tenses with *être*

PRESENT		PASSÉ COMPOSÉ	
entre	entrons	suis entré(e)	sommes entré(e)s
entres	entrez	es entré(e)	êtes entré(e)(s)
entre	entrent	est entré(e)	sont entré(e)s

IMPERFECT		PLUPERFECT	
entrais	entrions	étais entré(e)	étions entré(e)s
entrais	entriez	étais entré(e)	étiez entré(e)(s)
entrait	entraient	était entré(e)	étaient entré(e)s

PASSÉ SIMPLE		PAST ANTERIOR	
entrai	entrâmes	fus entré(e)	fûmes entré(e)s
entras	entrâtes	fus entré(e)	fûtes entré(e)(s)
entra	entrèrent	fut entré(e)	furent entré(e)s

FUTURE		FUTURE ANTERIOR	
entrerai	entrerons	serai entré(e)	serons entré(e)s
entreras	entrerez	seras entré(e)	serez entré(e)(s)
entrera	entreront	sera entré(e)	seront entré(e)s

CONDITIONAL		PAST CONDITIONAL	
entrerais	entrerions	serais entré(e)	serions entré(e)s
entrerais	entreriez	serais entré(e)	seriez entré(e)(s)
entrerait	entreraient	serait entré(e)	seraient entré(e)s

PRESENT SUBJUNCTIVE		PAST SUBJUNCTIVE	
entre	entrions	sois entré(e)	soyons entré(e)s
entres	entriez	sois entré(e)	soyez entré(e)(s)
entre	entrent	soit entré(e)	soient entré(e)s

IMPERFECT SUBJUNCTIVE		PLUPERFECT SUBJUNCTIVE	
entrasse	entrassions	fusse entré(e)	fussions entré(e)s
entrasses	entrassiez	fusses entré(e)	fussiez entré(e)(s)
entrât	entrassent	fût entré(e)	fussent entré(e)s

COMMANDS	
	entrons
entre	entrez

Usage

NOTE: When *entrer* is transitive as in *entrer des données*, it forms its compound
tenses with *avoir*, not *être*.

Nous avons entré toutes les données.	*We entered all the data.*
entrer dans	*to enter/go in/come in*
Il est entré dans son bureau.	*He went into his office.*
Entrez sans frapper.	*Enter without knocking.* (sign)
Ça n'entre pas! Qu'est-ce qu'on va faire?	*It doesn't fit! What are we going to do?*
Elle est entrée dans l'enseignement.	*She entered the teaching profession.*
On y entre comme dans un moulin.	*Anyone can walk in.*

RELATED WORD

l'entrée *(f)*	*entrance*

irregular verb; spelling change: **j'envoie · j'envoyai · envoyé · envoyant**
y > i/mute e

PRESENT

envoie	envoyons
envoies	envoyez
envoie	envoient

PASSÉ COMPOSÉ

ai envoyé	avons envoyé
as envoyé	avez envoyé
a envoyé	ont envoyé

IMPERFECT

envoyais	envoyions
envoyais	envoyiez
envoyait	envoyaient

PLUPERFECT

avais envoyé	avions envoyé
avais envoyé	aviez envoyé
avait envoyé	avaient envoyé

PASSÉ SIMPLE

envoyai	envoyâmes
envoyas	envoyâtes
envoya	envoyèrent

PAST ANTERIOR

eus envoyé	eûmes envoyé
eus envoyé	eûtes envoyé
eut envoyé	eurent envoyé

FUTURE

enverrai	enverrons
enverras	enverrez
enverra	enverront

FUTURE ANTERIOR

aurai envoyé	aurons envoyé
auras envoyé	aurez envoyé
aura envoyé	auront envoyé

CONDITIONAL

enverrais	enverrions
enverrais	enverriez
enverrait	enverraient

PAST CONDITIONAL

aurais envoyé	aurions envoyé
aurais envoyé	auriez envoyé
aurait envoyé	auraient envoyé

PRESENT SUBJUNCTIVE

envoie	envoyions
envoies	envoyiez
envoie	envoient

PAST SUBJUNCTIVE

aie envoyé	ayons envoyé
aies envoyé	ayez envoyé
ait envoyé	aient envoyé

IMPERFECT SUBJUNCTIVE

envoyasse	envoyassions
envoyasses	envoyassiez
envoyât	envoyassent

PLUPERFECT SUBJUNCTIVE

eusse envoyé	eussions envoyé
eusses envoyé	eussiez envoyé
eût envoyé	eussent envoyé

COMMANDS

	envoyons
envoie	envoyez

Usage

envoyer une lettre/un paquet/un e-mail	*to send a letter/a package/an e-mail*
envoyer qqch à qqn	*to send something to someone*
—Qu'est-ce que ta petite amie t'a envoyé pour ton anniversaire?	*What did your girlfriend send you for your birthday?*
—Elle m'a envoyé un appareil numérique.	*She sent me a digital camera.*
envoyer qqn quelque part	*to send someone somewhere*
Son entreprise l'a envoyée en Asie.	*Her firm sent her to Asia.*
envoyer chercher qqn pour qqch	*to send someone for something*
Je l'ai envoyé chercher une pizza.	*I sent him to get a pizza.*
Elle l'a envoyé promener.	*She sent him packing./She told him where to get off.*

j'espère · j'espérai · espéré · espérant

-er verb; spelling change:
é > è/mute e

PRESENT		PASSÉ COMPOSÉ	
espère	espérons	ai espéré	avons espéré
espères	espérez	as espéré	avez espéré
espère	espèrent	a espéré	ont espéré

IMPERFECT		PLUPERFECT	
espérais	espérions	avais espéré	avions espéré
espérais	espériez	avais espéré	aviez espéré
espérait	espéraient	avait espéré	avaient espéré

PASSÉ SIMPLE		PAST ANTERIOR	
espérai	espérâmes	eus espéré	eûmes espéré
espéras	espérâtes	eus espéré	eûtes espéré
espéra	espérèrent	eut espéré	eurent espéré

FUTURE		FUTURE ANTERIOR	
espérerai	espérerons	aurai espéré	aurons espéré
espéreras	espérerez	auras espéré	aurez espéré
espérera	espéreront	aura espéré	auront espéré

CONDITIONAL		PAST CONDITIONAL	
espérerais	espérerions	aurais espéré	aurions espéré
espérerais	espéreriez	aurais espéré	auriez espéré
espérerait	espéreraient	aurait espéré	auraient espéré

PRESENT SUBJUNCTIVE		PAST SUBJUNCTIVE	
espère	espérions	aie espéré	ayons espéré
espères	espériez	aies espéré	ayez espéré
espère	espèrent	ait espéré	aient espéré

IMPERFECT SUBJUNCTIVE		PLUPERFECT SUBJUNCTIVE	
espérasse	espérassions	eusse espéré	eussions espéré
espérasses	espérassiez	eusses espéré	eussiez espéré
espérât	espérassent	eût espéré	eussent espéré

COMMANDS	
	espérons
espère	espérez

Usage

J'espère que tu pourras venir à la fête.	*I hope you'll be able to come to the party.*
Il espère trouver un emploi.	*He hopes he'll find a job.*
J'espère quand même qu'on retrouvera mon chat.	*I'm hoping against hope that my cat will be found.*
Il espère en l'avenir.	*He has hope for the future.*
Je l'espère bien.	*I hope so.*

RELATED WORDS

l'espérance *(f)*	*hope/expectations*
Il a guéri contre toute espérance.	*He got better contrary to all expectations.*
l'espoir *(m)*	*hope*
Il n'y a plus d'espoir de récupérer les biens perdus.	*There's no hope of getting back our lost property.*

-er verb; spelling change: **j'essaie · j'essayai · essayé · essayant**
y > i/mute e

PRESENT		PASSÉ COMPOSÉ	
essaie	essayons	ai essayé	avons essayé
essaies	essayez	as essayé	avez essayé
essaie	essaient	a essayé	ont essayé

IMPERFECT		PLUPERFECT	
essayais	essayions	avais essayé	avions essayé
essayais	essayiez	avais essayé	aviez essayé
essayait	essayaient	avait essayé	avaient essayé

PASSÉ SIMPLE		PAST ANTERIOR	
essayai	essayâmes	eus essayé	eûmes essayé
essayas	essayâtes	eus essayé	eûtes essayé
essaya	essayèrent	eut essayé	eurent essayé

FUTURE		FUTURE ANTERIOR	
essaierai	essaierons	aurai essayé	aurons essayé
essaieras	essaierez	auras essayé	aurez essayé
essaiera	essaieront	aura essayé	auront essayé

CONDITIONAL		PAST CONDITIONAL	
essaierais	essaierions	aurais essayé	aurions essayé
essaierais	essaieriez	aurais essayé	auriez essayé
essaierait	essaieraient	aurait essayé	auraient essayé

PRESENT SUBJUNCTIVE		PAST SUBJUNCTIVE	
essaie	essayions	aie essayé	ayons essayé
essaies	essayiez	aies essayé	ayez essayé
essaie	essaient	ait essayé	aient essayé

IMPERFECT SUBJUNCTIVE		PLUPERFECT SUBJUNCTIVE	
essayasse	essayassions	eusse essayé	eussions essayé
essayasses	essayassiez	eusses essayé	eussiez essayé
essayât	essayassent	eût essayé	eussent essayé

COMMANDS	
	essayons
essaie	essayez

Usage

NOTE: This verb is sometimes seen without the *y > i* change, such as *j'essaye.*

essayer qqch	*to try something/try something on/ taste something*
Je vais essayer cette robe.	*I'm going to try this dress on.*
Essaie cette soupe! Elle est vraiment bonne.	*Taste this soup! It's really good.*
essayer de faire qqch	*to try to do something*
J'essaierai d'arriver avant neuf heures.	*I'll try to get there before nine o'clock.*
Essayez de me comprendre.	*Try to understand me.*
Le prisonnier a essayé de s'enfuir.	*The prisoner tried to escape.*

RELATED WORDS

l'essai *(m)*	*testing/trying/try; essay*
mettre qqch à l'essai	*to try something out*

PRESENT		PASSÉ COMPOSÉ	
essuie	essuyons	ai essuyé	avons essuyé
essuies	essuyez	as essuyé	avez essuyé
essuie	essuient	a essuyé	ont essuyé

IMPERFECT		PLUPERFECT	
essuyais	essuyions	avais essuyé	avions essuyé
essuyais	essuyiez	avais essuyé	aviez essuyé
essuyait	essuyaient	avait essuyé	avaient essuyé

PASSÉ SIMPLE		PAST ANTERIOR	
essuyai	essuyâmes	eus essuyé	eûmes essuyé
essuyas	essuyâtes	eus essuyé	eûtes essuyé
essuya	essuyèrent	eut essuyé	eurent essuyé

FUTURE		FUTURE ANTERIOR	
essuierai	essuierons	aurai essuyé	aurons essuyé
essuieras	essuierez	auras essuyé	aurez essuyé
essuiera	essuieront	aura essuyé	auront essuyé

CONDITIONAL		PAST CONDITIONAL	
essuierais	essuierions	aurais essuyé	aurions essuyé
essuierais	essuieriez	aurais essuyé	auriez essuyé
essuierait	essuieraient	aurait essuyé	auraient essuyé

PRESENT SUBJUNCTIVE		PAST SUBJUNCTIVE	
essuie	essuyions	aie essuyé	ayons essuyé
essuies	essuyiez	aies essuyé	ayez essuyé
essuie	essuient	ait essuyé	aient essuyé

IMPERFECT SUBJUNCTIVE		PLUPERFECT SUBJUNCTIVE	
essuyasse	essuyassions	eusse essuyé	eussions essuyé
essuyasses	essuyassiez	eusses essuyé	eussiez essuyé
essuyât	essuyassent	eût essuyé	eussent essuyé

COMMANDS	
	essuyons
essuie	essuyez

Usage

Dis aux enfants de s'essuyer les pieds avant d'entrer.	*Tell the children to wipe their feet before coming in.*
Est-ce qu'il y a une serviette? Je veux m'essuyer les mains.	*Is there a towel? I want to wipe my hands.*
Viens m'aider. Essuie la vaisselle.	*Come help me. Dry the dishes.*
C'est à qui d'essuyer le tableau aujourd'hui?	*Whose turn is it to erase the board today?*

RELATED WORDS

l'essuie-glace *(m)*	*windshield wiper*
l'essuie-mains *(m)*	*hand towel*
l'essuyage *(m)*	*wiping*

irregular verb   **j'éteins · j'éteignis · éteint · éteignant**

PRESENT		PASSÉ COMPOSÉ	
éteins	éteignons	ai éteint	avons éteint
éteins	éteignez	as éteint	avez éteint
éteint	éteignent	a éteint	ont éteint

IMPERFECT		PLUPERFECT	
éteignais	éteignions	avais éteint	avions éteint
éteignais	éteigniez	avais éteint	aviez éteint
éteignait	éteignaient	avait éteint	avaient éteint

PASSÉ SIMPLE		PAST ANTERIOR	
éteignis	éteignîmes	eus éteint	eûmes éteint
éteignis	éteignîtes	eus éteint	eûtes éteint
éteignit	éteignirent	eut éteint	eurent éteint

FUTURE		FUTURE ANTERIOR	
éteindrai	éteindrons	aurai éteint	aurons éteint
éteindras	éteindrez	auras éteint	aurez éteint
éteindra	éteindront	aura éteint	auront éteint

CONDITIONAL		PAST CONDITIONAL	
éteindrais	éteindrions	aurais éteint	aurions éteint
éteindrais	éteindriez	aurais éteint	auriez éteint
éteindrait	éteindraient	aurait éteint	auraient éteint

PRESENT SUBJUNCTIVE		PAST SUBJUNCTIVE	
éteigne	éteignions	aie éteint	ayons éteint
éteignes	éteigniez	aies éteint	ayez éteint
éteigne	éteignent	ait éteint	aient éteint

IMPERFECT SUBJUNCTIVE		PLUPERFECT SUBJUNCTIVE	
éteignisse	éteignissions	eusse éteint	eussions éteint
éteignisses	éteignissiez	eusses éteint	eussiez éteint
éteignît	éteignissent	eût éteint	eussent éteint

COMMANDS	
	éteignons
éteins	éteignez

Usage

éteindre la lumière	*to turn out the light*
éteindre le feu	*to put out the fire*
J'éteins.	*I'll turn out the lights.*
N'éteignez pas les phares. Il fait encore noir.	*Don't turn off the headlights. It's still dark.*
Rien ne pourra éteindre son souvenir.	*Nothing can erase his memory.*
C'est en tombant dans le fleuve qu'il a éteint sa bougie.	*It was lights out for him when he fell into the river.*

RELATED WORD

éteint(e)	*off/out*
Le feu est éteint.	*The fire is out.*
La radio est éteinte.	*The radio is off.*

s'étonner   *to be surprised*

je m'étonne · je m'étonnai · s'étant étonné · s'étonnant   regular -er reflexive verb; compound tenses with *être*

PRESENT	
m'étonne	nous étonnons
t'étonnes	vous étonnez
s'étonne	s'étonnent

PASSÉ COMPOSÉ	
me suis étonné(e)	nous sommes étonné(e)s
t'es étonné(e)	vous êtes étonné(e)(s)
s'est étonné(e)	se sont étonné(e)s

IMPERFECT	
m'étonnais	nous étonnions
t'étonnais	vous étonniez
s'étonnait	s'étonnaient

PLUPERFECT	
m'étais étonné(e)	nous étions étonné(e)s
t'étais étonné(e)	vous étiez étonné(e)(s)
s'était étonné(e)	s'étaient étonné(e)s

PASSÉ SIMPLE	
m'étonnai	nous étonnâmes
t'étonnas	vous étonnâtes
s'étonna	s'étonnèrent

PAST ANTERIOR	
me fus étonné(e)	nous fûmes étonné(e)s
te fus étonné(e)	vous fûtes étonné(e)(s)
se fut étonné(e)	se furent étonné(e)s

FUTURE	
m'étonnerai	nous étonnerons
t'étonneras	vous étonnerez
s'étonnera	s'étonneront

FUTURE ANTERIOR	
me serai étonné(e)	nous serons étonné(e)s
te seras étonné(e)	vous serez étonné(e)(s)
se sera étonné(e)	se seront étonné(e)s

CONDITIONAL	
m'étonnerais	nous étonnerions
t'étonnerais	vous étonneriez
s'étonnerait	s'étonneraient

PAST CONDITIONAL	
me serais étonné(e)	nous serions étonné(e)s
te serais étonné(e)	vous seriez étonné(e)(s)
se serait étonné(e)	se seraient étonné(e)s

PRESENT SUBJUNCTIVE	
m'étonne	nous étonnions
t'étonnes	vous étonniez
s'étonne	s'étonnent

PAST SUBJUNCTIVE	
me sois étonné(e)	nous soyons étonné(e)s
te sois étonné(e)	vous soyez étonné(e)(s)
se soit étonné(e)	se soient étonné(e)s

IMPERFECT SUBJUNCTIVE	
m'étonnasse	nous étonnassions
t'étonnasses	vous étonnassiez
s'étonnât	s'étonnassent

PLUPERFECT SUBJUNCTIVE	
me fusse étonné(e)	nous fussions étonné(e)s
te fusses étonné(e)	vous fussiez étonné(e)(s)
se fût étonné(e)	se fussent étonné(e)s

COMMANDS	
	étonnons-nous
étonne-toi	étonnez-vous

Usage

s'étonner de	to be surprised at
Il est très naïf. Il s'étonne de tout.	He's very naive. He is surprised at everything.
On s'est étonnés à l'annonce de sa démission.	We were surprised at the announcement of his resignation.

s'étonner que + subjunctive *to be surprised that*

Je m'étonne qu'il soit encore là.	I'm surprised he's still here.
Ça m'étonnerait qu'il soit déjà parti.	I'd be surprised if he had already left.

RELATED WORD

l'étonnement *(m)*	astonishment
Ses mots ont causé de l'étonnement.	His words caused astonishment.

irregular verb

je suis · je fus · été · étant

PRESENT

suis	sommes
es	êtes
est	sont

IMPERFECT

étais	étions
étais	étiez
était	étaient

PASSÉ SIMPLE

fus	fûmes
fus	fûtes
fut	furent

FUTURE

serai	serons
seras	serez
sera	seront

CONDITIONAL

serais	serions
serais	seriez
serait	seraient

PRESENT SUBJUNCTIVE

sois	soyons
sois	soyez
soit	soient

IMPERFECT SUBJUNCTIVE

fusse	fussions
fusses	fussiez
fût	fussent

COMMANDS

	soyons
sois	soyez

PASSÉ COMPOSÉ

ai été	avons été
as été	avez été
a été	ont été

PLUPERFECT

avais été	avions été
avais été	aviez été
avait été	avaient été

PAST ANTERIOR

eus été	eûmes été
eus été	eûtes été
eut été	eurent été

FUTURE ANTERIOR

aurai été	aurons été
auras été	aurez été
aura été	auront été

PAST CONDITIONAL

aurais été	aurions été
aurais été	auriez été
aurait été	auraient été

PAST SUBJUNCTIVE

aie été	ayons été
aies été	ayez été
ait été	aient été

PLUPERFECT SUBJUNCTIVE

eusse été	eussions été
eusses été	eussiez été
eût été	eussent été

Usage

Il est médecin.	*He's a doctor.*
C'est un médecin connu.	*He's a famous doctor.*
—Quelle heure est-il?	*What time is it?*
—Il est huit heures et demie.	*It's eight-thirty.*
La conférence est demain, à cinq heures.	*The lecture is tomorrow at five o'clock.*
Ma fille est grande, belle et intelligente.	*My daughter is tall, beautiful, and intelligent.*
—Où est l'arrêt d'autobus?	*Where is the bus stop?*
—Il est devant le cinéma.	*It's in front of the movie theater.*
—Qui est cet homme?	*Who's that man?*
—C'est notre boucher. Tu ne le reconnais pas?	*He's our butcher. Don't you recognize him?*

TOP 30 VERB ☞

je suis · je fus · été · étant   irregular verb

être pour exprimer l'existence

être ou ne pas être	*to be or not to be*
Il est ce qu'il est, et c'est tout.	*He is what he is and that's all.*
le logiciel le plus efficace qu'il soit	*the most efficient software there is*

être pour exprimer le temps et l'heure

être en retard/en avance/à l'heure	*to be late/early/on time*
être prêt(e)	*to be ready*

Où est-ce qu'on est?

Son père est à l'hôpital.	*His/Her father is in the hospital.*
J'ai été à la bibliothèque.	*I went to the library.*
Elle avait été au marché.	*She had gone to the market.*

être à

—C'est à qui le tour?	*Whose turn is it?*
—C'est à vous de parler.	*It's your turn to speak.*
—Il t'embête?	*Does he annoy you?*
—Oui, il est toujours à me gronder.	*Yes, he's always scolding me.*

être de

—Vous êtes d'où?	*Where are you from?*
—Je suis de Guadeloupe.	*I'm from Guadeloupe.*

être en

Je vois que ta montre est en or.	*I see your watch is gold.*
Il est en nage.	*He is bathed in sweat.*

en être, y être pour

—Où en êtes-vous dans le manuel?	*Where are you up to in the textbook?*
—On en est à la page 15.	*We're up to page 15.*
J'en suis là!	*Look what's happened to me!/I've come to this!*
—Je m'excuse. C'est de ma faute.	*I'm sorry. It's my fault.*
—Non, vous n'y êtes pour rien.	*No, it's not your fault at all.*

y être

Ça y est!	*There you go!/That's it!*
—J'y suis!	*I've got it!/I've solved it!*
—Vous n'y êtes pas du tout.	*You're way off base.*

TOP 30 VERBS

regular *-er* verb | **j'étudie · j'étudiai · étudié · étudiant**

PRESENT		PASSÉ COMPOSÉ	
étudie	étudions	ai étudié	avons étudié
étudies	étudiez	as étudié	avez étudié
étudie	étudient	a étudié	ont étudié

IMPERFECT		PLUPERFECT	
étudiais	étudiions	avais étudié	avions étudié
étudiais	étudiiez	avais étudié	aviez étudié
étudiait	étudiaient	avait étudié	avaient étudié

PASSÉ SIMPLE		PAST ANTERIOR	
étudiai	étudiâmes	eus étudié	eûmes étudié
étudias	étudiâtes	eus étudié	eûtes étudié
étudia	étudièrent	eut étudié	eurent étudié

FUTURE		FUTURE ANTERIOR	
étudierai	étudierons	aurai étudié	aurons étudié
étudieras	étudierez	auras étudié	aurez étudié
étudiera	étudieront	aura étudié	auront étudié

CONDITIONAL		PAST CONDITIONAL	
étudierais	étudierions	aurais étudié	aurions étudié
étudierais	étudieriez	aurais étudié	auriez étudié
étudierait	étudieraient	aurait étudié	auraient étudié

PRESENT SUBJUNCTIVE		PAST SUBJUNCTIVE	
étudie	étudiions	aie étudié	ayons étudié
étudies	étudiiez	aies étudié	ayez étudié
étudie	étudient	ait étudié	aient étudié

IMPERFECT SUBJUNCTIVE		PLUPERFECT SUBJUNCTIVE	
étudiasse	étudiassions	eusse étudié	eussions étudié
étudiasses	étudiassiez	eusses étudié	eussiez étudié
étudiât	étudiassent	eût étudié	eussent étudié

COMMANDS	
	étudions
étudie	étudiez

Usage

étudier qqch	*to study something*
Il étudie ses verbes latins.	*He's studying his Latin verbs.*
étudier à la faculté de droit	*to study at the law school*
Nous allons étudier ces idées de près.	*We're going to study these ideas closely.*

RELATED WORDS

l'étude *(f)*	*study*
les études *(fpl)*	*course of study/university program/ education*
faire ses études	*to be studying at the university*
faire ses études d'administration	*to be studying business administration*
Je travaille pour payer mes études.	*I'm working to pay for my education.*
Elle fait ses études à Paris.	*She's going to college in Paris.*
les étudiants en droit/en médecine	*law/medical students*

éviter *to avoid*

j'évite · j'évitai · évité · évitant   regular *-er* verb

PRESENT		PASSÉ COMPOSÉ	
évite	évitons	ai évité	avons évité
évites	évitez	as évité	avez évité
évite	évitent	a évité	ont évité

IMPERFECT		PLUPERFECT	
évitais	évitions	avais évité	avions évité
évitais	évitiez	avais évité	aviez évité
évitait	évitaient	avait évité	avaient évité

PASSÉ SIMPLE		PAST ANTERIOR	
évitai	évitâmes	eus évité	eûmes évité
évitas	évitâtes	eus évité	eûtes évité
évita	évitèrent	eut évité	eurent évité

FUTURE		FUTURE ANTERIOR	
éviterai	éviterons	aurai évité	aurons évité
éviteras	éviterez	auras évité	aurez évité
évitera	éviteront	aura évité	auront évité

CONDITIONAL		PAST CONDITIONAL	
éviterais	éviterions	aurais évité	aurions évité
éviterais	éviteriez	aurais évité	auriez évité
éviterait	éviteraient	aurait évité	auraient évité

PRESENT SUBJUNCTIVE		PAST SUBJUNCTIVE	
évite	évitions	aie évité	ayons évité
évites	évitiez	aies évité	ayez évité
évite	évitent	ait évité	aient évité

IMPERFECT SUBJUNCTIVE		PLUPERFECT SUBJUNCTIVE	
évitasse	évitassions	eusse évité	eussions évité
évitasses	évitassiez	eusses évité	eussiez évité
évitât	évitassent	eût évité	eussent évité

COMMANDS	
	évitons
évite	évitez

Usage

J'essaie d'éviter les désagréments.	*I try to avoid unpleasant situations.*
Il vaut mieux éviter les discussions politiques au travail.	*It's best to avoid political arguments at work.*
Je voudrais que quelqu'un m'évite ce voyage.	*I wish someone would save me the trouble of making this trip.*
Répondez! Vous évitez la question!	*Answer! You're begging the question!*
Je suis sûr qu'il est coupable. Tu as vu comme il évitait mon regard?	*I'm sure he's guilty. Did you see how he avoided my glance?*
C'est un risque à éviter.	*It's a risk that should be avoided.*
—Sors si tu veux éviter Stéphane.	*Leave if you want to avoid Stéphane.*
—Lui et moi, on s'évite depuis un an.	*He and I have been avoiding each other for a year.*
Il essaie d'éviter ses créanciers.	*He is trying to avoid his creditors.*

regular -er reflexive verb;
compound tenses with *être*

**je m'excuse · je m'excusai · s'étant excusé ·
s'excusant**

PRESENT

m'excuse	nous excusons
t'excuses	vous excusez
s'excuse	s'excusent

PASSÉ COMPOSÉ

me suis excusé(e)	nous sommes excusé(e)s
t'es excusé(e)	vous êtes excusé(e)(s)
s'est excusé(e)	se sont excusé(e)s

IMPERFECT

m'excusais	nous excusions
t'excusais	vous excusiez
s'excusait	s'excusaient

PLUPERFECT

m'étais excusé(e)	nous étions excusé(e)s
t'étais excusé(e)	vous étiez excusé(e)(s)
s'était excusé(e)	s'étaient excusé(e)s

PASSÉ SIMPLE

m'excusai	nous excusâmes
t'excusas	vous excusâtes
s'excusa	s'excusèrent

PAST ANTERIOR

me fus excusé(e)	nous fûmes excusé(e)s
te fus excusé(e)	vous fûtes excusé(e)(s)
se fut excusé(e)	se furent excusé(e)s

FUTURE

m'excuserai	nous excuserons
t'excuseras	vous excuserez
s'excusera	s'excuseront

FUTURE ANTERIOR

me serai excusé(e)	nous serons excusé(e)s
te seras excusé(e)	vous serez excusé(e)(s)
se sera excusé(e)	se seront excusé(e)s

CONDITIONAL

m'excuserais	nous excuserions
t'excuserais	vous excuseriez
s'excuserait	s'excuseraient

PAST CONDITIONAL

me serais excusé(e)	nous serions excusé(e)s
te serais excusé(e)	vous seriez excusé(e)(s)
se serait excusé(e)	se seraient excusé(e)s

PRESENT SUBJUNCTIVE

m'excuse	nous excusions
t'excuses	vous excusiez
s'excuse	s'excusent

PAST SUBJUNCTIVE

me sois excusé(e)	nous soyons excusé(e)s
te sois excusé(e)	vous soyez excusé(e)(s)
se soit excusé(e)	se soient excusé(e)s

IMPERFECT SUBJUNCTIVE

m'excusasse	nous excusassions
t'excusasses	vous excusassiez
s'excusât	s'excusassent

PLUPERFECT SUBJUNCTIVE

me fusse excusé(e)	nous fussions excusé(e)s
te fusses excusé(e)	vous fussiez excusé(e)(s)
se fût excusé(e)	se fussent excusé(e)s

COMMANDS

	excusons-nous
excuse-toi	excusez-vous

Usage

s'excuser auprès de qqn	*to apologize to someone*
Les étudiants se sont excusés auprès du directeur.	*The students apologized to the principal.*
Ils se sont excusés d'être arrivés en retard.	*They apologized for being late.*
Je m'excuse de vous déranger.	*I apologize for bothering you.*

RELATED WORD

excusable	*forgivable*
Ces bêtises sont excusables à son âge.	*Such foolishness is forgivable at his age.*

exiger *to demand*

j'exige · j'exigeai · exigé · exigeant

-er verb; spelling change:
g > ge/a, o

PRESENT		PASSÉ COMPOSÉ	
exige	exigeons	ai exigé	avons exigé
exiges	exigez	as exigé	avez exigé
exige	exigent	a exigé	ont exigé

IMPERFECT		PLUPERFECT	
exigeais	exigions	avais exigé	avions exigé
exigeais	exigiez	avais exigé	aviez exigé
exigeait	exigeaient	avait exigé	avaient exigé

PASSÉ SIMPLE		PAST ANTERIOR	
exigeai	exigeâmes	eus exigé	eûmes exigé
exigeas	exigeâtes	eus exigé	eûtes exigé
exigea	exigèrent	eut exigé	eurent exigé

FUTURE		FUTURE ANTERIOR	
exigerai	exigerons	aurai exigé	aurons exigé
exigeras	exigerez	auras exigé	aurez exigé
exigera	exigeront	aura exigé	auront exigé

CONDITIONAL		PAST CONDITIONAL	
exigerais	exigerions	aurais exigé	aurions exigé
exigerais	exigeriez	aurais exigé	auriez exigé
exigerait	exigeraient	aurait exigé	auraient exigé

PRESENT SUBJUNCTIVE		PAST SUBJUNCTIVE	
exige	exigions	aie exigé	ayons exigé
exiges	exigiez	aies exigé	ayez exigé
exige	exigent	ait exigé	aient exigé

IMPERFECT SUBJUNCTIVE		PLUPERFECT SUBJUNCTIVE	
exigeasse	exigeassions	eusse exigé	eussions exigé
exigeasses	exigeassiez	eusses exigé	eussiez exigé
exigeât	exigeassent	eût exigé	eussent exigé

COMMANDS	
	exigeons
exige	exigez

Usage

Il a exigé son argent.	*He demanded his money.*
J'exige de vous des excuses.	*I demand an apology from you.*
Ce travail exige beaucoup de patience.	*This work requires a lot of patience.*
La connaissance de la programmation n'est pas exigée.	*Knowledge of programming is not required.*
Un titre universitaire est exigé.	*A college degree is required.*
Aucun passeport n'est exigé.	*A passport is not required.*
Mon nouveau poste exige trop de déplacements.	*My new job requires too much traveling.*
Le chef exige que tu finisses ce projet.	*The boss demands that you finish this project.*

regular -*er* verb | **j'explique · j'expliquai · expliqué · expliquant**

PRESENT

explique	expliquons
expliques	expliquez
explique	expliquent

IMPERFECT

expliquais	expliquions
expliquais	expliquiez
expliquait	expliquaient

PASSÉ SIMPLE

expliquai	expliquâmes
expliquas	expliquâtes
expliqua	expliquèrent

FUTURE

expliquerai	expliquerons
expliqueras	expliquerez
expliquera	expliqueront

CONDITIONAL

expliquerais	expliquerions
expliquerais	expliqueriez
expliquerait	expliqueraient

PRESENT SUBJUNCTIVE

explique	expliquions
expliques	expliquiez
explique	expliquent

IMPERFECT SUBJUNCTIVE

expliquasse	expliquassions
expliquasses	expliquassiez
expliquât	expliquassent

COMMANDS

	expliquons
explique	expliquez

PASSÉ COMPOSÉ

ai expliqué	avons expliqué
as expliqué	avez expliqué
a expliqué	ont expliqué

PLUPERFECT

avais expliqué	avions expliqué
avais expliqué	aviez expliqué
avait expliqué	avaient expliqué

PAST ANTERIOR

eus expliqué	eûmes expliqué
eus expliqué	eûtes expliqué
eut expliqué	eurent expliqué

FUTURE ANTERIOR

aurai expliqué	aurons expliqué
auras expliqué	aurez expliqué
aura expliqué	auront expliqué

PAST CONDITIONAL

aurais expliqué	aurions expliqué
aurais expliqué	auriez expliqué
aurait expliqué	auraient expliqué

PAST SUBJUNCTIVE

aie expliqué	ayons expliqué
aies expliqué	ayez expliqué
ait expliqué	aient expliqué

PLUPERFECT SUBJUNCTIVE

eusse expliqué	eussions expliqué
eusses expliqué	eussiez expliqué
eût expliqué	eussent expliqué

Usage

Expliquez-moi ce que vous voulez.	*Explain to me what you want.*
Il n'a pas expliqué pourquoi.	*He didn't explain why.*
expliquer qqch à qqn	*to explain something to someone*
Le directeur nous a expliqué le projet en détail.	*The director explained the project to us in detail.*
Ça explique tout!	*That figures!*
expliquer un texte	*to analyze a text critically*
Pour demain il nous faut expliquer ce poème.	*Tomorrow we have to give a critical analysis of this poem.*
s'expliquer	*to explain oneself*
Permettez-moi de m'expliquer.	*Allow me to explain myself.*
Ça s'explique.	*That's perfectly understandable.*

se fâcher *to get angry*

**je me fâche · je me fâchai · s'étant fâché ·
se fâchant**

regular *-er* reflexive verb;
compound tenses with *être*

PRESENT		PASSÉ COMPOSÉ	
me fâche	nous fâchons	me suis fâché(e)	nous sommes fâché(e)s
te fâches	vous fâchez	t'es fâché(e)	vous êtes fâché(e)(s)
se fâche	se fâchent	s'est fâché(e)	se sont fâché(e)s

IMPERFECT		PLUPERFECT	
me fâchais	nous fâchions	m'étais fâché(e)	nous étions fâché(e)s
te fâchais	vous fâchiez	t'étais fâché(e)	vous étiez fâché(e)(s)
se fâchait	se fâchaient	s'était fâché(e)	s'étaient fâché(e)s

PASSÉ SIMPLE		PAST ANTERIOR	
me fâchai	nous fâchâmes	me fus fâché(e)	nous fûmes fâché(e)s
te fâchas	vous fâchâtes	te fus fâché(e)	vous fûtes fâché(e)(s)
se fâcha	se fâchèrent	se fut fâché(e)	se furent fâché(e)s

FUTURE		FUTURE ANTERIOR	
me fâcherai	nous fâcherons	me serai fâché(e)	nous serons fâché(e)s
te fâcheras	vous fâcherez	te seras fâché(e)	vous serez fâché(e)(s)
se fâchera	se fâcheront	se sera fâché(e)	se seront fâché(e)s

CONDITIONAL		PAST CONDITIONAL	
me fâcherais	nous fâcherions	me serais fâché(e)	nous serions fâché(e)s
te fâcherais	vous fâcheriez	te serais fâché(e)	vous seriez fâché(e)(s)
se fâcherait	se fâcheraient	se serait fâché(e)	se seraient fâché(e)s

PRESENT SUBJUNCTIVE		PAST SUBJUNCTIVE	
me fâche	nous fâchions	me sois fâché(e)	nous soyons fâché(e)s
te fâches	vous fâchiez	te sois fâché(e)	vous soyez fâché(e)(s)
se fâche	se fâchent	se soit fâché(e)	se soient fâché(e)s

IMPERFECT SUBJUNCTIVE		PLUPERFECT SUBJUNCTIVE	
me fâchasse	nous fâchassions	me fusse fâché(e)	nous fussions fâché(e)s
te fâchasses	vous fâchassiez	te fusses fâché(e)	vous fussiez fâché(e)(s)
se fâchât	se fâchassent	se fût fâché(e)	se fussent fâché(e)s

COMMANDS	
	fâchons-nous
fâche-toi	fâchez-vous

Usage

se fâcher contre qqn	*to get angry at someone*
Le prof s'est fâché tout rouge contre moi.	*The teacher got furious with me.*
se fâcher avec qqn	*to get angry with/break off with someone*
Elle s'est fâchée avec Pierre.	*She got angry with Pierre.*
Si ça arrive, je vais me fâcher.	*If that happens, I'm going to put my foot down.*

RELATED WORDS

fâché(e)	*angry*
Il est toujours fâché.	*He's always angry.*
fâcheux/fâcheuse	*annoying/irritating*
Ils ont de fâcheuses habitudes.	*They have annoying habits.*

irregular verb

je fais · je fis · fait · faisant

PRESENT		PASSÉ COMPOSÉ	
fais	faisons	ai fait	avons fait
fais	faites	as fait	avez fait
fait	font	a fait	ont fait

IMPERFECT		PLUPERFECT	
faisais	faisions	avais fait	avions fait
faisais	faisiez	avais fait	aviez fait
faisait	faisaient	avait fait	avaient fait

PASSÉ SIMPLE		PAST ANTERIOR	
fis	fîmes	eus fait	eûmes fait
fis	fîtes	eus fait	eûtes fait
fit	firent	eut fait	eurent fait

FUTURE		FUTURE ANTERIOR	
ferai	ferons	aurai fait	aurons fait
feras	ferez	auras fait	aurez fait
fera	feront	aura fait	auront fait

CONDITIONAL		PAST CONDITIONAL	
ferais	ferions	aurais fait	aurions fait
ferais	feriez	aurais fait	auriez fait
ferait	feraient	aurait fait	auraient fait

PRESENT SUBJUNCTIVE		PAST SUBJUNCTIVE	
fasse	fassions	aie fait	ayons fait
fasses	fassiez	aies fait	ayez fait
fasse	fassent	ait fait	aient fait

IMPERFECT SUBJUNCTIVE		PLUPERFECT SUBJUNCTIVE	
fisse	fissions	eusse fait	eussions fait
fisses	fissiez	eusses fait	eussiez fait
fît	fissent	eût fait	eussent fait

COMMANDS	
	faisons
fais	faites

Usage

faire qqch	*to make something*
faire une quiche	*to make a quiche*
faire qqch pour qqn	*to make/do something for someone*
Tu peux faire les courses pour moi?	*Can you do the shopping for me?*
faire qqch à qqn	*to make/do something to/for someone*
Je vais te faire un thé.	*I'm going to make you a cup of tea.*
Qu'est-ce que vous faites dans la vie?	*What do you do for a living?*
Que feriez-vous dans ce cas?	*What would you do in this case?*
Quel temps fait-il?	*What's the weather like?*
Il fait chaud/froid.	*The weather's warm/cold.*
Il faisait nuit quand je suis rentré.	*It was dark when I got back.*
Il fait soleil.	*The sun's out.*
Il fait du vent.	*It's windy.*

TOP 30 VERB ☞

faire des études

faire sa médecine	*to study medicine*
faire du français/des langues	*to study French/languages*
faire des maths	*to study math*
faire du violon/du piano/de la flûte	*to study violin/piano/flute*

faire du sport

faire du vélo/de la voile	*to go bike riding/sailing*
faire de la varappe/du jogging	*to go rock climbing/jogging*

faire à la maison

faire le linge/la lessive	*to do the wash/the laundry*
faire le ménage	*to do the housework*
faire la vaisselle/les carreaux/le parquet	*to do the dishes/the windows/the floor*

faire dans le domaine personnel

—Pourquoi est-ce que tu fais la moue?	*Why are you pouting?*
—Parce que tu m'as fait de la peine.	*Because you hurt my feelings.*
—Lui, il fait un beau gâchis de tout.	*He makes a mess of everything.*
—Oui, il fait toujours le singe.	*Yes, he's always acting the fool.*
—Tu as vu la tête qu'il a faite?	*Did you see the face he made?*
—Laisse tomber. On ne va pas en faire toute une histoire.	*Forget about it. We're not going to make a federal case out of it.*
en faire à sa tête	*to act impulsively*
faire un clin d'œil à qqn	*to wink at someone*
faire l'enfant/l'idiot	*to act like a child/an idiot*
C'est bien fait pour toi!	*Serves you right!*

faire pour les voyages et les déplacements

—Vous avez fait un voyage?	*Did you take a trip?*
—Oui, nous avons fait l'Europe cet été.	*Yes, we traveled through Europe this summer.*
faire une promenade/une promenade en voiture	*to go for a walk/car ride*
faire une fugue	*to run away from home*
faire la queue au guichet de la gare	*to stand in line at the station ticket window*

D'autres expressions

faire acte de présence	*to put in an appearance*
faire une gaffe	*to make a blunder*
faire semblant de faire qqch	*to pretend to do something*

TOP 30 VERBS

regular *-er* verb | **je ferme · je fermai · fermé · fermant**

PRESENT		PASSÉ COMPOSÉ	
ferme	fermons	ai fermé	avons fermé
fermes	fermez	as fermé	avez fermé
ferme	ferment	a fermé	ont fermé

IMPERFECT		PLUPERFECT	
fermais	fermions	avais fermé	avions fermé
fermais	fermiez	avais fermé	aviez fermé
fermait	fermaient	avait fermé	avaient fermé

PASSÉ SIMPLE		PAST ANTERIOR	
fermai	fermâmes	eus fermé	eûmes fermé
fermas	fermâtes	eus fermé	eûtes fermé
ferma	fermèrent	eut fermé	eurent fermé

FUTURE		FUTURE ANTERIOR	
fermerai	fermerons	aurai fermé	aurons fermé
fermeras	fermerez	auras fermé	aurez fermé
fermera	fermeront	aura fermé	auront fermé

CONDITIONAL		PAST CONDITIONAL	
fermerais	fermerions	aurais fermé	aurions fermé
fermerais	fermeriez	aurais fermé	auriez fermé
fermerait	fermeraient	aurait fermé	auraient fermé

PRESENT SUBJUNCTIVE		PAST SUBJUNCTIVE	
ferme	fermions	aie fermé	ayons fermé
fermes	fermiez	aies fermé	ayez fermé
ferme	ferment	ait fermé	aient fermé

IMPERFECT SUBJUNCTIVE		PLUPERFECT SUBJUNCTIVE	
fermasse	fermassions	eusse fermé	eussions fermé
fermasses	fermassiez	eusses fermé	eussiez fermé
fermât	fermassent	eût fermé	eussent fermé

COMMANDS	
	fermons
ferme	fermez

Usage

fermer la porte/les fenêtres/son livre	*to close the door/the windows/one's book*
fermer la porte à clé	*to lock the door*
fermer la porte à verrou	*to bolt the door*
fermer la porte à double tour	*to double-lock the door*
Ils m'ont fermé la porte au nez.	*They shut the door in my face.*
fermer les yeux sur les abus	*to turn a blind eye to the abuses*
Ça ferme à sept heures.	*The store closes at seven o'clock.*
On ferme en août.	*We close in August.*
la fermer (*colloquial*)	*to keep one's mouth shut*
Ferme-la!	*Shut up!*
Tu aurais dû la fermer.	*You should have kept your mouth shut.*

se fier *to trust*

je me fie · je me fiai · s'étant fié · se fiant

regular *-er* reflexive verb;
compound tenses with *être*

PRESENT		PASSÉ COMPOSÉ	
me fie	nous fions	me suis fié(e)	nous sommes fié(e)s
te fies	vous fiez	t'es fié(e)	vous êtes fié(e)(s)
se fie	se fient	s'est fié(e)	se sont fié(e)s

IMPERFECT		PLUPERFECT	
me fiais	nous fiions	m'étais fié(e)	nous étions fié(e)s
te fiais	vous fiiez	t'étais fié(e)	vous étiez fié(e)(s)
se fiait	se fiaient	s'était fié(e)	s'étaient fié(e)s

PASSÉ SIMPLE		PAST ANTERIOR	
me fiai	nous fiâmes	me fus fié(e)	nous fûmes fié(e)s
te fias	vous fiâtes	te fus fié(e)	vous fûtes fié(e)(s)
se fia	se fièrent	se fut fié(e)	se furent fié(e)s

FUTURE		FUTURE ANTERIOR	
me fierai	nous fierons	me serai fié(e)	nous serons fié(e)s
te fieras	vous fierez	te seras fié(e)	vous serez fié(e)(s)
se fiera	se fieront	se sera fié(e)	se seront fié(e)s

CONDITIONAL		PAST CONDITIONAL	
me fierais	nous fierions	me serais fié(e)	nous serions fié(e)s
te fierais	vous fieriez	te serais fié(e)	vous seriez fié(e)(s)
se fierait	se fieraient	se serait fié(e)	se seraient fié(e)s

PRESENT SUBJUNCTIVE		PAST SUBJUNCTIVE	
me fie	nous fiions	me sois fié(e)	nous soyons fié(e)s
te fies	vous fiiez	te sois fié(e)	vous soyez fié(e)(s)
se fie	se fient	se soit fié(e)	se soient fié(e)s

IMPERFECT SUBJUNCTIVE		PLUPERFECT SUBJUNCTIVE	
me fiasse	nous fiassions	me fusse fié(e)	nous fussions fié(e)s
te fiasses	vous fiassiez	te fusses fié(e)	vous fussiez fié(e)(s)
se fiât	se fiassent	se fût fié(e)	se fussent fié(e)s

COMMANDS	
	fions-nous
fie-toi	fiez-vous

Usage

Personne ne se fie à lui.	*No one trusts him.*
Tous les employés se fient au chef de rayon.	*All the employees trust the department head.*
Il ne faut pas se fier aux apparences.	*One must not judge by appearances.*
Je ne me fie jamais à ce qu'il dit.	*I never go by what he says.*
Nous nous fions à votre discrétion.	*We're relying on your discretion.*
—Tu ne prends pas de notes?	*You're not writing anything down?*
—Non, je me fie à ma mémoire.	*No, I'm relying on my memory.*

RELATED WORDS

fiable	*trustworthy*
la fiabilité	*trustworthiness*

regular *-ir* verb

je finis · je finis · fini · finissant

PRESENT		PASSÉ COMPOSÉ	
finis	finissons	ai fini	avons fini
finis	finissez	as fini	avez fini
finit	finissent	a fini	ont fini

IMPERFECT		PLUPERFECT	
finissais	finissions	avais fini	avions fini
finissais	finissiez	avais fini	aviez fini
finissait	finissaient	avait fini	avaient fini

PASSÉ SIMPLE		PAST ANTERIOR	
finis	finîmes	eus fini	eûmes fini
finis	finîtes	eus fini	eûtes fini
finit	finirent	eut fini	eurent fini

FUTURE		FUTURE ANTERIOR	
finirai	finirons	aurai fini	aurons fini
finiras	finirez	auras fini	aurez fini
finira	finiront	aura fini	auront fini

CONDITIONAL		PAST CONDITIONAL	
finirais	finirions	aurais fini	aurions fini
finirais	finiriez	aurais fini	auriez fini
finirait	finiraient	aurait fini	auraient fini

PRESENT SUBJUNCTIVE		PAST SUBJUNCTIVE	
finisse	finissions	aie fini	ayons fini
finisses	finissiez	aies fini	ayez fini
finisse	finissent	ait fini	aient fini

IMPERFECT SUBJUNCTIVE		PLUPERFECT SUBJUNCTIVE	
finisse	finissions	eusse fini	eussions fini
finisses	finissiez	eusses fini	eussiez fini
finît	finissent	eût fini	eussent fini

COMMANDS	
	finissons
finis	finissez

Usage

—Maman! J'ai fini. Je veux sortir jouer.
—Tu n'as pas fini tes légumes. Finis-les.

Mom! I finished. I want to go out to play.
You haven't finished your vegetables. Finish them.

finir son travail/un livre/un article
Tu vas finir sans travail si tu continues comme ça!
Il a fini chef de rayon.
Quand est-ce que tu finiras de m'embêter?
en finir avec qqch/avec qqn
Je veux qu'on en finisse.
Il faut en finir avec ces discussions.
C'est un roman à n'en plus finir.

to finish one's work/a book/an article
You'll wind up without a job if you keep on like that!
He wound up as department supervisor.
When will you stop annoying me?

to be done with something/someone
I want us to be done with it.
We have to stop these discussions.
It's an endless novel.

forcer *to force*

PRESENT		PASSÉ COMPOSÉ	
force	forçons	ai forcé	avons forcé
forces	forcez	as forcé	avez forcé
force	forcent	a forcé	ont forcé

IMPERFECT		PLUPERFECT	
forçais	forcions	avais forcé	avions forcé
forçais	forciez	avais forcé	aviez forcé
forçait	forçaient	avait forcé	avaient forcé

PASSÉ SIMPLE		PAST ANTERIOR	
forçai	forçâmes	eus forcé	eûmes forcé
forças	forçâtes	eus forcé	eûtes forcé
força	forcèrent	eut forcé	eurent forcé

FUTURE		FUTURE ANTERIOR	
forcerai	forcerons	aurai forcé	aurons forcé
forceras	forcerez	auras forcé	aurez forcé
forcera	forceront	aura forcé	auront forcé

CONDITIONAL		PAST CONDITIONAL	
forcerais	forcerions	aurais forcé	aurions forcé
forcerais	forceriez	aurais forcé	auriez forcé
forcerait	forceraient	aurait forcé	auraient forcé

PRESENT SUBJUNCTIVE		PAST SUBJUNCTIVE	
force	forcions	aie forcé	ayons forcé
forces	forciez	aies forcé	ayez forcé
force	forcent	ait forcé	aient forcé

IMPERFECT SUBJUNCTIVE		PLUPERFECT SUBJUNCTIVE	
forçasse	forçassions	eusse forcé	eussions forcé
forçasses	forçassiez	eusses forcé	eussiez forcé
forçât	forçassent	eût forcé	eussent forcé

COMMANDS	
	forçons
force	forcez

Usage

Il a essayé de forcer la porte de la cuisine.	*He tried to force open the kitchen door.*
forcer la serrure	*to break the lock*
Le président a forcé la main du Parlement pour qu'ils approuvent sa proposition de loi.	*The president rammed his bill through Parliament.*
Écoute. Ne me force pas la main.	*Listen. Don't twist my arm.*
forcer qqn à faire qqch	*to force someone to do something*
L'agent l'a forcé à répondre.	*The policeman forced him to answer.*
Tu forces un peu la dose/la note.	*You're overdoing it/dramatizing.*
Je peux le faire sans forcer.	*I can do it easily.*
se forcer à faire qqch	*to force oneself to do something*
Je me force à prendre les médicaments.	*I force myself to take the medication.*

regular *-ir* verb | **je fournis · je fournis · fourni · fournissant**

PRESENT		PASSÉ COMPOSÉ	
fournis	fournissons	ai fourni	avons fourni
fournis	fournissez	as fourni	avez fourni
fournit	fournissent	a fourni	ont fourni

IMPERFECT		PLUPERFECT	
fournissais	fournissions	avais fourni	avions fourni
fournissais	fournissiez	avais fourni	aviez fourni
fournissait	fournissaient	avait fourni	avaient fourni

PASSÉ SIMPLE		PAST ANTERIOR	
fournis	fournîmes	eus fourni	eûmes fourni
fournis	fournîtes	eus fourni	eûtes fourni
fournit	fournirent	eut fourni	eurent fourni

FUTURE		FUTURE ANTERIOR	
fournirai	fournirons	aurai fourni	aurons fourni
fourniras	fournirez	auras fourni	aurez fourni
fournira	fourniront	aura fourni	auront fourni

CONDITIONAL		PAST CONDITIONAL	
fournirais	fournirions	aurais fourni	aurions fourni
fournirais	fourniriez	aurais fourni	auriez fourni
fournirait	fourniraient	aurait fourni	auraient fourni

PRESENT SUBJUNCTIVE		PAST SUBJUNCTIVE	
fournisse	fournissions	aie fourni	ayons fourni
fournisses	fournissiez	aies fourni	ayez fourni
fournisse	fournissent	ait fourni	aient fourni

IMPERFECT SUBJUNCTIVE		PLUPERFECT SUBJUNCTIVE	
fournisse	fournissions	eusse fourni	eussions fourni
fournisses	fournissiez	eusses fourni	eussiez fourni
fournît	fournissent	eût fourni	eussent fourni

COMMANDS	
	fournissons
fournis	fournissez

Usage

fournir qqch à qqn	*to supply someone with something*
fournir des livres aux étudiants	*to supply the students with books*
fournir du travail aux jeunes	*to get work for young people*
Il m'a fourni les moyens de réussir.	*He gave me the means to succeed.*
fournir un gros effort	*to put forth a great effort*
fournir à l'entretien de qqn	*to support someone (financially)*
Ses parents fournissent à son entretien.	*His parents support him.*
Je me fournis chez le traiteur au coin.	*I shop (for food) at the caterer's/the deli on the corner.*

RELATED WORD

le fournisseur	*supplier/purveyor*
Cette viande n'est pas bonne. Il faut changer de fournisseur.	*This meat isn't good. We have to shop elsewhere.*

je frappe · je frappai · frappé · frappant   regular -er verb

PRESENT		PASSÉ COMPOSÉ	
frappe	frappons	ai frappé	avons frappé
frappes	frappez	as frappé	avez frappé
frappe	frappent	a frappé	ont frappé

IMPERFECT		PLUPERFECT	
frappais	frappions	avais frappé	avions frappé
frappais	frappiez	avais frappé	aviez frappé
frappait	frappaient	avait frappé	avaient frappé

PASSÉ SIMPLE		PAST ANTERIOR	
frappai	frappâmes	eus frappé	eûmes frappé
frappas	frappâtes	eus frappé	eûtes frappé
frappa	frappèrent	eut frappé	eurent frappé

FUTURE		FUTURE ANTERIOR	
frapperai	frapperons	aurai frappé	aurons frappé
frapperas	frapperez	auras frappé	aurez frappé
frappera	frapperont	aura frappé	auront frappé

CONDITIONAL		PAST CONDITIONAL	
frapperais	frapperions	aurais frappé	aurions frappé
frapperais	frapperiez	aurais frappé	auriez frappé
frapperait	frapperaient	aurait frappé	auraient frappé

PRESENT SUBJUNCTIVE		PAST SUBJUNCTIVE	
frappe	frappions	aie frappé	ayons frappé
frappes	frappiez	aies frappé	ayez frappé
frappe	frappent	ait frappé	aient frappé

IMPERFECT SUBJUNCTIVE		PLUPERFECT SUBJUNCTIVE	
frappasse	frappassions	eusse frappé	eussions frappé
frappasses	frappassiez	eusses frappé	eussiez frappé
frappât	frappassent	eût frappé	eussent frappé

COMMANDS	
	frappons
frappe	frappez

Usage

frapper à la porte	*to knock at the door*
Excusez-moi. J'ai frappé à la mauvaise porte.	*Excuse me. I knocked at the wrong door.*
Entrez sans frapper. *(sign)*	*Enter without knocking.*
Frappez avant d'entrer. *(sign)*	*Knock before entering.*
Tes observations ont frappé juste.	*Your observations hit home.*
Ce contrat est frappé de nullité.	*That contract is declared null and void.*
Cette tragédie l'a frappé cruellement.	*That tragedy was a cruel blow to him.*
être frappé(e) d'horreur	*to be horror-stricken*

RELATED WORDS

la force de frappe	*nuclear strike force*
frappé(e)	*chilled with ice*
frappant(e)	*impressive/striking*

irregular verb | je fuis · je fuis · fui · fuyant

PRESENT		PASSÉ COMPOSÉ	
fuis	fuyons	ai fui	avons fui
fuis	fuyez	as fui	avez fui
fuit	fuient	a fui	ont fui

IMPERFECT		PLUPERFECT	
fuyais	fuyions	avais fui	avions fui
fuyais	fuyiez	avais fui	aviez fui
fuyait	fuyaient	avait fui	avaient fui

PASSÉ SIMPLE		PAST ANTERIOR	
fuis	fuîmes	eus fui	eûmes fui
fuis	fuîtes	eus fui	eûtes fui
fuit	fuirent	eut fui	eurent fui

FUTURE		FUTURE ANTERIOR	
fuirai	fuirons	aurai fui	aurons fui
fuiras	fuirez	auras fui	aurez fui
fuira	fuiront	aura fui	auront fui

CONDITIONAL		PAST CONDITIONAL	
fuirais	fuirions	aurais fui	aurions fui
fuirais	fuiriez	aurais fui	auriez fui
fuirait	fuiraient	aurait fui	auraient fui

PRESENT SUBJUNCTIVE		PAST SUBJUNCTIVE	
fuie	fuyions	aie fui	ayons fui
fuies	fuyiez	aies fui	ayez fui
fuie	fuient	ait fui	aient fui

IMPERFECT SUBJUNCTIVE		PLUPERFECT SUBJUNCTIVE	
fuisse	fuissions	eusse fui	eussions fui
fuisses	fuissiez	eusses fui	eussiez fui
fuît	fuissent	eût fui	eussent fui

COMMANDS	
	fuyons
fuis	fuyez

Usage

L'ennemi a fui devant nos troupes.	*The enemy fled from our troops.*
L'homme courageux ne fuit pas devant le danger.	*The courageous man does not run away from danger.*
Le voleur a fui à toutes jambes.	*The thief fled in haste.*
Il n'est pas fiable. Il fuit toujours devant ses responsabilités.	*He's not reliable. He runs away from his responsibilities.*
Le temps fuit.	*Time flies.*
Ses années de jeunesse ont fui.	*The years of his youth passed rapidly.*
Il faut fuir ces gens-là.	*You have to avoid those people.*

RELATED WORD

la fuite	*flight*
Je n'approuve pas ta fuite devant tes responsabilités.	*I don't approve of your running away from responsibilities.*

je gagne · je gagnai · gagné · gagnant   regular *-er* verb

PRESENT		PASSÉ COMPOSÉ	
gagne	gagnons	ai gagné	avons gagné
gagnes	gagnez	as gagné	avez gagné
gagne	gagnent	a gagné	ont gagné

IMPERFECT		PLUPERFECT	
gagnais	gagnions	avais gagné	avions gagné
gagnais	gagniez	avais gagné	aviez gagné
gagnait	gagnaient	avait gagné	avaient gagné

PASSÉ SIMPLE		PAST ANTERIOR	
gagnai	gagnâmes	eus gagné	eûmes gagné
gagnas	gagnâtes	eus gagné	eûtes gagné
gagna	gagnèrent	eut gagné	eurent gagné

FUTURE		FUTURE ANTERIOR	
gagnerai	gagnerons	aurai gagné	aurons gagné
gagneras	gagnerez	auras gagné	aurez gagné
gagnera	gagneront	aura gagné	auront gagné

CONDITIONAL		PAST CONDITIONAL	
gagnerais	gagnerions	aurais gagné	aurions gagné
gagnerais	gagneriez	aurais gagné	auriez gagné
gagnerait	gagneraient	aurait gagné	auraient gagné

PRESENT SUBJUNCTIVE		PAST SUBJUNCTIVE	
gagne	gagnions	aie gagné	ayons gagné
gagnes	gagniez	aies gagné	ayez gagné
gagne	gagnent	ait gagné	aient gagné

IMPERFECT SUBJUNCTIVE		PLUPERFECT SUBJUNCTIVE	
gagnasse	gagnassions	eusse gagné	eussions gagné
gagnasses	gagnassiez	eusses gagné	eussiez gagné
gagnât	gagnassent	eût gagné	eussent gagné

COMMANDS	
	gagnons
gagne	gagnez

Usage

gagner de l'argent/une grosse somme d'argent	to make money/a lot of money
Il gagne bien.	He earns a good salary.
Il est difficile de gagner sa vie dans ce pays.	It's difficult to make a living in that country.
Ce qu'il nous faut maintenant, c'est gagner du temps.	What we have to do now is play for time.
Mon travail est dur, mais je gagne ma croûte.	My work is hard, but I eke out a living.
gagner au casino	to win at the casino
On ne peut pas toujours gagner, tu sais.	Win a few, lose a few, you know.
Ils gagnent trois fois rien.	They earn next to nothing.
Qu'est-ce que tu y gagnes?	What do you get out of it?

regular *-er* verb

je garde · je gardai · gardé · gardant

PRESENT	
garde	gardons
gardes	gardez
garde	gardent

IMPERFECT	
gardais	gardions
gardais	gardiez
gardait	gardaient

PASSÉ SIMPLE	
gardai	gardâmes
gardas	gardâtes
garda	gardèrent

FUTURE	
garderai	garderons
garderas	garderez
gardera	garderont

CONDITIONAL	
garderais	garderions
garderais	garderiez
garderait	garderaient

PRESENT SUBJUNCTIVE	
garde	gardions
gardes	gardiez
garde	gardent

IMPERFECT SUBJUNCTIVE	
gardasse	gardassions
gardasses	gardassiez
gardât	gardassent

COMMANDS	
	gardons
garde	gardez

PASSÉ COMPOSÉ	
ai gardé	avons gardé
as gardé	avez gardé
a gardé	ont gardé

PLUPERFECT	
avais gardé	avions gardé
avais gardé	aviez gardé
avait gardé	avaient gardé

PAST ANTERIOR	
eus gardé	eûmes gardé
eus gardé	eûtes gardé
eut gardé	eurent gardé

FUTURE ANTERIOR	
aurai gardé	aurons gardé
auras gardé	aurez gardé
aura gardé	auront gardé

PAST CONDITIONAL	
aurais gardé	aurions gardé
aurais gardé	auriez gardé
aurait gardé	auraient gardé

PAST SUBJUNCTIVE	
aie gardé	ayons gardé
aies gardé	ayez gardé
ait gardé	aient gardé

PLUPERFECT SUBJUNCTIVE	
eusse gardé	eussions gardé
eusses gardé	eussiez gardé
eût gardé	eussent gardé

Usage

Je garde mes livres dans mon cabinet d'étude.	*I keep my books in my study.*
Ma petite amie a gardé toutes mes lettres.	*My girlfriend kept all my letters.*
J'ai eu du mal à garder mon sérieux.	*I could hardly keep a straight face.*
Il faut toujours garder sa présence d'esprit.	*You must always keep your wits about you.*
garder un enfant	*to take care of/baby-sit a child*
Tu peux garder ma valise un instant?	*Can you keep an eye on my suitcase for a minute?*
Si tu veux, je garderai ton courrier pendant ton absence.	*If you want, I'll take care of your mail while you're away.*
Tu vas garder cela pour toi.	*You'll keep this under your hat.*

je gèle · je gelai · gelé · gelant   -*er* verb; spelling change: é > è/mute e

PRESENT		PASSÉ COMPOSÉ	
gèle	gelons	ai gelé	avons gelé
gèles	gelez	as gelé	avez gelé
gèle	gèlent	a gelé	ont gelé

IMPERFECT		PLUPERFECT	
gelais	gelions	avais gelé	avions gelé
gelais	geliez	avais gelé	aviez gelé
gelait	gelaient	avait gelé	avaient gelé

PASSÉ SIMPLE		PAST ANTERIOR	
gelai	gelâmes	eus gelé	eûmes gelé
gelas	gelâtes	eus gelé	eûtes gelé
gela	gelèrent	eut gelé	eurent gelé

FUTURE		FUTURE ANTERIOR	
gèlerai	gèlerons	aurai gelé	aurons gelé
gèleras	gèlerez	auras gelé	aurez gelé
gèlera	gèleront	aura gelé	auront gelé

CONDITIONAL		PAST CONDITIONAL	
gèlerais	gèlerions	aurais gelé	aurions gelé
gèlerais	gèleriez	aurais gelé	auriez gelé
gèlerait	gèleraient	aurait gelé	auraient gelé

PRESENT SUBJUNCTIVE		PAST SUBJUNCTIVE	
gèle	gelions	aie gelé	ayons gelé
gèles	geliez	aies gelé	ayez gelé
gèle	gèlent	ait gelé	aient gelé

IMPERFECT SUBJUNCTIVE		PLUPERFECT SUBJUNCTIVE	
gelasse	gelassions	eusse gelé	eussions gelé
gelasses	gelassiez	eusses gelé	eussiez gelé
gelât	gelassent	eût gelé	eussent gelé

COMMANDS	
	gelons
gèle	gelez

Usage

Quel froid! Je gèle!	*It's so cold! I'm freezing!*
être gelé(e) jusqu'aux os	*to be frozen stiff*
Le moteur a gelé.	*The motor froze up.*
Cette nuit il va geler.	*There's going to be frost this evening.*
geler les salaires et les prix	*to freeze salaries and prices*
geler les négociations	*to halt negotiations*
geler les entretiens	*to halt talks*

RELATED WORDS

la gelure	*frostbite*
la gelée/le gel	*frost*
le gel des salaires	*freezing of salaries*

regular -*er* verb　　　　　　　　　　　　　　**je gêne · je gênai · gêné · gênant**

PRESENT

gêne	gênons
gênes	gênez
gêne	gênent

PASSÉ COMPOSÉ

ai gêné	avons gêné
as gêné	avez gêné
a gêné	ont gêné

IMPERFECT

gênais	gênions
gênais	gêniez
gênait	gênaient

PLUPERFECT

avais gêné	avions gêné
avais gêné	aviez gêné
avait gêné	avaient gêné

PASSÉ SIMPLE

gênai	gênâmes
gênas	gênâtes
gêna	gênèrent

PAST ANTERIOR

eus gêné	eûmes gêné
eus gêné	eûtes gêné
eut gêné	eurent gêné

FUTURE

gênerai	gênerons
gêneras	gênerez
gênera	gêneront

FUTURE ANTERIOR

aurai gêné	aurons gêné
auras gêné	aurez gêné
aura gêné	auront gêné

CONDITIONAL

gênerais	gênerions
gênerais	gêneriez
gênerait	gêneraient

PAST CONDITIONAL

aurais gêné	aurions gêné
aurais gêné	auriez gêné
aurait gêné	auraient gêné

PRESENT SUBJUNCTIVE

gêne	gênions
gênes	gêniez
gêne	gênent

PAST SUBJUNCTIVE

aie gêné	ayons gêné
aies gêné	ayez gêné
ait gêné	aient gêné

IMPERFECT SUBJUNCTIVE

gênasse	gênassions
gênasses	gênassiez
gênât	gênassent

PLUPERFECT SUBJUNCTIVE

eusse gêné	eussions gêné
eusses gêné	eussiez gêné
eût gêné	eussent gêné

COMMANDS

	gênons
gêne	gênez

Usage

Je vous gêne?	*Am I in your way?/Am I blocking your view?*
Je crains de vous gêner.	*I hope I'm not bothering you.*
Ce bruit me gêne pour écouter mes CD.	*That noise bothers me when I listen to my CDs.*
Ça vous gênerait d'aller à la poste pour moi?	*Would it be too much trouble to go to the post office for me?*
Je suis gêné de m'adresser à lui.	*I feel funny approaching him (about it).*
se gêner	*to put oneself out; to stand on ceremony*
Je ne veux pas qu'elle se gêne pour moi.	*I don't want her to go to any trouble for me.*
Tu n'as pas pourquoi te gêner avec moi.	*You have no reason to stand on ceremony with me.*
Ne vous gênez pas!	*Go right ahead!*

grossir   *to put on weight; to get bigger*

je grossis · je grossis · grossi · grossissant   regular -*ir* verb

PRESENT		PASSÉ COMPOSÉ	
grossis	grossissons	ai grossi	avons grossi
grossis	grossissez	as grossi	avez grossi
grossit	grossissent	a grossi	ont grossi

IMPERFECT		PLUPERFECT	
grossissais	grossissions	avais grossi	avions grossi
grossissais	grossissiez	avais grossi	aviez grossi
grossissait	grossissaient	avait grossi	avaient grossi

PASSÉ SIMPLE		PAST ANTERIOR	
grossis	grossîmes	eus grossi	eûmes grossi
grossis	grossîtes	eus grossi	eûtes grossi
grossit	grossirent	eut grossi	eurent grossi

FUTURE		FUTURE ANTERIOR	
grossirai	grossirons	aurai grossi	aurons grossi
grossiras	grossirez	auras grossi	aurez grossi
grossira	grossiront	aura grossi	auront grossi

CONDITIONAL		PAST CONDITIONAL	
grossirais	grossirions	aurais grossi	aurions grossi
grossirais	grossiriez	aurais grossi	auriez grossi
grossirait	grossiraient	aurait grossi	auraient grossi

PRESENT SUBJUNCTIVE		PAST SUBJUNCTIVE	
grossisse	grossissions	aie grossi	ayons grossi
grossisses	grossissiez	aies grossi	ayez grossi
grossisse	grossissent	ait grossi	aient grossi

IMPERFECT SUBJUNCTIVE		PLUPERFECT SUBJUNCTIVE	
grossisse	grossissions	eusse grossi	eussions grossi
grossisses	grossissiez	eusses grossi	eussiez grossi
grossît	grossissent	eût grossi	eussent grossi

COMMANDS	
	grossissons
grossis	grossissez

Usage

Mon Dieu, j'ai grossi!	*My gosh, I've gained weight!*
La pâtisserie fait grossir.	*Pastry is fattening.*
La foule devant le palais grossissait.	*The crowd in front of the palace was growing.*
Le bruit grossissait.	*The noise was getting louder.*
Ce manteau te grossit, je trouve.	*I think that coat makes you look fatter.*
Elle grossit le problème.	*She's exaggerating the problem.*

RELATED WORD

le grossissement	*weight gain*

regular -*ir* verb   **je guéris · je guéris · guéri · guérissant**

PRESENT

guéris	guérissons
guéris	guérissez
guérit	guérissent

IMPERFECT

guérissais	guérissions
guérissais	guérissiez
guérissait	guérissaient

PASSÉ SIMPLE

guéris	guérîmes
guéris	guérîtes
guérit	guérirent

FUTURE

guérirai	guérirons
guériras	guérirez
guérira	guériront

CONDITIONAL

guérirais	guéririons
guérirais	guéririez
guérirait	guériraient

PRESENT SUBJUNCTIVE

guérisse	guérissions
guérisses	guérissiez
guérisse	guérissent

IMPERFECT SUBJUNCTIVE

guérisse	guérissions
guérisses	guérissiez
guérît	guérissent

COMMANDS

	guérissons
guéris	guérissez

PASSÉ COMPOSÉ

ai guéri	avons guéri
as guéri	avez guéri
a guéri	ont guéri

PLUPERFECT

avais guéri	avions guéri
avais guéri	aviez guéri
avait guéri	avaient guéri

PAST ANTERIOR

eus guéri	eûmes guéri
eus guéri	eûtes guéri
eut guéri	eurent guéri

FUTURE ANTERIOR

aurai guéri	aurons guéri
auras guéri	aurez guéri
aura guéri	auront guéri

PAST CONDITIONAL

aurais guéri	aurions guéri
aurais guéri	auriez guéri
aurait guéri	auraient guéri

PAST SUBJUNCTIVE

aie guéri	ayons guéri
aies guéri	ayez guéri
ait guéri	aient guéri

PLUPERFECT SUBJUNCTIVE

eusse guéri	eussions guéri
eusses guéri	eussiez guéri
eût guéri	eussent guéri

Usage

Ma blessure a guéri.	*My wound healed.*
Elle est guérie de sa grippe.	*She has recovered from the flu.*
Jouer au casino, il en est guéri.	*He is through gambling at the casino.*
se guérir d'une mauvaise habitude	*to break a bad habit*
Quand se guérira-t-il de cet amour?	*When will he get over that love?*

RELATED WORD

la guérison	*healing/getting better*
Bonne guérison!	*Get well!*

s'habiller   *to get dressed*

je m'habille · je m'habillai · s'étant habillé · s'habillant

regular -*er* reflexive verb; compound tenses with *être*

PRESENT

m'habille	nous habillons
t'habilles	vous habillez
s'habille	s'habillent

IMPERFECT

m'habillais	nous habillions
t'habillais	vous habilliez
s'habillait	s'habillaient

PASSÉ SIMPLE

m'habillai	nous habillâmes
t'habillas	vous habillâtes
s'habilla	s'habillèrent

FUTURE

m'habillerai	nous habillerons
t'habilleras	vous habillerez
s'habillera	s'habilleront

CONDITIONAL

m'habillerais	nous habillerions
t'habillerais	vous habilleriez
s'habillerait	s'habilleraient

PRESENT SUBJUNCTIVE

m'habille	nous habillions
t'habilles	vous habilliez
s'habille	s'habillent

IMPERFECT SUBJUNCTIVE

m'habillasse	nous habillassions
t'habillasses	vous habillassiez
s'habillât	s'habillassent

COMMANDS

	habillons-nous
habille-toi	habillez-vous

PASSÉ COMPOSÉ

me suis habillé(e)	nous sommes habillé(e)s
t'es habillé(e)	vous êtes habillé(e)(s)
s'est habillé(e)	se sont habillé(e)s

PLUPERFECT

m'étais habillé(e)	nous étions habillé(e)s
t'étais habillé(e)	vous étiez habillé(e)(s)
s'était habillé(e)	s'étaient habillé(e)s

PAST ANTERIOR

me fus habillé(e)	nous fûmes habillé(e)s
te fus habillé(e)	vous fûtes habillé(e)(s)
se fut habillé(e)	se furent habillé(e)s

FUTURE ANTERIOR

me serai habillé(e)	nous serons habillé(e)s
te seras habillé(e)	vous serez habillé(e)(s)
se sera habillé(e)	se seront habillé(e)s

PAST CONDITIONAL

me serais habillé(e)	nous serions habillé(e)s
te serais habillé(e)	vous seriez habillé(e)(s)
se serait habillé(e)	se seraient habillé(e)s

PAST SUBJUNCTIVE

me sois habillé(e)	nous soyons habillé(e)s
te sois habillé(e)	vous soyez habillé(e)(s)
se soit habillé(e)	se soient habillé(e)s

PLUPERFECT SUBJUNCTIVE

me fusse habillé(e)	nous fussions habillé(e)s
te fusses habillé(e)	vous fussiez habillé(e)(s)
se fût habillé(e)	se fussent habillé(e)s

Usage

L'enfant s'habille déjà tout seul.	*The child dresses himself already.*
—Qu'est-ce que tu fais?	*What are you doing?*
—Je m'habille pour sortir.	*I'm getting dressed to go out.*
—Je ne t'avais pas reconnue.	*I didn't recognize you.*
—Je m'étais habillée en bohème.	*I had dressed up as a Bohemian.*
—Elle s'habille à la dernière mode.	*She dresses according to the latest fashion.*
—C'est surprenant, parce que sa sœur ne sait pas s'habiller du tout.	*That's surprising because her sister doesn't know how to dress at all.*
Il s'habille bien/mal.	*He dresses well/badly.*
Ces enfants sont mal habillés.	*These children are poorly dressed.*

regular -er verb | **j'habite · j'habitai · habité · habitant**

PRESENT		PASSÉ COMPOSÉ	
habite	habitons	ai habité	avons habité
habites	habitez	as habité	avez habité
habite	habitent	a habité	ont habité

IMPERFECT		PLUPERFECT	
habitais	habitions	avais habité	avions habité
habitais	habitiez	avais habité	aviez habité
habitait	habitaient	avait habité	avaient habité

PASSÉ SIMPLE		PAST ANTERIOR	
habitai	habitâmes	eus habité	eûmes habité
habitas	habitâtes	eus habité	eûtes habité
habita	habitèrent	eut habité	eurent habité

FUTURE		FUTURE ANTERIOR	
habiterai	habiterons	aurai habité	aurons habité
habiteras	habiterez	auras habité	aurez habité
habitera	habiteront	aura habité	auront habité

CONDITIONAL		PAST CONDITIONAL	
habiterais	habiterions	aurais habité	aurions habité
habiterais	habiteriez	aurais habité	auriez habité
habiterait	habiteraient	aurait habité	auraient habité

PRESENT SUBJUNCTIVE		PAST SUBJUNCTIVE	
habite	habitions	aie habité	ayons habité
habites	habitiez	aies habité	ayez habité
habite	habitent	ait habité	aient habité

IMPERFECT SUBJUNCTIVE		PLUPERFECT SUBJUNCTIVE	
habitasse	habitassions	eusse habité	eussions habité
habitasses	habitassiez	eusses habité	eussiez habité
habitât	habitassent	eût habité	eussent habité

COMMANDS	
	habitons
habite	habitez

Usage

Il habite Paris. *or* Il habite à Paris. — *He lives in Paris. (The form without à is now more common.)*

Vous habitez où? — *Where do you live?*
J'habite dans le XVIIe. — *I live in the 17th arrondissement of Paris.*
J'habite 9, rue Guy Patin. — *I live at 9, Guy Patin Street.*
Pendant qu'il faisait ses études à Toulouse, il habitait chez sa tante. — *While he was studying in Toulouse, he lived at his aunt's.*
—Tu n'habites plus la ville? — *You don't live in town anymore?*
—Non. J'habite (à) la campagne. — *No, I live in the country.*
Ils habitent sous le même toit. — *They live together.*

RELATED WORD

l'habitant(e) *(m/f)* — *inhabitant*

haïr *to hate*

PRESENT		PASSÉ COMPOSÉ	
hais	haïssons	ai haï	avons haï
hais	haïssez	as haï	avez haï
hait	haïssent	a haï	ont haï

IMPERFECT		PLUPERFECT	
haïssais	haïssions	avais haï	avions haï
haïssais	haïssiez	avais haï	aviez haï
haïssait	haïssaient	avait haï	avaient haï

PASSÉ SIMPLE		PAST ANTERIOR	
haïs	haïmes	eus haï	eûmes haï
haïs	haïtes	eus haï	eûtes haï
haït	haïrent	eut haï	eurent haï

FUTURE		FUTURE ANTERIOR	
haïrai	haïrons	aurai haï	aurons haï
haïras	haïrez	auras haï	aurez haï
haïra	haïront	aura haï	auront haï

CONDITIONAL		PAST CONDITIONAL	
haïrais	haïrions	aurais haï	aurions haï
haïrais	haïriez	aurais haï	auriez haï
haïrait	haïraient	aurait haï	auraient haï

PRESENT SUBJUNCTIVE		PAST SUBJUNCTIVE	
haïsse	haïssions	aie haï	ayons haï
haïsses	haïssiez	aies haï	ayez haï
haïsse	haïssent	ait haï	aient haï

IMPERFECT SUBJUNCTIVE		PLUPERFECT SUBJUNCTIVE	
haïsse	haïssions	eusse haï	eussions haï
haïsses	haïssiez	eusses haï	eussiez haï
haït	haïssent	eût haï	eussent haï

COMMANDS	
	haïssons
hais	haïssez

Usage

haïr qqn	to hate someone
Notre pays haït les traîtres.	Our country hates traitors.
Avant, il nous haïssait.	Previously he hated us.
haïr qqn d'avoir fait qqch	to hate someone for having done something
Il me hait de l'avoir dénoncé.	He hates me for having turned him in.
haïr qqch	to hate something
Je hais la cruauté.	I hate cruelty.
Il haïssait les injustices du régime.	He hated the injustices of the regime.

RELATED WORD

la haine	hatred
Il éprouve de la haine envers ses ennemis.	He feels hatred toward his enemies.

irregular verb

j'**inclus** · j'**inclus** · **inclus** · **incluant**

PRESENT		PASSÉ COMPOSÉ	
inclus	incluons	ai inclus	avons inclus
inclus	incluez	as inclus	avez inclus
inclut	incluent	a inclus	ont inclus

IMPERFECT		PLUPERFECT	
incluais	incluions	avais inclus	avions inclus
incluais	incluiez	avais inclus	aviez inclus
incluait	incluaient	avait inclus	avaient inclus

PASSÉ SIMPLE		PAST ANTERIOR	
inclus	inclûmes	eus inclus	eûmes inclus
inclus	inclûtes	eus inclus	eûtes inclus
inclut	inclurent	eut inclus	eurent inclus

FUTURE		FUTURE ANTERIOR	
inclurai	inclurons	aurai inclus	aurons inclus
incluras	inclurez	auras inclus	aurez inclus
inclura	incluront	aura inclus	auront inclus

CONDITIONAL		PAST CONDITIONAL	
inclurais	inclurions	aurais inclus	aurions inclus
inclurais	incluriez	aurais inclus	auriez inclus
inclurait	incluraient	aurait inclus	auraient inclus

PRESENT SUBJUNCTIVE		PAST SUBJUNCTIVE	
inclue	incluions	aie inclus	ayons inclus
inclues	incluiez	aies inclus	ayez inclus
inclue	incluent	ait inclus	aient inclus

IMPERFECT SUBJUNCTIVE		PLUPERFECT SUBJUNCTIVE	
inclusse	inclussions	eusse inclus	eussions inclus
inclusses	inclussiez	eusses inclus	eussiez inclus
inclût	inclussent	eût inclus	eussent inclus

COMMANDS	
	incluons
inclus	incluez

Usage

Il faut inclure ce conte dans le recueil.

J'ai inclus ces observations dans mon article.
Les impôts sont inclus dans le prix.
Pour demain, lisez le manuel jusqu'au quatrième chapitre inclus.
Ne m'inclus pas. Je n'irai pas.

We have to include this story in the anthology.
I included those observations in my article.

Taxes are included in the price.
For tomorrow, read the manual through chapter 4.
Count me out. I won't go.

RELATED WORD

ci-inclus(e)
Vous trouverez ci-incluse notre facture.

enclosed
You will find our bill enclosed.

s'inquiéter *to worry, be nervous, be upset*

je m'inquiète · je m'inquiétai ·
s'étant inquiété · s'inquiétant

-er reflexive verb; spelling change:
é > è/mute e; compound tenses with être

PRESENT

m'inquiète	nous inquiétons
t'inquiètes	vous inquiétez
s'inquiète	s'inquiètent

IMPERFECT

m'inquiétais	nous inquiétions
t'inquiétais	vous inquiétiez
s'inquiétait	s'inquiétaient

PASSÉ SIMPLE

m'inquiétai	nous inquiétâmes
t'inquiétas	vous inquiétâtes
s'inquiéta	s'inquiétèrent

FUTURE

m'inquiéterai	nous inquiéterons
t'inquiéteras	vous inquiéterez
s'inquiétera	s'inquiéteront

CONDITIONAL

m'inquiéterais	nous inquiéterions
t'inquiéterais	vous inquiéteriez
s'inquiéterait	s'inquiéteraient

PRESENT SUBJUNCTIVE

m'inquiète	nous inquiétions
t'inquiètes	vous inquiétiez
s'inquiète	s'inquiètent

IMPERFECT SUBJUNCTIVE

m'inquiétasse	nous inquiétassions
t'inquiétasses	vous inquiétassiez
s'inquiétât	s'inquiétassent

PASSÉ COMPOSÉ

me suis inquiété(e)	nous sommes inquiété(e)s
t'es inquiété(e)	vous êtes inquiété(e)(s)
s'est inquiété(e)	se sont inquiété(e)s

PLUPERFECT

m'étais inquiété(e)	nous étions inquiété(e)s
t'étais inquiété(e)	vous étiez inquiété(e)(s)
s'était inquiété(e)	s'étaient inquiété(e)s

PAST ANTERIOR

me fus inquiété(e)	nous fûmes inquiété(e)s
te fus inquiété(e)	vous fûtes inquiété(e)(s)
se fut inquiété(e)	se furent inquiété(e)s

FUTURE ANTERIOR

me serai inquiété(e)	nous serons inquiété(e)s
te seras inquiété(e)	vous serez inquiété(e)(s)
se sera inquiété(e)	se seront inquiété(e)s

PAST CONDITIONAL

me serais inquiété(e)	nous serions inquiété(e)s
te serais inquiété(e)	vous seriez inquiété(e)(s)
se serait inquiété(e)	se seraient inquiété(e)s

PAST SUBJUNCTIVE

me sois inquiété(e)	nous soyons inquiété(e)s
te sois inquiété(e)	vous soyez inquiété(e)(s)
se soit inquiété(e)	se soient inquiété(e)s

PLUPERFECT SUBJUNCTIVE

me fusse inquiété(e)	nous fussions inquiété(e)s
te fusses inquiété(e)	vous fussiez inquiété(e)(s)
se fût inquiété(e)	se fussent inquiété(e)s

COMMANDS

	inquiétons-nous
inquiète-toi	inquiétez-vous

Usage

Elle s'inquiète pour ses enfants.	*She worries about her children.*
Personne ici ne s'inquiète pour moi.	*No one here worries about me.*
—De quoi est-ce que vous vous inquiétiez?	*What were you upset about?*
—Je m'inquiétais de votre santé.	*I was concerned about your health.*
s'inquiéter de faire qqch	*to take the trouble to do something*
Vous ne vous êtes pas inquiété de me mettre au courant.	*You didn't bother to inform me.*

RELATED WORD

inquiéter qqn	*to upset/worry someone*
Dites-moi ce qui vous inquiète.	*Tell me what's upsetting you.*

irregular reflexive verb; **je m'inscris · je m'inscrivis · s'étant inscrit ·**
compound tenses with *être* **s'inscrivant**

PRESENT		PASSÉ COMPOSÉ	
m'inscris	nous inscrivons	me suis inscrit(e)	nous sommes inscrit(e)s
t'inscris	vous inscrivez	t'es inscrit(e)	vous êtes inscrit(e)(s)
s'inscrit	s'inscrivent	s'est inscrit(e)	se sont inscrit(e)s

IMPERFECT		PLUPERFECT	
m'inscrivais	nous inscrivions	m'étais inscrit(e)	nous étions inscrit(e)s
t'inscrivais	vous inscriviez	t'étais inscrit(e)	vous étiez inscrit(e)(s)
s'inscrivait	s'inscrivaient	s'était inscrit(e)	s'étaient inscrit(e)s

PASSÉ SIMPLE		PAST ANTERIOR	
m'inscrivis	nous inscrivîmes	me fus inscrit(e)	nous fûmes inscrit(e)s
t'inscrivis	vous inscrivîtes	te fus inscrit(e)	vous fûtes inscrit(e)(s)
s'inscrivit	s'inscrivirent	se fut inscrit(e)	se furent inscrit(e)s

FUTURE		FUTURE ANTERIOR	
m'inscrirai	nous inscrirons	me serai inscrit(e)	nous serons inscrit(e)s
t'inscriras	vous inscrirez	te seras inscrit(e)	vous serez inscrit(e)(s)
s'inscrira	s'inscriront	se sera inscrit(e)	se seront inscrit(e)s

CONDITIONAL		PAST CONDITIONAL	
m'inscrirais	nous inscririons	me serais inscrit(e)	nous serions inscrit(e)s
t'inscrirais	vous inscririez	te serais inscrit(e)	vous seriez inscrit(e)(s)
s'inscrirait	s'inscriraient	se serait inscrit(e)	se seraient inscrit(e)s

PRESENT SUBJUNCTIVE		PAST SUBJUNCTIVE	
m'inscrive	nous inscrivions	me sois inscrit(e)	nous soyons inscrit(e)s
t'inscrives	vous inscriviez	te sois inscrit(e)	vous soyez inscrit(e)(s)
s'inscrive	s'inscrivent	se soit inscrit(e)	se soient inscrit(e)s

IMPERFECT SUBJUNCTIVE		PLUPERFECT SUBJUNCTIVE	
m'inscrivisse	nous inscrivissions	me fusse inscrit(e)	nous fussions inscrit(e)s
t'inscrivisses	vous inscrivissiez	te fusses inscrit(e)	vous fussiez inscrit(e)(s)
s'inscrivît	s'inscrivissent	se fût inscrit(e)	se fussent inscrit(e)s

COMMANDS	
	inscrivons-nous
inscris-toi	inscrivez-vous

Usage

s'inscrire à la faculté	*to register at the university*
s'inscrire au club	*to sign up at the club*
Ne vous y inscrivez pas.	*Don't sign up for it.*
Cette proposition s'inscrit dans notre plan d'expansion.	*This proposal comes under (the heading of) our expansion plan.*

RELATED WORDS

l'inscription *(f)*	*registration*
les frais *(mpl)* d'inscription	*registration fees*
lors de votre inscription	*when you register*

j'insiste · j'insistai · insisté · insistant   regular *-er* verb

PRESENT		PASSÉ COMPOSÉ	
insiste	insistons	ai insisté	avons insisté
insistes	insistez	as insisté	avez insisté
insiste	insistent	a insisté	ont insisté

IMPERFECT		PLUPERFECT	
insistais	insistions	avais insisté	avions insisté
insistais	insistiez	avais insisté	aviez insisté
insistait	insistaient	avait insisté	avaient insisté

PASSÉ SIMPLE		PAST ANTERIOR	
insistai	insistâmes	eus insisté	eûmes insisté
insistas	insistâtes	eus insisté	eûtes insisté
insista	insistèrent	eut insisté	eurent insisté

FUTURE		FUTURE ANTERIOR	
insisterai	insisterons	aurai insisté	aurons insisté
insisteras	insisterez	auras insisté	aurez insisté
insistera	insisteront	aura insisté	auront insisté

CONDITIONAL		PAST CONDITIONAL	
insisterais	insisterions	aurais insisté	aurions insisté
insisterais	insisteriez	aurais insisté	auriez insisté
insisterait	insisteraient	aurait insisté	auraient insisté

PRESENT SUBJUNCTIVE		PAST SUBJUNCTIVE	
insiste	insistions	aie insisté	ayons insisté
insistes	insistiez	aies insisté	ayez insisté
insiste	insistent	ait insisté	aient insisté

IMPERFECT SUBJUNCTIVE		PLUPERFECT SUBJUNCTIVE	
insistasse	insistassions	eusse insisté	eussions insisté
insistasses	insistassiez	eusses insisté	eussiez insisté
insistât	insistassent	eût insisté	eussent insisté

COMMANDS	
	insistons
insiste	insistez

Usage

Il insiste sur un départ immédiat.	*He insists on an immediate departure.*
Avec lui, il faut insister.	*With him you have to insist.*
Elle ne changera jamais d'avis. Inutile d'insister.	*There's no use insisting. She'll never change her mind.*
Ça suffit! N'insiste pas!	*That's enough! Don't rub it in!*
insister pour faire qqch	*to insist on doing something*
Il insiste pour nous accompagner.	*He insists on accompanying us.*
insister pour que + *subjunctive*	*to insist that someone do something*
J'insiste pour qu'il vienne.	*I insist that he come.*
insister que + *indicative*	*to insist that someone is doing something*
J'insiste qu'il vient.	*I insist that he's coming.*
—Il refuse toujours de le faire.	*He still refuses to do it.*
—Bon, je n'insisterai plus.	*All right, I won't insist anymore.*

PRESENT		PASSÉ COMPOSÉ	
interdis	interdisons	ai interdit	avons interdit
interdis	interdisez	as interdit	avez interdit
interdit	interdisent	a interdit	ont interdit

IMPERFECT		PLUPERFECT	
interdisais	interdisions	avais interdit	avions interdit
interdisais	interdisiez	avais interdit	aviez interdit
interdisait	interdisaient	avait interdit	avaient interdit

PASSÉ SIMPLE		PAST ANTERIOR	
interdis	interdîmes	eus interdit	eûmes interdit
interdis	interdîtes	eus interdit	eûtes interdit
interdit	interdirent	eut interdit	eurent interdit

FUTURE		FUTURE ANTERIOR	
interdirai	interdirons	aurai interdit	aurons interdit
interdiras	interdirez	auras interdit	aurez interdit
interdira	interdiront	aura interdit	auront interdit

CONDITIONAL		PAST CONDITIONAL	
interdirais	interdirions	aurais interdit	aurions interdit
interdirais	interdiriez	aurais interdit	auriez interdit
interdirait	interdiraient	aurait interdit	auraient interdit

PRESENT SUBJUNCTIVE		PAST SUBJUNCTIVE	
interdise	interdisions	aie interdit	ayons interdit
interdises	interdisiez	aies interdit	ayez interdit
interdise	interdisent	ait interdit	aient interdit

IMPERFECT SUBJUNCTIVE		PLUPERFECT SUBJUNCTIVE	
interdisse	interdissions	eusse interdit	eussions interdit
interdisses	interdissiez	eusses interdit	eussiez interdit
interdît	interdissent	eût interdit	eussent interdit

COMMANDS	
	interdisons
interdis	interdisez

Usage

Entrée interdite	*No entrance* (sign)
C'est interdit.	*It's not allowed.*
Ce n'est pas interdit par la loi.	*It's legal./There's no law against it.*
interdire le tabac à qqn	*to take someone off tobacco/forbid someone to smoke*
La police a interdit la manifestation.	*The police did not allow the demonstration.*
Mon bras cassé m'interdit le travail.	*My broken arm doesn't allow me to work.*
L'entrée est interdite aux voitures.	*Cars cannot enter.*
interdire à qqn de faire qqch	*to forbid someone to do something*
On nous a interdit d'intervenir.	*We have been forbidden to intervene.*
On leur a interdit la faculté.	*They have been forbidden to come to the university.*
Interdit aux moins de treize ans	*Children under thirteen not admitted* (sign)

interroger *to interrogate, question*

j'interroge · j'interrogeai · interrogé · interrogeant

-er verb; spelling change: *g > ge/a, o*

PRESENT		PASSÉ COMPOSÉ	
interroge	interrogeons	ai interrogé	avons interrogé
interroges	interrogez	as interrogé	avez interrogé
interroge	interrogent	a interrogé	ont interrogé

IMPERFECT		PLUPERFECT	
interrogeais	interrogions	avais interrogé	avions interrogé
interrogeais	interrogiez	avais interrogé	aviez interrogé
interrogeait	interrogeaient	avait interrogé	avaient interrogé

PASSÉ SIMPLE		PAST ANTERIOR	
interrogeai	interrogeâmes	eus interrogé	eûmes interrogé
interrogeas	interrogeâtes	eus interrogé	eûtes interrogé
interrogea	interrogèrent	eut interrogé	eurent interrogé

FUTURE		FUTURE ANTERIOR	
interrogerai	interrogerons	aurai interrogé	aurons interrogé
interrogeras	interrogerez	auras interrogé	aurez interrogé
interrogera	interrogeront	aura interrogé	auront interrogé

CONDITIONAL		PAST CONDITIONAL	
interrogerais	interrogerions	aurais interrogé	aurions interrogé
interrogerais	interrogeriez	aurais interrogé	auriez interrogé
interrogerait	interrogeraient	aurait interrogé	auraient interrogé

PRESENT SUBJUNCTIVE		PAST SUBJUNCTIVE	
interroge	interrogions	aie interrogé	ayons interrogé
interroges	interrogiez	aies interrogé	ayez interrogé
interroge	interrogent	ait interrogé	aient interrogé

IMPERFECT SUBJUNCTIVE		PLUPERFECT SUBJUNCTIVE	
interrogeasse	interrogeassions	eusse interrogé	eussions interrogé
interrogeasses	interrogeassiez	eusses interrogé	eussiez interrogé
interrogeât	interrogeassent	eût interrogé	eussent interrogé

COMMANDS	
	interrogeons
interroge	interrogez

Usage

La police a interrogé le suspect.	*The police questioned the suspect.*
L'examinateur interroge les candidats.	*The examiner questions the people taking the test.*
interroger un étudiant	*to examine a student orally*
C'est un grand scientifique qui interroge les faits.	*He's a great scientist who questions the facts.*
s'interroger sur qqch	*to have doubts about something, wonder about something*
Je m'interroge sur les possibilités de succès.	*I have my doubts about the possibilities for success.*

RELATED WORDS

l'interrogation (*f*)	*questioning*
l'interrogatoire (*m*)	*questioning* (in legal proceedings)

regular -re verb | j'interromps · j'interrompis · interrompu · interrompant

PRESENT

interromps	interrompons
interromps	interrompez
interrompt	interrompent

PASSÉ COMPOSÉ

ai interrompu	avons interrompu
as interrompu	avez interrompu
a interrompu	ont interrompu

IMPERFECT

interrompais	interrompions
interrompais	interrompiez
interrompait	interrompaient

PLUPERFECT

avais interrompu	avions interrompu
avais interrompu	aviez interrompu
avait interrompu	avaient interrompu

PASSÉ SIMPLE

interrompis	interrompîmes
interrompis	interrompîtes
interrompit	interrompirent

PAST ANTERIOR

eus interrompu	eûmes interrompu
eus interrompu	eûtes interrompu
eut interrompu	eurent interrompu

FUTURE

interromprai	interromprons
interrompras	interromprez
interrompra	interrompront

FUTURE ANTERIOR

aurai interrompu	aurons interrompu
auras interrompu	aurez interrompu
aura interrompu	auront interrompu

CONDITIONAL

interromprais	interromprions
interromprais	interrompriez
interromprait	interrompraient

PAST CONDITIONAL

aurais interrompu	aurions interrompu
aurais interrompu	auriez interrompu
aurait interrompu	auraient interrompu

PRESENT SUBJUNCTIVE

interrompe	interrompions
interrompes	interrompiez
interrompe	interrompent

PAST SUBJUNCTIVE

aie interrompu	ayons interrompu
aies interrompu	ayez interrompu
ait interrompu	aient interrompu

IMPERFECT SUBJUNCTIVE

interrompisse	interrompissions
interrompisses	interrompissiez
interrompît	interrompissent

PLUPERFECT SUBJUNCTIVE

eusse interrompu	eussions interrompu
eusses interrompu	eussiez interrompu
eût interrompu	eussent interrompu

COMMANDS

	interrompons
interromps	interrompez

Usage

Tu ne dois pas interrompre les gens tout le temps.	*You shouldn't keep interrupting people.*
Il a dû interrompre ses études à l'étranger.	*He had to interrupt his studies abroad.*
Ils ont interrompu le concert.	*They interrupted the concert.*
Pardonnez-moi de vous avoir interrompu dans votre travail.	*Forgive me for interrupting your work.*
Je déteste la circulation sans cesse interrompue.	*I hate stop-and-go traffic.*

RELATED WORDS

l'interruption (f)	*interruption*
une interruption de courant	*a power failure*
une interruption d'un mois	*a month's break*
l'interrupteur (m)	*electric switch*

introduire *to introduce, insert*

j'introduis · j'introduisis · introduit · introduisant irregular verb

PRESENT		PASSÉ COMPOSÉ	
introduis	introduisons	ai introduit	avons introduit
introduis	introduisez	as introduit	avez introduit
introduit	introduisent	a introduit	ont introduit

IMPERFECT		PLUPERFECT	
introduisais	introduisions	avais introduit	avions introduit
introduisais	introduisiez	avais introduit	aviez introduit
introduisait	introduisaient	avait introduit	avaient introduit

PASSÉ SIMPLE		PAST ANTERIOR	
introduisis	introduisîmes	eus introduit	eûmes introduit
introduisis	introduisîtes	eus introduit	eûtes introduit
introduisit	introduisirent	eut introduit	eurent introduit

FUTURE		FUTURE ANTERIOR	
introduirai	introduirons	aurai introduit	aurons introduit
introduiras	introduirez	auras introduit	aurez introduit
introduira	introduiront	aura introduit	auront introduit

CONDITIONAL		PAST CONDITIONAL	
introduirais	introduirions	aurais introduit	aurions introduit
introduirais	introduiriez	aurais introduit	auriez introduit
introduirait	introduiraient	aurait introduit	auraient introduit

PRESENT SUBJUNCTIVE		PAST SUBJUNCTIVE	
introduise	introduisions	aie introduit	ayons introduit
introduises	introduisiez	aies introduit	ayez introduit
introduise	introduisent	ait introduit	aient introduit

IMPERFECT SUBJUNCTIVE		PLUPERFECT SUBJUNCTIVE	
introduisisse	introduisissions	eusse introduit	eussions introduit
introduisisses	introduisissiez	eusses introduit	eussiez introduit
introduisît	introduisissent	eût introduit	eussent introduit

COMMANDS	
	introduisons
introduis	introduisez

Usage

Il faut introduire un jeton.	*You have to insert a token.*
On m'a introduit dans le bureau du chef.	*I was ushered into the boss's office.*
introduire de nouvelles idées	*to introduce new ideas*
s'introduire	*to work one's way into*
Il s'est introduit dans la réception.	*He crashed the party.*
Je n'aime pas ta façon de t'introduire dans mes conversations.	*I don't like the way you horn in on my conversations.*
s'introduire dans un endroit par effraction	*to break into a place*

RELATED WORDS

l'introduction *(f)*	*inserting/introduction*
Il y a deux chapitres d'introduction.	*There are two introductory chapters.*
L'introduction au livre est très utile.	*The introduction to the book is very useful.*

-er verb; spelling change:
t > *tt*/mute e

je jette · je jetai · jeté · jetant

PRESENT		PASSÉ COMPOSÉ	
jette	jetons	ai jeté	avons jeté
jettes	jetez	as jeté	avez jeté
jette	jettent	a jeté	ont jeté

IMPERFECT		PLUPERFECT	
jetais	jetions	avais jeté	avions jeté
jetais	jetiez	avais jeté	aviez jeté
jetait	jetaient	avait jeté	avaient jeté

PASSÉ SIMPLE		PAST ANTERIOR	
jetai	jetâmes	eus jeté	eûmes jeté
jetas	jetâtes	eus jeté	eûtes jeté
jeta	jetèrent	eut jeté	eurent jeté

FUTURE		FUTURE ANTERIOR	
jetterai	jetterons	aurai jeté	aurons jeté
jetteras	jetterez	auras jeté	aurez jeté
jettera	jetteront	aura jeté	auront jeté

CONDITIONAL		PAST CONDITIONAL	
jetterais	jetterions	aurais jeté	aurions jeté
jetterais	jetteriez	aurais jeté	auriez jeté
jetterait	jetteraient	aurait jeté	auraient jeté

PRESENT SUBJUNCTIVE		PAST SUBJUNCTIVE	
jette	jetions	aie jeté	ayons jeté
jettes	jetiez	aies jeté	ayez jeté
jette	jettent	ait jeté	aient jeté

IMPERFECT SUBJUNCTIVE		PLUPERFECT SUBJUNCTIVE	
jetasse	jetassions	eusse jeté	eussions jeté
jetasses	jetassiez	eusses jeté	eussiez jeté
jetât	jetassent	eût jeté	eussent jeté

COMMANDS	
	jetons
jette	jetez

Usage

jeter une balle	*to throw a ball*
jeter une balle par-dessus le filet	*to throw the ball over the net*
jeter les papiers en l'air	*to throw the papers up in the air*
Le bébé a jeté sa cuillère par terre.	*The baby threw his spoon on the ground.*
Ne jetez rien par terre.	*Don't litter./Don't throw anything on the ground.*
jeter qqn à la porte	*to fire someone*
Le patron a jeté tous les employés à la porte.	*The boss fired all the employees.*
jeter qqn en prison	*to throw someone in jail*
Les agents l'ont jeté en prison.	*The policemen threw him into jail.*
jeter qqch au panier/à la corbeille	*to throw something into the wastebasket*
jeter qqn à la mer	*to throw someone overboard*

joindre *to join*

je joins · je joignis · joint · joignant   irregular verb

PRESENT		PASSÉ COMPOSÉ	
joins	joignons	ai joint	avons joint
joins	joignez	as joint	avez joint
joint	joignent	a joint	ont joint

IMPERFECT		PLUPERFECT	
joignais	joignions	avais joint	avions joint
joignais	joigniez	avais joint	aviez joint
joignait	joignaient	avait joint	avaient joint

PASSÉ SIMPLE		PAST ANTERIOR	
joignis	joignîmes	eus joint	eûmes joint
joignis	joignîtes	eus joint	eûtes joint
joignit	joignirent	eut joint	eurent joint

FUTURE		FUTURE ANTERIOR	
joindrai	joindrons	aurai joint	aurons joint
joindras	joindrez	auras joint	aurez joint
joindra	joindront	aura joint	auront joint

CONDITIONAL		PAST CONDITIONAL	
joindrais	joindrions	aurais joint	aurions joint
joindrais	joindriez	aurais joint	auriez joint
joindrait	joindraient	aurait joint	auraient joint

PRESENT SUBJUNCTIVE		PAST SUBJUNCTIVE	
joigne	joignions	aie joint	ayons joint
joignes	joigniez	aies joint	ayez joint
joigne	joignent	ait joint	aient joint

IMPERFECT SUBJUNCTIVE		PLUPERFECT SUBJUNCTIVE	
joignisse	joignissions	eusse joint	eussions joint
joignisses	joignissiez	eusses joint	eussiez joint
joignît	joignissent	eût joint	eussent joint

COMMANDS	
	joignons
joins	joignez

Usage

Je vais joindre ces deux ficelles.	*I'm going to tie these two strings together.*
joindre les deux bouts	*to make ends meet*
Je ne gagne pas assez. Je n'arrive pas à joindre les deux bouts.	*I don't earn enough. I can't make ends meet.*
J'ai joint une liste de mes articles à mon dossier.	*I added a list of my articles to my file.*
Je pourrai vous joindre par téléphone au bureau.	*I will be able to get in touch with you by phone at the office.*

se joindre à

Il s'est joint à la discussion.	*He joined in the discussion.*
Je peux me joindre à vous?	*May I come along with you?*
Il veut se joindre à nous pour l'achat du vin.	*He wants to chip in with us for the purchase of the wine.*

regular -er verb | je joue · je jouai · joué · jouant

PRESENT

joue	jouons
joues	jouez
joue	jouent

IMPERFECT

jouais	jouions
jouais	jouiez
jouait	jouaient

PASSÉ SIMPLE

jouai	jouâmes
jouas	jouâtes
joua	jouèrent

FUTURE

jouerai	jouerons
joueras	jouerez
jouera	joueront

CONDITIONAL

jouerais	jouerions
jouerais	joueriez
jouerait	joueraient

PRESENT SUBJUNCTIVE

joue	jouions
joues	jouiez
joue	jouent

IMPERFECT SUBJUNCTIVE

jouasse	jouassions
jouasses	jouassiez
jouât	jouassent

COMMANDS

	jouons
joue	jouez

PASSÉ COMPOSÉ

ai joué	avons joué
as joué	avez joué
a joué	ont joué

PLUPERFECT

avais joué	avions joué
avais joué	aviez joué
avait joué	avaient joué

PAST ANTERIOR

eus joué	eûmes joué
eus joué	eûtes joué
eut joué	eurent joué

FUTURE ANTERIOR

aurai joué	aurons joué
auras joué	aurez joué
aura joué	auront joué

PAST CONDITIONAL

aurais joué	aurions joué
aurais joué	auriez joué
aurait joué	auraient joué

PAST SUBJUNCTIVE

aie joué	ayons joué
aies joué	ayez joué
ait joué	aient joué

PLUPERFECT SUBJUNCTIVE

eusse joué	eussions joué
eusses joué	eussiez joué
eût joué	eussent joué

Usage

Tu ne joues plus?	*Aren't you playing anymore?*
Elle joue avec moi comme un chat joue avec une souris.	*She's playing cat and mouse with me.*
Il ne faut pas jouer avec sa santé.	*People shouldn't fool around with their health.*
Je joue dans une pièce.	*I'm acting in a play.*
—Les enfants jouent ensemble?	*Are the children playing together?*
—Oui, ils jouent dans le jardin.	*Yes, they're playing in the garden.*
—Elle dit qu'elle est malade.	*She says she's sick.*
—Elle joue.	*She's acting.*

RELATED WORDS

le jeu (*pl*: les jeux)	*game/gambling*
le jeu vidéo (*pl*: les jeux vidéo)	*video game*

TOP 30 VERB ☞

Les enfants jouent (*jouer à*)

jouer au ballon/à la balle	*to play ball*
jouer aux (petits) soldats	*to play toy soldiers*
jouer à la poupée	*to play with dolls*
jouer au marchand	*to play shopkeeper/store*
jouer au docteur	*to play doctor*
jouer aux billes	*to play marbles*

Les jeux et les sports (*jouer à*)

jouer au football	*to play soccer*
jouer au basket-ball/au rugby/au volley-ball	*to play basketball/rugby/volleyball*
jouer aux dames	*to play checkers*
jouer aux échecs	*to play chess*
jouer aux boules	*to play French bowling*
jouer aux cartes	*to play cards*

La musique (*jouer [de]*)

jouer d'un instrument	*to play an instrument*
jouer du piano/du violon/de la flûte	*to play the piano/the violin/the flute*
jouer de l'alto/du tambour	*to play the viola/the drum*
—Le violoniste a bien joué hier soir?	*Did the violinist play well last night?*
—Non, il a mal joué. Il a joué faux.	*No, he played badly. He played off-key.*

jouer = jouer un rôle

—Qu'est-ce qui a joué dans ta décision?	*What played a role in your decision?*
—Les prix ont joué un très grand rôle.	*Prices played a very big role.*
Il a fait jouer l'influence de ses amis pour obtenir ce poste.	*He made use of the influence of his friends to get that position.*

Expressions

jouer un coup difficile	*to make a hard play* (sports)
jouer un mauvais tour à qqn	*to play a dirty trick on someone*
ne pas jouer franc jeu	*to not play fair*
jouer au casino	*to gamble*
Il a joué de grosses sommes d'argent.	*He gambled huge sums of money.*
—Qu'est-ce qu'on joue au théâtre en ce moment?	*What's playing at the theater now?*
—On joue Shakespeare en anglais.	*They're putting on Shakespeare in English.*
se jouer de	*to ignore/disregard*
Tu te joues de mes sentiments.	*You're toying with my feelings.*

TOP 30
VERBS

regular *-er* verb   **je laisse · je laissai · laissé · laissant**

PRESENT		PASSÉ COMPOSÉ	
laisse	laissons	ai laissé	avons laissé
laisses	laissez	as laissé	avez laissé
laisse	laissent	a laissé	ont laissé

IMPERFECT		PLUPERFECT	
laissais	laissions	avais laissé	avions laissé
laissais	laissiez	avais laissé	aviez laissé
laissait	laissaient	avait laissé	avaient laissé

PASSÉ SIMPLE		PAST ANTERIOR	
laissai	laissâmes	eus laissé	eûmes laissé
laissas	laissâtes	eus laissé	eûtes laissé
laissa	laissèrent	eut laissé	eurent laissé

FUTURE		FUTURE ANTERIOR	
laisserai	laisserons	aurai laissé	aurons laissé
laisseras	laisserez	auras laissé	aurez laissé
laissera	laisseront	aura laissé	auront laissé

CONDITIONAL		PAST CONDITIONAL	
laisserais	laisserions	aurais laissé	aurions laissé
laisserais	laisseriez	aurais laissé	auriez laissé
laisserait	laisseraient	aurait laissé	auraient laissé

PRESENT SUBJUNCTIVE		PAST SUBJUNCTIVE	
laisse	laissions	aie laissé	ayons laissé
laisses	laissiez	aies laissé	ayez laissé
laisse	laissent	ait laissé	aient laissé

IMPERFECT SUBJUNCTIVE		PLUPERFECT SUBJUNCTIVE	
laissasse	laissassions	eusse laissé	eussions laissé
laissasses	laissassiez	eusses laissé	eussiez laissé
laissât	laissassent	eût laissé	eussent laissé

COMMANDS	
	laissons
laisse	laissez

Usage

laisser qqch — *to leave something (behind)*
Ne laisse pas tes légumes, Robert! — *Don't leave your vegetables, Robert!*
J'ai laissé mon ordinateur dans le train. — *I left my computer on the train.*
Laisse ton journal et viens manger. — *Put down your newspaper and come eat.*
Il a laissé beaucoup d'argent dans cette affaire. — *He lost a lot of money in this venture.*

laisser qqn — *to leave someone (behind)*
Tu peux laisser le bébé avec moi. — *You can leave the baby with me.*
Je te laisse ici. — *I'm going to leave you here.*
laisser qqch à qqn — *to leave something to/for someone*
Vous m'avez laissé trop de travail. — *You left too much work for me.*
Je vous laisse ma place. — *You can have my seat.*

TOP 30 VERB ☞

laisser + infinitif

Elle a laissé voir son émotion.	*She let her emotion be seen.*
Elle a laissé tomber ses paquets.	*She dropped her packages.*
—Il faut que je lui dise son fait.	*I've got to tell him off.*
—Laisse tomber.	*Forget about it.*

laisser qqn faire qqch

J'ai laissé les enfants manger dehors.	*I let the children eat outside.*
Vous me laisserez parler?	*Will you let me speak?*
Laisse-moi t'aider.	*Let me help you.*
Lâche le papillon! Laisse-le s'envoler.	*Let go of the butterfly! Let it fly away.*
Laisse-moi dormir. Je suis crevé.	*Let me sleep. I'm exhausted.*
Ne faites pas tant de bruit! Laissez-moi travailler!	*Don't make so much noise! Let me study!*

laisser qqch

Tu as laissé des fautes dans ta copie.	*You left mistakes in your composition.*
La mère a laissé le plus beau morceau à son enfant.	*The mother left the best piece for her child.*
Beaucoup de soldats ont laissé la vie dans cette bataille.	*Many soldiers lost their lives in that battle.*
Je vous laisse ce vélo à cent euros.	*I'll let you have this bicycle for 100 euros.*
J'ai laissé ma clé à la réception.	*I left my key at the hotel desk.*

se laisser

Je me suis laissé convaincre.	*I let myself be convinced.*
Il ne se laisse pas faire, ce type-là.	*That guy sure doesn't let himself get pushed around.*

Expressions

Ça se laisse manger!	*This doesn't taste half bad!*
Ce plan laisse à désirer.	*This plan leaves something to be desired.*
Ils essaient de vous laisser à l'écart.	*They're trying to exclude you.*
Laissez-moi tranquille!	*Leave me alone!*
Les nouvelles données laissent beaucoup à penser.	*The new data give us a lot to think about.*
—Il l'a laissée en plan, n'est-ce pas?	*He left her in the lurch, didn't he?*
—Oui. Elle en a été assez bouleversée, mais ne l'a pas laissé voir.	*Yes. She was quite upset by it, but she didn't let on.*
C'était à prendre ou à laisser.	*It was a case of take it or leave it.*

-er verb; spelling change:
c > ç/a, o

je lance · je lançai · lancé · lançant

PRESENT		PASSÉ COMPOSÉ	
lance	lançons	ai lancé	avons lancé
lances	lancez	as lancé	avez lancé
lance	lancent	a lancé	ont lancé

IMPERFECT		PLUPERFECT	
lançais	lancions	avais lancé	avions lancé
lançais	lanciez	avais lancé	aviez lancé
lançait	lançaient	avait lancé	avaient lancé

PASSÉ SIMPLE		PAST ANTERIOR	
lançai	lançâmes	eus lancé	eûmes lancé
lanças	lançâtes	eus lancé	eûtes lancé
lança	lancèrent	eut lancé	eurent lancé

FUTURE		FUTURE ANTERIOR	
lancerai	lancerons	aurai lancé	aurons lancé
lanceras	lancerez	auras lancé	aurez lancé
lancera	lanceront	aura lancé	auront lancé

CONDITIONAL		PAST CONDITIONAL	
lancerais	lancerions	aurais lancé	aurions lancé
lancerais	lanceriez	aurais lancé	auriez lancé
lancerait	lanceraient	aurait lancé	auraient lancé

PRESENT SUBJUNCTIVE		PAST SUBJUNCTIVE	
lance	lancions	aie lancé	ayons lancé
lances	lanciez	aies lancé	ayez lancé
lance	lancent	ait lancé	aient lancé

IMPERFECT SUBJUNCTIVE		PLUPERFECT SUBJUNCTIVE	
lançasse	lançassions	eusse lancé	eussions lancé
lançasses	lançassiez	eusses lancé	eussiez lancé
lançât	lançassent	eût lancé	eussent lancé

COMMANDS	
	lançons
lance	lancez

Usage

lancer une balle à qqn	*to throw a ball to someone*
Dans ce jeu on lance la balle avec un bâton.	*In this game you hit the ball with a stick.*
lancer le disque	*to throw the discus*
lancer le javelot	*to throw the javelin*
Il est défendu de lancer des pierres.	*It is forbidden to throw stones.*
L'ennemi a lancé des bombes sur notre ville.	*The enemy dropped bombs on our city.*

RELATED WORDS

le lancement	*throwing/launching*
la rampe de lancement	*launching pad*
le lancement du javelot	*javelin throwing*
le lance-fusées	*rocket launcher*

laver *to wash*

je lave · je lavai · lavé · lavant   regular -er verb

PRESENT		PASSÉ COMPOSÉ	
lave	lavons	ai lavé	avons lavé
laves	lavez	as lavé	avez lavé
lave	lavent	a lavé	ont lavé

IMPERFECT		PLUPERFECT	
lavais	lavions	avais lavé	avions lavé
lavais	laviez	avais lavé	aviez lavé
lavait	lavaient	avait lavé	avaient lavé

PASSÉ SIMPLE		PAST ANTERIOR	
lavai	lavâmes	eus lavé	eûmes lavé
lavas	lavâtes	eus lavé	eûtes lavé
lava	lavèrent	eut lavé	eurent lavé

FUTURE		FUTURE ANTERIOR	
laverai	laverons	aurai lavé	aurons lavé
laveras	laverez	auras lavé	aurez lavé
lavera	laveront	aura lavé	auront lavé

CONDITIONAL		PAST CONDITIONAL	
laverais	laverions	aurais lavé	aurions lavé
laverais	laveriez	aurais lavé	auriez lavé
laverait	laveraient	aurait lavé	auraient lavé

PRESENT SUBJUNCTIVE		PAST SUBJUNCTIVE	
lave	lavions	aie lavé	ayons lavé
laves	laviez	aies lavé	ayez lavé
lave	lavent	ait lavé	aient lavé

IMPERFECT SUBJUNCTIVE		PLUPERFECT SUBJUNCTIVE	
lavasse	lavassions	eusse lavé	eussions lavé
lavasses	lavassiez	eusses lavé	eussiez lavé
lavât	lavassent	eût lavé	eussent lavé

COMMANDS	
	lavons
lave	lavez

Usage

laver la voiture	*to wash the car*
laver le plancher	*to wash the floor*
laver la vaisselle	*to wash the dishes*
laver une tache	*to wash out a stain*
Ces savonnettes lavent très bien.	*These bars of soap really clean.*
Il faut laver son linge sale en famille.	*Don't wash your dirty linen in public.*

RELATED WORDS

le lavage	*washing*
On leur a fait un lavage de cerveau.	*They were brainwashed.*
la machine à laver	*washing machine*
le lave-glace (*pl.* les lave-glaces)	*windshield washer*
le lave-vaisselle	*dishwasher*

-er reflexive verb; spelling change:
é > è/mute e; compound tenses with *être*

**je me lève · je me levai ·
s'étant levé · se levant**

PRESENT

me lève	nous levons
te lèves	vous levez
se lève	se lèvent

IMPERFECT

me levais	nous levions
te levais	vous leviez
se levait	se levaient

PASSÉ SIMPLE

me levai	nous levâmes
te levas	vous levâtes
se leva	se levèrent

FUTURE

me lèverai	nous lèverons
te lèveras	vous lèverez
se lèvera	se lèveront

CONDITIONAL

me lèverais	nous lèverions
te lèverais	vous lèveriez
se lèverait	se lèveraient

PRESENT SUBJUNCTIVE

me lève	nous levions
te lèves	vous leviez
se lève	se lèvent

IMPERFECT SUBJUNCTIVE

me levasse	nous levassions
te levasses	vous levassiez
se levât	se levassent

COMMANDS

	levons-nous
lève-toi	levez-vous

PASSÉ COMPOSÉ

me suis levé(e)	nous sommes levé(e)s
t'es levé(e)	vous êtes levé(e)(s)
s'est levé(e)	se sont levé(e)s

PLUPERFECT

m'étais levé(e)	nous étions levé(e)s
t'étais levé(e)	vous étiez levé(e)(s)
s'était levé(e)	s'étaient levé(e)s

PAST ANTERIOR

me fus levé(e)	nous fûmes levé(e)s
te fus levé(e)	vous fûtes levé(e)(s)
se fut levé(e)	se furent levé(e)s

FUTURE ANTERIOR

me serai levé(e)	nous serons levé(e)s
te seras levé(e)	vous serez levé(e)(s)
se sera levé(e)	se seront levé(e)s

PAST CONDITIONAL

me serais levé(e)	nous serions levé(e)s
te serais levé(e)	vous seriez levé(e)(s)
se serait levé(e)	se seraient levé(e)s

PAST SUBJUNCTIVE

me sois levé(e)	nous soyons levé(e)s
te sois levé(e)	vous soyez levé(e)(s)
se soit levé(e)	se soient levé(e)s

PLUPERFECT SUBJUNCTIVE

me fusse levé(e)	nous fussions levé(e)s
te fusses levé(e)	vous fussiez levé(e)(s)
se fût levé(e)	se fussent levé(e)s

Usage

Ne restez plus assis. Levez-vous!	*Don't remain seated any longer. Get up!*
Je me lève tôt pour aller au travail.	*I get up early to go to work.*
Ils se sont levés de table pour passer au salon.	*They got up from the table to go to the living room.*
Le malade ne peut pas se lever sur son séant.	*The patient cannot sit up.*
Je vois que tu t'es levé du pied gauche ce matin.	*I see you got up on the wrong side of the bed this morning.*

EXPRESSIONS QUI DÉCRIVENT LE JOUR ET LE TEMPS QU'IL FAIT

Le soleil se lève.	*The sun is coming up.*
Le jour se lève.	*Day is breaking.*
Le brouillard s'est levé.	*The fog lifted.*
Tout d'un coup, le vent s'est levé.	*Suddenly, the wind came up.*

lire *to read*

PRESENT

lis	lisons
lis	lisez
lit	lisent

PASSÉ COMPOSÉ

ai lu	avons lu
as lu	avez lu
a lu	ont lu

IMPERFECT

lisais	lisions
lisais	lisiez
lisait	lisaient

PLUPERFECT

avais lu	avions lu
avais lu	aviez lu
avait lu	avaient lu

PASSÉ SIMPLE

lus	lûmes
lus	lûtes
lut	lurent

PAST ANTERIOR

eus lu	eûmes lu
eus lu	eûtes lu
eut lu	eurent lu

FUTURE

lirai	lirons
liras	lirez
lira	liront

FUTURE ANTERIOR

aurai lu	aurons lu
auras lu	aurez lu
aura lu	auront lu

CONDITIONAL

lirais	lirions
lirais	liriez
lirait	liraient

PAST CONDITIONAL

aurais lu	aurions lu
aurais lu	auriez lu
aurait lu	auraient lu

PRESENT SUBJUNCTIVE

lise	lisions
lises	lisiez
lise	lisent

PAST SUBJUNCTIVE

aie lu	ayons lu
aies lu	ayez lu
ait lu	aient lu

IMPERFECT SUBJUNCTIVE

lusse	lussions
lusses	lussiez
lût	lussent

PLUPERFECT SUBJUNCTIVE

eusse lu	eussions lu
eusses lu	eussiez lu
eût lu	eussent lu

COMMANDS

	lisons
lis	lisez

Usage

lire un livre/un roman/un poème	to read a book/a novel/a poem
lire la nouvelle dans/sur le journal	to read the news in the newspaper
lire les messages qu'on a laissés	to read the messages that were left
lire l'écriteau	to read the sign
lire en français	to read in French
lire couramment l'hébreu	to read Hebrew fluently
savoir lire les partitions de musique	to be able to read musical scores
mettre ses lunettes pour lire	to put on one's glasses to read
Dans l'attente de vous lire,	Waiting for your reply, (at the end of formal letters)
En espérant vous lire bientôt,	Hoping to hear from you soon,
Tu as acheté qqch à lire pour le voyage?	Have you bought anything to read for the trip?

regular *-er* verb   **je loue · je louai · loué · louant**

PRESENT		PASSÉ COMPOSÉ	
loue	louons	ai loué	avons loué
loues	louez	as loué	avez loué
loue	louent	a loué	ont loué

IMPERFECT		PLUPERFECT	
louais	louions	avais loué	avions loué
louais	louiez	avais loué	aviez loué
louait	louaient	avait loué	avaient loué

PASSÉ SIMPLE		PAST ANTERIOR	
louai	louâmes	eus loué	eûmes loué
louas	louâtes	eus loué	eûtes loué
loua	louèrent	eut loué	eurent loué

FUTURE		FUTURE ANTERIOR	
louerai	louerons	aurai loué	aurons loué
loueras	louerez	auras loué	aurez loué
louera	loueront	aura loué	auront loué

CONDITIONAL		PAST CONDITIONAL	
louerais	louerions	aurais loué	aurions loué
louerais	loueriez	aurais loué	auriez loué
louerait	loueraient	aurait loué	auraient loué

PRESENT SUBJUNCTIVE		PAST SUBJUNCTIVE	
loue	louions	aie loué	ayons loué
loues	louiez	aies loué	ayez loué
loue	louent	ait loué	aient loué

IMPERFECT SUBJUNCTIVE		PLUPERFECT SUBJUNCTIVE	
louasse	louassions	eusse loué	eussions loué
louasses	louassiez	eusses loué	eussiez loué
louât	louassent	eût loué	eussent loué

COMMANDS	
	louons
loue	louez

Usage

Je vais louer une maison au bord d'un lac.	*I'm going to rent a lakeside house.*
louer une voiture pour faire un tour en Normandie	*to rent a car to travel around Normandy*
louer un film	*to rent a film*
Il faut louer Dieu.	*We must thank God.*

RELATED WORDS

la location	*renting*
une agence de location	*rental agency*
la location de voitures	*car rental*
le/la locataire	*tenant*
le/la colocataire	*apartment mate/roommate*

je mange · je mangeai · mangé · mangeant   -er verb; spelling change: g > ge/a, o

PRESENT		PASSÉ COMPOSÉ	
mange	mangeons	ai mangé	avons mangé
manges	mangez	as mangé	avez mangé
mange	mangent	a mangé	ont mangé

IMPERFECT		PLUPERFECT	
mangeais	mangions	avais mangé	avions mangé
mangeais	mangiez	avais mangé	aviez mangé
mangeait	mangeaient	avait mangé	avaient mangé

PASSÉ SIMPLE		PAST ANTERIOR	
mangeai	mangeâmes	eus mangé	eûmes mangé
mangeas	mangeâtes	eus mangé	eûtes mangé
mangea	mangèrent	eut mangé	eurent mangé

FUTURE		FUTURE ANTERIOR	
mangerai	mangerons	aurai mangé	aurons mangé
mangeras	mangerez	auras mangé	aurez mangé
mangera	mangeront	aura mangé	auront mangé

CONDITIONAL		PAST CONDITIONAL	
mangerais	mangerions	aurais mangé	aurions mangé
mangerais	mangeriez	aurais mangé	auriez mangé
mangerait	mangeraient	aurait mangé	auraient mangé

PRESENT SUBJUNCTIVE		PAST SUBJUNCTIVE	
mange	mangions	aie mangé	ayons mangé
manges	mangiez	aies mangé	ayez mangé
mange	mangent	ait mangé	aient mangé

IMPERFECT SUBJUNCTIVE		PLUPERFECT SUBJUNCTIVE	
mangeasse	mangeassions	eusse mangé	eussions mangé
mangeasses	mangeassiez	eusses mangé	eussiez mangé
mangeât	mangeassent	eût mangé	eussent mangé

COMMANDS	
	mangeons
mange	mangez

Usage

Nous mangeons dans un restaurant ce soir.	*We're eating out this evening.*
On mange la soupe dans une assiette creuse.	*We eat soup from a bowl.*
Viens manger un morceau chez nous.	*Come over and have a bite with us.*
Je n'ai pas eu le temps de déjeuner.	*I didn't have time to have lunch.*
J'ai mangé sur le pouce.	*I had a quick snack.*
Cette soupe se mange froide.	*That soup is eaten cold.*
Qu'est-ce que tu aimes boire en mangeant?	*What do you like to drink with a meal?*
Tu as donné à manger aux enfants?	*Did you feed the children?*
Cette classe mange tout mon temps.	*That class is taking all my time.*
Il a mangé la belle fille des yeux.	*He stared intently at the beautiful girl.*
Il a mangé la commission.	*He forgot to do his errand.*
Il mange toujours son blé en herbe.	*Money burns a hole in his pocket.*

regular *-er* verb | **je manque · je manquai · manqué · manquant**

PRESENT

manque	manquons
manques	manquez
manque	manquent

IMPERFECT

manquais	manquions
manquais	manquiez
manquait	manquaient

PASSÉ SIMPLE

manquai	manquâmes
manquas	manquâtes
manqua	manquèrent

FUTURE

manquerai	manquerons
manqueras	manquerez
manquera	manqueront

CONDITIONAL

manquerais	manquerions
manquerais	manqueriez
manquerait	manqueraient

PRESENT SUBJUNCTIVE

manque	manquions
manques	manquiez
manque	manquent

IMPERFECT SUBJUNCTIVE

manquasse	manquassions
manquasses	manquassiez
manquât	manquassent

COMMANDS

	manquons
manque	manquez

PASSÉ COMPOSÉ

ai manqué	avons manqué
as manqué	avez manqué
a manqué	ont manqué

PLUPERFECT

avais manqué	avions manqué
avais manqué	aviez manqué
avait manqué	avaient manqué

PAST ANTERIOR

eus manqué	eûmes manqué
eus manqué	eûtes manqué
eut manqué	eurent manqué

FUTURE ANTERIOR

aurai manqué	aurons manqué
auras manqué	aurez manqué
aura manqué	auront manqué

PAST CONDITIONAL

aurais manqué	aurions manqué
aurais manqué	auriez manqué
aurait manqué	auraient manqué

PAST SUBJUNCTIVE

aie manqué	ayons manqué
aies manqué	ayez manqué
ait manqué	aient manqué

PLUPERFECT SUBJUNCTIVE

eusse manqué	eussions manqué
eusses manqué	eussiez manqué
eût manqué	eussent manqué

Usage

Rien ne me manque ici.	*I want for nothing here.*
—J'ai manqué la conférence.	*I missed the lecture.*
—Ne t'en fais pas. Tu n'as rien manqué.	*Don't worry. You didn't miss anything.*
Il a manqué son bus.	*He missed his bus.*
Cet homme manque de bon sens.	*That man has no common sense.*
Les mots me manquent pour vous remercier.	*I don't have the words to thank you.*
manquer de faire qqch	*to fail to do something*
Ne manquez pas de m'aviser.	*Don't fail to let me know.*
Il manque encore des étudiants.	*There are still some students missing.*
C'est tout ce qui manquait.	*That's just what we needed.*
—Est-ce que je te manque?	*Do you miss me?*
—Tu me manques beaucoup.	*I miss you a lot.*

se méfier *to mistrust, be wary*

je me méfie · je me méfiai · s'étant méfié · se méfiant

regular -er reflexive verb; compound tenses with *être*

PRESENT

me méfie	nous méfions
te méfies	vous méfiez
se méfie	se méfient

PASSÉ COMPOSÉ

me suis méfié(e)	nous sommes méfié(e)s
t'es méfié(e)	vous êtes méfié(e)(s)
s'est méfié(e)	se sont méfié(e)s

IMPERFECT

me méfiais	nous méfiions
te méfiais	vous méfiiez
se méfiait	se méfiaient

PLUPERFECT

m'étais méfié(e)	nous étions méfié(e)s
t'étais méfié(e)	vous étiez méfié(e)(s)
s'était méfié(e)	s'étaient méfié(e)s

PASSÉ SIMPLE

me méfiai	nous méfiâmes
te méfias	vous méfiâtes
se méfia	se méfièrent

PAST ANTERIOR

me fus méfié(e)	nous fûmes méfié(e)s
te fus méfié(e)	vous fûtes méfié(e)(s)
se fut méfié(e)	se furent méfié(e)s

FUTURE

me méfierai	nous méfierons
te méfieras	vous méfierez
se méfiera	se méfieront

FUTURE ANTERIOR

me serai méfié(e)	nous serons méfié(e)s
te seras méfié(e)	vous serez méfié(e)(s)
se sera méfié(e)	se seront méfié(e)s

CONDITIONAL

me méfierais	nous méfierions
te méfierais	vous méfieriez
se méfierait	se méfieraient

PAST CONDITIONAL

me serais méfié(e)	nous serions méfié(e)s
te serais méfié(e)	vous seriez méfié(e)(s)
se serait méfié(e)	se seraient méfié(e)s

PRESENT SUBJUNCTIVE

me méfie	nous méfions
te méfies	vous méfiiez
se méfie	se méfient

PAST SUBJUNCTIVE

me sois méfié(e)	nous soyons méfié(e)s
te sois méfié(e)	vous soyez méfié(e)(s)
se soit méfié(e)	se soient méfié(e)s

IMPERFECT SUBJUNCTIVE

me méfiasse	nous méfiassions
te méfiasses	vous méfiassiez
se méfiât	se méfiassent

PLUPERFECT SUBJUNCTIVE

me fusse méfié(e)	nous fussions méfié(e)s
te fusses méfié(e)	vous fussiez méfié(e)(s)
se fût méfié(e)	se fussent méfié(e)s

COMMANDS

	méfions-nous
méfie-toi	méfiez-vous

Usage

se méfier de qqn/de qqch	*to be wary of someone/something*
Je me méfie de ces gens-là.	*I don't trust those people.*
Méfiez-vous du chien.	*Beware of the dog. (sign)*
Je me méfie de ses promesses.	*I don't trust his promises.*
—Ce quartier est dangereux. Méfie-toi.	*This neighborhood is dangerous. Be careful.*
—Ne t'en fais pas. Je me méfie toujours.	*Don't worry. I'm always on my guard.*
Il faut se méfier des faux billets de banque.	*Beware of counterfeit banknotes.*
—Il faut se méfier de la nourriture dans cette ville.	*You have to be careful about food in that city.*
—Nous nous méfions aussi de l'eau.	*We're leery of the water too.*

-*er* verb; spelling change:
é > è/mute *e*

je mène · je menai · mené · menant

PRESENT		PASSÉ COMPOSÉ	
mène	menons	ai mené	avons mené
mènes	menez	as mené	avez mené
mène	mènent	a mené	ont mené

IMPERFECT		PLUPERFECT	
menais	menions	avais mené	avions mené
menais	meniez	avais mené	aviez mené
menait	menaient	avait mené	avaient mené

PASSÉ SIMPLE		PAST ANTERIOR	
menai	menâmes	eus mené	eûmes mené
menas	menâtes	eus mené	eûtes mené
mena	menèrent	eut mené	eurent mené

FUTURE		FUTURE ANTERIOR	
mènerai	mènerons	aurai mené	aurons mené
mèneras	mènerez	auras mené	aurez mené
mènera	mèneront	aura mené	auront mené

CONDITIONAL		PAST CONDITIONAL	
mènerais	mènerions	aurais mené	aurions mené
mènerais	mèneriez	aurais mené	auriez mené
mènerait	mèneraient	aurait mené	auraient mené

PRESENT SUBJUNCTIVE		PAST SUBJUNCTIVE	
mène	menions	aie mené	ayons mené
mènes	meniez	aies mené	ayez mené
mène	mènent	ait mené	aient mené

IMPERFECT SUBJUNCTIVE		PLUPERFECT SUBJUNCTIVE	
menasse	menassions	eusse mené	eussions mené
menasses	menassiez	eusses mené	eussiez mené
menât	menassent	eût mené	eussent mené

COMMANDS	
	menons
mène	menez

Usage

Notre équipe mène 5 à 4.	*Our team is leading 5 to 4.*
Est-ce que cet autobus me mènera au musée d'art?	*Will this bus take me to the art museum?*
Où mène cette rue?	*Where does this street lead to?*
Cet enfant a de la fièvre. Il faut le mener chez le médecin.	*This child has a fever. We have to take him to the doctor.*
Il se laisse mener par ses passions.	*He is the slave of his passions.*
Elle a mené cette affaire à bien.	*She saw this matter through.*
L'informaticien a mené le projet à bon fin.	*The computer specialist brought the project to a successful conclusion.*
Votre rapport avec lui peut mener loin.	*Your relationship with him may get you into hot water.*
L'argent mène le monde.	*Money makes the world go round.*

mentir *to lie, tell a falsehood*

je mens · je mentis · menti · mentant — irregular verb

PRESENT		PASSÉ COMPOSÉ	
mens	mentons	ai menti	avons menti
mens	mentez	as menti	avez menti
ment	mentent	a menti	ont menti

IMPERFECT		PLUPERFECT	
mentais	mentions	avais menti	avions menti
mentais	mentiez	avais menti	aviez menti
mentait	mentaient	avait menti	avaient menti

PASSÉ SIMPLE		PAST ANTERIOR	
mentis	mentîmes	eus menti	eûmes menti
mentis	mentîtes	eus menti	eûtes menti
mentit	mentirent	eut menti	eurent menti

FUTURE		FUTURE ANTERIOR	
mentirai	mentirons	aurai menti	aurons menti
mentiras	mentirez	auras menti	aurez menti
mentira	mentiront	aura menti	auront menti

CONDITIONAL		PAST CONDITIONAL	
mentirais	mentirions	aurais menti	aurions menti
mentirais	mentiriez	aurais menti	auriez menti
mentirait	mentiraient	aurait menti	auraient menti

PRESENT SUBJUNCTIVE		PAST SUBJUNCTIVE	
mente	mentions	aie menti	ayons menti
mentes	mentiez	aies menti	ayez menti
mente	mentent	ait menti	aient menti

IMPERFECT SUBJUNCTIVE		PLUPERFECT SUBJUNCTIVE	
mentisse	mentissions	eusse menti	eussions menti
mentisses	mentissiez	eusses menti	eussiez menti
mentît	mentissent	eût menti	eussent menti

COMMANDS	
	mentons
mens	mentez

Usage

Vous mentez!	*You're lying!*
Il ment effrontément.	*He lies shamelessly.*
Il ment comme il respire.	*He's a compulsive liar.*
Il ment comme un arracheur de dents.	*He lies through his teeth.*
Il va te faire mentir.	*He'll prove you wrong.*
Ce politicien ment à sa réputation.	*This politician doesn't live up to his reputation.*
Tu te mens à toi-même.	*You're fooling yourself.*
Il fait mentir le proverbe.	*He gives the lie to the proverb.*

RELATED WORDS

le mensonge	*lie*
un pieux mensonge	*a white lie*
vivre dans le mensonge	*to live a lie*

irregular verb; only one *t* in the singular of the present tense

je mets · je mis · mis · mettant

PRESENT

mets	mettons
mets	mettez
met	mettent

PASSÉ COMPOSÉ

ai mis	avons mis
as mis	avez mis
a mis	ont mis

IMPERFECT

mettais	mettions
mettais	mettiez
mettait	mettaient

PLUPERFECT

avais mis	avions mis
avais mis	aviez mis
avait mis	avaient mis

PASSÉ SIMPLE

mis	mîmes
mis	mîtes
mit	mirent

PAST ANTERIOR

eus mis	eûmes mis
eus mis	eûtes mis
eut mis	eurent mis

FUTURE

mettrai	mettrons
mettras	mettrez
mettra	mettront

FUTURE ANTERIOR

aurai mis	aurons mis
auras mis	aurez mis
aura mis	auront mis

CONDITIONAL

mettrais	mettrions
mettrais	mettriez
mettrait	mettraient

PAST CONDITIONAL

aurais mis	aurions mis
aurais mis	auriez mis
aurait mis	auraient mis

PRESENT SUBJUNCTIVE

mette	mettions
mettes	mettiez
mette	mettent

PAST SUBJUNCTIVE

aie mis	ayons mis
aies mis	ayez mis
ait mis	aient mis

IMPERFECT SUBJUNCTIVE

misse	missions
misses	missiez
mît	missent

PLUPERFECT SUBJUNCTIVE

eusse mis	eussions mis
eusses mis	eussiez mis
eût mis	eussent mis

COMMANDS

	mettons
mets	mettez

Usage

mettre qqch sur la table	*to put something on the table*
mettre qqch dans sa poche	*to put something in one's pocket*
—Est-ce que tu a mis la monnaie sur la table?	*Did you put the change on the table?*
—Non, je l'ai mise dans ma poche.	*No, I put it in my pocket.*
mettre la famille avant tout	*to put family ahead of everything*
mettre de l'argent à côté	*to put money aside*
J'ai mis 100 euros sur mon équipe.	*I bet 100 euros on my team.*
mettre qqn dans son train	*to put someone on his train*
J'ai mis ma montre à dix heures.	*I set my watch to ten o'clock.*
—Tu a mis la télé?	*Did you turn on the TV?*
—Oui, j'ai mis les informations.	*Yes, I put on the news.*

mettre *to put*

je mets · je mis · mis · mettant 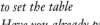 irregular verb; only one *t* in the singular of the present tense

Mettre à table

mettre la table	*to set the table*
—Tu as déjà mis la soupe à cuire?	*Have you already put on the soup to cook?*
—Oui, et j'ai mis la sauce à réchauffer.	*Yes, and I'm reheating the sauce.*
On peut se mettre à table.	*We can sit down at the table.*
Il aime encore mettre la main à la pâte.	*He still likes to have a hand in things.*
Il ne faut pas mettre tous ses œufs dans le même panier.	*You mustn't put all your eggs in one basket.*

mettre pour les rapports humains et la personnalité

Je ne savais plus où me mettre.	*I didn't know where to hide. (out of embarrassment)*
se mettre en colère/en fureur	*to get angry/furious*
Quelle idée est-ce que tu t'es mise dans la tête?	*What strange idea has gotten into your head?*
Ils se sont mis dans tous leurs états.	*They flew into a panic.*
Je n'aime pas la situation dans laquelle il nous a mis.	*I don't like the situation he's put us in.*
mettre qqn à la porte	*to fire someone/throw someone out*

Mettre de l'effort

Il s'est mis en quatre pour nous aider.	*He went all out to help us.*
Tu n'y mets pas du tien, je vois.	*I see you're not pulling your weight.*
Elle a mis en œuvre tout son talent.	*She brought all her talent into play.*
Il a mis les étudiants au travail.	*He made the students work.*

Mettre des vêtements

mettre sa veste	*to put on one's jacket*
Il a mis son chapeau.	*He put on his hat.*
Je n'ai rien à me mettre.	*I have nothing to wear.*
Elle s'est mise en robe de soirée.	*She wore a gown.*
Le prof se met toujours en costume.	*The teacher always wears a suit.*
Je me mets toujours de l'après-rasage.	*I always put on aftershave.*

D'autres expressions

mettre ce problème sur l'ordre du jour	*to put this problem on the agenda*
mettre le criminel en prison	*to put the criminal in jail*
Ils ont mis leurs enfants dans le privé.	*They are sending their children to private school.*
se mettre sur les rangs	*to declare one's candidacy*

TOP 30 VERBS

regular *-ir* verb | **je mincis · je mincis · minci · mincissant**

PRESENT

mincis	mincissons
mincis	mincissez
mincit	mincissent

IMPERFECT

mincissais	mincissions
mincissais	mincissiez
mincissait	mincissaient

PASSÉ SIMPLE

mincis	mincîmes
mincis	mincîtes
mincit	mincirent

FUTURE

mincirai	mincirons
minciras	mincirez
mincira	minciront

CONDITIONAL

mincirais	mincirions
mincirais	minciriez
mincirait	minciraient

PRESENT SUBJUNCTIVE

mincisse	mincissions
mincisses	mincissiez
mincisse	mincissent

IMPERFECT SUBJUNCTIVE

mincisse	mincissions
mincisses	mincissiez
mincît	mincissent

COMMANDS

	mincissons
mincis	mincissez

PASSÉ COMPOSÉ

ai minci	avons minci
as minci	avez minci
a minci	ont minci

PLUPERFECT

avais minci	avions minci
avais minci	aviez minci
avait minci	avaient minci

PAST ANTERIOR

eus minci	eûmes minci
eus minci	eûtes minci
eut minci	eurent minci

FUTURE ANTERIOR

aurai minci	aurons minci
auras minci	aurez minci
aura minci	auront minci

PAST CONDITIONAL

aurais minci	aurions minci
aurais minci	auriez minci
aurait minci	auraient minci

PAST SUBJUNCTIVE

aie minci	ayons minci
aies minci	ayez minci
ait minci	aient minci

PLUPERFECT SUBJUNCTIVE

eusse minci	eussions minci
eusses minci	eussiez minci
eût minci	eussent minci

Usage

Le médecin m'a conseillé de mincir.	*The doctor advised me to lose weight.*
Les fruits et les légumes mincissent.	*Fruits and vegetables help you lose weight.*
Ce style vous mincit.	*That style makes you look slimmer.*
J'essaie de mincir. Je suis au régime.	*I'm trying to get thinner. I'm on a diet.*

RELATED WORD

mince	*skinny/slim*
Il est mince comme un fil.	*He's as skinny as a rail* (lit., *a thread*).
Un compte-rendu de trois pages, c'est un peu mince.	*A three-page report is a bit skimpy.*
Un seul gâteau pour douze invités, c'est un peu mince.	*Just one cake for twelve guests, that's cutting it a bit thin.*

monter *to go up, climb*

je monte · je montai · monté · montant

regular -er verb;
compound tenses with *être*

PRESENT

monte	montons
montes	montez
monte	montent

PASSÉ COMPOSÉ

suis monté(e)	sommes monté(e)s
es monté(e)	êtes monté(e)(s)
est monté(e)	sont monté(e)s

IMPERFECT

montais	montions
montais	montiez
montait	montaient

PLUPERFECT

étais monté(e)	étions monté(e)s
étais monté(e)	étiez monté(e)(s)
était monté(e)	étaient monté(e)s

PASSÉ SIMPLE

montai	montâmes
montas	montâtes
monta	montèrent

PAST ANTERIOR

fus monté(e)	fûmes monté(e)s
fus monté(e)	fûtes monté(e)(s)
fut monté(e)	furent monté(e)s

FUTURE

monterai	monterons
monteras	monterez
montera	monteront

FUTURE ANTERIOR

serai monté(e)	serons monté(e)s
seras monté(e)	serez monté(e)(s)
sera monté(e)	seront monté(e)s

CONDITIONAL

monterais	monterions
monterais	monteriez
monterait	monteraient

PAST CONDITIONAL

serais monté(e)	serions monté(e)s
serais monté(e)	seriez monté(e)(s)
serait monté(e)	seraient monté(e)s

PRESENT SUBJUNCTIVE

monte	montions
montes	montiez
monte	montent

PAST SUBJUNCTIVE

sois monté(e)	soyons monté(e)s
sois monté(e)	soyez monté(e)(s)
soit monté(e)	soient monté(e)s

IMPERFECT SUBJUNCTIVE

montasse	montassions
montasses	montassiez
montât	montassent

PLUPERFECT SUBJUNCTIVE

fusse monté(e)	fussions monté(e)s
fusses monté(e)	fussiez monté(e)(s)
fût monté(e)	fussent monté(e)s

COMMANDS

	montons
monte	montez

Usage

L'ascenseur monte? — *Is the elevator going up?*
C'est une rue qui monte. — *It's a street that goes up (on an incline).*
Le vin m'est monté à la tête. — *The wine went to my head.*
Le chat est monté sur le sofa. — *The cat got up on the sofa.*
Il faut monter l'escalier. L'ascenseur est en panne. — *You have to go up the stairs. The escalator is out of order.*
Les prix montent. — *Prices are going up.*
Tu sais monter sur un cheval? — *Do you know how to get on a horse?*
Nous sommes montés dans le train. — *We got on the train.*

monter transitif

Le chasseur a monté mes bagages. — *The bellhop took my luggage up.*
Monte les livres un peu. — *Put the books up a little higher.*
On a monté le prix de l'essence. — *They have raised the price of gasoline.*

regular -er verb — **je montre · je montrai · montré · montrant**

PRESENT		PASSÉ COMPOSÉ	
montre	montrons	ai montré	avons montré
montres	montrez	as montré	avez montré
montre	montrent	a montré	ont montré

IMPERFECT		PLUPERFECT	
montrais	montrions	avais montré	avions montré
montrais	montriez	avais montré	aviez montré
montrait	montraient	avait montré	avaient montré

PASSÉ SIMPLE		PAST ANTERIOR	
montrai	montrâmes	eus montré	eûmes montré
montras	montrâtes	eus montré	eûtes montré
montra	montrèrent	eut montré	eurent montré

FUTURE		FUTURE ANTERIOR	
montrerai	montrerons	aurai montré	aurons montré
montreras	montrerez	auras montré	aurez montré
montrera	montreront	aura montré	auront montré

CONDITIONAL		PAST CONDITIONAL	
montrerais	montrerions	aurais montré	aurions montré
montrerais	montreriez	aurais montré	auriez montré
montrerait	montreraient	aurait montré	auraient montré

PRESENT SUBJUNCTIVE		PAST SUBJUNCTIVE	
montre	montrions	aie montré	ayons montré
montres	montriez	aies montré	ayez montré
montre	montrent	ait montré	aient montré

IMPERFECT SUBJUNCTIVE		PLUPERFECT SUBJUNCTIVE	
montrasse	montrassions	eusse montré	eussions montré
montrasses	montrassiez	eusses montré	eussiez montré
montrât	montrassent	eût montré	eussent montré

COMMANDS	
	montrons
montre	montrez

Usage

montrer qqch à qqn — to show something to someone
Il nous a montré les cadeaux qu'il a reçus. — He showed us the gifts he got.
Ne montre pas encore tes cartes. — Don't show your hand yet.
Je vais te montrer de quel bois je me chauffe! — I'll show you what sort of person I am!
Elle m'a montré la porte. — She showed me the door.
Montre-moi comment m'en servir. — Show me how to use it.
Ne montre pas les gens du doigt! — Don't point at people!
Pourriez-vous me montrer le chemin? — Could you show me the way?
Tu t'es montré à la hauteur de la mission. — You showed yourself to be up to the mission.

Il faut montrer patte blanche pour entrer. — You have to show credentials to get in.
Elle n'a pas montré le bout de son nez. — We haven't seen hide nor hair of her.

se moquer (de) *to make fun (of)*

je me moque · je me moquai · s'étant moqué · se moquant

regular -er reflexive verb; compound tenses with être

PRESENT

me moque	nous moquons
te moques	vous moquez
se moque	se moquent

IMPERFECT

me moquais	nous moquions
te moquais	vous moquiez
se moquait	se moquaient

PASSÉ SIMPLE

me moquai	nous moquâmes
te moquas	vous moquâtes
se moqua	se moquèrent

FUTURE

me moquerai	nous moquerons
te moqueras	vous moquerez
se moquera	se moqueront

CONDITIONAL

me moquerais	nous moquerions
te moquerais	vous moqueriez
se moquerait	se moqueraient

PRESENT SUBJUNCTIVE

me moque	nous moquions
te moques	vous moquiez
se moque	se moquent

IMPERFECT SUBJUNCTIVE

me moquasse	nous moquassions
te moquasses	vous moquassiez
se moquât	se moquassent

PASSÉ COMPOSÉ

me suis moqué(e)	nous sommes moqué(e)s
t'es moqué(e)	vous êtes moqué(e)(s)
s'est moqué(e)	se sont moqué(e)s

PLUPERFECT

m'étais moqué(e)	nous étions moqué(e)s
t'étais moqué(e)	vous étiez moqué(e)(s)
s'était moqué(e)	s'étaient moqué(e)s

PAST ANTERIOR

me fus moqué(e)	nous fûmes moqué(e)s
te fus moqué(e)	vous fûtes moqué(e)(s)
se fut moqué(e)	se furent moqué(e)s

FUTURE ANTERIOR

me serai moqué(e)	nous serons moqué(e)s
te seras moqué(e)	vous serez moqué(e)(s)
se sera moqué(e)	se seront moqué(e)s

PAST CONDITIONAL

me serais moqué(e)	nous serions moqué(e)s
te serais moqué(e)	vous seriez moqué(e)(s)
se serait moqué(e)	se seraient moqué(e)s

PAST SUBJUNCTIVE

me sois moqué(e)	nous soyons moqué(e)s
te sois moqué(e)	vous soyez moqué(e)(s)
se soit moqué(e)	se soient moqué(e)s

PLUPERFECT SUBJUNCTIVE

me fusse moqué(e)	nous fussions moqué(e)s
te fusses moqué(e)	vous fussiez moqué(e)(s)
se fût moqué(e)	se fussent moqué(e)s

COMMANDS

	moquons-nous
moque-toi	moquez-vous

Usage

se moquer de qqn/de qqch	*to make fun of something/someone*
Ils se moquent de sa tête.	*They're making fun of him.*
Ils se moquent de ma tenue.	*They're making fun of my outfit.*
Il se moquait du monde.	*He made fun of everything.*
se moquer de qqn/de qqch	*not to care about something/about someone*
Je me moque du qu'en-dira-t-on.	*I don't care what people think.*
Je me moque que tu aies raison.	*I don't care whether you're right or not.*
Je m'en moque comme de l'an quarante.	*I don't give a hoot about it.*
Il s'en moque pas mal.	*He couldn't care less.*
Je m'en moque éperdument.	*I don't give a hang.*
Je m'en moque comme de ma première chemise.	*I don't care at all about it.*

regular -re verb · **je mords · je mordis · mordu · mordant**

PRESENT

mords	mordons
mords	mordez
mord	mordent

PASSÉ COMPOSÉ

ai mordu	avons mordu
as mordu	avez mordu
a mordu	ont mordu

IMPERFECT

mordais	mordions
mordais	mordiez
mordait	mordaient

PLUPERFECT

avais mordu	avions mordu
avais mordu	aviez mordu
avait mordu	avaient mordu

PASSÉ SIMPLE

mordis	mordîmes
mordis	mordîtes
mordit	mordirent

PAST ANTERIOR

eus mordu	eûmes mordu
eus mordu	eûtes mordu
eut mordu	eurent mordu

FUTURE

mordrai	mordrons
mordras	mordrez
mordra	mordront

FUTURE ANTERIOR

aurai mordu	aurons mordu
auras mordu	aurez mordu
aura mordu	auront mordu

CONDITIONAL

mordrais	mordrions
mordrais	mordriez
mordrait	mordraient

PAST CONDITIONAL

aurais mordu	aurions mordu
aurais mordu	auriez mordu
aurait mordu	auraient mordu

PRESENT SUBJUNCTIVE

morde	mordions
mordes	mordiez
morde	mordent

PAST SUBJUNCTIVE

aie mordu	ayons mordu
aies mordu	ayez mordu
ait mordu	aient mordu

IMPERFECT SUBJUNCTIVE

mordisse	mordissions
mordisses	mordissiez
mordît	mordissent

PLUPERFECT SUBJUNCTIVE

eusse mordu	eussions mordu
eusses mordu	eussiez mordu
eût mordu	eussent mordu

COMMANDS

	mordons
mords	mordez

Usage

Un chien lui a mordu la cheville.	*A dog bit him on the ankle.*
Approche-toi. Je ne mords pas.	*Come closer. I don't bite.*
mordre dans un fruit	*to bite into a fruit*
Il a mordu un petit bout de fromage.	*He bit off a small piece of cheese.*
Il a mordu dans le chocolat à belles dents.	*He bit heartily into the chocolate.*
Je m'en mords les doigts.	*I regret it.*
Tu vas t'en mordre les doigts!	*You'll live to regret it.*
Il ne pense qu'à elle. Il est mordu.	*She's all he thinks about. He's hooked.*
Cet étudiant ne mord pas au latin.	*This student doesn't take to Latin.*
Il a mordu (à l'hameçon).	*He fell for it.*
C'est un mordu du rock.	*He's a real rock music devotee.*

PROVERB

Chien qui aboie ne mord pas.	*His bark is worse than his bite.*

moudre *to grind*

je mouds · je moulus · moulu · moulant   irregular verb

PRESENT		PASSÉ COMPOSÉ	
mouds	moulons	ai moulu	avons moulu
mouds	moulez	as moulu	avez moulu
moud	moulent	a moulu	ont moulu

IMPERFECT		PLUPERFECT	
moulais	moulions	avais moulu	avions moulu
moulais	mouliez	avais moulu	aviez moulu
moulait	moulaient	avait moulu	avaient moulu

PASSÉ SIMPLE		PAST ANTERIOR	
moulus	moulûmes	eus moulu	eûmes moulu
moulus	moulûtes	eus moulu	eûtes moulu
moulut	moulurent	eut moulu	eurent moulu

FUTURE		FUTURE ANTERIOR	
moudrai	moudrons	aurai moulu	aurons moulu
moudras	moudrez	auras moulu	aurez moulu
moudra	moudront	aura moulu	auront moulu

CONDITIONAL		PAST CONDITIONAL	
moudrais	moudrions	aurais moulu	aurions moulu
moudrais	moudriez	aurais moulu	auriez moulu
moudrait	moudraient	aurait moulu	auraient moulu

PRESENT SUBJUNCTIVE		PAST SUBJUNCTIVE	
moule	moulions	aie moulu	ayons moulu
moules	mouliez	aies moulu	ayez moulu
moule	moulent	ait moulu	aient moulu

IMPERFECT SUBJUNCTIVE		PLUPERFECT SUBJUNCTIVE	
moulusse	moulussions	eusse moulu	eussions moulu
moulusses	moulussiez	eusses moulu	eussiez moulu
moulût	moulussent	eût moulu	eussent moulu

COMMANDS	
	moulons
mouds	moulez

Usage

moudre du poivre	*to grind pepper*
moudre du blé	*to grind/mill wheat*
moudre du café	*to grind coffee*

RELATED WORDS

le moulin	*mill*
le moulin à vent	*windmill*
le moulin à eau	*water mill*
On y entre comme dans un moulin.	*Anyone and everyone walks in and out of there.*

irregular verb; compound
tenses with *être*

je meurs · je mourus · mort · mourant

PRESENT

meurs	mourons
meurs	mourez
meurt	meurent

PASSÉ COMPOSÉ

suis mort(e)	sommes mort(e)s
es mort(e)	êtes mort(e)(s)
est mort(e)	sont mort(e)s

IMPERFECT

mourais	mourions
mourais	mouriez
mourait	mouraient

PLUPERFECT

étais mort(e)	étions mort(e)s
étais mort(e)	étiez mort(e)(s)
était mort(e)	étaient mort(e)s

PASSÉ SIMPLE

mourus	mourûmes
mourus	mourûtes
mourut	moururent

PAST ANTERIOR

fus mort(e)	fûmes mort(e)s
fus mort(e)	fûtes mort(e)(s)
fut mort(e)	furent mort(e)s

FUTURE

mourrai	mourrons
mourras	mourrez
mourra	mourront

FUTURE ANTERIOR

serai mort(e)	serons mort(e)s
seras mort(e)	serez mort(e)(s)
sera mort(e)	seront mort(e)s

CONDITIONAL

mourrais	mourrions
mourrais	mourriez
mourrait	mourraient

PAST CONDITIONAL

serais mort(e)	serions mort(e)s
serais mort(e)	seriez mort(e)(s)
serait mort(e)	seraient mort(e)s

PRESENT SUBJUNCTIVE

meure	mourions
meures	mouriez
meure	meurent

PAST SUBJUNCTIVE

sois mort(e)	soyons mort(e)s
sois mort(e)	soyez mort(e)(s)
soit mort(e)	soient mort(e)s

IMPERFECT SUBJUNCTIVE

mourusse	mourussions
mourusses	mourussiez
mourût	mourussent

PLUPERFECT SUBJUNCTIVE

fusse mort(e)	fussions mort(e)s
fusses mort(e)	fussiez mort(e)(s)
fût mort(e)	fussent mort(e)s

COMMANDS

	mourons
meurs	mourez

Usage

Elle est morte il y a un an.	*She died a year ago.*
La vieille dame est morte d'un cancer.	*The elderly lady died of cancer.*
Je meurs de faim.	*I'm dying of hunger.*
Je meurs de froid.	*I'm absolutely freezing.*
Montre-moi la lettre! Je meurs d'impatience.	*Show me the letter! I'm dying to read it.*
Il est mort avant l'âge.	*He died young./He met an untimely death.*
C'est un film à mourir de rire.	*You can die laughing with that film.*
Je m'ennuyais à mourir.	*I was bored to death.*
—Je mourais d'envie de me présenter à elle.	*I was dying to introduce myself to her.*
—Vas-y! Tu n'en mourras pas!	*Go ahead! It won't kill you!*

nager *to swim*

je nage · je nageai · nagé · nageant

-er verb; spelling change:
g > ge/a, o

PRESENT		PASSÉ COMPOSÉ	
nage	nageons	ai nagé	avons nagé
nages	nagez	as nagé	avez nagé
nage	nagent	a nagé	ont nagé

IMPERFECT		PLUPERFECT	
nageais	nagions	avais nagé	avions nagé
nageais	nagiez	avais nagé	aviez nagé
nageait	nageaient	avait nagé	avaient nagé

PASSÉ SIMPLE		PAST ANTERIOR	
nageai	nageâmes	eus nagé	eûmes nagé
nageas	nageâtes	eus nagé	eûtes nagé
nagea	nagèrent	eut nagé	eurent nagé

FUTURE		FUTURE ANTERIOR	
nagerai	nagerons	aurai nagé	aurons nagé
nageras	nagerez	auras nagé	aurez nagé
nagera	nageront	aura nagé	auront nagé

CONDITIONAL		PAST CONDITIONAL	
nagerais	nagerions	aurais nagé	aurions nagé
nagerais	nageriez	aurais nagé	auriez nagé
nagerait	nageraient	aurait nagé	auraient nagé

PRESENT SUBJUNCTIVE		PAST SUBJUNCTIVE	
nage	nagions	aie nagé	ayons nagé
nages	nagiez	aies nagé	ayez nagé
nage	nagent	ait nagé	aient nagé

IMPERFECT SUBJUNCTIVE		PLUPERFECT SUBJUNCTIVE	
nageasse	nageassions	eusse nagé	eussions nagé
nageasses	nageassiez	eusses nagé	eussiez nagé
nageât	nageassent	eût nagé	eussent nagé

COMMANDS	
	nageons
nage	nagez

Usage

Tu sais nager?	*Do you know how to swim?*
Cet enfant nage déjà comme un poisson!	*This child already swims so well/ like a fish!*
Elle nage dans la tristesse.	*She is overcome with sadness.*
Il nage dans le mystère.	*He is totally bewildered.*
—Il a compris?	*Did he understand?*
—Non, il nage complètement.	*No, he is completely in the dark.*
nager la brasse/le crawl	*to do the breaststroke/the crawl*
nager le 100 mètres	*to swim the 100 meters*

RELATED WORDS

la nage	*swimming*
être en nage	*to be sweaty*
le nageur/la nageuse	*swimmer*

irregular verb; compound tenses with *être*   **je nais · je naquis · né · naissant**

PRESENT		PASSÉ COMPOSÉ	
nais	naissons	suis né(e)	sommes né(e)s
nais	naissez	es né(e)	êtes né(e)(s)
naît	naissent	est né(e)	sont né(e)s

IMPERFECT		PLUPERFECT	
naissais	naissions	étais né(e)	étions né(e)s
naissais	naissiez	étais né(e)	étiez né(e)(s)
naissait	naissaient	était né(e)	étaient né(e)s

PASSÉ SIMPLE		PAST ANTERIOR	
naquis	naquîmes	fus né(e)	fûmes né(e)s
naquis	naquîtes	fus né(e)	fûtes né(e)(s)
naquit	naquirent	fut né(e)	furent né(e)s

FUTURE		FUTURE ANTERIOR	
naîtrai	naîtrons	serai né(e)	serons né(e)s
naîtras	naîtrez	seras né(e)	serez né(e)(s)
naîtra	naîtront	sera né(e)	seront né(e)s

CONDITIONAL		PAST CONDITIONAL	
naîtrais	naîtrions	serais né(e)	serions né(e)s
naîtrais	naîtriez	serais né(e)	seriez né(e)(s)
naîtrait	naîtraient	serait né(e)	seraient né(e)s

PRESENT SUBJUNCTIVE		PAST SUBJUNCTIVE	
naisse	naissions	sois né(e)	soyons né(e)s
naisses	naissiez	sois né(e)	soyez né(e)(s)
naisse	naissent	soit né(e)	soient né(e)s

IMPERFECT SUBJUNCTIVE		PLUPERFECT SUBJUNCTIVE	
naquisse	naquissions	fusse né(e)	fussions né(e)s
naquisses	naquissiez	fusses né(e)	fussiez né(e)(s)
naquît	naquissent	fût né(e)	fussent né(e)s

COMMANDS	
	naissons
nais	naissez

Usage

—Où es-tu né? — *Where were you born?*
—Je suis né à Bordeaux. — *I was born in Bordeaux.*
Sa sœur est née aveugle. — *His sister was born blind.*
Ils sont nés l'un pour l'autre. — *They were meant for each other.*
Elle est née coiffée. — *She was born with a silver spoon in her mouth.*

On est amis depuis très longtemps. — *We've been friends for a very long time.*
Je l'ai vu naître. — *We've known each other since we were children.*

Lui, il a réussi dans la vie, mais son frère était né sous une mauvaise étoile. — *He was successful in life but his brother was a born loser.*
Je ne suis pas né d'hier. — *I wasn't born yesterday.*

nettoyer *to clean*

je nettoie · je nettoyai · nettoyé · nettoyant

-er verb; spelling change:
y > *i*/mute e

PRESENT		PASSÉ COMPOSÉ	
nettoie	nettoyons	ai nettoyé	avons nettoyé
nettoies	nettoyez	as nettoyé	avez nettoyé
nettoie	nettoient	a nettoyé	ont nettoyé

IMPERFECT		PLUPERFECT	
nettoyais	nettoyions	avais nettoyé	avions nettoyé
nettoyais	nettoyiez	avais nettoyé	aviez nettoyé
nettoyait	nettoyaient	avait nettoyé	avaient nettoyé

PASSÉ SIMPLE		PAST ANTERIOR	
nettoyai	nettoyâmes	eus nettoyé	eûmes nettoyé
nettoyas	nettoyâtes	eus nettoyé	eûtes nettoyé
nettoya	nettoyèrent	eut nettoyé	eurent nettoyé

FUTURE		FUTURE ANTERIOR	
nettoierai	nettoierons	aurai nettoyé	aurons nettoyé
nettoieras	nettoierez	auras nettoyé	aurez nettoyé
nettoiera	nettoieront	aura nettoyé	auront nettoyé

CONDITIONAL		PAST CONDITIONAL	
nettoierais	nettoierions	aurais nettoyé	aurions nettoyé
nettoierais	nettoieriez	aurais nettoyé	auriez nettoyé
nettoierait	nettoieraient	aurait nettoyé	auraient nettoyé

PRESENT SUBJUNCTIVE		PAST SUBJUNCTIVE	
nettoie	nettoyions	aie nettoyé	ayons nettoyé
nettoies	nettoyiez	aies nettoyé	ayez nettoyé
nettoie	nettoient	ait nettoyé	aient nettoyé

IMPERFECT SUBJUNCTIVE		PLUPERFECT SUBJUNCTIVE	
nettoyasse	nettoyassions	eusse nettoyé	eussions nettoyé
nettoyasses	nettoyassiez	eusses nettoyé	eussiez nettoyé
nettoyât	nettoyassent	eût nettoyé	eussent nettoyé

COMMANDS	
	nettoyons
nettoie	nettoyez

Usage

nettoyer la cuisine/la maison	*to clean the kitchen/the house*
nettoyer avec une éponge	*to clean with a sponge*
Quelqu'un m'a nettoyé les poches.	*Someone went through my pockets.*
Les voleurs ont nettoyé l'appartement.	*The thieves cleaned out the apartment.*
L'armée a nettoyé la campagne.	*The army cleaned the enemy out of the countryside.*
faire nettoyer un vêtement à sec	*to have a garment dry-cleaned*

RELATED WORD

le nettoyage	*cleaning*
le nettoyage de la maison	*cleaning the house*
le nettoyage des vitres	*cleaning the windows*

regular -er verb

je nie · je niai · nié · niant

PRESENT		PASSÉ COMPOSÉ	
nie	nions	ai nié	avons nié
nies	niez	as nié	avez nié
nie	nient	a nié	ont nié

IMPERFECT		PLUPERFECT	
niais	niions	avais nié	avions nié
niais	niiez	avais nié	aviez nié
niait	niaient	avait nié	avaient nié

PASSÉ SIMPLE		PAST ANTERIOR	
niai	niâmes	eus nié	eûmes nié
nias	niâtes	eus nié	eûtes nié
nia	nièrent	eut nié	eurent nié

FUTURE		FUTURE ANTERIOR	
nierai	nierons	aurai nié	aurons nié
nieras	nierez	auras nié	aurez nié
niera	nieront	aura nié	auront nié

CONDITIONAL		PAST CONDITIONAL	
nierais	nierions	aurais nié	aurions nié
nierais	nieriez	aurais nié	auriez nié
nierait	nieraient	aurait nié	auraient nié

PRESENT SUBJUNCTIVE		PAST SUBJUNCTIVE	
nie	niions	aie nié	ayons nié
nies	niiez	aies nié	ayez nié
nie	nient	ait nié	aient nié

IMPERFECT SUBJUNCTIVE		PLUPERFECT SUBJUNCTIVE	
niasse	niassions	eusse nié	eussions nié
niasses	niassiez	eusses nié	eussiez nié
niât	niassent	eût nié	eussent nié

COMMANDS	
	nions
nie	niez

Usage

L'inculpé ne peut pas nier ces faits.	*The accused cannot deny these facts.*
L'accusé a tout nié.	*The accused denied everything.*
Il nie l'avoir battue.	*He denies having hit her.*
Il nie que nous soyons ses collègues.	*He denies that we are his coworkers.*
Il nie que vous ayez participé aux entretiens.	*He denies that you have participated in the talks.*
Je ne nie pas qu'il est intelligent.	*I don't deny that he is intelligent.*
Nous ne nions pas qu'elle veut partir.	*We don't deny that she wants to leave.*
Dire qu'il est innocent, c'est nier l'évidence.	*Saying that he's innocent is to deny what is obvious.*
Les hommes de sciences les plus importants nient la justesse de cette théorie.	*The most important scientists deny the validity of this theory.*

PRESENT

nuis	nuisons
nuis	nuisez
nuit	nuisent

PASSÉ COMPOSÉ

ai nui	avons nui
as nui	avez nui
a nui	ont nui

IMPERFECT

nuisais	nuisions
nuisais	nuisiez
nuisait	nuisaient

PLUPERFECT

avais nui	avions nui
avais nui	aviez nui
avait nui	avaient nui

PASSÉ SIMPLE

nuisis	nuisîmes
nuisis	nuisîtes
nuisit	nuisirent

PAST ANTERIOR

eus nui	eûmes nui
eus nui	eûtes nui
eut nui	eurent nui

FUTURE

nuirai	nuirons
nuiras	nuirez
nuira	nuiront

FUTURE ANTERIOR

aurai nui	aurons nui
auras nui	aurez nui
aura nui	auront nui

CONDITIONAL

nuirais	nuirions
nuirais	nuiriez
nuirait	nuiraient

PAST CONDITIONAL

aurais nui	aurions nui
aurais nui	auriez nui
aurait nui	auraient nui

PRESENT SUBJUNCTIVE

nuise	nuisions
nuises	nuisiez
nuise	nuisent

PAST SUBJUNCTIVE

aie nui	ayons nui
aies nui	ayez nui
ait nui	aient nui

IMPERFECT SUBJUNCTIVE

nuisisse	nuisissions
nuisisses	nuisissiez
nuisît	nuisissent

PLUPERFECT SUBJUNCTIVE

eusse nui	eussions nui
eusses nui	eussiez nui
eût nui	eussent nui

COMMANDS

	nuisons
nuis	nuisez

Usage

nuire à qqch	*to damage something*
Cette affaire a nui à sa réputation.	*This business deal harmed his reputation.*
nuire à qqn	*to harm someone*
Il cherche à nuire à ses collègues.	*He tries to do his coworkers harm.*
Les preuves lui ont beaucoup nui.	*The evidence hurt him a lot.*
Sa froideur lui nuit.	*His coldness is a big disadvantage for him.*
Ce travail a nui à sa santé.	*That work harmed his health.*
La crise économique a nui aux projets d'expansion de notre entreprise.	*The economic downturn harmed our company's plans for expansion.*
se nuire	*to harm each other/work against each other*
Ils se sont nui.	*They did each other harm.*

regular *-ir* verb | **j'obéis · j'obéis · obéi · obéissant**

PRESENT

obéis	obéissons
obéis	obéissez
obéit	obéissent

PASSÉ COMPOSÉ

ai obéi	avons obéi
as obéi	avez obéi
a obéi	ont obéi

IMPERFECT

obéissais	obéissions
obéissais	obéissiez
obéissait	obéissaient

PLUPERFECT

avais obéi	avions obéi
avais obéi	aviez obéi
avait obéi	avaient obéi

PASSÉ SIMPLE

obéis	obéîmes
obéis	obéîtes
obéit	obéirent

PAST ANTERIOR

eus obéi	eûmes obéi
eus obéi	eûtes obéi
eut obéi	eurent obéi

FUTURE

obéirai	obéirons
obéiras	obéirez
obéira	obéiront

FUTURE ANTERIOR

aurai obéi	aurons obéi
auras obéi	aurez obéi
aura obéi	auront obéi

CONDITIONAL

obéirais	obéirions
obéirais	obéiriez
obéirait	obéiraient

PAST CONDITIONAL

aurais obéi	aurions obéi
aurais obéi	auriez obéi
aurait obéi	auraient obéi

PRESENT SUBJUNCTIVE

obéisse	obéissions
obéisses	obéissiez
obéisse	obéissent

PAST SUBJUNCTIVE

aie obéi	ayons obéi
aies obéi	ayez obéi
ait obéi	aient obéi

IMPERFECT SUBJUNCTIVE

obéisse	obéissions
obéisses	obéissiez
obéît	obéissent

PLUPERFECT SUBJUNCTIVE

eusse obéi	eussions obéi
eusses obéi	eussiez obéi
eût obéi	eussent obéi

COMMANDS

	obéissons
obéis	obéissez

Usage

obéir à qqn	*to obey someone*
Il obéit à ses parents.	*He obeys his parents.*
Il obéit au patron au doigt et à l'œil.	*He does the boss's bidding.*
Le chef sait se faire obéir.	*The boss knows how to get people to obey him.*
Je leur ai dit de venir mais ils n'ont pas obéi.	*I told them to come but they didn't listen to me.*
obéir à qqch	*to obey something*
Un bon soldat obéit aux ordres.	*A good soldier obeys orders.*
Il n'obéit qu'à sa conscience.	*He listens only to his conscience.*

RELATED WORD

l'obéissance (*f*)	*obedience*
Ils ont juré obéissance au chef de bande.	*They swore to obey the gang leader.*

obtenir *to obtain*

j'obtiens · j'obtins · obtenu · obtenant   irregular verb

PRESENT		PASSÉ COMPOSÉ	
obtiens	obtenons	ai obtenu	avons obtenu
obtiens	obtenez	as obtenu	avez obtenu
obtient	obtiennent	a obtenu	ont obtenu

IMPERFECT		PLUPERFECT	
obtenais	obtenions	avais obtenu	avions obtenu
obtenais	obteniez	avais obtenu	aviez obtenu
obtenait	obtenaient	avait obtenu	avaient obtenu

PASSÉ SIMPLE		PAST ANTERIOR	
obtins	obtînmes	eus obtenu	eûmes obtenu
obtins	obtîntes	eus obtenu	eûtes obtenu
obtint	obtinrent	eut obtenu	eurent obtenu

FUTURE		FUTURE ANTERIOR	
obtiendrai	obtiendrons	aurai obtenu	aurons obtenu
obtiendras	obtiendrez	auras obtenu	aurez obtenu
obtiendra	obtiendront	aura obtenu	auront obtenu

CONDITIONAL		PAST CONDITIONAL	
obtiendrais	obtiendrions	aurais obtenu	aurions obtenu
obtiendrais	obtiendriez	aurais obtenu	auriez obtenu
obtiendrait	obtiendraient	aurait obtenu	auraient obtenu

PRESENT SUBJUNCTIVE		PAST SUBJUNCTIVE	
obtienne	obtenions	aie obtenu	ayons obtenu
obtiennes	obteniez	aies obtenu	ayez obtenu
obtienne	obtiennent	ait obtenu	aient obtenu

IMPERFECT SUBJUNCTIVE		PLUPERFECT SUBJUNCTIVE	
obtinsse	obtinssions	eusse obtenu	eussions obtenu
obtinsses	obtinssiez	eusses obtenu	eussiez obtenu
obtînt	obtinssent	eût obtenu	eussent obtenu

COMMANDS	
	obtenons
obtiens	obtenez

Usage

Est-ce que tu peux m'obtenir cet article sur Internet?	*Can you get that article for me on the Web?*
Je n'ai pas obtenu de réponse.	*No one answered.*
Je n'ai pas obtenu qu'on me réponde.	*I could not get anyone to answer me.*
Nous avons obtenu de bons résultats.	*We got good results.*
En mettant ces sommes ensemble, on obtient 3.000 euros.	*Putting these amounts together, you get 3,000 euros.*
Il n'a pas encore obtenu leur autorisation pour partir.	*He has not yet gotten their authorization to leave.*
Nous avons obtenu de lui qu'il nous rende l'argent.	*We got him to agree to return the money.*
Elle m'a obtenu un travail de programmeur.	*She got me a job as a programmer.*

irregular verb

PRESENT		PASSÉ COMPOSÉ	
offre	offrons	ai offert	avons offert
offres	offrez	as offert	avez offert
offre	offrent	a offert	ont offert

IMPERFECT		PLUPERFECT	
offrais	offrions	avais offert	avions offert
offrais	offriez	avais offert	aviez offert
offrait	offraient	avait offert	avaient offert

PASSÉ SIMPLE		PAST ANTERIOR	
offris	offrîmes	eus offert	eûmes offert
offris	offrîtes	eus offert	eûtes offert
offrit	offrirent	eut offert	eurent offert

FUTURE		FUTURE ANTERIOR	
offrirai	offrirons	aurai offert	aurons offert
offriras	offrirez	auras offert	aurez offert
offrira	offriront	aura offert	auront offert

CONDITIONAL		PAST CONDITIONAL	
offrirais	offririons	aurais offert	aurions offert
offrirais	offririez	aurais offert	auriez offert
offrirait	offriraient	aurait offert	auraient offert

PRESENT SUBJUNCTIVE		PAST SUBJUNCTIVE	
offre	offrions	aie offert	ayons offert
offres	offriez	aies offert	ayez offert
offre	offrent	ait offert	aient offert

IMPERFECT SUBJUNCTIVE		PLUPERFECT SUBJUNCTIVE	
offrisse	offrissions	eusse offert	eussions offert
offrisses	offrissiez	eusses offert	eussiez offert
offrît	offrissent	eût offert	eussent offert

COMMANDS	
	offrons
offre	offrez

Usage

Je vous offre mes meilleurs vœux de succès.	*Please accept my best wishes for success.*
Il m'a offert dix mille euros.	*He offered me ten thousand euros.*
offrir qqch à qqn	*to give something to someone as a gift*
On m'a offert un téléphone portable pour mon anniversaire.	*They gave me a cell phone for my birthday.*
Qu'est-ce qu'on va offrir aux enfants pour Noël?	*What are we going to give the children for Christmas?*
Ils se sont offert une semaine à Avignon.	*They treated themselves to a week in Avignon.*
Il nous a offert un verre.	*He treated us to a drink.*
Ces cours offrent beaucoup d'avantages.	*These courses offer many advantages.*
Ils nous offriront l'hospitalité.	*They will offer us their hospitality.*

oublier *to forget*

PRESENT		PASSÉ COMPOSÉ	
oublie	oublions	ai oublié	avons oublié
oublies	oubliez	as oublié	avez oublié
oublie	oublient	a oublié	ont oublié

IMPERFECT		PLUPERFECT	
oubliais	oubliions	avais oublié	avions oublié
oubliais	oubliiez	avais oublié	aviez oublié
oubliait	oubliaient	avait oublié	avaient oublié

PASSÉ SIMPLE		PAST ANTERIOR	
oubliai	oubliâmes	eus oublié	eûmes oublié
oublias	oubliâtes	eus oublié	eûtes oublié
oublia	oublièrent	eut oublié	eurent oublié

FUTURE		FUTURE ANTERIOR	
oublierai	oublierons	aurai oublié	aurons oublié
oublieras	oublierez	auras oublié	aurez oublié
oubliera	oublieront	aura oublié	auront oublié

CONDITIONAL		PAST CONDITIONAL	
oublierais	oublierions	aurais oublié	aurions oublié
oublierais	oublieriez	aurais oublié	auriez oublié
oublierait	oublieraient	aurait oublié	auraient oublié

PRESENT SUBJUNCTIVE		PAST SUBJUNCTIVE	
oublie	oubliions	aie oublié	ayons oublié
oublies	oubliiez	aies oublié	ayez oublié
oublie	oublient	ait oublié	aient oublié

IMPERFECT SUBJUNCTIVE		PLUPERFECT SUBJUNCTIVE	
oubliasse	oubliassions	eusse oublié	eussions oublié
oubliasses	oubliassiez	eusses oublié	eussiez oublié
oubliât	oubliassent	eût oublié	eussent oublié

COMMANDS	
	oublions
oublie	oubliez

Usage

J'ai oublié son nom.	*I forgot his name.*
J'ai oublié ce que vous vouliez.	*I forgot what you wanted.*
Ne m'oubliez pas.	*Don't forget me.*
Je ne t'oublierai jamais.	*I will never forget you.*
Il a oublié son allemand.	*He forgot his German.*
Il ne réussira pas à faire oublier ses actions.	*He will never be able to live down what he did.*
Tout ça, c'est oublié.	*All that is over with, gone and forgotten.*
Oublions le passé et recommençons.	*Let's forget the past and start over.*

RELATED WORD

inoubliable	*unforgettable*
Elle a chanté des chansons inoubliables.	*She sang unforgettable songs.*

irregular verb   **j'ouvre · j'ouvris · ouvert · ouvrant**

PRESENT		PASSÉ COMPOSÉ	
ouvre	ouvrons	ai ouvert	avons ouvert
ouvres	ouvrez	as ouvert	avez ouvert
ouvre	ouvrent	a ouvert	ont ouvert

IMPERFECT		PLUPERFECT	
ouvrais	ouvrions	avais ouvert	avions ouvert
ouvrais	ouvriez	avais ouvert	aviez ouvert
ouvrait	ouvraient	avait ouvert	avaient ouvert

PASSÉ SIMPLE		PAST ANTERIOR	
ouvris	ouvrîmes	eus ouvert	eûmes ouvert
ouvris	ouvrîtes	eus ouvert	eûtes ouvert
ouvrit	ouvrirent	eut ouvert	eurent ouvert

FUTURE		FUTURE ANTERIOR	
ouvrirai	ouvrirons	aurai ouvert	aurons ouvert
ouvriras	ouvrirez	auras ouvert	aurez ouvert
ouvrira	ouvriront	aura ouvert	auront ouvert

CONDITIONAL		PAST CONDITIONAL	
ouvrirais	ouvririons	aurais ouvert	aurions ouvert
ouvrirais	ouvririez	aurais ouvert	auriez ouvert
ouvrirait	ouvriraient	aurait ouvert	auraient ouvert

PRESENT SUBJUNCTIVE		PAST SUBJUNCTIVE	
ouvre	ouvrions	aie ouvert	ayons ouvert
ouvres	ouvriez	aies ouvert	ayez ouvert
ouvre	ouvrent	ait ouvert	aient ouvert

IMPERFECT SUBJUNCTIVE		PLUPERFECT SUBJUNCTIVE	
ouvrisse	ouvrissions	eusse ouvert	eussions ouvert
ouvrisses	ouvrissiez	eusses ouvert	eussiez ouvert
ouvrît	ouvrissent	eût ouvert	eussent ouvert

COMMANDS	
	ouvrons
ouvre	ouvrez

Usage

ouvrir la porte/les fenêtres	*to open the door/the windows*
ouvrir la portière du wagon	*to open the door of the train car*
ouvrir une séance	*to open a meeting*
Les hors-d'œuvre ouvrent l'appétit.	*Hors d'oeuvres stimulate the appetite.*
Voilà son train. Ouvrez l'œil.	*There's his train. Keep your eyes peeled for him.*
Ouvrez vos livres à la page dix.	*Open your books to page ten.*
Cette clé n'ouvre pas la porte.	*This key doesn't open the door.*
Les soldats ont ouvert le feu.	*The soldiers opened fire.*
Elle s'est ouverte à sa sœur.	*She opened up to her sister.*

RELATED WORD

l'ouverture (*f*)	*opening*
Ouverture des portes à sept heures.	*Doors open at seven o'clock.*

paraître *to appear, seem*

je parais · je parus · paru · paraissant   irregular verb

PRESENT		PASSÉ COMPOSÉ	
parais	paraissons	ai paru	avons paru
parais	paraissez	as paru	avez paru
paraît	paraissent	a paru	ont paru

IMPERFECT		PLUPERFECT	
paraissais	paraissions	avais paru	avions paru
paraissais	paraissiez	avais paru	aviez paru
paraissait	paraissaient	avait paru	avaient paru

PASSÉ SIMPLE		PAST ANTERIOR	
parus	parûmes	eus paru	eûmes paru
parus	parûtes	eus paru	eûtes paru
parut	parurent	eut paru	eurent paru

FUTURE		FUTURE ANTERIOR	
paraîtrai	paraîtrons	aurai paru	aurons paru
paraîtras	paraîtrez	auras paru	aurez paru
paraîtra	paraîtront	aura paru	auront paru

CONDITIONAL		PAST CONDITIONAL	
paraîtrais	paraîtrions	aurais paru	aurions paru
paraîtrais	paraîtriez	aurais paru	auriez paru
paraîtrait	paraîtraient	aurait paru	auraient paru

PRESENT SUBJUNCTIVE		PAST SUBJUNCTIVE	
paraisse	paraissions	aie paru	ayons paru
paraisses	paraissiez	aies paru	ayez paru
paraisse	paraissent	ait paru	aient paru

IMPERFECT SUBJUNCTIVE		PLUPERFECT SUBJUNCTIVE	
parusse	parussions	eusse paru	eussions paru
parusses	parussiez	eusses paru	eussiez paru
parût	parussent	eût paru	eussent paru

COMMANDS	
	paraissons
parais	paraissez

Usage

Il paraît qu'on lui a offert le poste.	*It seems they offered him the job.*
À ce qu'il paraît, il a fait faillite.	*Apparently, he went bankrupt.*
Je l'attendais mais il n'a pas paru.	*I was waiting for him but he didn't show up.*
Dans ce discours il a laissé paraître ses vrais sentiments.	*In that speech he let his real feelings show through.*
Il me paraît nécessaire que vous partiez.	*I think it necessary for you to leave.*
Son livre vient de paraître.	*His book has just been published.*
Ce livre a paru l'année dernière.	*This book was published last year.*
Elle paraît plus âgée qu'elle ne l'est.	*She looks older than she is.*
Il leur a donné de l'argent sans qu'il y paraisse.	*He gave them money without making a show of it.*
Elle ne paraît pas très bouleversée.	*She doesn't seem very upset.*

regular *-er* verb   **je pardonne · je pardonnai · pardonné · pardonnant**

PRESENT		PASSÉ COMPOSÉ	
pardonne	pardonnons	ai pardonné	avons pardonné
pardonnes	pardonnez	as pardonné	avez pardonné
pardonne	pardonnent	a pardonné	ont pardonné

IMPERFECT		PLUPERFECT	
pardonnais	pardonnions	avais pardonné	avions pardonné
pardonnais	pardonniez	avais pardonné	aviez pardonné
pardonnait	pardonnaient	avait pardonné	avaient pardonné

PASSÉ SIMPLE		PAST ANTERIOR	
pardonnai	pardonnâmes	eus pardonné	eûmes pardonné
pardonnas	pardonnâtes	eus pardonné	eûtes pardonné
pardonna	pardonnèrent	eut pardonné	eurent pardonné

FUTURE		FUTURE ANTERIOR	
pardonnerai	pardonnerons	aurai pardonné	aurons pardonné
pardonneras	pardonnerez	auras pardonné	aurez pardonné
pardonnera	pardonneront	aura pardonné	auront pardonné

CONDITIONAL		PAST CONDITIONAL	
pardonnerais	pardonnerions	aurais pardonné	aurions pardonné
pardonnerais	pardonneriez	aurais pardonné	auriez pardonné
pardonnerait	pardonneraient	aurait pardonné	auraient pardonné

PRESENT SUBJUNCTIVE		PAST SUBJUNCTIVE	
pardonne	pardonnions	aie pardonné	ayons pardonné
pardonnes	pardonniez	aies pardonné	ayez pardonné
pardonne	pardonnent	ait pardonné	aient pardonné

IMPERFECT SUBJUNCTIVE		PLUPERFECT SUBJUNCTIVE	
pardonnasse	pardonnassions	eusse pardonné	eussions pardonné
pardonnasses	pardonnassiez	eusses pardonné	eussiez pardonné
pardonnât	pardonnassent	eût pardonné	eussent pardonné

COMMANDS	
	pardonnons
pardonne	pardonnez

Usage

Pardonnez-moi. Je cherche le musée d'art.	*Excuse me. I'm looking for the art museum.*
Pardonnez-moi de vous poser cette question.	*Forgive me for asking you this question.*
Il a une maladie qui ne pardonne pas.	*He has a terminal illness.*
Je ne vous pardonnerai jamais d'avoir fait cela.	*I can never forgive you for having done that.*
Dieu pardonnera ces péchés.	*God will forgive these sins.*
Il voudra se faire pardonner.	*He would like to be pardoned.*
Je ne pourrai pas me le pardonner.	*I won't be able to forgive myself for it.*
Il ne vous pardonnera jamais cette remarque.	*He'll never forgive you for that remark.*
Il ne se fera jamais pardonner ça.	*He'll never live that down.*

parler (sens de base)

C'est un homme qui parle peu.	*He's a man who doesn't say much.*
Je lui ai parlé au téléphone.	*I spoke to him on the phone.*
Nous avons parlé avec nos voisins.	*We spoke with our neighbors.*
Nous avons parlé pendant longtemps.	*We talked for a long time.*
Tu peux parler librement devant lui.	*You can speak freely in his presence.*
Parle-moi! Ça te fera du bien de parler.	*Talk to me! You'll feel better if you talk.*
Quels gros mots! Comme tu parles!	*What dirty words! How improperly you speak!*
Vous osez me parler sur ce ton!	*You dare to talk to me in that tone of voice!*
Il parle sans savoir.	*He speaks of things he doesn't know anything about.*
Le professeur a parlé de la Révolution Française.	*The teacher spoke about the French Revolution.*
Voilà qui est parler!	*That's telling them!*
Elle ne voulait même pas me parler.	*She wouldn't even talk to me.*
Ils ne se parlent plus.	*They are no longer on speaking terms.*
N'en parlons plus!	*That's enough!*
Je te prie de n'en parler à personne.	*I beg you to keep this quiet.*
C'est une façon de parler.	*It's a manner of speaking/an expression.*
Ne parlons pas pour ne rien dire.	*Let's not just talk for the sake of talking.*
—Ce livre se lit beaucoup?	*Is this book widely read?*
—Oui, tout le monde en parle.	*Yes, everybody is talking about it.*

Expressions

parler français comme une vache espagnole	*to speak fractured French*
parler à tort et à travers	*to run off at the mouth*
la langue parlée	*the spoken language*
Tu as parlé d'or!	*You said a mouthful!*
Nous avons parlé de la pluie et du beau temps.	*We made small talk.*
Elles ont parlé à cœur ouvert.	*They spoke openly/let their hair down.*
Si je suis fâché? Tu parles!	*Am I angry? You bet your life!*
Tu parles si je lui ai dit son fait!	*You bet I told him off!*
Sa stupidité est effrayante, sans parler de sa méchanceté.	*His/Her stupidity is frightening, in addition to his/her nastiness.*
Son intelligence? Parlons-en!	*His/Her intelligence? You must be joking!*
Un nouveau bureau, n'en parlons pas.	*Let's forget about a new office.*
Ses poèmes ne me parlent pas.	*His poems don't do much for me.*
Tu parles d'une aubaine!	*Talk about a windfall!*

TOP 30 VERBS

regular -*er* verb | **je parle · je parlai · parlé · parlant**

PRESENT		PASSÉ COMPOSÉ	
parle	parlons	ai parlé	avons parlé
parles	parlez	as parlé	avez parlé
parle	parlent	a parlé	ont parlé

IMPERFECT		PLUPERFECT	
parlais	parlions	avais parlé	avions parlé
parlais	parliez	avais parlé	aviez parlé
parlait	parlaient	avait parlé	avaient parlé

PASSÉ SIMPLE		PAST ANTERIOR	
parlai	parlâmes	eus parlé	eûmes parlé
parlas	parlâtes	eus parlé	eûtes parlé
parla	parlèrent	eut parlé	eurent parlé

FUTURE		FUTURE ANTERIOR	
parlerai	parlerons	aurai parlé	aurons parlé
parleras	parlerez	auras parlé	aurez parlé
parlera	parleront	aura parlé	auront parlé

CONDITIONAL		PAST CONDITIONAL	
parlerais	parlerions	aurais parlé	aurions parlé
parlerais	parleriez	aurais parlé	auriez parlé
parlerait	parleraient	aurait parlé	auraient parlé

PRESENT SUBJUNCTIVE		PAST SUBJUNCTIVE	
parle	parlions	aie parlé	ayons parlé
parles	parliez	aies parlé	ayez parlé
parle	parlent	ait parlé	aient parlé

IMPERFECT SUBJUNCTIVE		PLUPERFECT SUBJUNCTIVE	
parlasse	parlassions	eusse parlé	eussions parlé
parlasses	parlassiez	eusses parlé	eussiez parlé
parlât	parlassent	eût parlé	eussent parlé

COMMANDS	
	parlons
parle	parlez

Usage

Ici on parle français.	*French spoken here.*
parler un beau français	*to speak beautiful French*
parler plusieurs langues	*to speak several languages*
—Vous parlez trop vite.	*You're speaking too quickly.*
—Je vais essayer de parler lentement.	*I'll try to speak slowly.*
—Vous parlez trop bas. Je ne vous entends pas.	*You're speaking too softly. I can't hear you.*
—Je vais parler plus haut/plus fort.	*I'll speak louder.*
parler par signes	*to use sign language*

RELATED WORD

le parler	*local dialect*
Je ne comprends pas le parler de ce village.	*I can't understand the dialect of this village.*

je pars · je partis · parti · partant

irregular verb; compound tenses with *être*

PRESENT		PASSÉ COMPOSÉ	
pars	partons	suis parti(e)	sommes parti(e)s
pars	partez	es parti(e)	êtes parti(e)(s)
part	partent	est parti(e)	sont parti(e)s

IMPERFECT		PLUPERFECT	
partais	partions	étais parti(e)	étions parti(e)s
partais	partiez	étais parti(e)	étiez parti(e)(s)
partait	partaient	était parti(e)	étaient parti(e)s

PASSÉ SIMPLE		PAST ANTERIOR	
partis	partîmes	fus parti(e)	fûmes parti(e)s
partis	partîtes	fus parti(e)	fûtes parti(e)(s)
partit	partirent	fut parti(e)	furent parti(e)s

FUTURE		FUTURE ANTERIOR	
partirai	partirons	serai parti(e)	serons parti(e)s
partiras	partirez	seras parti(e)	serez parti(e)(s)
partira	partiront	sera parti(e)	seront parti(e)s

CONDITIONAL		PAST CONDITIONAL	
partirais	partirions	serais parti(e)	serions parti(e)s
partirais	partiriez	serais parti(e)	seriez parti(e)(s)
partirait	partiraient	serait parti(e)	seraient parti(e)s

PRESENT SUBJUNCTIVE		PAST SUBJUNCTIVE	
parte	partions	sois parti(e)	soyons parti(e)s
partes	partiez	sois parti(e)	soyez parti(e)(s)
parte	partent	soit parti(e)	soient parti(e)s

IMPERFECT SUBJUNCTIVE		PLUPERFECT SUBJUNCTIVE	
partisse	partissions	fusse parti(e)	fussions parti(e)s
partisses	partissiez	fusses parti(e)	fussiez parti(e)(s)
partît	partissent	fût parti(e)	fussent parti(e)s

COMMANDS	
	partons
pars	partez

Usage

—Tu pars?	*Are you leaving?*
—Non, je reste.	*No, I'm staying.*
—Le train pour Londres part à quelle heure?	*What time does the train to London leave?*
—Il part dans cinq minutes du quai numéro 5.	*It's leaving in five minutes from platform 5.*
—Vous partez en vacances?	*Are you leaving on vacation?*
—Oui, nous partirons pour la Côte.	*Yes, we'll be going to the Riviera.*
Il est parti à pied.	*He walked off/left on foot.*
La tache partira avec ce produit.	*The stain will disappear if you use this.*
Son attitude part d'un bon naturel.	*His attitude is the sign of a kindly nature.*
Nous sommes partis de zéro.	*We started from scratch.*
À vos marques! Prêts! Partez!	*On your mark! Get set! Go!*

regular *-er* verb; compound tenses with *être* when there is no direct object

je passe · je passai · passé · passant

PRESENT

passe	passons
passes	passez
passe	passent

PASSÉ COMPOSÉ

suis passé(e)	sommes passé(e)s
es passé(e)	êtes passé(e)(s)
est passé(e)	sont passé(e)s

IMPERFECT

passais	passions
passais	passiez
passait	passaient

PLUPERFECT

étais passé(e)	étions passé(e)s
étais passé(e)	étiez passé(e)(s)
était passé(e)	étaient passé(e)s

PASSÉ SIMPLE

passai	passâmes
passas	passâtes
passa	passèrent

PAST ANTERIOR

fus passé(e)	fûmes passé(e)s
fus passé(e)	fûtes passé(e)(s)
fut passé(e)	furent passé(e)s

FUTURE

passerai	passerons
passeras	passerez
passera	passeront

FUTURE ANTERIOR

serai passé(e)	serons passé(e)s
seras passé(e)	serez passé(e)(s)
sera passé(e)	seront passé(e)s

CONDITIONAL

passerais	passerions
passerais	passeriez
passerait	passeraient

PAST CONDITIONAL

serais passé(e)	serions passé(e)s
serais passé(e)	seriez passé(e)(s)
serait passé(e)	seraient passé(e)s

PRESENT SUBJUNCTIVE

passe	passions
passes	passiez
passe	passent

PAST SUBJUNCTIVE

sois passé(e)	soyons passé(e)s
sois passé(e)	soyez passé(e)(s)
soit passé(e)	soient passé(e)s

IMPERFECT SUBJUNCTIVE

passasse	passassions
passasses	passassiez
passât	passassent

PLUPERFECT SUBJUNCTIVE

fusse passé(e)	fussions passé(e)s
fusses passé(e)	fussiez passé(e)(s)
fût passé(e)	fussent passé(e)s

COMMANDS

	passons
passe	passez

Usage

passer voir qqn	*to stop by to see someone*
Je ne fais que passer.	*I'm just stopping by.*
passer en première/quatrième	*to shift into first gear/high gear*
Le train est déjà passé.	*The train has already left/gone by.*
passer une éponge sur la table	*to clean the table with a sponge*
Où sont passées mes clés?	*Where have my keys gone?*
Quel embouteillage! On ne passera pas.	*What a traffic jam! We won't get through.*
Le facteur est déjà passé?	*Has the mailman been here yet?*
Fais attention! Tu viens de passer au rouge!	*Pay attention! You just went through a red light!*
Le dîner est servi. Passez à table.	*Dinner is served. Come to the table.*

TOP 30 VERB ☞

passer *to pass*

passer = se déplacer, changer d'état, évoluer

La Seine passe à Paris.	*The Seine goes through Paris.*
Il faut que tu passes au bureau du directeur.	*You have to report to the principal's office.*
Passe la chercher, veux-tu?	*Go by to look for her/pick her up, will you?*
La dictature ne passera pas!	*No to dictatorship!*
Le mot « café » est passé du français en anglais.	*The word "café" came from French into English.*
Il y a des gros mots qui sont passés dans le langage courant.	*There are dirty words that have become part of everyday speech.*
Le vin est passé.	*The wine has soured.*
Le temps passe vite quand on s'amuse.	*Time goes by quickly when you're having a good time.*
Ces blousons-là sont passés de mode.	*Those jackets have gone out of fashion.*

passer (compound tenses with *avoir* when transitive)

Passez-moi le sucre, s'il vous plaît.	*Pass me the sugar, please.*
Il ne m'a pas passé de coup de fil.	*He didn't phone me.*
Nous avons passé une soirée agréable.	*We spent a pleasant evening.*
Il a passé son bras autour de sa taille.	*He slipped his arm around her waist.*
—Mon fils a passé l'écrit.	*My son has passed the written exam.*
—J'espère qu'il passera aussi l'oral.	*I hope he'll pass the oral exam too.*
Je t'ai passé les détails.	*I spared you the details.*
Il faut passer les fruits sous l'eau.	*We have to rinse the fruit.*
—Nicole est là?	*Is Nicole there?*
—Oui. Attends. Je te la passe.	*Yes. Wait. I'll put her on.*
On a passé de bons films dans ce cinéma.	*They showed good movies at that theater.*
J'ai passé mon pull et je suis sorti.	*I put on my sweater and went out.*

Expressions

Ça passe ou ça casse.	*It's make or break.*
Tout le monde y passe.	*It's something everyone goes through.*
Quelle idée t'est passée par la tête?	*What has gotten into you?*
Le patron m'a passé un savon.	*The boss called me onto the carpet.*
Il faut qu'on passe nos problèmes en revue.	*We have to examine our problems.*
Vous ne pourrez pas passer sous silence cette faute.	*You won't be able to ignore this mistake.*
Il s'est fait passer pour un étranger.	*He passed himself off as a foreigner.*
Il a passé l'arme à gauche.	*He kicked the bucket.*

TOP 30 VERBS

-er verb; spelling change:
y > i/mute e

je paie · je payai · payé · payant

PRESENT

paie	payons
paies	payez
paie	paient

IMPERFECT

payais	payions
payais	payiez
payait	payaient

PASSÉ SIMPLE

payai	payâmes
payas	payâtes
paya	payèrent

FUTURE

paierai	paierons
paieras	paierez
paiera	paieront

CONDITIONAL

paierais	paierions
paierais	paieriez
paierait	paieraient

PRESENT SUBJUNCTIVE

paie	payions
paies	payiez
paie	paient

IMPERFECT SUBJUNCTIVE

payasse	payassions
payasses	payassiez
payât	payassent

COMMANDS

	payons
paie	payez

PASSÉ COMPOSÉ

ai payé	avons payé
as payé	avez payé
a payé	ont payé

PLUPERFECT

avais payé	avions payé
avais payé	aviez payé
avait payé	avaient payé

PAST ANTERIOR

eus payé	eûmes payé
eus payé	eûtes payé
eut payé	eurent payé

FUTURE ANTERIOR

aurai payé	aurons payé
auras payé	aurez payé
aura payé	auront payé

PAST CONDITIONAL

aurais payé	aurions payé
aurais payé	auriez payé
aurait payé	auraient payé

PAST SUBJUNCTIVE

aie payé	ayons payé
aies payé	ayez payé
ait payé	aient payé

PLUPERFECT SUBJUNCTIVE

eusse payé	eussions payé
eusses payé	eussiez payé
eût payé	eussent payé

Usage

NOTE: This verb is sometimes seen without the y > i change, such as *paye*.

J'ai payé mille euros.	*I paid one thousand euros.*
payer qqch	*to pay for something*
—Qui a payé les repas et l'hôtel?	*Who paid for the meals and the hotel?*
—Mon oncle a tout payé.	*My uncle paid for everything.*
—Combien est-ce que tu as payé ton vélo?	*How much did you pay for your bike?*
—Je l'ai payé 180 euros.	*I paid 180 euros for it.*
—Comment est-ce qu'on paie les ouvriers?	*How are the workers paid?*
—Ils sont payés à l'heure.	*They are paid by the hour.*
payer ses dettes/ses impôts	*to pay one's debts/one's taxes*

se peigner *to comb one's hair*

**je me peigne · je me peignai · s'étant peigné ·
se peignant**

regular -*er* reflexive verb;
compound tenses with *être*

PRESENT		PASSÉ COMPOSÉ	
me peigne	nous peignons	me suis peigné(e)	nous sommes peigné(e)s
te peignes	vous peignez	t'es peigné(e)	vous êtes peigné(e)(s)
se peigne	se peignent	s'est peigné(e)	se sont peigné(e)s

IMPERFECT		PLUPERFECT	
me peignais	nous peignions	m'étais peigné(e)	nous étions peigné(e)s
te peignais	vous peigniez	t'étais peigné(e)	vous étiez peigné(e)(s)
se peignait	se peignaient	s'était peigné(e)	s'étaient peigné(e)s

PASSÉ SIMPLE		PAST ANTERIOR	
me peignai	nous peignâmes	me fus peigné(e)	nous fûmes peigné(e)s
te peignas	vous peignâtes	te fus peigné(e)	vous fûtes peigné(e)(s)
se peigna	se peignèrent	se fut peigné(e)	se furent peigné(e)s

FUTURE		FUTURE ANTERIOR	
me peignerai	nous peignerons	me serai peigné(e)	nous serons peigné(e)s
te peigneras	vous peignerez	te seras peigné(e)	vous serez peigné(e)(s)
se peignera	se peigneront	se sera peigné(e)	se seront peigné(e)s

CONDITIONAL		PAST CONDITIONAL	
me peignerais	nous peignerions	me serais peigné(e)	nous serions peigné(e)s
te peignerais	vous peigneriez	te serais peigné(e)	vous seriez peigné(e)(s)
se peignerait	se peigneraient	se serait peigné(e)	se seraient peigné(e)s

PRESENT SUBJUNCTIVE		PAST SUBJUNCTIVE	
me peigne	nous peignions	me sois peigné(e)	nous soyons peigné(e)s
te peignes	vous peigniez	te sois peigné(e)	vous soyez peigné(e)(s)
se peigne	se peignent	se soit peigné(e)	se soient peigné(e)s

IMPERFECT SUBJUNCTIVE		PLUPERFECT SUBJUNCTIVE	
me peignasse	nous peignassions	me fusse peigné(e)	nous fussions peigné(e)s
te peignasses	vous peignassiez	te fusses peigné(e)	vous fussiez peigné(e)(s)
se peignât	se peignassent	se fût peigné(e)	se fussent peigné(e)s

COMMANDS	
	peignons-nous
peigne-toi	peignez-vous

Usage

Elle s'est peignée devant la glace.	*She combed her hair at the mirror.*
Peigne-toi! Tu es tout échevelé.	*Comb your hair! It's all messy.*
Elle est toujours mal peignée.	*Her hair is always a mess.*
peigner qqn	*to comb someone's hair*
La mère peigne son enfant.	*The mother combs her child's hair.*

RELATED WORDS

le peigne	*comb*
se donner un coup de peigne	*to run a comb through one's hair*
passer au peigne fin	*to comb* (figurative)
La police a passé au peigne fin le quartier.	*The police combed the neighborhood.*

PRESENT		PASSÉ COMPOSÉ	
peins	peignons	ai peint	avons peint
peins	peignez	as peint	avez peint
peint	peignent	a peint	ont peint

IMPERFECT		PLUPERFECT	
peignais	peignions	avais peint	avions peint
peignais	peigniez	avais peint	aviez peint
peignait	peignaient	avait peint	avaient peint

PASSÉ SIMPLE		PAST ANTERIOR	
peignis	peignîmes	eus peint	eûmes peint
peignis	peignîtes	eus peint	eûtes peint
peignit	peignirent	eut peint	eurent peint

FUTURE		FUTURE ANTERIOR	
peindrai	peindrons	aurai peint	aurons peint
peindras	peindrez	auras peint	aurez peint
peindra	peindront	aura peint	auront peint

CONDITIONAL		PAST CONDITIONAL	
peindrais	peindrions	aurais peint	aurions peint
peindrais	peindriez	aurais peint	auriez peint
peindrait	peindraient	aurait peint	auraient peint

PRESENT SUBJUNCTIVE		PAST SUBJUNCTIVE	
peigne	peignions	aie peint	ayons peint
peignes	peigniez	aies peint	ayez peint
peigne	peignent	ait peint	aient peint

IMPERFECT SUBJUNCTIVE		PLUPERFECT SUBJUNCTIVE	
peignisse	peignissions	eusse peint	eussions peint
peignisses	peignissiez	eusses peint	eussiez peint
peignît	peignissent	eût peint	eussent peint

COMMANDS	
	peignons
peins	peignez

Usage

peindre son appartement/sa maison	*to paint one's apartment/one's house*
J'ai peint ma chambre en bleu.	*I painted my room blue.*
peindre à l'huile	*to paint with oils*
peindre un portrait	*to paint a portrait*

RELATED WORDS

le peintre	*painter*
David est mon peintre préféré.	*David is my favorite painter.*
le peintre en bâtiment	*house painter*
la peinture	*paint/painting*
la peinture au pistolet	*spray painting*
J'aime la peinture impressionniste/ néoclassique.	*I like impressionist/neoclassical painting.*

Il faut penser d'une façon logique.	*You must think in a logical way.*
Je ne comprends pas votre façon de penser.	*I don't understand your way of thinking.*
Il m'a dit ce qu'il pensait.	*He told me off.*
Est-ce que vous pensez en français?	*Do you think in French?*
Il faut penser avant d'agir.	*You have to think before you act.*
J'ai souvent l'impression que mon chien pense.	*I often have the impression that my dog can think.*
Ça me fait penser qu'il n'est pas sincère.	*That makes me think he's not sincere.*
C'est un message qui laisse à penser.	*It's a message that gives you food for thought.*
Cette solution est très bien pensée.	*This solution is very well thought out.*
Je te laisse à penser si le prof s'est fâché.	*I'll leave it to your imagination whether the teacher got angry or not.*
Il n'a jamais pensé comme vous.	*He never agreed much with you.*

penser à

—Penses-y.	*Think about it./Keep it in mind.*
—J'essaierai d'y penser.	*I'll try to think about it.*
Il faut penser aux autres.	*You have to think about other people.*
Fais m'y penser, je t'en prie.	*Remind me, please.*
N'y pensons plus!	*Let's forget about it!*

penser de

Il pense du bien de vous deux.	*He thinks well of you two.*
Que pensez-vous de cette idée?	*What do you think of this idea?*
Que penserais-tu d'un dîner en ville?	*What would you think of dinner out?*

penser + infinitif

—Qu'est-ce que tu penses faire?	*What do you intend to do?*
—Je pense démissionner.	*I intend to resign.*

penser que

Je pense que oui.	*I think so.*
Je pense que non.	*I don't think so.*
Je pense qu'elle peut venir avec nous.	*I think she can come with us.*

Expressions

—Tu es allé en France?	*Did you go to France?*
—Tu penses! J'y ai passé l'été.	*You bet! I spent the summer there.*
—Ils t'ont remercié?	*Did they thank you?*
—Penses-tu!	*Are you kidding?*

TOP 30 VERBS

regular *-er* verb | **je pense · je pensai · pensé · pensant**

PRESENT

pense	pensons
penses	pensez
pense	pensent

PASSÉ COMPOSÉ

ai pensé	avons pensé
as pensé	avez pensé
a pensé	ont pensé

IMPERFECT

pensais	pensions
pensais	pensiez
pensait	pensaient

PLUPERFECT

avais pensé	avions pensé
avais pensé	aviez pensé
avait pensé	avaient pensé

PASSÉ SIMPLE

pensai	pensâmes
pensas	pensâtes
pensa	pensèrent

PAST ANTERIOR

eus pensé	eûmes pensé
eus pensé	eûtes pensé
eut pensé	eurent pensé

FUTURE

penserai	penserons
penseras	penserez
pensera	penseront

FUTURE ANTERIOR

aurai pensé	aurons pensé
auras pensé	aurez pensé
aura pensé	auront pensé

CONDITIONAL

penserais	penserions
penserais	penseriez
penserait	penseraient

PAST CONDITIONAL

aurais pensé	aurions pensé
aurais pensé	auriez pensé
aurait pensé	auraient pensé

PRESENT SUBJUNCTIVE

pense	pensions
penses	pensiez
pense	pensent

PAST SUBJUNCTIVE

aie pensé	ayons pensé
aies pensé	ayez pensé
ait pensé	aient pensé

IMPERFECT SUBJUNCTIVE

pensasse	pensassions
pensasses	pensassiez
pensât	pensassent

PLUPERFECT SUBJUNCTIVE

eusse pensé	eussions pensé
eusses pensé	eussiez pensé
eût pensé	eussent pensé

COMMANDS

	pensons
pense	pensez

Usage

penser à qqch	*to think about something/have something in mind*
Je pense à mes vacances.	*I'm thinking about my vacation.*
Tu penses souvent à moi?	*Do you often think about me?*
penser de qqch	*to think about something/have an opinion about something*
Qu'est-ce que vous pensez de ce roman?	*What do you think about this novel?*
—J'ai vu le nouveau film canadien.	*I saw the new Canadian film.*
—Qu'est-ce que tu en penses?	*What do you think about it?*

RELATED WORD

la pensée	*thought*
Éloignez la pensée.	*Perish the thought.*

je perds · je perdis · perdu · perdant   regular *-re* verb

PRESENT		PASSÉ COMPOSÉ	
perds	perdons	ai perdu	avons perdu
perds	perdez	as perdu	avez perdu
perd	perdent	a perdu	ont perdu

IMPERFECT		PLUPERFECT	
perdais	perdions	avais perdu	avions perdu
perdais	perdiez	avais perdu	aviez perdu
perdait	perdaient	avait perdu	avaient perdu

PASSÉ SIMPLE		PAST ANTERIOR	
perdis	perdîmes	eus perdu	eûmes perdu
perdis	perdîtes	eus perdu	eûtes perdu
perdit	perdirent	eut perdu	eurent perdu

FUTURE		FUTURE ANTERIOR	
perdrai	perdrons	aurai perdu	aurons perdu
perdras	perdrez	auras perdu	aurez perdu
perdra	perdront	aura perdu	auront perdu

CONDITIONAL		PAST CONDITIONAL	
perdrais	perdrions	aurais perdu	aurions perdu
perdrais	perdriez	aurais perdu	auriez perdu
perdrait	perdraient	aurait perdu	auraient perdu

PRESENT SUBJUNCTIVE		PAST SUBJUNCTIVE	
perde	perdions	aie perdu	ayons perdu
perdes	perdiez	aies perdu	ayez perdu
perde	perdent	ait perdu	aient perdu

IMPERFECT SUBJUNCTIVE		PLUPERFECT SUBJUNCTIVE	
perdisse	perdissions	eusse perdu	eussions perdu
perdisses	perdissiez	eusses perdu	eussiez perdu
perdît	perdissent	eût perdu	eussent perdu

COMMANDS	
	perdons
perds	perdez

Usage

perdre qqch	*to lose something*
J'ai perdu mes clés.	*I lost my keys.*
—Où sont tes lunettes?	*Where are your glasses?*
—Je les ai perdues.	*I lost them.*
Tu perds ton pantalon!	*Your pants are falling!*
La voiture perd de l'huile.	*The car is leaking oil.*
Pardon. Vous perdez vos papiers.	*Excuse me. You've dropped your papers.*
—Tu as gagné à la loterie?	*Did you win the lottery?*
—Non, malheureusement. J'y ai perdu.	*No, unfortunately. I lost.*
Notre équipe a perdu le match.	*Our team lost the game.*
Notre candidat a perdu aux élections.	*Our candidate lost the elections.*
Il a perdu son emploi.	*He lost his job.*

irregular verb; only one *t* in the singular of the present tense

je permets · je permis · permis · permettant

PRESENT		PASSÉ COMPOSÉ	
permets	permettons	ai permis	avons permis
permets	permettez	as permis	avez permis
permet	permettent	a permis	ont permis

IMPERFECT		PLUPERFECT	
permettais	permettions	avais permis	avions permis
permettais	permettiez	avais permis	aviez permis
permettait	permettaient	avait permis	avaient permis

PASSÉ SIMPLE		PAST ANTERIOR	
permis	permîmes	eus permis	eûmes permis
permis	permîtes	eus permis	eûtes permis
permit	permirent	eut permis	eurent permis

FUTURE		FUTURE ANTERIOR	
permettrai	permettrons	aurai permis	aurons permis
permettras	permettrez	auras permis	aurez permis
permettra	permettront	aura permis	auront permis

CONDITIONAL		PAST CONDITIONAL	
permettrais	permettrions	aurais permis	aurions permis
permettrais	permettriez	aurais permis	auriez permis
permettrait	permettraient	aurait permis	auraient permis

PRESENT SUBJUNCTIVE		PAST SUBJUNCTIVE	
permette	permettions	aie permis	ayons permis
permettes	permettiez	aies permis	ayez permis
permette	permettent	ait permis	aient permis

IMPERFECT SUBJUNCTIVE		PLUPERFECT SUBJUNCTIVE	
permisse	permissions	eusse permis	eussions permis
permisses	permissiez	eusses permis	eussiez permis
permît	permissent	eût permis	eussent permis

COMMANDS	
	permettons
permets	permettez

Usage

Vous permettez?	*May I?*
permettre qqch à qqn	*to allow someone (to have/say/do) something*
Le médecin ne lui permet pas de boissons alcoolisées.	*The doctor doesn't allow him to have any alcoholic drinks.*
permettre à qqn de faire qqch	*to allow someone to do something*
Je lui ai permis d'entrer.	*I allowed him to come in.*
Permettez-moi de vous présenter mon fils.	*Allow me to introduce my son to you.*
Il se croit tout permis.	*He thinks he can do whatever he wants.*
Qui vous a permis d'entrer?	*Who allowed you to come in?*
se permettre qqch	*to allow oneself something/afford something*
se permettre de faire qqch	*to allow oneself to do something*

je pèse · je pesai · pesé · pesant   *-er* verb; spelling change: *é > è*/mute e

PRESENT		PASSÉ COMPOSÉ	
pèse	pesons	ai pesé	avons pesé
pèses	pesez	as pesé	avez pesé
pèse	pèsent	a pesé	ont pesé

IMPERFECT		PLUPERFECT	
pesais	pesions	avais pesé	avions pesé
pesais	pesiez	avais pesé	aviez pesé
pesait	pesaient	avait pesé	avaient pesé

PASSÉ SIMPLE		PAST ANTERIOR	
pesai	pesâmes	eus pesé	eûmes pesé
pesas	pesâtes	eus pesé	eûtes pesé
pesa	pesèrent	eut pesé	eurent pesé

FUTURE		FUTURE ANTERIOR	
pèserai	pèserons	aurai pesé	aurons pesé
pèseras	pèserez	auras pesé	aurez pesé
pèsera	pèseront	aura pesé	auront pesé

CONDITIONAL		PAST CONDITIONAL	
pèserais	pèserions	aurais pesé	aurions pesé
pèserais	pèseriez	aurais pesé	auriez pesé
pèserait	pèseraient	aurait pesé	auraient pesé

PRESENT SUBJUNCTIVE		PAST SUBJUNCTIVE	
pèse	pesions	aie pesé	ayons pesé
pèses	pesiez	aies pesé	ayez pesé
pèse	pèsent	ait pesé	aient pesé

IMPERFECT SUBJUNCTIVE		PLUPERFECT SUBJUNCTIVE	
pesasse	pesassions	eusse pesé	eussions pesé
pesasses	pesassiez	eusses pesé	eussiez pesé
pesât	pesassent	eût pesé	eussent pesé

COMMANDS	
	pesons
pèse	pesez

Usage

Combien est-ce que tu pèses?	*How much do you weigh?*
Il faut faire peser ce colis.	*You have to have this package weighed.*
Avant de décider, il faut peser le pour et le contre.	*Before deciding you have to weigh the pros and cons.*
—Il dit toujours des bêtises.	*He always says silly things.*
—Il ne pèse pas ses mots.	*He doesn't think about what he is going to say.*
Tout bien pesé, je refuse.	*After due consideration, I refuse.*
Leur opinion a pesé lourd.	*Their opinion counted for a great deal.*
Des soupçons pèsent sur ces hommes.	*Those men are under suspicion.*
Mon Dieu, que ça pèse!	*My gosh, that's heavy!*
Cette valise pèse trop.	*This suitcase weighs too much.*
Je me pèse tous les jours.	*I weigh myself every day.*

-er verb; spelling change:
c > ç/a, o

je place · je plaçai · placé · plaçant

PRESENT		PASSÉ COMPOSÉ	
place	plaçons	ai placé	avons placé
places	placez	as placé	avez placé
place	placent	a placé	ont placé

IMPERFECT		PLUPERFECT	
plaçais	placions	avais placé	avions placé
plaçais	placiez	avais placé	aviez placé
plaçait	plaçaient	avait placé	avaient placé

PASSÉ SIMPLE		PAST ANTERIOR	
plaçai	plaçâmes	eus placé	eûmes placé
plaças	plaçâtes	eus placé	eûtes placé
plaça	placèrent	eut placé	eurent placé

FUTURE		FUTURE ANTERIOR	
placerai	placerons	aurai placé	aurons placé
placeras	placerez	auras placé	aurez placé
placera	placeront	aura placé	auront placé

CONDITIONAL		PAST CONDITIONAL	
placerais	placerions	aurais placé	aurions placé
placerais	placeriez	aurais placé	auriez placé
placerait	placeraient	aurait placé	auraient placé

PRESENT SUBJUNCTIVE		PAST SUBJUNCTIVE	
place	placions	aie placé	ayons placé
places	placiez	aies placé	ayez placé
place	placent	ait placé	aient placé

IMPERFECT SUBJUNCTIVE		PLUPERFECT SUBJUNCTIVE	
plaçasse	plaçassions	eusse placé	eussions placé
plaçasses	plaçassiez	eusses placé	eussiez placé
plaçât	plaçassent	eût placé	eussent placé

COMMANDS	
	plaçons
place	placez

Usage

J'ai placé ma main sur son épaule.	*I placed my hand on his shoulder.*
L'ouvreuse nous a placés.	*The usher seated us.*
Ne me place pas à côté de Christine.	*Don't seat me next to Christine.*
Tu es bien placé pour savoir ce qui se passe.	*You're well placed to find out what's happening.*
Je la place parmi les grandes chanteuses.	*I rank her among the great singers.*
Mes élèves n'arrivent pas à placer la Suisse sur une carte d'Europe.	*My students can't locate Switzerland on a map of Europe.*
On l'a placée comme réceptionniste.	*They gave her a job as a receptionist.*
Le romancier a placé l'histoire au Brésil.	*The novelist set the story in Brazil.*
J'ai de l'argent à placer.	*I have some money to invest.*
se placer	*to seat oneself/find oneself a place/position*
Je voudrais me placer comme professeur.	*I'd like to find a job as a teacher.*

se plaindre *to complain*

je me plains · je me plaignis · s'étant plaint · se plaignant

irregular reflexive verb; compound tenses with *être*

PRESENT		PASSÉ COMPOSÉ	
me plains	nous plaignons	me suis plaint(e)	nous sommes plaint(e)s
te plains	vous plaignez	t'es plaint(e)	vous êtes plaint(e)(s)
se plaint	se plaignent	s'est plaint(e)	se sont plaint(e)s

IMPERFECT		PLUPERFECT	
me plaignais	nous plaignions	m'étais plaint(e)	nous étions plaint(e)s
te plaignais	vous plaigniez	t'étais plaint(e)	vous étiez plaint(e)(s)
se plaignait	se plaignaient	s'était plaint(e)	s'étaient plaint(e)s

PASSÉ SIMPLE		PAST ANTERIOR	
me plaignis	nous plaignîmes	me fus plaint(e)	nous fûmes plaint(e)s
te plaignis	vous plaignîtes	te fus plaint(e)	vous fûtes plaint(e)(s)
se plaignit	se plaignirent	se fut plaint(e)	se furent plaint(e)s

FUTURE		FUTURE ANTERIOR	
me plaindrai	nous plaindrons	me serai plaint(e)	nous serons plaint(e)s
te plaindras	vous plaindrez	te seras plaint(e)	vous serez plaint(e)(s)
se plaindra	se plaindront	se sera plaint(e)	se seront plaint(e)s

CONDITIONAL		PAST CONDITIONAL	
me plaindrais	nous plaindrions	me serais plaint(e)	nous serions plaint(e)s
te plaindrais	vous plaindriez	te serais plaint(e)	vous seriez plaint(e)(s)
se plaindrait	se plaindraient	se serait plaint(e)	se seraient plaint(e)s

PRESENT SUBJUNCTIVE		PAST SUBJUNCTIVE	
me plaigne	nous plaignions	me sois plaint(e)	nous soyons plaint(e)s
te plaignes	vous plaigniez	te sois plaint(e)	vous soyez plaint(e)(s)
se plaigne	se plaignent	se soit plaint(e)	se soient plaint(e)s

IMPERFECT SUBJUNCTIVE		PLUPERFECT SUBJUNCTIVE	
me plaignisse	nous plaignissions	me fusse plaint(e)	nous fussions plaint(e)s
te plaignisses	vous plaignissiez	te fusses plaint(e)	vous fussiez plaint(e)(s)
se plaignît	se plaignissent	se fût plaint(e)	se fussent plaint(e)s

COMMANDS	
	plaignons-nous
plains-toi	plaignez-vous

Usage

Tu te plains constamment.	*You complain constantly.*
se plaindre de qqch	*to complain about something*
Il se plaint de tout.	*He complains about everything.*
Ils se plaignent de leur sort.	*They complain about their fate.*
Plains-toi, mon pote!	*Go ahead and complain, buddy!/You'll get no pity from me!*
Le malade se plaint d'une douleur au genou.	*The patient is complaining of a pain in the knee.*
Les ouvriers se sont plaints au contremaître.	*The workers complained to the foreman.*
De quoi se plaignent-ils?	*What are they complaining about?*
Ne viens pas te plaindre si tu ne réussis pas.	*Don't come complaining if you don't pass.*

irregular verb

je plais · je plus · plu · plaisant

PRESENT		PASSÉ COMPOSÉ	
plais	plaisons	ai plu	avons plu
plais	plaisez	as plu	avez plu
plaît	plaisent	a plu	ont plu

IMPERFECT		PLUPERFECT	
plaisais	plaisions	avais plu	avions plu
plaisais	plaisiez	avais plu	aviez plu
plaisait	plaisaient	avait plu	avaient plu

PASSÉ SIMPLE		PAST ANTERIOR	
plus	plûmes	eus plu	eûmes plu
plus	plûtes	eus plu	eûtes plu
plut	plurent	eut plu	eurent plu

FUTURE		FUTURE ANTERIOR	
plairai	plairons	aurai plu	aurons plu
plairas	plairez	auras plu	aurez plu
plaira	plairont	aura plu	auront plu

CONDITIONAL		PAST CONDITIONAL	
plairais	plairions	aurais plu	aurions plu
plairais	plairiez	aurais plu	auriez plu
plairait	plairaient	aurait plu	auraient plu

PRESENT SUBJUNCTIVE		PAST SUBJUNCTIVE	
plaise	plaisions	aie plu	ayons plu
plaises	plaisiez	aies plu	ayez plu
plaise	plaisent	ait plu	aient plu

IMPERFECT SUBJUNCTIVE		PLUPERFECT SUBJUNCTIVE	
plusse	plussions	eusse plu	eussions plu
plusses	plussiez	eusses plu	eussiez plu
plût	plussent	eût plu	eussent plu

COMMANDS	
	plaisons
plais	plaisez

Usage

plaire à qqn	to be pleasing to someone
s'il te plaît/s'il vous plaît	please
—Cette chanson me plaît. Qu'en penses-tu?	I like this song. What do you think about it?
—Elle ne me plaît pas du tout.	I don't like it at all.
Il cherche à plaire à ses supérieurs.	He tries to get in the good graces of his superiors.
Mon nouvel emploi me plaît beaucoup.	I like my new job a lot.
Cette situation leur plaît.	They like this situation.
C'est un roman qui a beaucoup plu.	This novel was very popular.
Faites ce qui vous plaît.	Do as you wish.

TOP 30 VERB ☞

plaire = aimer

Rien ne lui plaît.	*He doesn't like anything.*
Il ne plaît à personne.	*No one likes him.*
Ce restaurant ne plaît pas à nos associés.	*Our associates don't like this restaurant.*
Les blondes lui plaisent.	*He goes for blond girls.*
S'il s'habille comme ça, c'est qu'il n'a aucun désir de plaire.	*If he dresses like that, he has no desire to please people.*
Elle dit exactement ce qui lui plaît.	*She says just what she pleases.*
Et s'il lui plaît de nous accompagner?	*And what if he wants to accompany us?*
Faites comme il vous plaira.	*Do as you please.*
C'est un livre qui me plairait beaucoup à lire.	*It's a book I'd really like to read.*
Il lui plaît de croire que tout le monde le respecte.	*He likes to think that he is respected by everyone.*
Tu ne peux pas faire tout ce qui te plaît.	*You can't do whatever you like.*
—Tu vas y aller?	*Are you going to go there?*
—Si ça me plaît.	*If I feel like it.*
—Qu'est-ce que je dois servir?	*What should I serve?*
—Fais ton gigot. Ça plaît toujours.	*Make your leg of lamb. It's always a hit.*

se plaire

Il se plaît aux États-Unis.	*He likes it in the United States.*
—Tu te plais ici?	*Do you like it here?*
—Avant je me plaisais dans ce quartier, mais je ne m'y plais plus.	*Previously I was happy in this neighborhood, but I don't like it here anymore.*
Elle se plaît avec sa nouvelle robe.	*She likes the way she looks in her new dress.*
Je me plais toujours avec eux.	*I always enjoy their company.*
se plaire à faire qqch	*to take delight in doing something*
Il se plaît à me taquiner.	*He takes delight in teasing me.*
Elles se plaisent à tout critiquer.	*They like to criticize everything.*
Deux personnes comme ça vont sûrement se plaire.	*Two people like that will hit it off.*

plaire pour exprimer des vœux

Plaise à Dieu qu'ils soient là!	*I hope to God that they are there!*
Plût au ciel qu'ils ne puissent venir!	*Would to God that they won't be able to come!*

TOP 30 VERBS

regular *-er* verb   **je porte · je portai · porté · portant**

PRESENT		PASSÉ COMPOSÉ	
porte	portons	ai porté	avons porté
portes	portez	as porté	avez porté
porte	portent	a porté	ont porté

IMPERFECT		PLUPERFECT	
portais	portions	avais porté	avions porté
portais	portiez	avais porté	aviez porté
portait	portaient	avait porté	avaient porté

PASSÉ SIMPLE		PAST ANTERIOR	
portai	portâmes	eus porté	eûmes porté
portas	portâtes	eus porté	eûtes porté
porta	portèrent	eut porté	eurent porté

FUTURE		FUTURE ANTERIOR	
porterai	porterons	aurai porté	aurons porté
porteras	porterez	auras porté	aurez porté
portera	porteront	aura porté	auront porté

CONDITIONAL		PAST CONDITIONAL	
porterais	porterions	aurais porté	aurions porté
porterais	porteriez	aurais porté	auriez porté
porterait	porteraient	aurait porté	auraient porté

PRESENT SUBJUNCTIVE		PAST SUBJUNCTIVE	
porte	portions	aie porté	ayons porté
portes	portiez	aies porté	ayez porté
porte	portent	ait porté	aient porté

IMPERFECT SUBJUNCTIVE		PLUPERFECT SUBJUNCTIVE	
portasse	portassions	eusse porté	eussions porté
portasses	portassiez	eusses porté	eussiez porté
portât	portassent	eût porté	eussent porté

COMMANDS	
	portons
porte	portez

Usage

porter un sac sur le dos	*to carry a bag on one's back*
Je porte votre serviette?	*Shall I carry your briefcase?*
La mère portait son bébé dans ses bras.	*The mother was carrying her child in her arms.*
Il porte toujours une veste.	*He always wears a sport jacket.*
Je vais porter ces chèques à la banque.	*I'll take these checks to the bank.*
Je suis crevé. Mes jambes ne me portent plus.	*I'm exhausted. I'm falling off my feet.*
Le facteur nous a porté des colis.	*The mailman brought us some parcels.*
Ce compte-rendu porte la date de hier.	*This report has yesterday's date on it.*
Cette lettre ne porte pas de signature.	*This letter has no signature.*
Il vous faut porter cette affaire sur la place publique.	*You must make this matter public.*

TOP 30 VERB ☞

je porte · je portai · porté · portant

Il porte bien son nom.	His name suits him.
Accablé de soucis, il a porté sa main à son front.	Overcome with worry, he put his hand on his forehead.
Cela porte le nombre de maisons détruites à soixante-dix.	That brings the number of destroyed houses to seventy.
On a porté son roman à l'écran.	They made a movie of his/her novel.
On a porté son roman à la scène.	They made a play of his/her novel.
Je ne porte pas ce type dans mon cœur.	That guy is not one of my favorite people.
Il a porté son attention sur cette idée.	He concentrated on this idea.
La question portait sur les faits historiques.	The question had to do with historical facts.
Son genou a porté sur le rocher.	His knee struck the rock./He hit his knee against the rock.
Il s'est fait porter malade.	He reported sick/called in sick.
On va se faire porter à manger.	We'll send out for food.

se porter

Il se porte bien.	He's in good health.
A quatre-vingt-dix ans elle se porte comme un charme.	At ninety she's in great health.
Il s'est porté candidat aux élections municipales.	He ran in the municipal elections.
Il ne s'en est pas plus mal porté.	He got away with it/was no worse off for it.
Les soupçons se sont portés sur eux.	Suspicion fell on them.

Expressions

Ça porte bonheur/malheur.	That brings good/bad luck.
Lui, il porte la poisse.	He's a jinx.
Lui offrir un livre, c'est porter de l'eau à la rivière.	Giving him a book as a gift is like carrying coals to Newcastle.
Chez eux c'est elle qui porte la culotte.	At their house, she wears the pants.
Nos collègues nous ont laissés porter le chapeau.	Our coworkers left us holding the bag.
Ton chef te porte aux nues.	Your boss praises you to the skies.
Ce mur porte à faux.	This wall is not straight.
Vos remarques portent à faux.	Your remarks are out of place.

Related Words

le port	wearing/carrying
Le port du short est défendu à l'école.	Wearing shorts is not allowed at school.
Le port de la barbe n'est plus à la mode.	Wearing a beard is no longer fashionable.
un porte-bonheur	a good-luck charm

TOP 30 VERBS

-er verb; spelling change:
é > è/mute e

je possède · je possédai · possédé · possédant

PRESENT		PASSÉ COMPOSÉ	
possède	possédons	ai possédé	avons possédé
possèdes	possédez	as possédé	avez possédé
possède	possèdent	a possédé	ont possédé

IMPERFECT		PLUPERFECT	
possédais	possédions	avais possédé	avions possédé
possédais	possédiez	avais possédé	aviez possédé
possédait	possédaient	avait possédé	avaient possédé

PASSÉ SIMPLE		PAST ANTERIOR	
possédai	possédâmes	eus possédé	eûmes possédé
possédas	possédâtes	eus possédé	eûtes possédé
posséda	possédèrent	eut possédé	eurent possédé

FUTURE		FUTURE ANTERIOR	
posséderai	posséderons	aurai possédé	aurons possédé
posséderas	posséderez	auras possédé	aurez possédé
possédera	posséderont	aura possédé	auront possédé

CONDITIONAL		PAST CONDITIONAL	
posséderais	posséderions	aurais possédé	aurions possédé
posséderais	posséderiez	aurais possédé	auriez possédé
posséderait	posséderaient	aurait possédé	auraient possédé

PRESENT SUBJUNCTIVE		PAST SUBJUNCTIVE	
possède	possédions	aie possédé	ayons possédé
possèdes	possédiez	aies possédé	ayez possédé
possède	possèdent	ait possédé	aient possédé

IMPERFECT SUBJUNCTIVE		PLUPERFECT SUBJUNCTIVE	
possédasse	possédassions	eusse possédé	eussions possédé
possédasses	possédassiez	eusses possédé	eussiez possédé
possédât	possédassent	eût possédé	eussent possédé

COMMANDS	
	possédons
possède	possédez

Usage

Cette famille ne possède plus rien.	*That family no longer has anything.*
Tu possèdes mon cœur.	*You have captured my heart.*
Cette chambre possède une belle vue.	*This room has a beautiful view.*
Nous possédions des propriétés dans le Midi.	*We used to own properties in the south of France.*
Il a donné tout ce qu'il possédait à ses enfants.	*He gave everything he had to his children.*
Il s'est fait posséder.	*He was had/was taken in.*
Qu'est-ce qui t'arrive? Tu ne te possèdes plus.	*What's gotten into you? You have lost all self-control.*

RELATED WORD

La possession de ce document sera très importante pour le juge.	*Having that document in your possession will be very important for the judge.*

poursuivre *to pursue*

PRESENT		PASSÉ COMPOSÉ	
poursuis	poursuivons	ai poursuivi	avons poursuivi
poursuis	poursuivez	as poursuivi	avez poursuivi
poursuit	poursuivent	a poursuivi	ont poursuivi

IMPERFECT		PLUPERFECT	
poursuivais	poursuivions	avais poursuivi	avions poursuivi
poursuivais	poursuiviez	avais poursuivi	aviez poursuivi
poursuivait	poursuivaient	avait poursuivi	avaient poursuivi

PASSÉ SIMPLE		PAST ANTERIOR	
poursuivis	poursuivîmes	eus poursuivi	eûmes poursuivi
poursuivis	poursuivîtes	eus poursuivi	eûtes poursuivi
poursuivit	poursuivirent	eut poursuivi	eurent poursuivi

FUTURE		FUTURE ANTERIOR	
poursuivrai	poursuivrons	aurai poursuivi	aurons poursuivi
poursuivras	poursuivrez	auras poursuivi	aurez poursuivi
poursuivra	poursuivront	aura poursuivi	auront poursuivi

CONDITIONAL		PAST CONDITIONAL	
poursuivrais	poursuivrions	aurais poursuivi	aurions poursuivi
poursuivrais	poursuivriez	aurais poursuivi	auriez poursuivi
poursuivrait	poursuivraient	aurait poursuivi	auraient poursuivi

PRESENT SUBJUNCTIVE		PAST SUBJUNCTIVE	
poursuive	poursuivions	aie poursuivi	ayons poursuivi
poursuives	poursuiviez	aies poursuivi	ayez poursuivi
poursuive	poursuivent	ait poursuivi	aient poursuivi

IMPERFECT SUBJUNCTIVE		PLUPERFECT SUBJUNCTIVE	
poursuivisse	poursuivissions	eusse poursuivi	eussions poursuivi
poursuivisses	poursuivissiez	eusses poursuivi	eussiez poursuivi
poursuivît	poursuivissent	eût poursuivi	eussent poursuivi

COMMANDS	
	poursuivons
poursuis	poursuivez

Usage

Le chien poursuivait l'enfant.	*The dog was running after the child.*
La police a poursuivi les terroristes.	*The police pursued the terrorists.*
Nous sommes poursuivis par nos créanciers.	*Our creditors are after us.*
Il poursuit la gloire.	*He's seeking fame.*
Ça me plait qu'il poursuive des buts nobles.	*I like that he's striving for worthy goals.*
Un philosophe poursuit la vérité.	*A philosopher pursues truth.*
poursuivre qqn en justice	*to prosecute/sue someone*
On l'a poursuivi pour ce crime.	*He was prosecuted for this crime.*

RELATED WORD

la poursuite du bonheur/d'un rêve	*the pursuit of happiness/a dream*

irregular verb

je peux · je pus · pu · pouvant

PRESENT		PASSÉ COMPOSÉ	
peux	pouvons	ai pu	avons pu
peux	pouvez	as pu	avez pu
peut	peuvent	a pu	ont pu

IMPERFECT		PLUPERFECT	
pouvais	pouvions	avais pu	avions pu
pouvais	pouviez	avais pu	aviez pu
pouvait	pouvaient	avait pu	avaient pu

PASSÉ SIMPLE		PAST ANTERIOR	
pus	pûmes	eus pu	eûmes pu
pus	pûtes	eus pu	eûtes pu
put	purent	eut pu	eurent pu

FUTURE		FUTURE ANTERIOR	
pourrai	pourrons	aurai pu	aurons pu
pourras	pourrez	auras pu	aurez pu
pourra	pourront	aura pu	auront pu

CONDITIONAL		PAST CONDITIONAL	
pourrais	pourrions	aurais pu	aurions pu
pourrais	pourriez	aurais pu	auriez pu
pourrait	pourraient	aurait pu	auraient pu

PRESENT SUBJUNCTIVE		PAST SUBJUNCTIVE	
puisse	puissions	aie pu	ayons pu
puisses	puissiez	aies pu	ayez pu
puisse	puissent	ait pu	aient pu

IMPERFECT SUBJUNCTIVE		PLUPERFECT SUBJUNCTIVE	
pusse	pussions	eusse pu	eussions pu
pusses	pussiez	eusses pu	eussiez pu
pût	pussent	eût pu	eussent pu

COMMANDS NOT USED

Usage

NOTE: *Je puis* is an archaic alternate form for *je peux*. *Je puis* is used in very formal style.

pouvoir faire qqch	*to be able to do something*
Tu peux me donner un coup de main?	*Can you help me out?*
J'ai mal au pied. Je ne peux pas marcher.	*My foot hurts. I can't walk.*
Il ne peut pas comprendre votre inquiétude.	*He can't understand your uneasiness.*
Je peux vous aider?	*May I help you?*
—Voulez-vous que je vous accompagne?	*Do you want me to go with you?*
—Si vous pouvez.	*If you can.*
Elle ne pourra plus voyager.	*She won't be able to travel anymore.*
Pourriez-vous me dire où se trouve le musée d'art?	*Can you tell me where the art museum is?*
Elle est, si on peut le dire, un peu bornée.	*She is, to put it bluntly, a bit slow.*

TOP 30 VERB ☞

Je n'y peux rien.	*There's nothing I can do about it.*
Les étudiants peuvent sortir le samedi.	*The students have permission to go out on Saturday.*
Je peux aller jouer, maman?	*May I go out to play, Mom?*
On ne peut pas entrer dans son bureau.	*Nobody is allowed to go into his office.*
Téléphone-moi dès que tu pourras.	*Call me as soon as you can.*
Je ne peux pas le voir/le sentir.	*I can't stand him.*
Je ne peux pas le voir en peinture.	*I can't stand him.*
Je n'ai pas pu m'empêcher de lui poser cette question.	*I couldn't help but ask him that question.*
ne pas pouvoir ne pas faire qqch	*to really have to do something*
Vous ne pouvez pas ne pas lire ce roman.	*You absolutely must read that novel.*
Nous pouvons toujours nous arranger.	*We can always work things out/come to an agreement.*
Appelle le médecin! Je ne peux pas respirer.	*Call the doctor! I can't breathe.*
Je n'en peux plus!	*I can't take it anymore!*

pouvoir (possibilité)

Ça ne pourrait pas être vrai.	*That couldn't be true.*
Ça se peut.	*That's possible.*
Il se peut qu'elle veuille venir avec nous.	*It's possible she may want to come with us.*
Il a bien pu le faire.	*He could very well have done it.*
Avec cet accent, je ne crois pas qu'il puisse être anglais.	*With that accent I don't think he can be English.*
Attention! Ce chien peut être méchant.	*Careful! That dog can be nasty.*
Les journaux disent que la guerre peut éclater cette semaine.	*The papers say that war can break out this week.*
Notre candidat pourrait perdre aux élections.	*Our candidate could lose the election.*
Fais attention. Tu peux tomber.	*Be careful. You might fall.*

pouvoir pour suggérer

Il peut bien te prêter les cent euros.	*He can certainly lend you the one hundred euros.*
Tu pourrais au moins dire que tu le regrettes.	*You could at least say you're sorry.*

Proverbs

Vouloir, c'est pouvoir.	*Where there's a will, there's a way.*
Si la jeunesse savait, si la vieillesse pouvait.	*If youth knew, if old age could.*

TOP 30 VERBS

irregular verb | **je prédis · je prédis · prédit · prédisant**

PRESENT		PASSÉ COMPOSÉ	
prédis	prédisons	ai prédit	avons prédit
prédis	prédisez	as prédit	avez prédit
prédit	prédisent	a prédit	ont prédit

IMPERFECT		PLUPERFECT	
prédisais	prédisions	avais prédit	avions prédit
prédisais	prédisiez	avais prédit	aviez prédit
prédisait	prédisaient	avait prédit	avaient prédit

PASSÉ SIMPLE		PAST ANTERIOR	
prédis	prédîmes	eus prédit	eûmes prédit
prédis	prédîtes	eus prédit	eûtes prédit
prédit	prédirent	eut prédit	eurent prédit

FUTURE		FUTURE ANTERIOR	
prédirai	prédirons	aurai prédit	aurons prédit
prédiras	prédirez	auras prédit	aurez prédit
prédira	prédiront	aura prédit	auront prédit

CONDITIONAL		PAST CONDITIONAL	
prédirais	prédirions	aurais prédit	aurions prédit
prédirais	prédiriez	aurais prédit	auriez prédit
prédirait	prédiraient	aurait prédit	auraient prédit

PRESENT SUBJUNCTIVE		PAST SUBJUNCTIVE	
prédise	prédisions	aie prédit	ayons prédit
prédises	prédisiez	aies prédit	ayez prédit
prédise	prédisent	ait prédit	aient prédit

IMPERFECT SUBJUNCTIVE		PLUPERFECT SUBJUNCTIVE	
prédisse	prédissions	eusse prédit	eussions prédit
prédisses	prédissiez	eusses prédit	eussiez prédit
prédît	prédissent	eût prédit	eussent prédit

COMMANDS	
	prédisons
prédis	prédisez

Usage

prédire l'avenir	*to predict the future*
La diseuse de bonne aventure prédit l'avenir.	*The fortune-teller predicts the future.*
Je te l'avais prédit!	*I told you it was going to happen!*
On lui prédit un grand succès.	*They predict he/she will be very successful.*
Ils nous ont prédit une année difficile.	*They predicted a difficult year for us.*
C'est une guerre que personne n'avait prédite.	*It's a war that no one had predicted.*
Personne ne peut prédire les résultants.	*No one can predict the results.*
Qui l'aurait prédit?	*Who would have predicted it?*
C'était à prédire.	*It could have been predicted.*

préférer *to prefer*

je préfère · je préférai · préféré · préférant — -er verb; spelling change:
é > è/mute e

PRESENT

préfère	préférons
préfères	préférez
préfère	préfèrent

IMPERFECT

préférais	préférions
préférais	préfériez
préférait	préféraient

PASSÉ SIMPLE

préférai	préférâmes
préféras	préférâtes
préféra	préférèrent

FUTURE

préférerai	préférerons
préféreras	préférerez
préférera	préféreront

CONDITIONAL

préférerais	préférerions
préférerais	préféreriez
préférerait	préféreraient

PRESENT SUBJUNCTIVE

préfère	préférions
préfères	préfériez
préfère	préfèrent

IMPERFECT SUBJUNCTIVE

préférasse	préférassions
préférasses	préférassiez
préférât	préférassent

COMMANDS

	préférons
préfère	préférez

PASSÉ COMPOSÉ

ai préféré	avons préféré
as préféré	avez préféré
a préféré	ont préféré

PLUPERFECT

avais préféré	avions préféré
avais préféré	aviez préféré
avait préféré	avaient préféré

PAST ANTERIOR

eus préféré	eûmes préféré
eus préféré	eûtes préféré
eut préféré	eurent préféré

FUTURE ANTERIOR

aurai préféré	aurons préféré
auras préféré	aurez préféré
aura préféré	auront préféré

PAST CONDITIONAL

aurais préféré	aurions préféré
aurais préféré	auriez préféré
aurait préféré	auraient préféré

PAST SUBJUNCTIVE

aie préféré	ayons préféré
aies préféré	ayez préféré
ait préféré	aient préféré

PLUPERFECT SUBJUNCTIVE

eusse préféré	eussions préféré
eusses préféré	eussiez préféré
eût préféré	eussent préféré

Usage

On passe deux films. Lequel préfères-tu? — *They're showing two movies. Which do you prefer?*

Je préfère le cinéma au théâtre. — *I prefer the movies to the theater.*
Tu préfères de l'eau minérale ou un jus? — *Would you rather have mineral water or juice?*

Voilà la solution que je préfère. — *That's the solution I prefer.*
Je préfère que vous me disiez la vérité. — *I prefer that you tell me the truth.*
Je te préfère en jupe. — *I think you look better in a skirt.*
Si tu préfères, on peut dîner en ville. — *If you'd rather, we can eat out.*
Se marier avec lui? Je préfère mourir. — *Marry him? I'd rather die.*

—Tu veux nous accompagner? — *Do you want to go with us?*
—Merci, je préfère rester seule. — *No thanks, I'd rather stay here by myself.*

irregular verb

je prends · je pris · pris · prenant

PRESENT		PASSÉ COMPOSÉ	
prends	prenons	ai pris	avons pris
prends	prenez	as pris	avez pris
prend	prennent	a pris	ont pris

IMPERFECT		PLUPERFECT	
prenais	prenions	avais pris	avions pris
prenais	preniez	avais pris	aviez pris
prenait	prenaient	avait pris	avaient pris

PASSÉ SIMPLE		PAST ANTERIOR	
pris	prîmes	eus pris	eûmes pris
pris	prîtes	eus pris	eûtes pris
prit	prirent	eut pris	eurent pris

FUTURE		FUTURE ANTERIOR	
prendrai	prendrons	aurai pris	aurons pris
prendras	prendrez	auras pris	aurez pris
prendra	prendront	aura pris	auront pris

CONDITIONAL		PAST CONDITIONAL	
prendrais	prendrions	aurais pris	aurions pris
prendrais	prendriez	aurais pris	auriez pris
prendrait	prendraient	aurait pris	auraient pris

PRESENT SUBJUNCTIVE		PAST SUBJUNCTIVE	
prenne	prenions	aie pris	ayons pris
prennes	preniez	aies pris	ayez pris
prenne	prennent	ait pris	aient pris

IMPERFECT SUBJUNCTIVE		PLUPERFECT SUBJUNCTIVE	
prisse	prissions	eusse pris	eussions pris
prisses	prissiez	eusses pris	eussiez pris
prît	prissent	eût pris	eussent pris

COMMANDS	
	prenons
prends	prenez

Usage

Prenez votre sac à dos.	*Take your backpack.*
Il a pris ses affaires et il est parti.	*He took his things and left.*
—Pour y aller, on peut prendre l'autobus.	*We can take the bus to go there.*
—Je préfère prendre le métro, moi.	*I prefer to take the subway.*
Quand j'ai mal à la tête, je prends de l'aspirine.	*When I have a headache, I take aspirin.*
La mère a pris son enfant dans ses bras.	*The mother hugged her child.*
—Qu'est-ce que vous prenez, Madame?	*What will you have, Madam?* (waiter)
—Je prendrai un café et deux croissants.	*I'll have coffee and two croissants.*

prendre *to take*

prendre au sens général

Je descends prendre du pain.	*I'm going out to buy some bread.*
Il a pris sa fiancée par la taille.	*He put his arm around his fiancée.*
N'oublie pas de prendre ta serviette.	*Don't forget your briefcase.*
J'ai pris sur moi d'aller voir les malades.	*I took it upon myself to go see the patients.*
Je prends beaucoup de notes dans ce cours.	*I take a lot of notes in this course.*
Quand je voyage, je prends des tas de photos.	*When I travel I take loads of photos.*
Ça te prendra combien de temps?	*How long will that take you?*
Il prend son temps, lui.	*He sure takes his time.*
Prenez le temps d'y réfléchir.	*Take the time to think it over.*
C'est lui qui prend toutes les décisions.	*He's the one who makes all the decisions.*
J'ai pris un rhume.	*I've caught a cold.*
Tu vas prendre froid.	*You'll catch cold.*
J'ai pris du poids. Je me mettrai au régime.	*I've put on weight. I'll go on a diet.*
C'est à qui veut prendre.	*It's up for grabs.*

prendre pour les déplacements

J'ai pris le mauvais bus.	*I took the wrong bus.*
Nous avons pris un auto-stoppeur.	*We picked up a hitchhiker.*
Il faut prendre l'autoroute.	*We have to take the highway.*
On prend la voiture ou un taxi?	*Shall we take our car or a cab?*
Prenez à droite au carrefour.	*Turn right at the intersection.*
La voiture a pris de la vitesse.	*The car picked up speed.*
Tu peux passer me prendre?	*Can you come by for me?*

prendre au sens figuré

Pour qui te prends-tu?	*Who do you think you are?*
Il se prend au sérieux.	*He takes himself seriously.*
Il t'a prise pour ta sœur.	*He thought you were your sister.*
Il faudra prendre des mesures.	*We'll have to take steps.*
Je t'y ai pris!	*I've caught you!*
On l'a pris la main dans le sac.	*He was caught red-handed.*
On ne m'y prendra plus!	*That's the last time they'll fool me!*
Le train a pris du retard.	*The train is late.*
Ça ne prend pas avec nous.	*We don't buy that.*
Je ne sais pas comment m'y prendre.	*I don't know how to go about it.*
Qu'est-ce qui te prend?	*What's gotten into you?*
Le fou rire m'a pris.	*I got the giggles.*

TOP 30 VERBS

regular *-er* verb   **je prépare · je préparai · préparé · préparant**

PRESENT		PASSÉ COMPOSÉ	
prépare	préparons	ai préparé	avons préparé
prépares	préparez	as préparé	avez préparé
prépare	préparent	a préparé	ont préparé

IMPERFECT		PLUPERFECT	
préparais	préparions	avais préparé	avions préparé
préparais	prépariez	avais préparé	aviez préparé
préparait	préparaient	avait préparé	avaient préparé

PASSÉ SIMPLE		PAST ANTERIOR	
préparai	préparâmes	eus préparé	eûmes préparé
préparas	préparâtes	eus préparé	eûtes préparé
prépara	préparèrent	eut préparé	eurent préparé

FUTURE		FUTURE ANTERIOR	
préparerai	préparerons	aurai préparé	aurons préparé
prépareras	préparerez	auras préparé	aurez préparé
préparera	prépareront	aura préparé	auront préparé

CONDITIONAL		PAST CONDITIONAL	
préparerais	préparerions	aurais préparé	aurions préparé
préparerais	prépareriez	aurais préparé	auriez préparé
préparerait	prépareraient	aurait préparé	auraient préparé

PRESENT SUBJUNCTIVE		PAST SUBJUNCTIVE	
prépare	préparions	aie préparé	ayons préparé
prépares	prépariez	aies préparé	ayez préparé
prépare	préparent	ait préparé	aient préparé

IMPERFECT SUBJUNCTIVE		PLUPERFECT SUBJUNCTIVE	
préparasse	préparassions	eusse préparé	eussions préparé
préparasses	préparassiez	eusses préparé	eussiez préparé
préparât	préparassent	eût préparé	eussent préparé

COMMANDS	
	préparons
prépare	préparez

Usage

Qui prépare les repas chez toi?	*Who prepares the meals at your house?*
La femme de chambre a préparé votre chambre.	*The cleaning woman has gotten your room ready.*
Son chef le prépare pour une mission importante.	*His boss is grooming him for an important assignment.*
Le professeur prépare ses leçons.	*The teacher is preparing his/her lessons.*
Elle prépare son bac maintenant.	*She is preparing for the baccalaureate exams now.*
Chacun doit préparer son avenir.	*Each of us has to prepare for his future.*
Ils m'ont préparé une belle surprise.	*They prepared a nice surprise for me.*
Le gérant a préparé le terrain.	*The manager got things ready/laid the groundwork.*
Ces deux pays se préparent à la guerre.	*These two countries are preparing for war.*

PRESENT		PASSÉ COMPOSÉ	
présente	présentons	ai présenté	avons présenté
présentes	présentez	as présenté	avez présenté
présente	présentent	a présenté	ont présenté

IMPERFECT		PLUPERFECT	
présentais	présentions	avais présenté	avions présenté
présentais	présentiez	avais présenté	aviez présenté
présentait	présentaient	avait présenté	avaient présenté

PASSÉ SIMPLE		PAST ANTERIOR	
présentai	présentâmes	eus présenté	eûmes présenté
présentas	présentâtes	eus présenté	eûtes présenté
présenta	présentèrent	eut présenté	eurent présenté

FUTURE		FUTURE ANTERIOR	
présenterai	présenterons	aurai présenté	aurons présenté
présenteras	présenterez	auras présenté	aurez présenté
présentera	présenteront	aura présenté	auront présenté

CONDITIONAL		PAST CONDITIONAL	
présenterais	présenterions	aurais présenté	aurions présenté
présenterais	présenteriez	aurais présenté	auriez présenté
présenterait	présenteraient	aurait présenté	auraient présenté

PRESENT SUBJUNCTIVE		PAST SUBJUNCTIVE	
présente	présentions	aie présenté	ayons présenté
présentes	présentiez	aies présenté	ayez présenté
présente	présentent	ait présenté	aient présenté

IMPERFECT SUBJUNCTIVE		PLUPERFECT SUBJUNCTIVE	
présentasse	présentassions	eusse présenté	eussions présenté
présentasses	présentassiez	eusses présenté	eussiez présenté
présentât	présentassent	eût présenté	eussent présenté

COMMANDS	
	présentons
présente	présentez

Usage

Monsieur Durand, permettez-moi de vous présenter ma femme.	*Mr. Durand, allow me to introduce my wife to you.*
Je l'ai présentée à lui.	*I introduced her to him.*
—Je vous présente Hélène.	*This is Hélène.*
—Enchanté, Hélène.	*Pleased to meet you, Hélène.*
présenter ses condoléances à qqn	*to present one's condolences to someone*
Je vous présente mes meilleurs vœux.	*My best wishes to you.*
J'ai présenté ma candidature à ce poste.	*I have applied for that job.*
On présente une émission intéressante à la télé ce soir.	*They're showing an interesting program on TV this evening.*
Comment se présente la situation?	*How does the situation look?*
Pourquoi ne s'est-il pas présenté?	*Why didn't he show up?*
Qu'est-ce qui se présentera?	*What will happen?*

regular *-er* verb | **je prête · je prêtai · prêté · prêtant**

PRESENT		PASSÉ COMPOSÉ	
prête	prêtons	ai prêté	avons prêté
prêtes	prêtez	as prêté	avez prêté
prête	prêtent	a prêté	ont prêté

IMPERFECT		PLUPERFECT	
prêtais	prêtions	avais prêté	avions prêté
prêtais	prêtiez	avais prêté	aviez prêté
prêtait	prêtaient	avait prêté	avaient prêté

PASSÉ SIMPLE		PAST ANTERIOR	
prêtai	prêtâmes	eus prêté	eûmes prêté
prêtas	prêtâtes	eus prêté	eûtes prêté
prêta	prêtèrent	eut prêté	eurent prêté

FUTURE		FUTURE ANTERIOR	
prêterai	prêterons	aurai prêté	aurons prêté
prêteras	prêterez	auras prêté	aurez prêté
prêtera	prêteront	aura prêté	auront prêté

CONDITIONAL		PAST CONDITIONAL	
prêterais	prêterions	aurais prêté	aurions prêté
prêterais	prêteriez	aurais prêté	auriez prêté
prêterait	prêteraient	aurait prêté	auraient prêté

PRESENT SUBJUNCTIVE		PAST SUBJUNCTIVE	
prête	prêtions	aie prêté	ayons prêté
prêtes	prêtiez	aies prêté	ayez prêté
prête	prêtent	ait prêté	aient prêté

IMPERFECT SUBJUNCTIVE		PLUPERFECT SUBJUNCTIVE	
prêtasse	prêtassions	eusse prêté	eussions prêté
prêtasses	prêtassiez	eusses prêté	eussiez prêté
prêtât	prêtassent	eût prêté	eussent prêté

COMMANDS	
	prêtons
prête	prêtez

Usage

prêter qqch à qqn	*to lend something to someone*
—Tu peux me prêter ton stylo?	*Can you lend me your pen?*
—Je ne peux pas te le prêter. Je n'en ai qu'un.	*I can't lend it to you. I only have one.*
Je lui ai prêté deux cents euros.	*I lent her two hundred euros.*
La banque prête à 8 pour cent.	*The bank is lending at 8 percent interest.*
Ils prêtent à gages.	*They lend against collateral.*
Tu me prêtes des dons que je n'ai pas.	*You are attributing gifts to me that I don't have.*
Elle a prêté sa voix à cette cause.	*She lent her support to that cause.*
Le SAMU a prêté secours aux blessés.	*The emergency medics helped the wounded.*

prévenir   *to notify, warn*

je préviens · je prévins · prévenu · prévenant   irregular verb

PRESENT		PASSÉ COMPOSÉ	
préviens	prévenons	ai prévenu	avons prévenu
préviens	prévenez	as prévenu	avez prévenu
prévient	préviennent	a prévenu	ont prévenu

IMPERFECT		PLUPERFECT	
prévenais	prévenions	avais prévenu	avions prévenu
prévenais	préveniez	avais prévenu	aviez prévenu
prévenait	prévenaient	avait prévenu	avaient prévenu

PASSÉ SIMPLE		PAST ANTERIOR	
prévins	prévînmes	eus prévenu	eûmes prévenu
prévins	prévîntes	eus prévenu	eûtes prévenu
prévint	prévinrent	eut prévenu	eurent prévenu

FUTURE		FUTURE ANTERIOR	
préviendrai	préviendrons	aurai prévenu	aurons prévenu
préviendras	préviendrez	auras prévenu	aurez prévenu
préviendra	préviendront	aura prévenu	auront prévenu

CONDITIONAL		PAST CONDITIONAL	
préviendrais	préviendrions	aurais prévenu	aurions prévenu
préviendrais	préviendriez	aurais prévenu	auriez prévenu
préviendrait	préviendraient	aurait prévenu	auraient prévenu

PRESENT SUBJUNCTIVE		PAST SUBJUNCTIVE	
prévienne	prévenions	aie prévenu	ayons prévenu
préviennes	préveniez	aies prévenu	ayez prévenu
prévienne	préviennent	ait prévenu	aient prévenu

IMPERFECT SUBJUNCTIVE		PLUPERFECT SUBJUNCTIVE	
prévinsse	prévinssions	eusse prévenu	eussions prévenu
prévinsses	prévinssiez	eusses prévenu	eussiez prévenu
prévînt	prévinssent	eût prévenu	eussent prévenu

COMMANDS	
	prévenons
préviens	prévenez

Usage

Je ne vais rien faire sans vous prévenir.	*I won't do anything without informing you.*
Vous avez été prévenu.	*Consider yourself on notice.*
Il faut prévenir la police.	*The police should be notified.*
Nous avons prévenu le médecin.	*We notified the doctor.*
Je vous préviens que je n'assisterai pas à la réunion.	*I want to let you know that I won't be at the meeting.*
N'allez pas chez lui sans prévenir.	*Don't go to his house without notifying him.*
Essayons de prévenir ce malheur.	*Let's try to prevent that misfortune.*
Je vous aurai prévenu!	*Mark my words!*

PROVERB

Mieux vaut prévenir que guérir.	*An ounce of prevention is worth a pound of cure.*

irregular verb | **je prévois · je prévis · prévu · prévoyant**

PRESENT		PASSÉ COMPOSÉ	
prévois	prévoyons	ai prévu	avons prévu
prévois	prévoyez	as prévu	avez prévu
prévoit	prévoient	a prévu	ont prévu

IMPERFECT		PLUPERFECT	
prévoyais	prévoyions	avais prévu	avions prévu
prévoyais	prévoyiez	avais prévu	aviez prévu
prévoyait	prévoyaient	avait prévu	avaient prévu

PASSÉ SIMPLE		PAST ANTERIOR	
prévis	prévîmes	eus prévu	eûmes prévu
prévis	prévîtes	eus prévu	eûtes prévu
prévit	prévirent	eut prévu	eurent prévu

FUTURE		FUTURE ANTERIOR	
prévoirai	prévoirons	aurai prévu	aurons prévu
prévoiras	prévoirez	auras prévu	aurez prévu
prévoira	prévoiront	aura prévu	auront prévu

CONDITIONAL		PAST CONDITIONAL	
prévoirais	prévoirions	aurais prévu	aurions prévu
prévoirais	prévoiriez	aurais prévu	auriez prévu
prévoirait	prévoiraient	aurait prévu	auraient prévu

PRESENT SUBJUNCTIVE		PAST SUBJUNCTIVE	
prévoie	prévoyions	aie prévu	ayons prévu
prévoies	prévoyiez	aies prévu	ayez prévu
prévoie	prévoient	ait prévu	aient prévu

IMPERFECT SUBJUNCTIVE		PLUPERFECT SUBJUNCTIVE	
prévisse	prévissions	eusse prévu	eussions prévu
prévisses	prévissiez	eusses prévu	eussiez prévu
prévît	prévissent	eût prévu	eussent prévu

COMMANDS	
	prévoyons
prévois	prévoyez

Usage

Qui peut tout prévoir?	*Who can think of everything?*
Il faut prévoir le pire.	*We have to anticipate the worst.*
Nous n'avons pas pu prévoir ce contretemps.	*We couldn't foresee this hitch.*
Je n'avais pas prévu qu'il viendrait.	*I didn't count on his coming.*
Essayons de prévoir toutes les éventualités.	*Let's try to allow for all possibilities.*
Tout est prévu pour la réunion d'affaires.	*Everything has been organized for the business meeting.*
Leur départ est prévu pour demain.	*Their departure is set for tomorrow.*
Rangez vos papiers dans les classeurs prévus à cet effet.	*Organize your papers in the binders provided.*
Tout s'est passé comme prévu.	*Everything happened as expected.*

je produis · je produisis · produit · produisant | irregular verb

PRESENT		PASSÉ COMPOSÉ	
produis	produisons	ai produit	avons produit
produis	produisez	as produit	avez produit
produit	produisent	a produit	ont produit

IMPERFECT		PLUPERFECT	
produisais	produisions	avais produit	avions produit
produisais	produisiez	avais produit	aviez produit
produisait	produisaient	avait produit	avaient produit

PASSÉ SIMPLE		PAST ANTERIOR	
produisis	produisîmes	eus produit	eûmes produit
produisis	produisîtes	eus produit	eûtes produit
produisit	produisirent	eut produit	eurent produit

FUTURE		FUTURE ANTERIOR	
produirai	produirons	aurai produit	aurons produit
produiras	produirez	auras produit	aurez produit
produira	produiront	aura produit	auront produit

CONDITIONAL		PAST CONDITIONAL	
produirais	produirions	aurais produit	aurions produit
produirais	produiriez	aurais produit	auriez produit
produirait	produiraient	aurait produit	auraient produit

PRESENT SUBJUNCTIVE		PAST SUBJUNCTIVE	
produise	produisions	aie produit	ayons produit
produises	produisiez	aies produit	ayez produit
produise	produisent	ait produit	aient produit

IMPERFECT SUBJUNCTIVE		PLUPERFECT SUBJUNCTIVE	
produisisse	produisissions	eusse produit	eussions produit
produisisses	produisissiez	eusses produit	eussiez produit
produisît	produisissent	eût produit	eussent produit

COMMANDS	
	produisons
produis	produisez

Usage

Ce pays produit du fer et du charbon.	*This country produces iron and coal.*
Cette province produit des vins très connus.	*This province produces very famous wines.*
Cette terre est mauvaise. Elle produit peu.	*This land is poor. It doesn't yield much.*
C'est un sol qui produit du blé.	*It's a type of soil that produces wheat.*
Cet arbre produit de belles pommes.	*This tree yields beautiful apples.*
Cette région produit du pétrole.	*This region produces oil.*
Combien de tonnes d'acier ce pays produit-il par an?	*How many tons of steel does this country produce each year?*
Ce poète produit beaucoup de poèmes.	*This poet turns out a lot of poems.*
L'électricité est produite par l'énergie atomique.	*Electricity is produced by atomic energy.*

-er reflexive verb;
spelling change: *e* > *è*/mute *e*;
compound tenses with *être*

**je me promène · je me promenai ·
s'étant promené · se promenant**

PRESENT

me promène	nous promenons
te promènes	vous promenez
se promène	se promènent

PASSÉ COMPOSÉ

me suis promené(e)	nous sommes promené(e)s
t'es promené(e)	vous êtes promené(e)(s)
s'est promené(e)	se sont promené(e)s

IMPERFECT

me promenais	nous promenions
te promenais	vous promeniez
se promenait	se promenaient

PLUPERFECT

m'étais promené(e)	nous étions promené(e)s
t'étais promené(e)	vous étiez promené(e)(s)
s'était promené(e)	s'étaient promené(e)s

PASSÉ SIMPLE

me promenai	nous promenâmes
te promenas	vous promenâtes
se promena	se promenèrent

PAST ANTERIOR

me fus promené(e)	nous fûmes promené(e)s
te fus promené(e)	vous fûtes promené(e)(s)
se fut promené(e)	se furent promené(e)s

FUTURE

me promènerai	nous promènerons
te promèneras	vous promènerez
se promènera	se promèneront

FUTURE ANTERIOR

me serai promené(e)	nous serons promené(e)s
te seras promené(e)	vous serez promené(e)(s)
se sera promené(e)	se seront promené(e)s

CONDITIONAL

me promènerais	nous promènerions
te promènerais	vous promèneriez
se promènerait	se promèneraient

PAST CONDITIONAL

me serais promené(e)	nous serions promené(e)s
te serais promené(e)	vous seriez promené(e)(s)
se serait promené(e)	se seraient promené(e)s

PRESENT SUBJUNCTIVE

me promène	nous promenions
te promènes	vous promeniez
se promène	se promènent

PAST SUBJUNCTIVE

me sois promené(e)	nous soyons promené(e)s
te sois promené(e)	vous soyez promené(e)(s)
se soit promené(e)	se soient promené(e)s

IMPERFECT SUBJUNCTIVE

me promenasse	nous promenassions
te promenasses	vous promenassiez
se promenât	se promenassent

PLUPERFECT SUBJUNCTIVE

me fusse promené(e)	nous fussions promené(e)s
te fusses promené(e)	vous fussiez promené(e)(s)
se fût promené(e)	se fussent promené(e)s

COMMANDS

	promenons-nous
promène-toi	promenez-vous

Usage

Mes parents se promènent dans le jardin.	*My parents are taking a walk in the garden.*
On s'est promenés en ville.	*We walked around town.*
Son regard se promenait sur les vitrines.	*His gaze wandered over the store windows.*
se promener sans but	*to walk around aimlessly*
promener qqn	*to take someone for a walk*
promener son chien	*to walk one's dog*
promener ses amis	*to take one's friends for a walk/ride*
Je l'ai envoyé promener.	*I told him off.*
Il a envoyé promener ses soucis.	*He shrugged off his concerns.*

promettre *to promise*

je promets · je promis · promis · promettant irregular verb; only one *t* in the singular of the present tense

PRESENT		PASSÉ COMPOSÉ	
promets	promettons	ai promis	avons promis
promets	promettez	as promis	avez promis
promet	promettent	a promis	ont promis

IMPERFECT		PLUPERFECT	
promettais	promettions	avais promis	avions promis
promettais	promettiez	avais promis	aviez promis
promettait	promettaient	avait promis	avaient promis

PASSÉ SIMPLE		PAST ANTERIOR	
promis	promîmes	eus promis	eûmes promis
promis	promîtes	eus promis	eûtes promis
promit	promirent	eut promis	eurent promis

FUTURE		FUTURE ANTERIOR	
promettrai	promettrons	aurai promis	aurons promis
promettras	promettrez	auras promis	aurez promis
promettra	promettront	aura promis	auront promis

CONDITIONAL		PAST CONDITIONAL	
promettrais	promettrions	aurais promis	aurions promis
promettrais	promettriez	aurais promis	auriez promis
promettrait	promettraient	aurait promis	auraient promis

PRESENT SUBJUNCTIVE		PAST SUBJUNCTIVE	
promette	promettions	aie promis	ayons promis
promettes	promettiez	aies promis	ayez promis
promette	promettent	ait promis	aient promis

IMPERFECT SUBJUNCTIVE		PLUPERFECT SUBJUNCTIVE	
promisse	promissions	eusse promis	eussions promis
promisses	promissiez	eusses promis	eussiez promis
promît	promissent	eût promis	eussent promis

COMMANDS	
	promettons
promets	promettez

Usage

promettre qqch à qqn	*to promise someone something*
—Qu'est-ce que tu as promis aux enfants?	*What did you promise the children?*
—Je leur ai promis un nouvel ordinateur.	*I promised them a new computer.*
Ce ciel gris nous promet de la pluie.	*This gray sky means rain.*
promettre son amour	*to pledge one's love*
Il va te promettre la lune.	*He'll promise you the moon.*
Ça promet!	*Things are looking up!* (often sarcastic)
Notre soirée promet d'être une réussite.	*Our evening party promises to be a success.*
Ça ne te promet rien de bon.	*This doesn't look good for you.*
promettre à qqn de faire qqch	*to promise someone to do something*
Elle lui a promis de partir.	*She promised him that she would leave.*

-er verb; spelling change: je protège · je protégeai · protégé · protégeant
é > è/mute e; g > ge/a, o

PRESENT		PASSÉ COMPOSÉ	
protège	protégeons	ai protégé	avons protégé
protèges	protégez	as protégé	avez protégé
protège	protègent	a protégé	ont protégé

IMPERFECT		PLUPERFECT	
protégeais	protégions	avais protégé	avions protégé
protégeais	protégiez	avais protégé	aviez protégé
protégeait	protégeaient	avait protégé	avaient protégé

PASSÉ SIMPLE		PAST ANTERIOR	
protégeai	protégeâmes	eus protégé	eûmes protégé
protégeas	protégeâtes	eus protégé	eûtes protégé
protégea	protégèrent	eut protégé	eurent protégé

FUTURE		FUTURE ANTERIOR	
protégerai	protégerons	aurai protégé	aurons protégé
protégeras	protégerez	auras protégé	aurez protégé
protégera	protégeront	aura protégé	auront protégé

CONDITIONAL		PAST CONDITIONAL	
protégerais	protégerions	aurais protégé	aurions protégé
protégerais	protégeriez	aurais protégé	auriez protégé
protégerait	protégeraient	aurait protégé	auraient protégé

PRESENT SUBJUNCTIVE		PAST SUBJUNCTIVE	
protège	protégions	aie protégé	ayons protégé
protèges	protégiez	aies protégé	ayez protégé
protège	protègent	ait protégé	aient protégé

IMPERFECT SUBJUNCTIVE		PLUPERFECT SUBJUNCTIVE	
protégeasse	protégeassions	eusse protégé	eussions protégé
protégeasses	protégeassiez	eusses protégé	eussiez protégé
protégeât	protégeassent	eût protégé	eussent protégé

COMMANDS	
	protégeons
protège	protégez

Usage

protéger qqn/qqch	*to protect someone/something*
La police nous protège.	*The police protect us.*
Que Dieu vous protège!	*God keep you!*
Ce mur nous protège.	*That wall protects us.*
La loi protège les droits des citoyens.	*The law protects the rights of citizens.*
protéger qqn de qqch	*to protect someone from something*
Ce manteau vous protégera du froid.	*This coat will protect you from the cold.*
se protéger de qqch	*to protect oneself from something*
Il faut se protéger contre les moustiques.	*We have to protect ourselves from mosquitoes.*
Tu ne te protèges pas assez du froid.	*You're not protecting yourself enough from the cold.*

je punis · je punis · puni · punissant	regular *-ir* verb

PRESENT

punis	punissons
punis	punissez
punit	punissent

IMPERFECT

punissais	punissions
punissais	punissiez
punissait	punissaient

PASSÉ SIMPLE

punis	punîmes
punis	punîtes
punit	punirent

FUTURE

punirai	punirons
puniras	punirez
punira	puniront

CONDITIONAL

punirais	punirions
punirais	puniriez
punirait	puniraient

PRESENT SUBJUNCTIVE

punisse	punissions
punisses	punissiez
punisse	punissent

IMPERFECT SUBJUNCTIVE

punisse	punissions
punisses	punissiez
punît	punissent

COMMANDS

	punissons
punis	punissez

PASSÉ COMPOSÉ

ai puni	avons puni
as puni	avez puni
a puni	ont puni

PLUPERFECT

avais puni	avions puni
avais puni	aviez puni
avait puni	avaient puni

PAST ANTERIOR

eus puni	eûmes puni
eus puni	eûtes puni
eut puni	eurent puni

FUTURE ANTERIOR

aurai puni	aurons puni
auras puni	aurez puni
aura puni	auront puni

PAST CONDITIONAL

aurais puni	aurions puni
aurais puni	auriez puni
aurait puni	auraient puni

PAST SUBJUNCTIVE

aie puni	ayons puni
aies puni	ayez puni
ait puni	aient puni

PLUPERFECT SUBJUNCTIVE

eusse puni	eussions puni
eusses puni	eussiez puni
eût puni	eussent puni

Usage

punir un enfant/un élève	to punish a child/a pupil
Le juge l'a puni de prison.	The judge punished him with a prison sentence.
On a puni le meurtrier de mort.	The murderer was sentenced to death.
punir ces mauvaises actions	to punish these bad acts
Cet abus doit être puni par la loi.	This abuse should be punishable by law.

RELATED WORDS

punissable	punishable
un crime punissable	a punishable crime
la punition	punishment
avoir une punition	to be punished (school, etc.)
Ton mal d'estomac est la punition de ta gourmandise.	Your stomachache is your punishment for overeating.

regular *-er* verb | **je quitte · je quittai · quitté · quittant**

PRESENT		PASSÉ COMPOSÉ	
quitte	quittons	ai quitté	avons quitté
quittes	quittez	as quitté	avez quitté
quitte	quittent	a quitté	ont quitté

IMPERFECT		PLUPERFECT	
quittais	quittions	avais quitté	avions quitté
quittais	quittiez	avais quitté	aviez quitté
quittait	quittaient	avait quitté	avaient quitté

PASSÉ SIMPLE		PAST ANTERIOR	
quittai	quittâmes	eus quitté	eûmes quitté
quittas	quittâtes	eus quitté	eûtes quitté
quitta	quittèrent	eut quitté	eurent quitté

FUTURE		FUTURE ANTERIOR	
quitterai	quitterons	aurai quitté	aurons quitté
quitteras	quitterez	auras quitté	aurez quitté
quittera	quitteront	aura quitté	auront quitté

CONDITIONAL		PAST CONDITIONAL	
quitterais	quitterions	aurais quitté	aurions quitté
quitterais	quitteriez	aurais quitté	auriez quitté
quitterait	quitteraient	aurait quitté	auraient quitté

PRESENT SUBJUNCTIVE		PAST SUBJUNCTIVE	
quitte	quittions	aie quitté	ayons quitté
quittes	quittiez	aies quitté	ayez quitté
quitte	quittent	ait quitté	aient quitté

IMPERFECT SUBJUNCTIVE		PLUPERFECT SUBJUNCTIVE	
quittasse	quittassions	eusse quitté	eussions quitté
quittasses	quittassiez	eusses quitté	eussiez quitté
quittât	quittassent	eût quitté	eussent quitté

COMMANDS	
	quittons
quitte	quittez

Usage

quitter un endroit	*to leave a place*
Il ne quitte pas sa chambre.	*He never leaves his room.*
La police l'a défendu de quitter la ville.	*The police have forbidden him to leave the city.*
Dans cet hôtel les clients doivent quitter leur chambre avant midi.	*In this hotel guests must check out of their rooms by noon.*
quitter qqn	*to leave someone*
Il a quitté sa femme.	*He left his wife.*
J'ai quitté mes amis à deux heures.	*I left my friends at two o'clock.*
Il nous a quittés sans dire un mot.	*He left us without saying a word.*
Ça fait une semaine que je n'ai pas quitté l'appartement.	*I haven't been out of my apartment in a week.*

TOP 30 VERB ☞

quitter *to leave*

quitter = laisser un endroit

À cause du verglas, la voiture a quitté la route.	*Because of the ice the car went off the road.*
Ils ont quitté Calais pour le Midi.	*They moved from Calais to the south of France.*
L'avion n'a pas pu quitter la piste.	*The plane couldn't take off.*
Il a quitté l'école à seize ans.	*He left school at sixteen.*
La police nous a demandé de quitter ces lieux.	*The police asked us to leave the premises.*
quitter le monde	*to enter a convent/monastery*
quitter la vie	*to die*
Je vous quitte ma place.	*You can have my seat.*
Elle a quitté le théâtre.	*She left the theater/is no longer an actress.*
Le serpent quitte sa peau.	*The snake sheds its skin.*

quitter = laisser qqn

—Bon, il est tard. Je vous quitte.	*Well, it's late. I have to go.*
—C'est comme ça que vous me quittez?	*You mean you're leaving just like that?*
Je vous quitte pour dix minutes pour téléphoner.	*I'm going to leave you for ten minutes to make a call.*
Ne quittez pas!	*Hold on!* (telephone)
Je ne savais pas que sa femme l'avait quitté.	*I didn't know his wife had left him.*
Ses maux de tête ne la quittent pas.	*She always has headaches.*
Cette grippe ne me quitte pas!	*I can't get over this flu!*
Ne le quittez pas des yeux.	*Don't let him out of your sight.*
C'est une pensée qui ne me quitte pas.	*It's a thought that is always in my mind.*

se quitter

se quitter	*to leave each other*
Ces deux amis ne se quittent pas.	*Those two friends are always together.*

Related Words

quitte	*even/square*
être quitte envers qqn	*to be even with/no longer in debt to someone*
Ils sont quittes envers nous.	*They're square with us now.*
C'est jouer à quitte ou double.	*It's double or nothing.*
J'en suis quitte à bon compte.	*I got off lightly.*
On en est quittes pour la peur.	*We got away with a fright./All that happened was that we got scared.*

TOP 30 VERBS

irregular verb; only one *t* in the singular of the present tense

je rabats · je rabattis · rabattu · rabattant

PRESENT		PASSÉ COMPOSÉ	
rabats	rabattons	ai rabattu	avons rabattu
rabats	rabattez	as rabattu	avez rabattu
rabat	rabattent	a rabattu	ont rabattu

IMPERFECT		PLUPERFECT	
rabattais	rabattions	avais rabattu	avions rabattu
rabattais	rabattiez	avais rabattu	aviez rabattu
rabattait	rabattaient	avait rabattu	avaient rabattu

PASSÉ SIMPLE		PAST ANTERIOR	
rabattis	rabattîmes	eus rabattu	eûmes rabattu
rabattis	rabattîtes	eus rabattu	eûtes rabattu
rabattit	rabattirent	eut rabattu	eurent rabattu

FUTURE		FUTURE ANTERIOR	
rabattrai	rabattrons	aurai rabattu	aurons rabattu
rabattras	rabattrez	auras rabattu	aurez rabattu
rabattra	rabattront	aura rabattu	auront rabattu

CONDITIONAL		PAST CONDITIONAL	
rabattrais	rabattrions	aurais rabattu	aurions rabattu
rabattrais	rabattriez	aurais rabattu	auriez rabattu
rabattrait	rabattraient	aurait rabattu	auraient rabattu

PRESENT SUBJUNCTIVE		PAST SUBJUNCTIVE	
rabatte	rabattions	aie rabattu	ayons rabattu
rabattes	rabattiez	aies rabattu	ayez rabattu
rabatte	rabattent	ait rabattu	aient rabattu

IMPERFECT SUBJUNCTIVE		PLUPERFECT SUBJUNCTIVE	
rabattisse	rabattissions	eusse rabattu	eussions rabattu
rabattisses	rabattissiez	eusses rabattu	eussiez rabattu
rabattît	rabattissent	eût rabattu	eussent rabattu

COMMANDS	
	rabattons
rabats	rabattez

Usage

Je suis prêt à rabattre 15 pour cent du prix.	*I'm ready to come down 15 percent on the price.*
—Essaie de lui faire rabattre le prix.	*Try to get him to lower the price.*
—Je suis sûr qu'il ne rabattra pas un centime de la somme demandée.	*I'm sure he won't take a penny off his price.*
rabattre le caquet à qqn	*to take someone down a peg or two*
Il t'a certainement rabattu le caquet.	*He sure fixed you.*
La remarque du prof a rabattu son orgueil.	*The teacher's remark humbled him.*
À cause du froid j'ai rabattu ma casquette sur mes oreilles.	*Because of the cold I pulled my cap over my ears.*
rabattre un strapontin	*to pull down/open a folding seat*

raconter *to tell, narrate*

je raconte · je racontai · raconté · racontant regular *-er* verb

PRESENT		PASSÉ COMPOSÉ	
raconte	racontons	ai raconté	avons raconté
racontes	racontez	as raconté	avez raconté
raconte	racontent	a raconté	ont raconté

IMPERFECT		PLUPERFECT	
racontais	racontions	avais raconté	avions raconté
racontais	racontiez	avais raconté	aviez raconté
racontait	racontaient	avait raconté	avaient raconté

PASSÉ SIMPLE		PAST ANTERIOR	
racontai	racontâmes	eus raconté	eûmes raconté
racontas	racontâtes	eus raconté	eûtes raconté
raconta	racontèrent	eut raconté	eurent raconté

FUTURE		FUTURE ANTERIOR	
raconterai	raconterons	aurai raconté	aurons raconté
raconteras	raconterez	auras raconté	aurez raconté
racontera	raconteront	aura raconté	auront raconté

CONDITIONAL		PAST CONDITIONAL	
raconterais	raconterions	aurais raconté	aurions raconté
raconterais	raconteriez	aurais raconté	auriez raconté
raconterait	raconteraient	aurait raconté	auraient raconté

PRESENT SUBJUNCTIVE		PAST SUBJUNCTIVE	
raconte	racontions	aie raconté	ayons raconté
racontes	racontiez	aies raconté	ayez raconté
raconte	racontent	ait raconté	aient raconté

IMPERFECT SUBJUNCTIVE		PLUPERFECT SUBJUNCTIVE	
racontasse	racontassions	eusse raconté	eussions raconté
racontasses	racontassiez	eusses raconté	eussiez raconté
racontât	racontassent	eût raconté	eussent raconté

COMMANDS	
	racontons
raconte	racontez

Usage

Il nous a raconté l'histoire de sa vie.	*He told us the story of his life.*
—On raconte qu'on l'a mis à la porte.	*People say he's been fired.*
—Il m'a raconté ce qui s'est passé.	*He told me what happened.*
Tu racontes n'importe quoi, toi.	*You're talking nonsense.*
Qu'est-ce que tu racontes?	*Whatever are you talking about?*
Elle raconte des histoires.	*She's telling a tall story.*
Raconte-moi tout ce qui s'est passé.	*Tell me all that happened.*
C'est un incident qui ne se raconte pas devant les enfants.	*It's an incident you don't talk about in front of children.*

RELATED WORDS

le raconteur/la raconteuse	*storyteller*
racontable	*able to be told*

regular *-ir* verb | **je ralentis · je ralentis · ralenti · ralentissant**

PRESENT		PASSÉ COMPOSÉ	
ralentis	ralentissons	ai ralenti	avons ralenti
ralentis	ralentissez	as ralenti	avez ralenti
ralentit	ralentissent	a ralenti	ont ralenti

IMPERFECT		PLUPERFECT	
ralentissais	ralentissions	avais ralenti	avions ralenti
ralentissais	ralentissiez	avais ralenti	aviez ralenti
ralentissait	ralentissaient	avait ralenti	avaient ralenti

PASSÉ SIMPLE		PAST ANTERIOR	
ralentis	ralentîmes	eus ralenti	eûmes ralenti
ralentis	ralentîtes	eus ralenti	eûtes ralenti
ralentit	ralentirent	eut ralenti	eurent ralenti

FUTURE		FUTURE ANTERIOR	
ralentirai	ralentirons	aurai ralenti	aurons ralenti
ralentiras	ralentirez	auras ralenti	aurez ralenti
ralentira	ralentiront	aura ralenti	auront ralenti

CONDITIONAL		PAST CONDITIONAL	
ralentirais	ralentirions	aurais ralenti	aurions ralenti
ralentirais	ralentiriez	aurais ralenti	auriez ralenti
ralentirait	ralentiraient	aurait ralenti	auraient ralenti

PRESENT SUBJUNCTIVE		PAST SUBJUNCTIVE	
ralentisse	ralentissions	aie ralenti	ayons ralenti
ralentisses	ralentissiez	aies ralenti	ayez ralenti
ralentisse	ralentissent	ait ralenti	aient ralenti

IMPERFECT SUBJUNCTIVE		PLUPERFECT SUBJUNCTIVE	
ralentisse	ralentissions	eusse ralenti	eussions ralenti
ralentisses	ralentissiez	eusses ralenti	eussiez ralenti
ralentît	ralentissent	eût ralenti	eussent ralenti

COMMANDS	
	ralentissons
ralentis	ralentissez

Usage

La voiture a ralenti.	*The car slowed down.*
Le train a ralenti en s'approchant de la gare.	*The train slowed down as it approached the station.*
Ralentissez! Vous conduisez trop vite!	*Slow down! You're driving too fast.*
Notre armée a ralenti l'avance de l'ennemi.	*Our army slowed the enemy's advance.*
J'ai ralenti ma marche.	*I began to walk slower.*
se ralentir	*to slow up/slacken*
L'économie s'est ralentie.	*The economy slowed.*

RELATED WORD

le ralenti	*slow motion*
une scène au ralenti	*a scene in slow motion*
Les affaires marchent au ralenti.	*Business is in a slump.*

ramener *to take/bring someone back*

je ramène · je ramenai · ramené · ramenant   -er verb; spelling change:
é > è/mute e

PRESENT		PASSÉ COMPOSÉ	
ramène	ramenons	ai ramené	avons ramené
ramènes	ramenez	as ramené	avez ramené
ramène	ramènent	a ramené	ont ramené

IMPERFECT		PLUPERFECT	
ramenais	ramenions	avais ramené	avions ramené
ramenais	rameniez	avais ramené	aviez ramené
ramenait	ramenaient	avait ramené	avaient ramené

PASSÉ SIMPLE		PAST ANTERIOR	
ramenai	ramenâmes	eus ramené	eûmes ramené
ramenas	ramenâtes	eus ramené	eûtes ramené
ramena	ramenèrent	eut ramené	eurent ramené

FUTURE		FUTURE ANTERIOR	
ramènerai	ramènerons	aurai ramené	aurons ramené
ramèneras	ramènerez	auras ramené	aurez ramené
ramènera	ramèneront	aura ramené	auront ramené

CONDITIONAL		PAST CONDITIONAL	
ramènerais	ramènerions	aurais ramené	aurions ramené
ramènerais	ramèneriez	aurais ramené	auriez ramené
ramènerait	ramèneraient	aurait ramené	auraient ramené

PRESENT SUBJUNCTIVE		PAST SUBJUNCTIVE	
ramène	ramenions	aie ramené	ayons ramené
ramènes	rameniez	aies ramené	ayez ramené
ramène	ramènent	ait ramené	aient ramené

IMPERFECT SUBJUNCTIVE		PLUPERFECT SUBJUNCTIVE	
ramenasse	ramenassions	eusse ramené	eussions ramené
ramenasses	ramenassiez	eusses ramené	eussiez ramené
ramenât	ramenassent	eût ramené	eussent ramené

COMMANDS	
	ramenons
ramène	ramenez

Usage

Tu peux me ramener en voiture?	*Can you drive me home?*
Il faudra ramener tous les candidats la semaine prochaine.	*We'll have to bring back all the candidates next week.*
Il faut que je ramène l'enfant chez le médecin.	*I have to take the child back to the doctor.*
Comment le ramener à la raison?	*How can we bring him back to his senses?*
J'ai ramené la conversation sur ce sujet.	*I brought the conversation back to this subject.*
Sa paie se ramène à peu de chose.	*His salary doesn't amount to much.*
Quand est-ce que tu vas ramener mon vélo?	*When are you going to bring back my bicycle?*
On peut ramener toutes ces idées à une seule.	*We can reduce all these ideas to a single one.*

-er verb; spelling change: **je range · je rangeai · rangé · rangeant**
g > ge/a, o

PRESENT		PASSÉ COMPOSÉ	
range	rangeons	ai rangé	avons rangé
ranges	rangez	as rangé	avez rangé
range	rangent	a rangé	ont rangé

IMPERFECT		PLUPERFECT	
rangeais	rangions	avais rangé	avions rangé
rangeais	rangiez	avais rangé	aviez rangé
rangeait	rangeaient	avait rangé	avaient rangé

PASSÉ SIMPLE		PAST ANTERIOR	
rangeai	rangeâmes	eus rangé	eûmes rangé
rangeas	rangeâtes	eus rangé	eûtes rangé
rangea	rangèrent	eut rangé	eurent rangé

FUTURE		FUTURE ANTERIOR	
rangerai	rangerons	aurai rangé	aurons rangé
rangeras	rangerez	auras rangé	aurez rangé
rangera	rangeront	aura rangé	auront rangé

CONDITIONAL		PAST CONDITIONAL	
rangerais	rangerions	aurais rangé	aurions rangé
rangerais	rangeriez	aurais rangé	auriez rangé
rangerait	rangeraient	aurait rangé	auraient rangé

PRESENT SUBJUNCTIVE		PAST SUBJUNCTIVE	
range	rangions	aie rangé	ayons rangé
ranges	rangiez	aies rangé	ayez rangé
range	rangent	ait rangé	aient rangé

IMPERFECT SUBJUNCTIVE		PLUPERFECT SUBJUNCTIVE	
rangeasse	rangeassions	eusse rangé	eussions rangé
rangeasses	rangeassiez	eusses rangé	eussiez rangé
rangeât	rangeassent	eût rangé	eussent rangé

COMMANDS	
	rangeons
range	rangez

Usage

Il faut que tu ranges ta chambre.	*You must straighten up your room.*
J'ai acheté des étagères pour ranger mes livres.	*I bought some bookshelves to organize my books.*
Range tes affaires avant de sortir.	*Put your things away before going out.*
Elle est bien rangée, ta maison.	*Your house is really neat and tidy.*
Rangez ces dossiers par ordre alphabétique.	*Put these files in alphabetical order.*
se ranger	*to settle down/straighten out/agree with*
Il s'est rangé après son mariage.	*He settled down after he got married.*
Tout le monde s'est rangé de mon côté.	*Everyone sided with me.*

je rappelle · je rappelai · rappelé · rappelant

-er verb; spelling change:
l > ll/mute e

PRESENT		PASSÉ COMPOSÉ	
rappelle	rappelons	ai rappelé	avons rappelé
rappelles	rappelez	as rappelé	avez rappelé
rappelle	rappellent	a rappelé	ont rappelé

IMPERFECT		PLUPERFECT	
rappelais	rappelions	avais rappelé	avions rappelé
rappelais	rappeliez	avais rappelé	aviez rappelé
rappelait	rappelaient	avait rappelé	avaient rappelé

PASSÉ SIMPLE		PAST ANTERIOR	
rappelai	rappelâmes	eus rappelé	eûmes rappelé
rappelas	rappelâtes	eus rappelé	eûtes rappelé
rappela	rappelèrent	eut rappelé	eurent rappelé

FUTURE		FUTURE ANTERIOR	
rappellerai	rappellerons	aurai rappelé	aurons rappelé
rappelleras	rappellerez	auras rappelé	aurez rappelé
rappellera	rappelleront	aura rappelé	auront rappelé

CONDITIONAL		PAST CONDITIONAL	
rappellerais	rappellerions	aurais rappelé	aurions rappelé
rappellerais	rappelleriez	aurais rappelé	auriez rappelé
rappellerait	rappelleraient	aurait rappelé	auraient rappelé

PRESENT SUBJUNCTIVE		PAST SUBJUNCTIVE	
rappelle	rappelions	aie rappelé	ayons rappelé
rappelles	rappeliez	aies rappelé	ayez rappelé
rappelle	rappellent	ait rappelé	aient rappelé

IMPERFECT SUBJUNCTIVE		PLUPERFECT SUBJUNCTIVE	
rappelasse	rappelassions	eusse rappelé	eussions rappelé
rappelasses	rappelassiez	eusses rappelé	eussiez rappelé
rappelât	rappelassent	eût rappelé	eussent rappelé

COMMANDS	
	rappelons
rappelle	rappelez

Usage

On m'a rappelé pendant que je descendais l'escalier.
I was called back as I was going down the stairs.

Je lui ai laissé plusieurs messages, mais il ne m'a pas rappelé.
I left him several messages, but he hasn't called me back.

On a rappelé plusieurs fois la chanteuse.
The singer had several curtain calls.

Rappelez-moi au bon souvenir de vos parents.
Remember me to your parents.

Ce bâtiment me rappelle mon lycée.
This building reminds me of my high school.

La France a rappelé son ambassadeur.
France recalled her ambassador.

Ça ne me rappelle rien.
This doesn't remind me of anything.

Dieu l'a rappelée.
She departed this life./God called her back. (formal euphemism)

irregular verb; spelling change: *c* > *ç/o, u* | **je reçois · je reçus · reçu · recevant**

PRESENT

		PASSÉ COMPOSÉ	
reçois	recevons	ai reçu	avons reçu
reçois	recevez	as reçu	avez reçu
reçoit	reçoivent	a reçu	ont reçu

IMPERFECT

		PLUPERFECT	
recevais	recevions	avais reçu	avions reçu
recevais	receviez	avais reçu	aviez reçu
recevait	recevaient	avait reçu	avaient reçu

PASSÉ SIMPLE

		PAST ANTERIOR	
reçus	reçûmes	eus reçu	eûmes reçu
reçus	reçûtes	eus reçu	eûtes reçu
reçut	reçurent	eut reçu	eurent reçu

FUTURE

		FUTURE ANTERIOR	
recevrai	recevrons	aurai reçu	aurons reçu
recevras	recevrez	auras reçu	aurez reçu
recevra	recevront	aura reçu	auront reçu

CONDITIONAL

		PAST CONDITIONAL	
recevrais	recevrions	aurais reçu	aurions reçu
recevrais	recevriez	aurais reçu	auriez reçu
recevrait	recevraient	aurait reçu	auraient reçu

PRESENT SUBJUNCTIVE

		PAST SUBJUNCTIVE	
reçoive	recevions	aie reçu	ayons reçu
reçoives	receviez	aies reçu	ayez reçu
reçoive	reçoivent	ait reçu	aient reçu

IMPERFECT SUBJUNCTIVE

		PLUPERFECT SUBJUNCTIVE	
reçusse	reçussions	eusse reçu	eussions reçu
reçusses	reçussiez	eusses reçu	eussiez reçu
reçût	reçussent	eût reçu	eussent reçu

COMMANDS

	recevons
reçois	recevez

Usage

J'ai reçu une lettre aujourd'hui.	*I got a letter today.*
Qu'est-ce que tu as reçu pour ton anniversaire?	*What did you get for your birthday?*
Le PDG reçoit aujourd'hui.	*The CEO is in his office today.*
—Nous recevons du monde dimanche.	*We're having people over on Sunday.*
—Vous recevez beaucoup?	*Do you often have company?*
On est toujours bien reçu chez lui.	*He's a wonderful host.*
Cet auteur a reçu un prix pour son livre.	*This author received a prize for his book.*
Il a reçu des coups dans la bagarre.	*He got hit in the brawl.*
Ce médecin ne reçoit que sur rendez-vous.	*This doctor sees patients only by appointment.*
Je veux que ma fille reçoive de très bonnes notes au lycée.	*I want my daughter to get very good grades in (high) school.*

reconnaître *to recognize*

je reconnais · je reconnus · reconnu · reconnaissant

PRESENT		PASSÉ COMPOSÉ	
reconnais	reconnaissons	ai reconnu	avons reconnu
reconnais	reconnaissez	as reconnu	avez reconnu
reconnaît	reconnaissent	a reconnu	ont reconnu

IMPERFECT		PLUPERFECT	
reconnaissais	reconnaissions	avais reconnu	avions reconnu
reconnaissais	reconnaissiez	avais reconnu	aviez reconnu
reconnaissait	reconnaissaient	avait reconnu	avaient reconnu

PASSÉ SIMPLE		PAST ANTERIOR	
reconnus	reconnûmes	eus reconnu	eûmes reconnu
reconnus	reconnûtes	eus reconnu	eûtes reconnu
reconnut	reconnurent	eut reconnu	eurent reconnu

FUTURE		FUTURE ANTERIOR	
reconnaîtrai	reconnaîtrons	aurai reconnu	aurons reconnu
reconnaîtras	reconnaîtrez	auras reconnu	aurez reconnu
reconnaîtra	reconnaîtront	aura reconnu	auront reconnu

CONDITIONAL		PAST CONDITIONAL	
reconnaîtrais	reconnaîtrions	aurais reconnu	aurions reconnu
reconnaîtrais	reconnaîtriez	aurais reconnu	auriez reconnu
reconnaîtrait	reconnaîtraient	aurait reconnu	auraient reconnu

PRESENT SUBJUNCTIVE		PAST SUBJUNCTIVE	
reconnaisse	reconnaissions	aie reconnu	ayons reconnu
reconnaisses	reconnaissiez	aies reconnu	ayez reconnu
reconnaisse	reconnaissent	ait reconnu	aient reconnu

IMPERFECT SUBJUNCTIVE		PLUPERFECT SUBJUNCTIVE	
reconnusse	reconnussions	eusse reconnu	eussions reconnu
reconnusses	reconnussiez	eusses reconnu	eussiez reconnu
reconnût	reconnussent	eût reconnu	eussent reconnu

COMMANDS	
	reconnaissons
reconnais	reconnaissez

Usage

Je reconnais sa voix.	*I recognize his/her voice.*
Je te reconnaîtrais entre mille.	*I'd recognize you anywhere.*
Je ne le reconnais plus.	*I don't know him anymore.*
On la reconnaît bien là.	*That's just like her.*
Le cambrioleur est venu reconnaître les lieux.	*The burglar came to case the place.*
Il faut reconnaître qu'elle avait raison.	*You must admit she was right.*
Je ne les aurais jamais reconnus.	*I would never have recognized them.*

RELATED WORD

la reconnaissance	*gratitude*

PROVERB

On reconnaît l'arbre à ses fruits.	*By their fruits you shall know them.*

PRESENT		PASSÉ COMPOSÉ	
réduis	réduisons	ai réduit	avons réduit
réduis	réduisez	as réduit	avez réduit
réduit	réduisent	a réduit	ont réduit

IMPERFECT		PLUPERFECT	
réduisais	réduisions	avais réduit	avions réduit
réduisais	réduisiez	avais réduit	aviez réduit
réduisait	réduisaient	avait réduit	avaient réduit

PASSÉ SIMPLE		PAST ANTERIOR	
réduisis	réduisîmes	eus réduit	eûmes réduit
réduisis	réduisîtes	eus réduit	eûtes réduit
réduisit	réduisirent	eut réduit	eurent réduit

FUTURE		FUTURE ANTERIOR	
réduirai	réduirons	aurai réduit	aurons réduit
réduiras	réduirez	auras réduit	aurez réduit
réduira	réduiront	aura réduit	auront réduit

CONDITIONAL		PAST CONDITIONAL	
réduirais	réduirions	aurais réduit	aurions réduit
réduirais	réduiriez	aurais réduit	auriez réduit
réduirait	réduiraient	aurait réduit	auraient réduit

PRESENT SUBJUNCTIVE		PAST SUBJUNCTIVE	
réduise	réduisions	aie réduit	ayons réduit
réduises	réduisiez	aies réduit	ayez réduit
réduise	réduisent	ait réduit	aient réduit

IMPERFECT SUBJUNCTIVE		PLUPERFECT SUBJUNCTIVE	
réduisisse	réduisissions	eusse réduit	eussions réduit
réduisisses	réduisissiez	eusses réduit	eussiez réduit
réduisît	réduisissent	eût réduit	eussent réduit

COMMANDS	
	réduisons
réduis	réduisez

Usage

L'usine a réduit sa production.	*The factory cut back its production.*
Tu vas trop vite. Réduis la vitesse.	*You're going too fast. Slow down.*
L'État a réduit le budget de l'instruction publique.	*The State cut the budget for public education.*
Nous devons réduire nos frais.	*We have to cut back on our expenses.*
La misère l'a réduit à vendre sa ferme.	*Poverty reduced him to selling his farm.*
Il a réduit le texte du roman.	*He abridged the text of the novel.*
J'ai fait réduire les photos.	*I had the photos reduced.*
Voilà son argument, réduit à sa plus simple expression.	*There is his argument, expressed as simply as I know how.*
Il faut réduire la consommation de l'eau.	*We have to reduce our use of water.*
Pourriez-vous réduire cette photo?	*Could you make this photo smaller?*

regarder *to look at*

je regarde · je regardai · regardé · regardant

regular -er verb

PRESENT		PASSÉ COMPOSÉ	
regarde	regardons	ai regardé	avons regardé
regardes	regardez	as regardé	avez regardé
regarde	regardent	a regardé	ont regardé

IMPERFECT		PLUPERFECT	
regardais	regardions	avais regardé	avions regardé
regardais	regardiez	avais regardé	aviez regardé
regardait	regardaient	avait regardé	avaient regardé

PASSÉ SIMPLE		PAST ANTERIOR	
regardai	regardâmes	eus regardé	eûmes regardé
regardas	regardâtes	eus regardé	eûtes regardé
regarda	regardèrent	eut regardé	eurent regardé

FUTURE		FUTURE ANTERIOR	
regarderai	regarderons	aurai regardé	aurons regardé
regarderas	regarderez	auras regardé	aurez regardé
regardera	regarderont	aura regardé	auront regardé

CONDITIONAL		PAST CONDITIONAL	
regarderais	regarderions	aurais regardé	aurions regardé
regarderais	regarderiez	aurais regardé	auriez regardé
regarderait	regarderaient	aurait regardé	auraient regardé

PRESENT SUBJUNCTIVE		PAST SUBJUNCTIVE	
regarde	regardions	aie regardé	ayons regardé
regardes	regardiez	aies regardé	ayez regardé
regarde	regardent	ait regardé	aient regardé

IMPERFECT SUBJUNCTIVE		PLUPERFECT SUBJUNCTIVE	
regardasse	regardassions	eusse regardé	eussions regardé
regardasses	regardassiez	eusses regardé	eussiez regardé
regardât	regardassent	eût regardé	eussent regardé

COMMANDS	
	regardons
regarde	regardez

Usage

regarder qqch/qqn	*to look at something/someone*
J'aime regarder les vitrines.	*I like to look at the store windows.*
Assis au café, je regarde les gens qui passent.	*Sitting at the café, I watch the people going by.*
Je regarde l'actualité à la télé.	*I watch the news on TV.*
Mes enfants regardent la télé tous les soirs.	*My children watch TV every evening.*
Regarde voir s'il a fini le projet.	*Go see if he has finished the project.*
Je l'ai regardée à la dérobée.	*I stole a glance at her.*
Elle nous regardait par la fenêtre.	*She looked at us out the window.*
Ça ne vous regarde pas.	*It's none of your business.*
Je les regarde comme des ennemis.	*I consider them to be enemies.*
Regardons les choses en face.	*Let's face things.*

-er verb; spelling change:
t > tt/mute e

je rejette · je rejetai · rejeté · rejetant

PRESENT		PASSÉ COMPOSÉ	
rejette	rejetons	ai rejeté	avons rejeté
rejettes	rejetez	as rejeté	avez rejeté
rejette	rejettent	a rejeté	ont rejeté

IMPERFECT		PLUPERFECT	
rejetais	rejetions	avais rejeté	avions rejeté
rejetais	rejetiez	avais rejeté	aviez rejeté
rejetait	rejetaient	avait rejeté	avaient rejeté

PASSÉ SIMPLE		PAST ANTERIOR	
rejetai	rejetâmes	eus rejeté	eûmes rejeté
rejetas	rejetâtes	eus rejeté	eûtes rejeté
rejeta	rejetèrent	eut rejeté	eurent rejeté

FUTURE		FUTURE ANTERIOR	
rejetterai	rejetterons	aurai rejeté	aurons rejeté
rejetteras	rejetterez	auras rejeté	aurez rejeté
rejettera	rejetteront	aura rejeté	auront rejeté

CONDITIONAL		PAST CONDITIONAL	
rejetterais	rejetterions	aurais rejeté	aurions rejeté
rejetterais	rejetteriez	aurais rejeté	auriez rejeté
rejetterait	rejetteraient	aurait rejeté	auraient rejeté

PRESENT SUBJUNCTIVE		PAST SUBJUNCTIVE	
rejette	rejetions	aie rejeté	ayons rejeté
rejettes	rejetiez	aies rejeté	ayez rejeté
rejette	rejettent	ait rejeté	aient rejeté

IMPERFECT SUBJUNCTIVE		PLUPERFECT SUBJUNCTIVE	
rejetasse	rejetassions	eusse rejeté	eussions rejeté
rejetasses	rejetassiez	eusses rejeté	eussiez rejeté
rejetât	rejetassent	eût rejeté	eussent rejeté

COMMANDS	
	rejetons
rejette	rejetez

Usage

Ce poisson est trop petit. Rejette-le!	*That fish is too small. Throw it back!*
Rejette-moi la balle!	*Throw the ball back to me!*
J'ai rejeté les notes à la fin de mon essai.	*I put the notes at the end of my essay.*
J'ai rejeté ma tête en arrière.	*I threw my head back.*
Il a essayé de rejeter le blâme sur nous.	*He tried to put the blame on us.*
Il a rejeté notre offre.	*He rejected our offer.*
L'université a rejeté ma demande.	*The university rejected my request.*
Notre armée a rejeté les forces armées de l'ennemi.	*Our army pushed back the forces of the enemy.*
Le Congrès a rejeté ce projet de loi.	*Congress rejected this bill.*
Il se sent rejeté par sa famille.	*He feels rejected by his family.*

rejoindre *to rejoin, get back onto*

je rejoins · je rejoignis · rejoint · rejoignant   irregular verb

PRESENT		PASSÉ COMPOSÉ	
rejoins	rejoignons	ai rejoint	avons rejoint
rejoins	rejoignez	as rejoint	avez rejoint
rejoint	rejoignent	a rejoint	ont rejoint

IMPERFECT		PLUPERFECT	
rejoignais	rejoignions	avais rejoint	avions rejoint
rejoignais	rejoigniez	avais rejoint	aviez rejoint
rejoignait	rejoignaient	avait rejoint	avaient rejoint

PASSÉ SIMPLE		PAST ANTERIOR	
rejoignis	rejoignîmes	eus rejoint	eûmes rejoint
rejoignis	rejoignîtes	eus rejoint	eûtes rejoint
rejoignit	rejoignirent	eut rejoint	eurent rejoint

FUTURE		FUTURE ANTERIOR	
rejoindrai	rejoindrons	aurai rejoint	aurons rejoint
rejoindras	rejoindrez	auras rejoint	aurez rejoint
rejoindra	rejoindront	aura rejoint	auront rejoint

CONDITIONAL		PAST CONDITIONAL	
rejoindrais	rejoindrions	aurais rejoint	aurions rejoint
rejoindrais	rejoindriez	aurais rejoint	auriez rejoint
rejoindrait	rejoindraient	aurait rejoint	auraient rejoint

PRESENT SUBJUNCTIVE		PAST SUBJUNCTIVE	
rejoigne	rejoignions	aie rejoint	ayons rejoint
rejoignes	rejoigniez	aies rejoint	ayez rejoint
rejoigne	rejoignent	ait rejoint	aient rejoint

IMPERFECT SUBJUNCTIVE		PLUPERFECT SUBJUNCTIVE	
rejoignisse	rejoignissions	eusse rejoint	eussions rejoint
rejoignisses	rejoignissiez	eusses rejoint	eussiez rejoint
rejoignît	rejoignissent	eût rejoint	eussent rejoint

COMMANDS	
	rejoignons
rejoins	rejoignez

Usage

Le sentier rejoint le chemin au bout de la forêt.
The path meets up with the road at the edge of the forest.

Elle a rejoint son mari à l'étranger.
She joined her husband abroad.

Il me faut rejoindre mon bureau.
I've got to get back to my office.

On se rejoindra en ville.
We'll get together in town.

Son argument rejoint le tien.
His argument has things in common with yours.

Cette lettre rejoindra les autres à la corbeille.
This letter will follow the others into the wastebasket.

irregular verb; only one *t* in the singular of the present tense

je remets · je remis · remis · remettant

PRESENT		PASSÉ COMPOSÉ	
remets	remettons	ai remis	avons remis
remets	remettez	as remis	avez remis
remet	remettent	a remis	ont remis

IMPERFECT		PLUPERFECT	
remettais	remettions	avais remis	avions remis
remettais	remettiez	avais remis	aviez remis
remettait	remettaient	avait remis	avaient remis

PASSÉ SIMPLE		PAST ANTERIOR	
remis	remîmes	eus remis	eûmes remis
remis	remîtes	eus remis	eûtes remis
remit	remirent	eut remis	eurent remis

FUTURE		FUTURE ANTERIOR	
remettrai	remettrons	aurai remis	aurons remis
remettras	remettrez	auras remis	aurez remis
remettra	remettront	aura remis	auront remis

CONDITIONAL		PAST CONDITIONAL	
remettrais	remettrions	aurais remis	aurions remis
remettrais	remettriez	aurais remis	auriez remis
remettrait	remettraient	aurait remis	auraient remis

PRESENT SUBJUNCTIVE		PAST SUBJUNCTIVE	
remette	remettions	aie remis	ayons remis
remettes	remettiez	aies remis	ayez remis
remette	remettent	ait remis	aient remis

IMPERFECT SUBJUNCTIVE		PLUPERFECT SUBJUNCTIVE	
remisse	remissions	eusse remis	eussions remis
remisses	remissiez	eusses remis	eussiez remis
remît	remissent	eût remis	eussent remis

COMMANDS	
	remettons
remets	remettez

Usage

Remettez ces dossiers dans le tiroir.	*Put these files back in the drawer.*
remettre qqn sur la bonne route	*to put someone (back) on the right track*
Le patron l'a remise à sa place.	*The boss put her in her place.*
J'ai remis la voiture en marche.	*I started the car again.*
Elle a remis ses gants.	*She put her gloves back on.*
Quand remettrez-vous votre rapport?	*When will you hand in your report?*
Tout est remis en question à cause de sa démission.	*His resignation throws everything into question again.*
J'ai remis l'ordinateur en état.	*I fixed the computer.*
Je n'y ai jamais remis les pieds.	*I never went back there.*
se remettre	*to entrust oneself/recover*
Je m'en remets à vous.	*I'll leave it in your hands.*
Elle s'est remise de sa grippe.	*She has recovered from the flu.*

remplacer *to replace, put back*

je remplace · je remplaçai · remplacé · remplaçant

-er verb; spelling change: c > ç/a, o

PRESENT		PASSÉ COMPOSÉ	
remplace	remplaçons	ai remplacé	avons remplacé
remplaces	remplacez	as remplacé	avez remplacé
remplace	remplacent	a remplacé	ont remplacé

IMPERFECT		PLUPERFECT	
remplaçais	remplacions	avais remplacé	avions remplacé
remplaçais	remplaciez	avais remplacé	aviez remplacé
remplaçait	remplaçaient	avait remplacé	avaient remplacé

PASSÉ SIMPLE		PAST ANTERIOR	
remplaçai	remplaçâmes	eus remplacé	eûmes remplacé
remplaças	remplaçâtes	eus remplacé	eûtes remplacé
remplaça	remplacèrent	eut remplacé	eurent remplacé

FUTURE		FUTURE ANTERIOR	
remplacerai	remplacerons	aurai remplacé	aurons remplacé
remplaceras	remplacerez	auras remplacé	aurez remplacé
remplacera	remplaceront	aura remplacé	auront remplacé

CONDITIONAL		PAST CONDITIONAL	
remplacerais	remplacerions	aurais remplacé	aurions remplacé
remplacerais	remplaceriez	aurais remplacé	auriez remplacé
remplacerait	remplaceraient	aurait remplacé	auraient remplacé

PRESENT SUBJUNCTIVE		PAST SUBJUNCTIVE	
remplace	remplacions	aie remplacé	ayons remplacé
remplaces	remplaciez	aies remplacé	ayez remplacé
remplace	remplacent	ait remplacé	aient remplacé

IMPERFECT SUBJUNCTIVE		PLUPERFECT SUBJUNCTIVE	
remplaçasse	remplaçassions	eusse remplacé	eussions remplacé
remplaçasses	remplaçassiez	eusses remplacé	eussiez remplacé
remplaçât	remplaçassent	eût remplacé	eussent remplacé

COMMANDS	
	remplaçons
remplace	remplacez

Usage

—Qui t'a remplacé au bureau?	*Who took your place at the office?*
—Je n'ai pas pu me faire remplacer.	*I couldn't find a replacement.*
Il faut que je remplace ce canapé.	*I've got to replace this couch.*
Ma voiture a une vitre cassée. Je vais la remplacer.	*My car has a broken window. I've got to replace it.*
Il faut remplacer ce pneu.	*We'll have to replace this tire.*
Le fils ne pourra pas remplacer son père.	*The son will never be able to fill his father's shoes.*
Il sera difficile de vous remplacer.	*It will be hard to replace you.*
C'est à vous de remplacer la sentinelle.	*It's your turn to relieve the sentry.*

regular *-ir* verb | **je remplis · je remplis · rempli · remplissant**

PRESENT

remplis	remplissons
remplis	remplissez
remplit	remplissent

IMPERFECT

remplissais	remplissions
remplissais	remplissiez
remplissait	remplissaient

PASSÉ SIMPLE

remplis	remplîmes
remplis	remplîtes
remplit	remplirent

FUTURE

remplirai	remplirons
rempliras	remplirez
remplira	rempliront

CONDITIONAL

remplirais	remplirions
remplirais	rempliriez
remplirait	rempliraient

PRESENT SUBJUNCTIVE

remplisse	remplissions
remplisses	remplissiez
remplisse	remplissent

IMPERFECT SUBJUNCTIVE

remplisse	remplissions
remplisses	remplissiez
remplît	remplissent

COMMANDS

	remplissons
remplis	remplissez

PASSÉ COMPOSÉ

ai rempli	avons rempli
as rempli	avez rempli
a rempli	ont rempli

PLUPERFECT

avais rempli	avions rempli
avais rempli	aviez rempli
avait rempli	avaient rempli

PAST ANTERIOR

eus rempli	eûmes rempli
eus rempli	eûtes rempli
eut rempli	eurent rempli

FUTURE ANTERIOR

aurai rempli	aurons rempli
auras rempli	aurez rempli
aura rempli	auront rempli

PAST CONDITIONAL

aurais rempli	aurions rempli
aurais rempli	auriez rempli
aurait rempli	auraient rempli

PAST SUBJUNCTIVE

aie rempli	ayons rempli
aies rempli	ayez rempli
ait rempli	aient rempli

PLUPERFECT SUBJUNCTIVE

eusse rempli	eussions rempli
eusses rempli	eussiez rempli
eût rempli	eussent rempli

Usage

Le serveur a rempli nos verres.	*The waiter filled our glasses.*
Ce chanteur remplit les salles.	*This singer fills the concert halls.*
L'accident l'a rempli de peur.	*The accident left him full of fear.*
Cette nouvelle m'a rempli de joie.	*That piece of news filled me with joy.*
Il a rempli sa lettre de belles phrases.	*He filled his letter with beautiful phrases.*
La foule remplissait les rues.	*The crowd filled the streets.*
Ses observations remplissaient des cahiers entiers.	*His observations filled whole notebooks.*
La bouteille est remplie d'eau minérale.	*The bottle is filled with mineral water.*
Remplissez ce questionnaire.	*Fill out this questionnaire.*
L'éducation de ses enfants remplit sa vie.	*Raising his children fills his life.*
Il te reste des devoirs à remplir.	*You have some duties left to fulfill.*
Elle remplit une fonction importante.	*She performs an important function.*

rencontrer *to meet*

je rencontre · je rencontrai · rencontré · rencontrant   regular -er verb

PRESENT		PASSÉ COMPOSÉ	
rencontre	rencontrons	ai rencontré	avons rencontré
rencontres	rencontrez	as rencontré	avez rencontré
rencontre	rencontrent	a rencontré	ont rencontré

IMPERFECT		PLUPERFECT	
rencontrais	rencontrions	avais rencontré	avions rencontré
rencontrais	rencontriez	avais rencontré	aviez rencontré
rencontrait	rencontraient	avait rencontré	avaient rencontré

PASSÉ SIMPLE		PAST ANTERIOR	
rencontrai	rencontrâmes	eus rencontré	eûmes rencontré
rencontras	rencontrâtes	eus rencontré	eûtes rencontré
rencontra	rencontrèrent	eut rencontré	eurent rencontré

FUTURE		FUTURE ANTERIOR	
rencontrerai	rencontrerons	aurai rencontré	aurons rencontré
rencontreras	rencontrerez	auras rencontré	aurez rencontré
rencontrera	rencontreront	aura rencontré	auront rencontré

CONDITIONAL		PAST CONDITIONAL	
rencontrerais	rencontrerions	aurais rencontré	aurions rencontré
rencontrerais	rencontreriez	aurais rencontré	auriez rencontré
rencontrerait	rencontreraient	aurait rencontré	auraient rencontré

PRESENT SUBJUNCTIVE		PAST SUBJUNCTIVE	
rencontre	rencontrions	aie rencontré	ayons rencontré
rencontres	rencontriez	aies rencontré	ayez rencontré
rencontre	rencontrent	ait rencontré	aient rencontré

IMPERFECT SUBJUNCTIVE		PLUPERFECT SUBJUNCTIVE	
rencontrasse	rencontrassions	eusse rencontré	eussions rencontré
rencontrasses	rencontrassiez	eusses rencontré	eussiez rencontré
rencontrât	rencontrassent	eût rencontré	eussent rencontré

COMMANDS	
	rencontrons
rencontre	rencontrez

Usage

Je le rencontre toujours au parc.	*I always run into him in the park.*
Où est-ce que tu as rencontré les Duval?	*Where did you meet the Duvals?*
Ce projet de loi a rencontré de l'opposition.	*This bill met with opposition.*
C'est un appartement comme on n'en rencontre plus.	*You just don't find apartments like this anymore.*
se rencontrer	*to meet (each other)*
Si l'on se rencontrait au restaurant?	*How about meeting at the restaurant?*
Les chefs d'état se rencontrent.	*The heads of state are meeting.*
Les grands esprits se rencontrent.	*Great minds think alike.*
Nos yeux se sont rencontrés.	*Our eyes met.*

regular -re verb   **je rends · je rendis · rendu · rendant**

PRESENT		PASSÉ COMPOSÉ	
rends	rendons	ai rendu	avons rendu
rends	rendez	as rendu	avez rendu
rend	rendent	a rendu	ont rendu

IMPERFECT		PLUPERFECT	
rendais	rendions	avais rendu	avions rendu
rendais	rendiez	avais rendu	aviez rendu
rendait	rendaient	avait rendu	avaient rendu

PASSÉ SIMPLE		PAST ANTERIOR	
rendis	rendîmes	eus rendu	eûmes rendu
rendis	rendîtes	eus rendu	eûtes rendu
rendit	rendirent	eut rendu	eurent rendu

FUTURE		FUTURE ANTERIOR	
rendrai	rendrons	aurai rendu	aurons rendu
rendras	rendrez	auras rendu	aurez rendu
rendra	rendront	aura rendu	auront rendu

CONDITIONAL		PAST CONDITIONAL	
rendrais	rendrions	aurais rendu	aurions rendu
rendrais	rendriez	aurais rendu	auriez rendu
rendrait	rendraient	aurait rendu	auraient rendu

PRESENT SUBJUNCTIVE		PAST SUBJUNCTIVE	
rende	rendions	aie rendu	ayons rendu
rendes	rendiez	aies rendu	ayez rendu
rende	rendent	ait rendu	aient rendu

IMPERFECT SUBJUNCTIVE		PLUPERFECT SUBJUNCTIVE	
rendisse	rendissions	eusse rendu	eussions rendu
rendisses	rendissiez	eusses rendu	eussiez rendu
rendît	rendissent	eût rendu	eussent rendu

COMMANDS	
	rendons
rends	rendez

Usage

rendre qqch à qqn	*to give something back to someone*
Quand vas-tu me rendre ma bicyclette?	*When are you going to give my bicycle back to me?*
J'ai rendu mon devoir en retard.	*I submitted my homework late.*
Ces vacances m'ont rendu mes forces.	*This vacation made me strong again.*
Je te rendrai la monnaie de ta pièce!	*I'll get even with you!*
Le médecin lui a rendu la vue.	*The doctor restored her sight.*
Tu peux me rendre un service?	*Can you do me a favor?*
Sa réponse m'a rendu malade.	*His answer sickened me.*
Je suis allé rendre mes derniers devoirs au défunt.	*I went to pay my last respects to the deceased.*
se rendre compte de	*to realize*

je rentre · je rentrai · rentré · rentrant

regular *-er* verb;
compound tenses with *être*

PRESENT		PASSÉ COMPOSÉ	
rentre	rentrons	suis rentré(e)	sommes rentré(e)s
rentres	rentrez	es rentré(e)	êtes rentré(e)(s)
rentre	rentrent	est rentré(e)	sont rentré(e)s

IMPERFECT		PLUPERFECT	
rentrais	rentrions	étais rentré(e)	étions rentré(e)s
rentrais	rentriez	étais rentré(e)	étiez rentré(e)(s)
rentrait	rentraient	était rentré(e)	étaient rentré(e)s

PASSÉ SIMPLE		PAST ANTERIOR	
rentrai	rentrâmes	fus rentré(e)	fûmes rentré(e)s
rentras	rentrâtes	fus rentré(e)	fûtes rentré(e)(s)
rentra	rentrèrent	fut rentré(e)	furent rentré(e)s

FUTURE		FUTURE ANTERIOR	
rentrerai	rentrerons	serai rentré(e)	serons rentré(e)s
rentreras	rentrerez	seras rentré(e)	serez rentré(e)(s)
rentrera	rentreront	sera rentré(e)	seront rentré(e)s

CONDITIONAL		PAST CONDITIONAL	
rentrerais	rentrerions	serais rentré(e)	serions rentré(e)s
rentrerais	rentreriez	serais rentré(e)	seriez rentré(e)(s)
rentrerait	rentreraient	serait rentré(e)	seraient rentré(e)s

PRESENT SUBJUNCTIVE		PAST SUBJUNCTIVE	
rentre	rentrions	sois rentré(e)	soyons rentré(e)s
rentres	rentriez	sois rentré(e)	soyez rentré(e)(s)
rentre	rentrent	soit rentré(e)	soient rentré(e)s

IMPERFECT SUBJUNCTIVE		PLUPERFECT SUBJUNCTIVE	
rentrasse	rentrassions	fusse rentré(e)	fussions rentré(e)s
rentrasses	rentrassiez	fusses rentré(e)	fussiez rentré(e)(s)
rentrât	rentrassent	fût rentré(e)	fussent rentré(e)s

COMMANDS	
	rentrons
rentre	rentrez

Usage

Tu rentres à quelle heure?	*What time are you coming home?*
Je rentre en métro.	*I take the subway home.*
Une averse! Il faut rentrer un moment.	*A shower! We should go indoors for a minute.*
Tous ces meubles ne vont pas rentrer dans l'appartement.	*All this furniture is not going to fit in the apartment.*
Le camion est rentré dans un immeuble.	*The truck crashed into an apartment house.*
Ça ne me rentre pas dans la tête.	*I just can't understand that.*
Elle aurait voulu rentrer sous terre.	*She could have died (of embarrassment).*
On espère rentrer dans notre argent.	*We hope to break even.*
Il veut rentrer dans la banque.	*He wants to get a bank job.*
Il a rentré la voiture dans le garage.	*He put the car in the garage.*

irregular verb; spelling change: *y > i*/mute e

je renvoie · je renvoyai · renvoyé · renvoyant

PRESENT

renvoie	renvoyons
renvoies	renvoyez
renvoie	renvoient

PASSÉ COMPOSÉ

ai renvoyé	avons renvoyé
as renvoyé	avez renvoyé
a renvoyé	ont renvoyé

IMPERFECT

renvoyais	renvoyions
renvoyais	renvoyiez
renvoyait	renvoyaient

PLUPERFECT

avais renvoyé	avions renvoyé
avais renvoyé	aviez renvoyé
avait renvoyé	avaient renvoyé

PASSÉ SIMPLE

renvoyai	renvoyâmes
renvoyas	renvoyâtes
renvoya	renvoyèrent

PAST ANTERIOR

eus renvoyé	eûmes renvoyé
eus renvoyé	eûtes renvoyé
eut renvoyé	eurent renvoyé

FUTURE

renverrai	renverrons
renverras	renverrez
renverra	renverront

FUTURE ANTERIOR

aurai renvoyé	aurons renvoyé
auras renvoyé	aurez renvoyé
aura renvoyé	auront renvoyé

CONDITIONAL

renverrais	renverrions
renverrais	renverriez
renverrait	renverraient

PAST CONDITIONAL

aurais renvoyé	aurions renvoyé
aurais renvoyé	auriez renvoyé
aurait renvoyé	auraient renvoyé

PRESENT SUBJUNCTIVE

renvoie	renvoyions
renvoies	renvoyiez
renvoie	renvoient

PAST SUBJUNCTIVE

aie renvoyé	ayons renvoyé
aies renvoyé	ayez renvoyé
ait renvoyé	aient renvoyé

IMPERFECT SUBJUNCTIVE

renvoyasse	renvoyassions
renvoyasses	renvoyassiez
renvoyât	renvoyassent

PLUPERFECT SUBJUNCTIVE

eusse renvoyé	eussions renvoyé
eusses renvoyé	eussiez renvoyé
eût renvoyé	eussent renvoyé

COMMANDS

	renvoyons
renvoie	renvoyez

Usage

L'avocat m'a renvoyé tous les documents.

The lawyer sent back all the documents to me.

Le joueur a renvoyé la balle.

The player kicked the ball back.

Avec cela je vous renvoie la balle.

With that, the ball is now in your court.

Renvoie l'ascenseur.

Send the elevator back down.

Le patron a renvoyé la secrétaire.

The boss fired the secretary.

Fais attention ou tu vas te faire renvoyer.

Be careful or you're going to get fired.

Cet étudiant a été renvoyé du lycée.

This student was expelled from high school.

Quand ma fille s'est remise de son rhume, je l'ai renvoyée en classe.

When my daughter got over her cold I sent her back to school.

repartir *to leave again*

je repars · je repartis · reparti · repartant

irregular verb;
compound tenses with *être*

PRESENT		PASSÉ COMPOSÉ	
repars	repartons	suis reparti(e)	sommes reparti(e)s
repars	repartez	es reparti(e)	êtes reparti(e)(s)
repart	repartent	est reparti(e)	sont reparti(e)s

IMPERFECT		PLUPERFECT	
repartais	repartions	étais reparti(e)	étions reparti(e)s
repartais	repartiez	étais reparti(e)	étiez reparti(e)(s)
repartait	repartaient	était reparti(e)	étaient reparti(e)s

PASSÉ SIMPLE		PAST ANTERIOR	
repartis	repartîmes	fus reparti(e)	fûmes reparti(e)s
repartis	repartîtes	fus reparti(e)	fûtes reparti(e)(s)
repartit	repartirent	fut reparti(e)	furent reparti(e)s

FUTURE		FUTURE ANTERIOR	
repartirai	repartirons	serai reparti(e)	serons reparti(e)s
repartiras	repartirez	seras reparti(e)	serez reparti(e)(s)
repartira	repartiront	sera reparti(e)	seront reparti(e)s

CONDITIONAL		PAST CONDITIONAL	
repartirais	repartirions	serais reparti(e)	serions reparti(e)s
repartirais	repartiriez	serais reparti(e)	seriez reparti(e)(s)
repartirait	repartiraient	serait reparti(e)	seraient reparti(e)s

PRESENT SUBJUNCTIVE		PAST SUBJUNCTIVE	
reparte	repartions	sois reparti(e)	soyons reparti(e)s
repartes	repartiez	sois reparti(e)	soyez reparti(e)(s)
reparte	repartent	soit reparti(e)	soient reparti(e)s

IMPERFECT SUBJUNCTIVE		PLUPERFECT SUBJUNCTIVE	
repartisse	repartissions	fusse reparti(e)	fussions reparti(e)s
repartisses	repartissiez	fusses reparti(e)	fussiez reparti(e)(s)
repartît	repartissent	fût reparti(e)	fussent reparti(e)s

COMMANDS	
	repartons
repars	repartez

Usage

Ils sont arrivés lundi et repartis mardi matin. — *They arrived on Monday and left on Tuesday morning.*

La conversation est repartie. — *The conversation has started up again.*

Le train est reparti après les réparations. — *The train left again after repairs.*

Après un bref séjour je suis reparti chez moi. — *After a brief stay, I left for home again.*

repartir à zéro — *to start over/from scratch*

Après sa faillite il est reparti à zéro. — *After his bankruptcy he started over from scratch.*

Tu dois repartir du bon pied. — *You must make a fresh start.*

PRESENT		PASSÉ COMPOSÉ	
répartis	répartissons	ai réparti	avons réparti
répartis	répartissez	as réparti	avez réparti
répartit	répartissent	a réparti	ont réparti

IMPERFECT		PLUPERFECT	
répartissais	répartissions	avais réparti	avions réparti
répartissais	répartissiez	avais réparti	aviez réparti
répartissait	répartissaient	avait réparti	avaient réparti

PASSÉ SIMPLE		PAST ANTERIOR	
répartis	répartîmes	eus réparti	eûmes réparti
répartis	répartîtes	eus réparti	eûtes réparti
répartit	répartirent	eut réparti	eurent réparti

FUTURE		FUTURE ANTERIOR	
répartirai	répartirons	aurai réparti	aurons réparti
répartiras	répartirez	auras réparti	aurez réparti
répartira	répartiront	aura réparti	auront réparti

CONDITIONAL		PAST CONDITIONAL	
répartirais	répartirions	aurais réparti	aurions réparti
répartirais	répartiriez	aurais réparti	auriez réparti
répartirait	répartiraient	aurait réparti	auraient réparti

PRESENT SUBJUNCTIVE		PAST SUBJUNCTIVE	
répartisse	répartissions	aie réparti	ayons réparti
répartisses	répartissiez	aies réparti	ayez réparti
répartisse	répartissent	ait réparti	aient réparti

IMPERFECT SUBJUNCTIVE		PLUPERFECT SUBJUNCTIVE	
répartisse	répartissions	eusse réparti	eussions réparti
répartisses	répartissiez	eusses réparti	eussiez réparti
répartît	répartissent	eût réparti	eussent réparti

COMMANDS	
	répartissons
répartis	répartissez

Usage

On répartira le travail entre les ouvriers.	*We'll divide the work up among the workers.*
J'ai réparti les étudiants en deux équipes.	*I divided the students into two teams.*
Ce cours est réparti sur trois semestres.	*This course is divided up over three semesters.*
Le prof a réparti les examens sur l'année entière.	*The teacher scheduled exams over the whole semester.*
se répartir	*to divide up*
Il faut se répartir en trois groupes.	*We have to divide into three groups.*
C'est comme ça que le travail s'est réparti.	*That's how the work was divided up.*
Les frais se sont répartis entre tous.	*The expenses were divided among all concerned.*

répéter *to repeat*

| je répète · je répétai · répété · répétant | -er verb; spelling change: é > è/mute e |

PRESENT		PASSÉ COMPOSÉ	
répète	répétons	ai répété	avons répété
répètes	répétez	as répété	avez répété
répète	répètent	a répété	ont répété

IMPERFECT		PLUPERFECT	
répétais	répétions	avais répété	avions répété
répétais	répétiez	avais répété	aviez répété
répétait	répétaient	avait répété	avaient répété

PASSÉ SIMPLE		PAST ANTERIOR	
répétai	répétâmes	eus répété	eûmes répété
répétas	répétâtes	eus répété	eûtes répété
répéta	répétèrent	eut répété	eurent répété

FUTURE		FUTURE ANTERIOR	
répéterai	répéterons	aurai répété	aurons répété
répéteras	répéterez	auras répété	aurez répété
répétera	répéteront	aura répété	auront répété

CONDITIONAL		PAST CONDITIONAL	
répéterais	répéterions	aurais répété	aurions répété
répéterais	répéteriez	aurais répété	auriez répété
répéterait	répéteraient	aurait répété	auraient répété

PRESENT SUBJUNCTIVE		PAST SUBJUNCTIVE	
répète	répétions	aie répété	ayons répété
répètes	répétiez	aies répété	ayez répété
répète	répètent	ait répété	aient répété

IMPERFECT SUBJUNCTIVE		PLUPERFECT SUBJUNCTIVE	
répétasse	répétassions	eusse répété	eussions répété
répétasses	répétassiez	eusses répété	eussiez répété
répétât	répétassent	eût répété	eussent répété

COMMANDS	
	répétons
répète	répétez

Usage

Répétez après moi.	*Repeat after me.*
Combien de fois est-ce qu'il faut te répéter la même chose?	*How many times do I have to repeat the same thing to you?*
Je ne me le suis pas fait répéter.	*I didn't have to be told twice.*
C'est un secret à ne pas répéter.	*It's a secret that should not be repeated.*
Le prisonnier a répété sa tentative d'évasion.	*The prisoner repeated his escape attempt.*
Les musiciens répètent avant le concert.	*The musicians rehearse before the concert.*
se répéter	*to repeat oneself*
Tu te répètes, tu sais?	*Do you know you're repeating yourself?*
L'histoire se répète.	*History repeats itself.*
Le même style de maison se répétait rue après rue.	*The same style of house was found on street after street.*

PRESENT

réponds	répondons
réponds	répondez
répond	répondent

IMPERFECT

répondais	répondions
répondais	répondiez
répondait	répondaient

PASSÉ SIMPLE

répondis	répondîmes
répondis	répondîtes
répondit	répondirent

FUTURE

répondrai	répondrons
répondras	répondrez
répondra	répondront

CONDITIONAL

répondrais	répondrions
répondrais	répondriez
répondrait	répondraient

PRESENT SUBJUNCTIVE

réponde	répondions
répondes	répondiez
réponde	répondent

IMPERFECT SUBJUNCTIVE

répondisse	répondissions
répondisses	répondissiez
répondît	répondissent

COMMANDS

	répondons
réponds	répondez

PASSÉ COMPOSÉ

ai répondu	avons répondu
as répondu	avez répondu
a répondu	ont répondu

PLUPERFECT

avais répondu	avions répondu
avais répondu	aviez répondu
avait répondu	avaient répondu

PAST ANTERIOR

eus répondu	eûmes répondu
eus répondu	eûtes répondu
eut répondu	eurent répondu

FUTURE ANTERIOR

aurai répondu	aurons répondu
auras répondu	aurez répondu
aura répondu	auront répondu

PAST CONDITIONAL

aurais répondu	aurions répondu
aurais répondu	auriez répondu
aurait répondu	auraient répondu

PAST SUBJUNCTIVE

aie répondu	ayons répondu
aies répondu	ayez répondu
ait répondu	aient répondu

PLUPERFECT SUBJUNCTIVE

eusse répondu	eussions répondu
eusses répondu	eussiez répondu
eût répondu	eussent répondu

Usage

répondre que	*to answer that*
J'ai répondu qu'il était tard.	*I answered that it was late.*
Il a répondu qu'il voulait partir.	*He answered that he wanted to leave.*
Nous avons répondu que oui/que non.	*We answered yes/no.*
répondre qqch	*to answer (with) something*
Il a répondu une bêtise.	*He answered (with) something stupid.*
Elle a répondu « présente » à l'appel.	*She answered "present" when they called the roll.*
répondre à qqch	*to answer something*
J'ai répondu à sa lettre.	*I answered his letter.*
répondre à qqn	*to answer someone*
Je leur répondrai.	*I'll answer them.*

PRESENT

reprends	reprenons
reprends	reprenez
reprend	reprennent

IMPERFECT

reprenais	reprenions
reprenais	repreniez
reprenait	reprenaient

PASSÉ SIMPLE

repris	reprîmes
repris	reprîtes
reprit	reprirent

FUTURE

reprendrai	reprendrons
reprendras	reprendrez
reprendra	reprendront

CONDITIONAL

reprendrais	reprendrions
reprendrais	reprendriez
reprendrait	reprendraient

PRESENT SUBJUNCTIVE

reprenne	reprenions
reprennes	repreniez
reprenne	reprennent

IMPERFECT SUBJUNCTIVE

reprisse	reprissions
reprisses	reprissiez
reprît	reprissent

COMMANDS

	reprenons
reprends	reprenez

PASSÉ COMPOSÉ

ai repris	avons repris
as repris	avez repris
a repris	ont repris

PLUPERFECT

avais repris	avions repris
avais repris	aviez repris
avait repris	avaient repris

PAST ANTERIOR

eus repris	eûmes repris
eus repris	eûtes repris
eut repris	eurent repris

FUTURE ANTERIOR

aurai repris	aurons repris
auras repris	aurez repris
aura repris	auront repris

PAST CONDITIONAL

aurais repris	aurions repris
aurais repris	auriez repris
aurait repris	auraient repris

PAST SUBJUNCTIVE

aie repris	ayons repris
aies repris	ayez repris
ait repris	aient repris

PLUPERFECT SUBJUNCTIVE

eusse repris	eussions repris
eusses repris	eussiez repris
eût repris	eussent repris

Usage

Il a repris sa place.	_He took his seat again._
Tu as repris ta parole.	_You went back on your word._
Le malade a repris le dessus.	_The sick man recovered._
Vous reprenez de la salade?	_Will you have some more salad?_
Je vais reprendre l'histoire dès le début.	_I'll start the story all over again._
Que je ne t'y reprenne pas!	_Don't let me catch you doing it again!_
Tu as repris tes mauvaises habitudes.	_You've fallen back into your bad habits._
La police a repris le prisonnier évadé.	_The police caught the escaped prisoner._
Les doutes m'ont repris.	_I was beset by doubt again._
Il n'y a rien à reprendre dans votre thème.	_There is nothing to correct in your composition._
Mais tu reprends toujours les mêmes idées!	_But you just keep repeating the same ideas!_

irregular verb   **je résous · je résolus · résolu · résolvant**

PRESENT		PASSÉ COMPOSÉ	
résous	résolvons	ai résolu	avons résolu
résous	résolvez	as résolu	avez résolu
résout	résolvent	a résolu	ont résolu

IMPERFECT		PLUPERFECT	
résolvais	résolvions	avais résolu	avions résolu
résolvais	résolviez	avais résolu	aviez résolu
résolvait	résolvaient	avait résolu	avaient résolu

PASSÉ SIMPLE		PAST ANTERIOR	
résolus	résolûmes	eus résolu	eûmes résolu
résolus	résolûtes	eus résolu	eûtes résolu
résolut	résolurent	eut résolu	eurent résolu

FUTURE		FUTURE ANTERIOR	
résoudrai	résoudrons	aurai résolu	aurons résolu
résoudras	résoudrez	auras résolu	aurez résolu
résoudra	résoudront	aura résolu	auront résolu

CONDITIONAL		PAST CONDITIONAL	
résoudrais	résoudrions	aurais résolu	aurions résolu
résoudrais	résoudriez	aurais résolu	auriez résolu
résoudrait	résoudraient	aurait résolu	auraient résolu

PRESENT SUBJUNCTIVE		PAST SUBJUNCTIVE	
résolve	résolvions	aie résolu	ayons résolu
résolves	résolviez	aies résolu	ayez résolu
résolve	résolvent	ait résolu	aient résolu

IMPERFECT SUBJUNCTIVE		PLUPERFECT SUBJUNCTIVE	
résolusse	résolussions	eusse résolu	eussions résolu
résolusses	résolussiez	eusses résolu	eussiez résolu
résolût	résolussent	eût résolu	eussent résolu

COMMANDS	
	résolvons
résous	résolvez

Usage

résoudre un problème	*to solve a problem*
résoudre une équation	*to solve an equation*
Je ne sais pas comment résoudre ce conflit.	*I don't know how to settle this conflict.*
Il reste des difficultés à résoudre.	*There are still some difficulties to be worked through.*
Il faut que je résolve ce problème.	*I have to solve this problem.*
résoudre de faire qqch	*to decide to do something*
Nous avons résolu de partir.	*We decided to leave.*
résoudre qqn de faire qqch	*to convince someone to do something*
Ils m'ont résolu de leur venir en aide.	*They prevailed upon me to come to their assistance.*

ressentir *to feel, experience*

je ressens · je ressentis · ressenti · ressentant   irregular verb

PRESENT		PASSÉ COMPOSÉ	
ressens	ressentons	ai ressenti	avons ressenti
ressens	ressentez	as ressenti	avez ressenti
ressent	ressentent	a ressenti	ont ressenti

IMPERFECT		PLUPERFECT	
ressentais	ressentions	avais ressenti	avions ressenti
ressentais	ressentiez	avais ressenti	aviez ressenti
ressentait	ressentaient	avait ressenti	avaient ressenti

PASSÉ SIMPLE		PAST ANTERIOR	
ressentis	ressentîmes	eus ressenti	eûmes ressenti
ressentis	ressentîtes	eus ressenti	eûtes ressenti
ressentit	ressentirent	eut ressenti	eurent ressenti

FUTURE		FUTURE ANTERIOR	
ressentirai	ressentirons	aurai ressenti	aurons ressenti
ressentiras	ressentirez	auras ressenti	aurez ressenti
ressentira	ressentiront	aura ressenti	auront ressenti

CONDITIONAL		PAST CONDITIONAL	
ressentirais	ressentirions	aurais ressenti	aurions ressenti
ressentirais	ressentiriez	aurais ressenti	auriez ressenti
ressentirait	ressentiraient	aurait ressenti	auraient ressenti

PRESENT SUBJUNCTIVE		PAST SUBJUNCTIVE	
ressente	ressentions	aie ressenti	ayons ressenti
ressentes	ressentiez	aies ressenti	ayez ressenti
ressente	ressentent	ait ressenti	aient ressenti

IMPERFECT SUBJUNCTIVE		PLUPERFECT SUBJUNCTIVE	
ressentisse	ressentissions	eusse ressenti	eussions ressenti
ressentisses	ressentissiez	eusses ressenti	eussiez ressenti
ressentît	ressentissent	eût ressenti	eussent ressenti

COMMANDS	
	ressentons
ressens	ressentez

Usage

Elle ressentait profondément la perte de ses parents.	*She felt the loss of her parents keenly.*
Je ne ressens pas beaucoup de sympathie pour lui.	*I don't have much of a liking for him.*
Nous ressentons une grande fierté.	*We feel tremendous pride.*
Sa prose se ressent de sa colère.	*His writing is showing the effects of his anger.*
Je ne m'en ressens pas pour recommencer.	*I don't have the strength to start over.*

RELATED WORD

le ressentiment	*resentment*
éprouver du ressentiment	*to feel resentment*

regular -er verb; compound
tenses with *être*

je reste · je restai · resté · restant

PRESENT		PASSÉ COMPOSÉ	
reste	restons	suis resté(e)	sommes resté(e)s
restes	restez	es resté(e)	êtes resté(e)(s)
reste	restent	est resté(e)	sont resté(e)s

IMPERFECT		PLUPERFECT	
restais	restions	étais resté(e)	étions resté(e)s
restais	restiez	étais resté(e)	étiez resté(e)(s)
restait	restaient	était resté(e)	étaient resté(e)s

PASSÉ SIMPLE		PAST ANTERIOR	
restai	restâmes	fus resté(e)	fûmes resté(e)s
restas	restâtes	fus resté(e)	fûtes resté(e)(s)
resta	restèrent	fut resté(e)	furent resté(e)s

FUTURE		FUTURE ANTERIOR	
resterai	resterons	serai resté(e)	serons resté(e)s
resteras	resterez	seras resté(e)	serez resté(e)(s)
restera	resteront	sera resté(e)	seront resté(e)s

CONDITIONAL		PAST CONDITIONAL	
resterais	resterions	serais resté(e)	serions resté(e)s
resterais	resteriez	serais resté(e)	seriez resté(e)(s)
resterait	resteraient	serait resté(e)	seraient resté(e)s

PRESENT SUBJUNCTIVE		PAST SUBJUNCTIVE	
reste	restions	sois resté(e)	soyons resté(e)s
restes	restiez	sois resté(e)	soyez resté(e)s
reste	restent	soit resté(e)	soient resté(e)s

IMPERFECT SUBJUNCTIVE		PLUPERFECT SUBJUNCTIVE	
restasse	restassions	fusse resté(e)	fussions resté(e)s
restasses	restassiez	fusses resté(e)	fussiez resté(e)(s)
restât	restassent	fût resté(e)	fussent resté(e)s

COMMANDS	
	restons
reste	restez

Usage

On est restés trop longtemps au café.	*We stayed too long at the café.*
Je suis resté à Paris.	*I stayed in Paris.*
Ne restez pas debout! Asseyez-vous!	*Don't remain standing! Sit down!*
Vos insultes lui sont restées sur le cœur.	*Your insults cut him to the quick.*
Avance! Ne reste pas à la traîne!	*Come forward! Don't hang back!*
Avec les problèmes qu'on a, il faut rester unis.	*With all the problems we have, we should stick together.*
Mes conseils sont restés sans effet.	*My advice had no effect.*
Ça reste à voir.	*That remains to be seen.*
On en est restés aux conversations.	*We got no further than conversation.*
Il reste un peu de poulet?	*Is there any chicken left?*
Il reste à savoir s'il est arrivé.	*We still have to find out if he got here.*
Il n'en reste pas moins qu'il a mal agi.	*The fact remains that he acted badly.*

je retourne · je retournai · retourné · retournant

regular -er verb;
compound tenses with *être*

PRESENT		PASSÉ COMPOSÉ	
retourne	retournons	suis retourné(e)	sommes retourné(e)s
retournes	retournez	es retourné(e)	êtes retourné(e)(s)
retourne	retournent	est retourné(e)	sont retourné(e)s

IMPERFECT		PLUPERFECT	
retournais	retournions	étais retourné(e)	étions retourné(e)s
retournais	retourniez	étais retourné(e)	étiez retourné(e)(s)
retournait	retournaient	était retourné(e)	étaient retourné(e)s

PASSÉ SIMPLE		PAST ANTERIOR	
retournai	retournâmes	fus retourné(e)	fûmes retourné(e)s
retournas	retournâtes	fus retourné(e)	fûtes retourné(e)(s)
retourna	retournèrent	fut retourné(e)	furent retourné(e)s

FUTURE		FUTURE ANTERIOR	
retournerai	retournerons	serai retourné(e)	serons retourné(e)s
retourneras	retournerez	seras retourné(e)	serez retourné(e)(s)
retournera	retourneront	sera retourné(e)	seront retourné(e)s

CONDITIONAL		PAST CONDITIONAL	
retournerais	retournerions	serais retourné(e)	serions retourné(e)s
retournerais	retourneriez	serais retourné(e)	seriez retourné(e)(s)
retournerait	retourneraient	serait retourné(e)	seraient retourné(e)s

PRESENT SUBJUNCTIVE		PAST SUBJUNCTIVE	
retourne	retournions	sois retourné(e)	soyons retourné(e)s
retournes	retourniez	sois retourné(e)	soyez retourné(e)(s)
retourne	retournent	soit retourné(e)	soient retourné(e)s

IMPERFECT SUBJUNCTIVE		PLUPERFECT SUBJUNCTIVE	
retournasse	retournassions	fusse retourné(e)	fussions retourné(e)s
retournasses	retournassiez	fusses retourné(e)	fussiez retourné(e)(s)
retournât	retournassent	fût retourné(e)	fussent retourné(e)s

COMMANDS	
	retournons
retourne	retournez

Usage

Les étudiants étrangers sont retournés dans leurs pays.	*The foreign students returned to their countries.*
Elle est retournée à sa place.	*She went back to her seat.*
se retourner	*to turn around*
Je me suis retourné en entendant sa voix.	*I turned around when I heard his/her voice.*
retourner qqch	*to turn something over* (compound tenses conjugated with *avoir*)
Tu as retourné l'omelette?	*Did you flip the omelet?*
J'ai retourné ma chambre pour chercher la disquette.	*I turned my room upside down to find the diskette.*
Il a retourné ses poches pour nous montrer qu'il n'avait pas d'argent.	*He turned his pockets inside out to show us that he had no money.*

regular *-ir* verb | **je réussis · je réussis · réussi · réussissant**

PRESENT		PASSÉ COMPOSÉ	
réussis	réussissons	ai réussi	avons réussi
réussis	réussissez	as réussi	avez réussi
réussit	réussissent	a réussi	ont réussi

IMPERFECT		PLUPERFECT	
réussissais	réussissions	avais réussi	avions réussi
réussissais	réussissiez	avais réussi	aviez réussi
réussissait	réussissaient	avait réussi	avaient réussi

PASSÉ SIMPLE		PAST ANTERIOR	
réussis	réussîmes	eus réussi	eûmes réussi
réussis	réussîtes	eus réussi	eûtes réussi
réussit	réussirent	eut réussi	eurent réussi

FUTURE		FUTURE ANTERIOR	
réussirai	réussirons	aurai réussi	aurons réussi
réussiras	réussirez	auras réussi	aurez réussi
réussira	réussiront	aura réussi	auront réussi

CONDITIONAL		PAST CONDITIONAL	
réussirais	réussirions	aurais réussi	aurions réussi
réussirais	réussiriez	aurais réussi	auriez réussi
réussirait	réussiraient	aurait réussi	auraient réussi

PRESENT SUBJUNCTIVE		PAST SUBJUNCTIVE	
réussisse	réussissions	aie réussi	ayons réussi
réussisses	réussissiez	aies réussi	ayez réussi
réussisse	réussissent	ait réussi	aient réussi

IMPERFECT SUBJUNCTIVE		PLUPERFECT SUBJUNCTIVE	
réussisse	réussissions	eusse réussi	eussions réussi
réussisses	réussissiez	eusses réussi	eussiez réussi
réussît	réussissent	eût réussi	eussent réussi

COMMANDS	
	réussissons
réussis	réussissez

Usage

Elle va réussir dans la vie.	*She's going to succeed in life.*
La politesse réussit toujours.	*Politeness will always get you what you want.*
Cette ruse lui a mal réussi.	*That trick didn't do him any good.*
Cet élève réussit en allemand.	*This student does well in German.*
Les pourparlers ont réussi.	*The talks were successful.*
réussir à faire qqch	*to succeed in doing something*
Vous ne réussirez jamais à le persuader.	*You will never succeed in persuading him.*
Je n'ai pas encore réussi à trouver du travail.	*I haven't succeeded in finding work yet.*
J'ai réussi à tous mes examens.	*I passed all my exams.*
Il a réussi dans cette affaire.	*He made a go of this business.*

se réveiller · to wake up

je me réveille · je me réveillai · s'étant réveillé · se réveillant

regular -er reflexive verb; compound tenses with *être*

PRESENT

me réveille	nous réveillons
te réveilles	vous réveillez
se réveille	se réveillent

PASSÉ COMPOSÉ

me suis réveillé(e)	nous sommes réveillé(e)s
t'es réveillé(e)	vous êtes réveillé(e)(s)
s'est réveillé(e)	se sont réveillé(e)s

IMPERFECT

me réveillais	nous réveillions
te réveillais	vous réveilliez
se réveillait	se réveillaient

PLUPERFECT

m'étais réveillé(e)	nous étions réveillé(e)s
t'étais réveillé(e)	vous étiez réveillé(e)(s)
s'était réveillé(e)	s'étaient réveillé(e)s

PASSÉ SIMPLE

me réveillai	nous réveillâmes
te réveillas	vous réveillâtes
se réveilla	se réveillèrent

PAST ANTERIOR

me fus réveillé(e)	nous fûmes réveillé(e)s
te fus réveillé(e)	vous fûtes réveillé(e)(s)
se fut réveillé(e)	se furent réveillé(e)s

FUTURE

me réveillerai	nous réveillerons
te réveilleras	vous réveillerez
se réveillera	se réveilleront

FUTURE ANTERIOR

me serai réveillé(e)	nous serons réveillé(e)s
te seras réveillé(e)	vous serez réveillé(e)(s)
se sera réveillé(e)	se seront réveillé(e)s

CONDITIONAL

me réveillerais	nous réveillerions
te réveillerais	vous réveilleriez
se réveillerait	se réveilleraient

PAST CONDITIONAL

me serais réveillé(e)	nous serions réveillé(e)s
te serais réveillé(e)	vous seriez réveillé(e)(s)
se serait réveillé(e)	se seraient réveillé(e)s

PRESENT SUBJUNCTIVE

me réveille	nous réveillions
te réveilles	vous réveilliez
se réveille	se réveillent

PAST SUBJUNCTIVE

me sois réveillé(e)	nous soyons réveillé(e)s
te sois réveillé(e)	vous soyez réveillé(e)(s)
se soit réveillé(e)	se soient réveillé(e)s

IMPERFECT SUBJUNCTIVE

me réveillasse	nous réveillassions
te réveillasses	vous réveillassiez
se réveillât	se réveillassent

PLUPERFECT SUBJUNCTIVE

me fusse réveillé(e)	nous fussions réveillé(e)s
te fusses réveillé(e)	vous fussiez réveillé(e)(s)
se fût réveillé(e)	se fussent réveillé(e)s

COMMANDS

	réveillons-nous
réveille-toi	réveillez-vous

Usage

Réveille-toi! Il est tard.	*Wake up! It's late.*
Je me suis réveillé en sursaut avec ce bruit.	*I woke up with a start at that noise.*
Sa haine s'était réveillée.	*His hatred had been rekindled.*
réveiller qqn	*to wake someone up*
Il ne s'est pas encore réveillé? Réveille-le!	*He hasn't woken up yet? Wake him up!*
Avec le bruit qu'ils font ils pourraient réveiller les morts.	*With the noise they make they could wake up the dead.*

RELATED WORDS

le réveil	*awakening; alarm clock*
Mon réveil n'a pas sonné.	*My alarm clock didn't go off.*
J'ai le réveil difficile.	*I find it hard to wake up.*
Je travaille dès le réveil.	*I've been working since I woke up.*

PRESENT		PASSÉ COMPOSÉ	
reviens	revenons	suis revenu(e)	sommes revenu(e)s
reviens	revenez	es revenu(e)	êtes revenu(e)(s)
revient	reviennent	est revenu(e)	sont revenu(e)s

IMPERFECT		PLUPERFECT	
revenais	revenions	étais revenu(e)	étions revenu(e)s
revenais	reveniez	étais revenu(e)	étiez revenu(e)(s)
revenait	revenaient	était revenu(e)	étaient revenu(e)s

PASSÉ SIMPLE		PAST ANTERIOR	
revins	revînmes	fus revenu(e)	fûmes revenu(e)s
revins	revîntes	fus revenu(e)	fûtes revenu(e)(s)
revint	revinrent	fut revenu(e)	furent revenu(e)s

FUTURE		FUTURE ANTERIOR	
reviendrai	reviendrons	serai revenu(e)	serons revenu(e)s
reviendras	reviendrez	seras revenu(e)	serez revenu(e)(s)
reviendra	reviendront	sera revenu(e)	seront revenu(e)s

CONDITIONAL		PAST CONDITIONAL	
reviendrais	reviendrions	serais revenu(e)	serions revenu(e)s
reviendrais	reviendriez	serais revenu(e)	seriez revenu(e)(s)
reviendrait	reviendraient	serait revenu(e)	seraient revenu(e)s

PRESENT SUBJUNCTIVE		PAST SUBJUNCTIVE	
revienne	revenions	sois revenu(e)	soyons revenu(e)s
reviennes	reveniez	sois revenu(e)	soyez revenu(e)(s)
revienne	reviennent	soit revenu(e)	soient revenu(e)s

IMPERFECT SUBJUNCTIVE		PLUPERFECT SUBJUNCTIVE	
revinsse	revinssions	fusse revenu(e)	fussions revenu(e)s
revinsses	revinssiez	fusses revenu(e)	fussiez revenu(e)(s)
revînt	revinssent	fût revenu(e)	fussent revenu(e)s

COMMANDS	
	revenons
reviens	revenez

Usage

Attends-moi. Je reviens tout de suite.	*Wait for me. I'll be right back.*
Nous reviendrons demain à midi.	*We'll come back tomorrow at noon.*
Je suis revenu sur mes pas.	*I went back the way I had come.*
Il n'est pas encore revenu de ces idées.	*He has not yet put aside those ideas.*
Ça revient à la même chose.	*It amounts to the same thing.*
Ça revient à une question de salaire.	*It comes down to a question of salary.*
Le logement revient à cent euros la nuit.	*Lodging comes to one hundred euros a night.*
Revenons à nos moutons.	*Let's get back to what we were talking about.*
Je suis revenu à la hâte.	*I rushed back.*
Cette idée revient souvent dans ses articles.	*This idea comes up over and over again in his articles.*

rire   *to laugh*

| je ris · je ris · ri · riant | irregular verb |

PRESENT		PASSÉ COMPOSÉ	
ris	rions	ai ri	avons ri
ris	riez	as ri	avez ri
rit	rient	a ri	ont ri

IMPERFECT		PLUPERFECT	
riais	riions	avais ri	avions ri
riais	riiez	avais ri	aviez ri
riait	riaient	avait ri	avaient ri

PASSÉ SIMPLE		PAST ANTERIOR	
ris	rîmes	eus ri	eûmes ri
ris	rîtes	eus ri	eûtes ri
rit	rirent	eut ri	eurent ri

FUTURE		FUTURE ANTERIOR	
rirai	rirons	aurai ri	aurons ri
riras	rirez	auras ri	aurez ri
rira	riront	aura ri	auront ri

CONDITIONAL		PAST CONDITIONAL	
rirais	ririons	aurais ri	aurions ri
rirais	ririez	aurais ri	auriez ri
rirait	riraient	aurait ri	auraient ri

PRESENT SUBJUNCTIVE		PAST SUBJUNCTIVE	
rie	riions	aie ri	ayons ri
ries	riiez	aies ri	ayez ri
rie	rient	ait ri	aient ri

IMPERFECT SUBJUNCTIVE		PLUPERFECT SUBJUNCTIVE	
risse	rissions	eusse ri	eussions ri
risses	rissiez	eusses ri	eussiez ri
rît	rissent	eût ri	eussent ri

COMMANDS	
	rions
ris	riez

Usage

J'ai ri comme un fou.	*I was hysterical with laughter.*
Ils riaient à gorge déployée!	*They were laughing so hard!*
C'est à mourir de rire.	*It's hysterically funny.*
Je n'aime pas sa façon de rire dans sa barbe.	*I don't like the way he laughs up his sleeve.*
Ses blagues nous ont faire rire aux éclats.	*His jokes had us roaring with laughter.*
Elle a éclaté de rire.	*She burst out laughing.*
Il rit de bon cœur.	*He laughs heartily.*
Ne me fais pas rire!	*Don't make me laugh!*
Il m'a ri au nez.	*He laughed in my face.*
Il n'y a pas de quoi rire.	*It's not a laughing matter.*

regular *-re* verb | **je romps · je rompis · rompu · rompant**

PRESENT		PASSÉ COMPOSÉ	
romps	rompons	ai rompu	avons rompu
romps	rompez	as rompu	avez rompu
rompt	rompent	a rompu	ont rompu

IMPERFECT		PLUPERFECT	
rompais	rompions	avais rompu	avions rompu
rompais	rompiez	avais rompu	aviez rompu
rompait	rompaient	avait rompu	avaient rompu

PASSÉ SIMPLE		PAST ANTERIOR	
rompis	rompîmes	eus rompu	eûmes rompu
rompis	rompîtes	eus rompu	eûtes rompu
rompit	rompirent	eut rompu	eurent rompu

FUTURE		FUTURE ANTERIOR	
romprai	romprons	aurai rompu	aurons rompu
rompras	romprez	auras rompu	aurez rompu
rompra	rompront	aura rompu	auront rompu

CONDITIONAL		PAST CONDITIONAL	
romprais	romprions	aurais rompu	aurions rompu
romprais	rompriez	aurais rompu	auriez rompu
romprait	rompraient	aurait rompu	auraient rompu

PRESENT SUBJUNCTIVE		PAST SUBJUNCTIVE	
rompe	rompions	aie rompu	ayons rompu
rompes	rompiez	aies rompu	ayez rompu
rompe	rompent	ait rompu	aient rompu

IMPERFECT SUBJUNCTIVE		PLUPERFECT SUBJUNCTIVE	
rompisse	rompissions	eusse rompu	eussions rompu
rompisses	rompissiez	eusses rompu	eussiez rompu
rompît	rompissent	eût rompu	eussent rompu

COMMANDS	
	rompons
romps	rompez

Usage

J'ai rompu le pain.	*I broke/took off a piece of bread.*
Ce pays a rompu les relations diplomatiques avec le nôtre.	*That country broke off diplomatic relations with ours.*
Nous avons rompu les pourparlers.	*We broke off talks.*
Ils ont parlé à bâtons rompus.	*They jumped from topic to topic.*
Il a rompu avec sa petite amie.	*He broke off with his girlfriend.*
Le public a applaudi à tout rompre.	*The audience's applause was thunderous.*
rompre des lances pour qqn	*to come to someone's defense*
Il a rompu des lances pour son copain.	*He came to his friend's defense.*
Ils ont rompu tout contact avec nous.	*They've broken off all contact with us.*
Il faut savoir rompre la glace.	*You have to know how to break the ice.*
La corde s'est rompue.	*The rope broke.*

satisfaire *to satisfy*

je satisfais · je satisfis · satisfait · satisfaisant   irregular verb

PRESENT		PASSÉ COMPOSÉ	
satisfais	satisfaisons	ai satisfait	avons satisfait
satisfais	satisfaites	as satisfait	avez satisfait
satisfait	satisfont	a satisfait	ont satisfait

IMPERFECT		PLUPERFECT	
satisfaisais	satisfaisions	avais satisfait	avions satisfait
satisfaisais	satisfaisiez	avais satisfait	aviez satisfait
satisfaisait	satisfaisaient	avait satisfait	avaient satisfait

PASSÉ SIMPLE		PAST ANTERIOR	
satisfis	satisfîmes	eus satisfait	eûmes satisfait
satisfis	satisfîtes	eus satisfait	eûtes satisfait
satisfit	satisfirent	eut satisfait	eurent satisfait

FUTURE		FUTURE ANTERIOR	
satisferai	satisferons	aurai satisfait	aurons satisfait
satisferas	satisferez	auras satisfait	aurez satisfait
satisfera	satisferont	aura satisfait	auront satisfait

CONDITIONAL		PAST CONDITIONAL	
satisferais	satisferions	aurais satisfait	aurions satisfait
satisferais	satisferiez	aurais satisfait	auriez satisfait
satisferait	satisferaient	aurait satisfait	auraient satisfait

PRESENT SUBJUNCTIVE		PAST SUBJUNCTIVE	
satisfasse	satisfassions	aie satisfait	ayons satisfait
satisfasses	satisfassiez	aies satisfait	ayez satisfait
satisfasse	satisfassent	ait satisfait	aient satisfait

IMPERFECT SUBJUNCTIVE		PLUPERFECT SUBJUNCTIVE	
satisfisse	satisfissions	eusse satisfait	eussions satisfait
satisfisses	satisfissiez	eusses satisfait	eussiez satisfait
satisfît	satisfissent	eût satisfait	eussent satisfait

COMMANDS	
	satisfaisons
satisfais	satisfaites

Usage

Cette réponse ne me satisfait point.	*That answer does not satisfy me at all.*
—Cette solution satisfera tout le monde.	*This solution will satisfy everyone.*
—Nous, on n'en est pas satisfaits.	*We are not happy with it.*
Cette petite usine ne peut pas satisfaire la demande.	*This small factory cannot keep up with demand.*
J'espère pouvoir satisfaire votre curiosité.	*I hope I can satisfy your curiosity.*
se satisfaire de	*to be happy with*
Le vieillard se satisfait de très peu.	*The old man is happy with very little.*
satisfaire à qqch	*to meet the requirements of something*
Il a satisfait à ses obligations.	*He fulfilled his obligations.*

irregular verb

je sais · je sus · su · sachant

PRESENT		PASSÉ COMPOSÉ	
sais	savons	ai su	avons su
sais	savez	as su	avez su
sait	savent	a su	ont su

IMPERFECT		PLUPERFECT	
savais	savions	avais su	avions su
savais	saviez	avais su	aviez su
savait	savaient	avait su	avaient su

PASSÉ SIMPLE		PAST ANTERIOR	
sus	sûmes	eus su	eûmes su
sus	sûtes	eus su	eûtes su
sut	surent	eut su	eurent su

FUTURE		FUTURE ANTERIOR	
saurai	saurons	aurai su	aurons su
sauras	saurez	auras su	aurez su
saura	sauront	aura su	auront su

CONDITIONAL		PAST CONDITIONAL	
saurais	saurions	aurais su	aurions su
saurais	sauriez	aurais su	auriez su
saurait	sauraient	aurait su	auraient su

PRESENT SUBJUNCTIVE		PAST SUBJUNCTIVE	
sache	sachions	aie su	ayons su
saches	sachiez	aies su	ayez su
sache	sachent	ait su	aient su

IMPERFECT SUBJUNCTIVE		PLUPERFECT SUBJUNCTIVE	
susse	sussions	eusse su	eussions su
susses	sussiez	eusses su	eussiez su
sût	sussent	eût su	eussent su

COMMANDS	
	sachons
sache	sachez

Usage

Je ne sais pas son nom.	*I don't know his name.*
Tu sais la réponse?	*Do you know the answer?*
Elle ne sait pas ce qu'elle dit.	*She doesn't know what she is saying.*
Cet enfant savait nager à l'âge de deux ans!	*This child knew how to swim at the age of two.*
—Tu en sais quelque chose?	*Do you know anything about it?*
—Oui, mais je veux en savoir davantage.	*Yes, but I want to know more about it.*
—Vous saviez la nouvelle?	*Did you know the news?*
—Oui, je la savais par mon voisin.	*Yes, I learned about it from my neighbor.*

savoir = s'en rendre compte

Je ne savais pas qu'il chômait.	*I didn't know he was unemployed.*
Tu sais qu'il ment, n'est-ce pas?	*You know he's lying, don't you?*
Il lui a fait mal sans le savoir.	*He hurt her without realizing it.*
Elle se sait en difficulté.	*She knows she's having problems.*
J'ai su qu'elle était malade.	*I found out that she was sick.*

savoir = savoir qqch, avoir des notions de qqch

Il sait beaucoup d'espagnol.	*He knows a lot of Spanish.*
Je ne savais pas qu'elle était là.	*I didn't know she was there.*
Je ne sais pas quoi faire.	*I don't know what to do.*
Il m'a fait savoir l'heure de son arrivée.	*He informed me when he would be arriving.*
autant que je sache	*as far as I know*
pas que je sache	*not to my knowledge*
Elle, c'est madame je-sais-tout.	*She's a real know-it-all.*
Il n'est pas sans savoir que nous ne sommes pas contents de son travail.	*He is certainly aware that we are not happy with his work.*
Il ne sait rien de rien.	*He knows nothing.*

savoir + infinitif

Cet enfant ne sait pas attendre.	*This child is very impatient.*
Eux, ils savent vivre.	*They have real style and manners.*
Je ne saurais pas vous le dire.	*I couldn't tell you.*
Je ne saurais pas vous renseigner.	*I wouldn't know how to direct you.*

savoir dans les expressions indéfinies

Il est allé habiter je ne sais où.	*He went off to live somewhere or other.*
Il l'a fait je ne sais comment.	*He did it somehow or other.*
Elle reviendra je ne sais quand.	*She'll be back at sometime or other.*
Il sort avec je ne sais quelle voisine.	*He's going out with some neighbor or other.*
Elle a servi je ne sais quoi.	*She served something or other.*
On a reçu un coup de fil de je ne sais qui.	*We got a call from somebody or other.*

Expressions et idiotismes

Il a du savoir-faire.	*He has social skills.*
Qui rien ne sait, rien ne doute.	*Ignorance is bliss.*
Il faut savoir s'y prendre.	*You have to know how to go about things.*
Je ne savais pas où donner de la tête.	*I didn't know where to turn.*
Il ne savait pas où se mettre.	*He didn't know where to hide.*

TOP 30 VERBS

-er verb; spelling change: é > è/mute e **je sèche · je séchai · séché · séchant**

PRESENT		PASSÉ COMPOSÉ	
sèche	séchons	ai séché	avons séché
sèches	séchez	as séché	avez séché
sèche	sèchent	a séché	ont séché

IMPERFECT		PLUPERFECT	
séchais	séchions	avais séché	avions séché
séchais	séchiez	avais séché	aviez séché
séchait	séchaient	avait séché	avaient séché

PASSÉ SIMPLE		PAST ANTERIOR	
séchai	séchâmes	eus séché	eûmes séché
séchas	séchâtes	eus séché	eûtes séché
sécha	séchèrent	eut séché	eurent séché

FUTURE		FUTURE ANTERIOR	
sécherai	sécherons	aurai séché	aurons séché
sécheras	sécherez	auras séché	aurez séché
séchera	sécheront	aura séché	auront séché

CONDITIONAL		PAST CONDITIONAL	
sécherais	sécherions	aurais séché	aurions séché
sécherais	sécheriez	aurais séché	auriez séché
sécherait	sécheraient	aurait séché	auraient séché

PRESENT SUBJUNCTIVE		PAST SUBJUNCTIVE	
sèche	séchions	aie séché	ayons séché
sèches	séchiez	aies séché	ayez séché
sèche	sèchent	ait séché	aient séché

IMPERFECT SUBJUNCTIVE		PLUPERFECT SUBJUNCTIVE	
séchasse	séchassions	eusse séché	eussions séché
séchasses	séchassiez	eusses séché	eussiez séché
séchât	séchassent	eût séché	eussent séché

COMMANDS	
	séchons
sèche	séchez

Usage

sécher le linge	*to dry the laundry*
Je vais mettre le linge à sécher.	*I'll hang the laundry up to dry.*
se sécher les cheveux	*to dry one's hair*
Je me suis séché les cheveux.	*I dried my hair.*
Tu es tout mouillé! Sèche-toi!	*You're all wet! Dry yourself off!*
Après m'être baigné dans la mer, j'aime me sécher au soleil.	*After taking a dip in the ocean, I like to dry off in the sun.*
sécher des fruits	*to dry fruit*
Sèche tes larmes.	*Dry your tears.*
sécher un cours	*to cut class*
Tu as séché tous tes cours hier.	*You cut all your classes yesterday.*

sentir *to feel, smell*

je sens · je sentis · senti · sentant

irregular verb

PRESENT		PASSÉ COMPOSÉ	
sens	sentons	ai senti	avons senti
sens	sentez	as senti	avez senti
sent	sentent	a senti	ont senti

IMPERFECT		PLUPERFECT	
sentais	sentions	avais senti	avions senti
sentais	sentiez	avais senti	aviez senti
sentait	sentaient	avait senti	avaient senti

PASSÉ SIMPLE		PAST ANTERIOR	
sentis	sentîmes	eus senti	eûmes senti
sentis	sentîtes	eus senti	eûtes senti
sentit	sentirent	eut senti	eurent senti

FUTURE		FUTURE ANTERIOR	
sentirai	sentirons	aurai senti	aurons senti
sentiras	sentirez	auras senti	aurez senti
sentira	sentiront	aura senti	auront senti

CONDITIONAL		PAST CONDITIONAL	
sentirais	sentirions	aurais senti	aurions senti
sentirais	sentiriez	aurais senti	auriez senti
sentirait	sentiraient	aurait senti	auraient senti

PRESENT SUBJUNCTIVE		PAST SUBJUNCTIVE	
sente	sentions	aie senti	ayons senti
sentes	sentiez	aies senti	ayez senti
sente	sentent	ait senti	aient senti

IMPERFECT SUBJUNCTIVE		PLUPERFECT SUBJUNCTIVE	
sentisse	sentissions	eusse senti	eussions senti
sentisses	sentissiez	eusses senti	eussiez senti
sentît	sentissent	eût senti	eussent senti

COMMANDS	
	sentons
sens	sentez

Usage

Je sens un courant d'air.	*I feel a draft.*
Je sens qu'il ne m'aime pas.	*I sense that he doesn't like me.*
Avec le rhume que j'ai, je ne sens plus rien.	*With the cold I have, I can't smell anything anymore.*
Ça sent bon!	*It smells good!*
Ça sent le brûlé.	*It smells like something's burning.*
Je ne peux pas la sentir.	*I can't stand her.*
Le chien sent mes chaussures.	*The dog is smelling my shoes.*
Cette chambre sent le moisi.	*This room smells musty.*
Je ne me sens pas dans mon assiette.	*I'm not feeling well.*
Il se sent en forme.	*He feels great.*
Je ne me sens pas bien.	*I don't feel well.*
Ils nous ont fait sentir leur chagrin.	*They made us feel their sorrow.*

irregular verb | **je sers · je servis · servi · servant**

PRESENT		PASSÉ COMPOSÉ	
sers	servons	ai servi	avons servi
sers	servez	as servi	avez servi
sert	servent	a servi	ont servi

IMPERFECT		PLUPERFECT	
servais	servions	avais servi	avions servi
servais	serviez	avais servi	aviez servi
servait	servaient	avait servi	avaient servi

PASSÉ SIMPLE		PAST ANTERIOR	
servis	servîmes	eus servi	eûmes servi
servis	servîtes	eus servi	eûtes servi
servit	servirent	eut servi	eurent servi

FUTURE		FUTURE ANTERIOR	
servirai	servirons	aurai servi	aurons servi
serviras	servirez	auras servi	aurez servi
servira	serviront	aura servi	auront servi

CONDITIONAL		PAST CONDITIONAL	
servirais	servirions	aurais servi	aurions servi
servirais	serviriez	aurais servi	auriez servi
servirait	serviraient	aurait servi	auraient servi

PRESENT SUBJUNCTIVE		PAST SUBJUNCTIVE	
serve	servions	aie servi	ayons servi
serves	serviez	aies servi	ayez servi
serve	servent	ait servi	aient servi

IMPERFECT SUBJUNCTIVE		PLUPERFECT SUBJUNCTIVE	
servisse	servissions	eusse servi	eussions servi
servisses	servissiez	eusses servi	eussiez servi
servît	servissent	eût servi	eussent servi

COMMANDS	
	servons
sers	servez

Usage

Elle a servi un bon repas.	*She served a good meal.*
À quelle heure est-ce qu'on sert le dîner?	*What time is dinner served?*
Ces serveurs ne savent pas servir.	*These waiters don't know how to serve.*
servir son pays	*to do military service*
La mère sert ses enfants à table.	*The mother serves her children (meals).*
Je vais te servir à manger/boire.	*I'll get you something to eat/drink.*
On n'est jamais si bien servi que par soi-même.	*If you want something done right, do it yourself.*
Elle aime se faire servir.	*She likes to be served.*
Il a été bien servi par sa prudence.	*His caution served him well.*
Nous avons servi une salade de tomates comme entrée.	*We served sliced tomatoes as a first course.*

TOP 30 VERB ☞

servir un client, etc.

Ce restaurant sert des centaines de clients par semaine.	*This restaurant serves hundreds of customers a week.*
Elle sert dans un bistrot.	*She's a waitress in a bistro.*
Que vais-je vous servir?	*What would you like to have?*
En fait de problèmes, nous sommes bien servis.	*As far as problems go, we have loads of them.*
Le cognac se sert après le repas.	*Brandy is served after the meal.*
Ce libraire sert tous les médecins.	*All the doctors go to this bookseller.*
Tu voulais qu'il fasse chaud! Te voilà servi.	*You wanted it to be warm! You got what you wished for.*
C'est à qui de servir?	*Whose turn is it to serve?* (tennis)
Servez-vous-en!	*Help yourself!*

servir (à) = être utile

À quoi (est-ce que) ça sert?	*What is that good for?/What is the use of that?*
Ça ne sert à rien.	*That is useless/good for nothing.*
Cet outil sert à beaucoup de choses.	*This tool has a lot of uses.*
Ça ne sert à rien de se plaindre.	*There's no use complaining.*
Ça ne sert qu'à l'agacer.	*That only serves to irritate him/her.*
Vos conseils m'ont bien servi.	*Your advice was very useful.*
Cette veste peut encore servir.	*You can still get some use out of this jacket.*

servir de

Elle nous a servi de guide.	*She was our guide.*
Un indigène nous a servi d'interprète.	*A native served as our interpreter.*
Cette table me sert de bureau.	*This table serves as my desk.*
Que ça te serve de leçon!	*Let that be a lesson to you!*
Son courage nous a servi d'exemple.	*His courage was an example for us.*

se servir de

Je me sers d'un crayon pour écrire.	*I'm using a pencil to write with.*
Je peux me servir de ton dictionnaire?	*May I use your dictionary?*
Il ne sait pas se servir de l'ordinateur.	*He doesn't know how to use the computer.*
C'est un type qui se sert de ses amis.	*He's a guy who uses his friends.*

Related Words

le service	*service/favor/service charge*
Service compris?	*Is the gratuity included?*
être de service	*to be on duty*
Où est le gardien de service?	*Where is the guard who's on duty?*

TOP 30 VERBS

irregular verb; compound tenses with *être*;
when there is a direct object, the passé
composé is conjugated with *avoir*

je sors · je sortis · sorti · sortant

PRESENT	
sors	sortons
sors	sortez
sort	sortent

IMPERFECT	
sortais	sortions
sortais	sortiez
sortait	sortaient

PASSÉ SIMPLE	
sortis	sortîmes
sortis	sortîtes
sortit	sortirent

FUTURE	
sortirai	sortirons
sortiras	sortirez
sortira	sortiront

CONDITIONAL	
sortirais	sortirions
sortirais	sortiriez
sortirait	sortiraient

PRESENT SUBJUNCTIVE	
sorte	sortions
sortes	sortiez
sorte	sortent

IMPERFECT SUBJUNCTIVE	
sortisse	sortissions
sortisses	sortissiez
sortît	sortissent

PASSÉ COMPOSÉ	
suis sorti(e)	sommes sorti(e)s
es sorti(e)	êtes sorti(e)(s)
est sorti(e)	sont sorti(e)s

PLUPERFECT	
étais sorti(e)	étions sorti(e)s
étais sorti(e)	étiez sorti(e)(s)
était sorti(e)	étaient sorti(e)s

PAST ANTERIOR	
fus sorti(e)	fûmes sorti(e)s
fus sorti(e)	fûtes sorti(e)(s)
fut sorti(e)	furent sorti(e)s

FUTURE ANTERIOR	
serai sorti(e)	serons sorti(e)s
seras sorti(e)	serez sorti(e)(s)
sera sorti(e)	seront sorti(e)s

PAST CONDITIONAL	
serais sorti(e)	serions sorti(e)s
serais sorti(e)	seriez sorti(e)(s)
serait sorti(e)	seraient sorti(e)s

PAST SUBJUNCTIVE	
sois sorti(e)	soyons sorti(e)s
sois sorti(e)	soyez sorti(e)(s)
soit sorti(e)	soient sorti(e)s

PLUPERFECT SUBJUNCTIVE	
fusse sorti(e)	fussions sorti(e)s
fusses sorti(e)	fussiez sorti(e)(s)
fût sorti(e)	fussent sorti(e)s

COMMANDS	
	sortons
sors	sortez

Usage

—Tu sors ce soir?	*Are you going out this evening?*
—Oui, je sors danser avec Vincent.	*Yes, I'm going out dancing with Vincent.*
Je sors en bicyclette, maman.	*I'm going out for a ride on my bike, Mom.*
Elle n'est jamais sortie de son pays.	*She's never been out of the country.*
Il vient de sortir de l'hôpital.	*He's just gotten out of the hospital.*
Sortez de l'eau, les gosses!	*Come out of the water, kids!*
Ce rapport est tellement compliqué. Je n'en sors pas.	*This report is so complicated. There's no end to it.*
Il est sorti de ses gonds.	*He flew off the handle.*
—Sors la voiture du garage.	*Take the car out of the garage.*
—Je l'ai déjà sortie.	*I already took it out.*
Ils sortent de partout.	*They're coming out of the woodwork.*

je souffre · je souffris · souffert · souffrant   irregular verb

PRESENT		PASSÉ COMPOSÉ	
souffre	souffrons	ai souffert	avons souffert
souffres	souffrez	as souffert	avez souffert
souffre	souffrent	a souffert	ont souffert

IMPERFECT		PLUPERFECT	
souffrais	souffrions	avais souffert	avions souffert
souffrais	souffriez	avais souffert	aviez souffert
souffrait	souffraient	avait souffert	avaient souffert

PASSÉ SIMPLE		PAST ANTERIOR	
souffris	souffrîmes	eus souffert	eûmes souffert
souffris	souffrîtes	eus souffert	eûtes souffert
souffrit	souffrirent	eut souffert	eurent souffert

FUTURE		FUTURE ANTERIOR	
souffrirai	souffrirons	aurai souffert	aurons souffert
souffriras	souffrirez	auras souffert	aurez souffert
souffrira	souffriront	aura souffert	auront souffert

CONDITIONAL		PAST CONDITIONAL	
souffrirais	souffririons	aurais souffert	aurions souffert
souffrirais	souffririez	aurais souffert	auriez souffert
souffrirait	souffriraient	aurait souffert	auraient souffert

PRESENT SUBJUNCTIVE		PAST SUBJUNCTIVE	
souffre	souffrions	aie souffert	ayons souffert
souffres	souffriez	aies souffert	ayez souffert
souffre	souffrent	ait souffert	aient souffert

IMPERFECT SUBJUNCTIVE		PLUPERFECT SUBJUNCTIVE	
souffrisse	souffrissions	eusse souffert	eussions souffert
souffrisses	souffrissiez	eusses souffert	eussiez souffert
souffrît	souffrissent	eût souffert	eussent souffert

COMMANDS	
	souffrons
souffre	souffrez

Usage

Je souffre de l'estomac.	*I've got stomach problems.*
Elle souffrait de maux de tête.	*She suffered from headaches.*
L'enfant a fait souffrir ses parents.	*The child made his parents suffer.*
Ce prof te fera souffrir.	*That teacher will give you trouble.*
La qualité du produit a souffert.	*The quality of the product has suffered.*
Je souffre de la chaleur.	*I really don't like heat.*
Tu vas souffrir pour lui faire entendre raison.	*You'll have a hard time getting him to listen to reason.*
Ils ont souffert de la faim.	*They went away hungry.*
Ta réputation va en souffrir.	*Your reputation will suffer for it.*
Cette règle souffre de beaucoup d'exceptions.	*This rule has many exceptions.*
Je ne peux pas souffrir mon patron.	*I can't bear my boss.*

regular *-er* verb | **je souhaite · je souhaitai · souhaité · souhaitant**

PRESENT		PASSÉ COMPOSÉ	
souhaite	souhaitons	ai souhaité	avons souhaité
souhaites	souhaitez	as souhaité	avez souhaité
souhaite	souhaitent	a souhaité	ont souhaité

IMPERFECT		PLUPERFECT	
souhaitais	souhaitions	avais souhaité	avions souhaité
souhaitais	souhaitiez	avais souhaité	aviez souhaité
souhaitait	souhaitaient	avait souhaité	avaient souhaité

PASSÉ SIMPLE		PAST ANTERIOR	
souhaitai	souhaitâmes	eus souhaité	eûmes souhaité
souhaitas	souhaitâtes	eus souhaité	eûtes souhaité
souhaita	souhaitèrent	eut souhaité	eurent souhaité

FUTURE		FUTURE ANTERIOR	
souhaiterai	souhaiterons	aurai souhaité	aurons souhaité
souhaiteras	souhaiterez	auras souhaité	aurez souhaité
souhaitera	souhaiteront	aura souhaité	auront souhaité

CONDITIONAL		PAST CONDITIONAL	
souhaiterais	souhaiterions	aurais souhaité	aurions souhaité
souhaiterais	souhaiteriez	aurais souhaité	auriez souhaité
souhaiterait	souhaiteraient	aurait souhaité	auraient souhaité

PRESENT SUBJUNCTIVE		PAST SUBJUNCTIVE	
souhaite	souhaitions	aie souhaité	ayons souhaité
souhaites	souhaitiez	aies souhaité	ayez souhaité
souhaite	souhaitent	ait souhaité	aient souhaité

IMPERFECT SUBJUNCTIVE		PLUPERFECT SUBJUNCTIVE	
souhaitasse	souhaitassions	eusse souhaité	eussions souhaité
souhaitasses	souhaitassiez	eusses souhaité	eussiez souhaité
souhaitât	souhaitassent	eût souhaité	eussent souhaité

COMMANDS	
	souhaitons
souhaite	souhaitez

Usage

Je vous souhaite une bonne année!	*I wish you a happy new year!*
On te souhaite le bonheur dans ton nouvel appartement.	*We wish you happiness in your new apartment.*
On lui a souhaité la bonne chance.	*We wished him luck.*
Il souhaitait travailler à son compte.	*He hoped to open his own business.*

RELATED WORDS

le souhait	*wish*
les souhaits de bonne année	*New Year's wishes*
Les enfants ont reçu des jouets à souhait.	*The children got as many toys as they could want.*
À tes souhaits!	*God bless you!* (after someone sneezes)
souhaitable	*desirable*
une qualité souhaitable	*a desirable quality*

se souvenir   *to remember*

je me souviens · je me souvins · s'étant souvenu ·   irregular reflexive verb
se souvenant

PRESENT	
me souviens	nous souvenons
te souviens	vous souvenez
se souvient	se souviennent

PASSÉ COMPOSÉ	
me suis souvenu(e)	nous sommes souvenu(e)s
t'es souvenu(e)	vous êtes souvenu(e)(s)
s'est souvenu(e)	se sont souvenu(e)s

IMPERFECT	
me souvenais	nous souvenions
te souvenais	vous souveniez
se souvenait	se souvenaient

PLUPERFECT	
m'étais souvenu(e)	nous étions souvenu(e)s
t'étais souvenu(e)	vous étiez souvenu(e)(s)
s'était souvenu(e)	s'étaient souvenu(e)s

PASSÉ SIMPLE	
me souvins	nous souvînmes
te souvins	vous souvîntes
se souvint	se souvinrent

PAST ANTERIOR	
me fus souvenu(e)	nous fûmes souvenu(e)s
te fus souvenu(e)	vous fûtes souvenu(e)(s)
se fut souvenu(e)	se furent souvenu(e)s

FUTURE	
me souviendrai	nous souviendrons
te souviendras	vous souviendrez
se souviendra	se souviendront

FUTURE ANTERIOR	
me serai souvenu(e)	nous serons souvenu(e)s
te seras souvenu(e)	vous serez souvenu(e)(s)
se sera souvenu(e)	se seront souvenu(e)s

CONDITIONAL	
me souviendrais	nous souviendrions
te souviendrais	vous souviendriez
se souviendrait	se souviendraient

PAST CONDITIONAL	
me serais souvenu(e)	nous serions souvenu(e)s
te serais souvenu(e)	vous seriez souvenu(e)(s)
se serait souvenu(e)	se seraient souvenu(e)s

PRESENT SUBJUNCTIVE	
me souvienne	nous souvenions
te souviennes	vous souveniez
se souvienne	se souviennent

PAST SUBJUNCTIVE	
me sois souvenu(e)	nous soyons souvenu(e)s
te sois souvenu(e)	vous soyez souvenu(e)(s)
se soit souvenu(e)	se soient souvenu(e)s

IMPERFECT SUBJUNCTIVE	
me souvinsse	nous souvinssions
te souvinsses	vous souvinssiez
se souvînt	se souvinssent

PLUPERFECT SUBJUNCTIVE	
me fusse souvenu(e)	nous fussions souvenu(e)s
te fusses souvenu(e)	vous fussiez souvenu(e)(s)
se fût souvenu(e)	se fussent souvenu(e)s

COMMANDS	
	souvenons-nous
souviens-toi	souvenez-vous

Usage

Je me souviens de tout ce qu'il a dit.	*I remember everything he said.*
Tu te souviens de moi?	*Do you remember me?*
Souvenez-vous qu'elle est souffrante.	*Bear in mind that she is not feeling well.*
Il ne se souvient pas d'être entré dans le café.	*He doesn't remember having gone into the café.*
Je ne me souviens pas d'avoir lu cet article.	*I don't remember having read that article.*
On s'en souviendra!	*We won't forget this!*
Elle lui a flanqué une gifle dont il se souviendra.	*She gave him a slap he won't forget.*

RELATED WORD

le souvenir	*memory/souvenir*
des souvenirs d'enfance	*childhood memories*

irregular verb | **je suis · je suivis · suivi · suivant**

PRESENT		PASSÉ COMPOSÉ	
suis	suivons	ai suivi	avons suivi
suis	suivez	as suivi	avez suivi
suit	suivent	a suivi	ont suivi

IMPERFECT		PLUPERFECT	
suivais	suivions	avais suivi	avions suivi
suivais	suiviez	avais suivi	aviez suivi
suivait	suivaient	avait suivi	avaient suivi

PASSÉ SIMPLE		PAST ANTERIOR	
suivis	suivîmes	eus suivi	eûmes suivi
suivis	suivîtes	eus suivi	eûtes suivi
suivit	suivirent	eut suivi	eurent suivi

FUTURE		FUTURE ANTERIOR	
suivrai	suivrons	aurai suivi	aurons suivi
suivras	suivrez	auras suivi	aurez suivi
suivra	suivront	aura suivi	auront suivi

CONDITIONAL		PAST CONDITIONAL	
suivrais	suivrions	aurais suivi	aurions suivi
suivrais	suivriez	aurais suivi	auriez suivi
suivrait	suivraient	aurait suivi	auraient suivi

PRESENT SUBJUNCTIVE		PAST SUBJUNCTIVE	
suive	suivions	aie suivi	ayons suivi
suives	suiviez	aies suivi	ayez suivi
suive	suivent	ait suivi	aient suivi

IMPERFECT SUBJUNCTIVE		PLUPERFECT SUBJUNCTIVE	
suivisse	suivissions	eusse suivi	eussions suivi
suivisses	suivissiez	eusses suivi	eussiez suivi
suivît	suivissent	eût suivi	eussent suivi

COMMANDS	
	suivons
suis	suivez

Usage

Suivez-moi, s'il vous plaît.	*Follow me, please.*
On les suivait de près.	*We were following them closely.*
Le beau temps suivra la pluie.	*After the rain, the weather will be nice.*
Quels cours suivez-vous?	*What courses are you taking?*
Il suit bien à l'école.	*He's a good student at school.*
On a fait suivre tout mon courrier.	*They forwarded all my mail.*
Je le suivais comme une ombre.	*I was following him like his shadow.*
J'ai suivi le train qui partait du regard.	*I followed the departing train with my eyes.*
—Vous me suivez ou pas?	*Do you get what I mean or not?*
—Je ne vous suis pas.	*I can't follow what you're saying.*
Descendez à l'arrêt qui suit le mien.	*Get off at the stop after mine.*
Voilà la ligne d'action à suivre.	*There's the path of action to follow.*
Ce souvenir me suit partout.	*That memory haunts me.*

se taire   *to keep quiet*

je me tais · je me tus · s'étant tu · se taisant   irregular reflexive verb;
compound tenses with *être*

PRESENT		PASSÉ COMPOSÉ	
me tais	nous taisons	me suis tu(e)	nous sommes tu(e)s
te tais	vous taisez	t'es tu(e)	vous êtes tu(e)(s)
se tait	se taisent	s'est tu(e)	se sont tu(e)s

IMPERFECT		PLUPERFECT	
me taisais	nous taisions	m'étais tu(e)	nous étions tu(e)s
te taisais	vous taisiez	t'étais tu(e)	vous étiez tu(e)(s)
se taisait	se taisaient	s'était tu(e)	s'étaient tu(e)s

PASSÉ SIMPLE		PAST ANTERIOR	
me tus	nous tûmes	me fus tu(e)	nous fûmes tu(e)s
te tus	vous tûtes	te fus tu(e)	vous fûtes tu(e)(s)
se tut	se turent	se fut tu(e)	se furent tu(e)s

FUTURE		FUTURE ANTERIOR	
me tairai	nous tairons	me serai tu(e)	nous serons tu(e)s
te tairas	vous tairez	te seras tu(e)	vous serez tu(e)(s)
se taira	se tairont	se sera tu(e)	se seront tu(e)s

CONDITIONAL		PAST CONDITIONAL	
me tairais	nous tairions	me serais tu(e)	nous serions tu(e)s
te tairais	vous tairiez	te serais tu(e)	vous seriez tu(e)(s)
se tairait	se tairaient	se serait tu(e)	se seraient tu(e)s

PRESENT SUBJUNCTIVE		PAST SUBJUNCTIVE	
me taise	nous taisions	me sois tu(e)	nous soyons tu(e)s
te taises	vous taisiez	te sois tu(e)	vous soyez tu(e)(s)
se taise	se taisent	se soit tu(e)	se soient tu(e)s

IMPERFECT SUBJUNCTIVE		PLUPERFECT SUBJUNCTIVE	
me tusse	nous tussions	me fusse tu(e)	nous fussions tu(e)s
te tusses	vous tussiez	te fusses tu(e)	vous fussiez tu(e)(s)
se tût	se tussent	se fût tu(e)	se fussent tu(e)s

COMMANDS	
	taisons-nous
tais-toi	taisez-vous

Usage

Tais-toi! Tu n'arrêtes pas de parler!   *Keep quiet! You don't stop talking!*
J'ai perdu une belle occasion pour   *I should have kept my mouth closed.*
    me taire.
Pour réussir, il faut savoir se taire.   *To succeed, you must learn discretion.*
Je me tairai là-dessus.   *I won't say anything about that.*
Dans ces cas, il vaut mieux se taire.   *In these cases, it's better not to say anything.*
Quand il est entré, tout le monde   *When he walked in, everyone fell silent.*
    s'est tu.
taire qqch   *to keep something quiet*
Ils ont tu ces rapports commerciaux.   *They kept these business relations quiet.*

—Tu aurais dû te taire.   *You should have kept quiet.*
—Personne ne me fera taire!   *No one will silence me!*

irregular verb   **je tiens · je tins · tenu · tenant**

PRESENT		PASSÉ COMPOSÉ	
tiens	tenons	ai tenu	avons tenu
tiens	tenez	as tenu	avez tenu
tient	tiennent	a tenu	ont tenu

IMPERFECT		PLUPERFECT	
tenais	tenions	avais tenu	avions tenu
tenais	teniez	avais tenu	aviez tenu
tenait	tenaient	avait tenu	avaient tenu

PASSÉ SIMPLE		PAST ANTERIOR	
tins	tînmes	eus tenu	eûmes tenu
tins	tîntes	eus tenu	eûtes tenu
tint	tinrent	eut tenu	eurent tenu

FUTURE		FUTURE ANTERIOR	
tiendrai	tiendrons	aurai tenu	aurons tenu
tiendras	tiendrez	auras tenu	aurez tenu
tiendra	tiendront	aura tenu	auront tenu

CONDITIONAL		PAST CONDITIONAL	
tiendrais	tiendrions	aurais tenu	aurions tenu
tiendrais	tiendriez	aurais tenu	auriez tenu
tiendrait	tiendraient	aurait tenu	auraient tenu

PRESENT SUBJUNCTIVE		PAST SUBJUNCTIVE	
tienne	tenions	aie tenu	ayons tenu
tiennes	teniez	aies tenu	ayez tenu
tienne	tiennent	ait tenu	aient tenu

IMPERFECT SUBJUNCTIVE		PLUPERFECT SUBJUNCTIVE	
tinsse	tinssions	eusse tenu	eussions tenu
tinsses	tinssiez	eusses tenu	eussiez tenu
tînt	tinssent	eût tenu	eussent tenu

COMMANDS	
	tenons
tiens	tenez

Usage

tenir qqch dans la main	*to hold something in one's hand*
L'étudiant tient son livre dans la main.	*The student is holding the book in his hand.*
Il tenait sa fiancée dans ses bras.	*He was holding his fiancée in his arms.*
Sa maladie l'a tenu enfermé chez lui un mois.	*His illness kept him shut in at home for a month.*
Cet amphithéâtre tient 300 étudiants.	*This lecture hall holds 300 students.*
Tiens mon dîner au chaud. J'arrive dans une demi-heure.	*Keep my dinner warm. I'll be there in half an hour.*
Ce prof ne sait pas tenir sa classe.	*This teacher can't control his class.*
Le filet n'a pas tenu.	*The net didn't hold./The net broke.*
Les Dupont tiennent un café près de la place.	*The Duponts run a café near the square.*

TOP 30 VERB ☞

tenir *to hold*

je tiens · je tins · tenu · tenant irregular verb

tenir = être solide; rentrer

Ce mur ne va pas tenir.	*This wall is not going to hold.*
Ces livres ne tiennent pas dans la serviette.	*These books can't fit into the briefcase.*
Mon analyse tiendra en quelques pages.	*My analysis will take a few pages.*
Cette voiture tient bien la route.	*This car drives well/holds the road well.*
L'autocar tient toute la route.	*The bus takes up the whole road.*

tenir à qqn, tenir à qqch

Cet enfant tient beaucoup à son père.	*This child is very attached to his father.*
Le malade tenait à la vie.	*The sick man clung to life.*
Sa sagesse tient à son âge.	*His wisdom derives from his age.*

tenir à + infinitif

Je tiens à le voir.	*I'd really like to see him.*
Il tenait à me rappeler ma dette envers lui.	*He was insistent about reminding me of my debt to him.*
On dînera en ville, si vous y tenez.	*We'll eat out if you insist.*

tenir à ce que + subjonctif

Je tiens à ce que tu reviennes avant dix heures.	*I insist you be back before ten o'clock.*
Je tiens à ce que vous sachiez que...	*I want you to know that . . .*

Expressions

Vous osez me tenir pareil langage!	*How dare you speak to me like that!*
Tout le monde le tient pour un escroc.	*Everyone has him pegged as a swindler.*
Qu'à cela ne tienne.	*That doesn't matter.*
Il ne tient qu'à vous de me tirer d'affaire.	*You're the only one who can help me out.*
Les étudiants sont tenus de respecter le règlement du lycée.	*Students are expected to respect the school rules.*
Il a pu tenir son rang dans cette discussion.	*He was able to hold his own in that discussion.*
Il a démissionné. Il n'a pas pu tenir le coup.	*He resigned. He couldn't take it.*
Tenez-vous-en là!	*Stop right there!*
Il a tenu ses engagements envers moi.	*He fulfilled his obligations to me.*
Qui tient la tête?	*Who's in the lead?*
Ton raisonnement ne tient pas debout.	*Your argument doesn't hold water.*
Il ne tient jamais parole.	*He never keeps his word.*
Tiens-moi au courant.	*Keep me informed.*

TOP 30 VERBS

regular -er verb

je tire · je tirai · tiré · tirant

PRESENT	
tire	tirons
tires	tirez
tire	tirent

IMPERFECT	
tirais	tirions
tirais	tiriez
tirait	tiraient

PASSÉ SIMPLE	
tirai	tirâmes
tiras	tirâtes
tira	tirèrent

FUTURE	
tirerai	tirerons
tireras	tirerez
tirera	tireront

CONDITIONAL	
tirerais	tirerions
tirerais	tireriez
tirerait	tireraient

PRESENT SUBJUNCTIVE	
tire	tirions
tires	tiriez
tire	tirent

IMPERFECT SUBJUNCTIVE	
tirasse	tirassions
tirasses	tirassiez
tirât	tirassent

PASSÉ COMPOSÉ	
ai tiré	avons tiré
as tiré	avez tiré
a tiré	ont tiré

PLUPERFECT	
avais tiré	avions tiré
avais tiré	aviez tiré
avait tiré	avaient tiré

PAST ANTERIOR	
eus tiré	eûmes tiré
eus tiré	eûtes tiré
eut tiré	eurent tiré

FUTURE ANTERIOR	
aurai tiré	aurons tiré
auras tiré	aurez tiré
aura tiré	auront tiré

PAST CONDITIONAL	
aurais tiré	aurions tiré
aurais tiré	auriez tiré
aurait tiré	auraient tiré

PAST SUBJUNCTIVE	
aie tiré	ayons tiré
aies tiré	ayez tiré
ait tiré	aient tiré

PLUPERFECT SUBJUNCTIVE	
eusse tiré	eussions tiré
eusses tiré	eussiez tiré
eût tiré	eussent tiré

COMMANDS	
	tirons
tire	tirez

Usage

Mon fils me tirait par la manche.	*My son was pulling me by the sleeve.*
Tire fort pour ouvrir ce placard.	*Pull hard to open that cupboard.*
Il a tiré son portefeuille de sa poche.	*He pulled his wallet out of his pocket.*
Cet enfant m'a tiré la langue!	*That child stuck his tongue out at me!*
Les soldats ont tiré contre l'ennemi.	*The soldiers shot at the enemy.*
Il a fallu me tirer du lit ce matin.	*I had to be dragged out of bed this morning.*
Tirez les rideaux. Il fait déjà nuit.	*Pull the curtains. It's dark already.*
Bien fait! Je vous tire mon chapeau!	*Well done! I take my hat off to you!*
C'est une vitrine qui tire l'œil.	*It's an eye-catching store window.*
tirer la chasse	*to flush the toilet*
Merci! Nous m'avez tiré du doute.	*Thanks! You've removed my doubts.*
Tirez dix copies du rapport.	*Make ten copies of the report.*

Le joueur de football est tombé en courant.	*The soccer player fell while running.*
Ne me pousse pas. Tu vas me faire tomber.	*Don't push me. You'll make me fall.*
Il est tombé raide mort.	*He dropped dead.*
Il s'est fait mal en tombant de la bicyclette.	*He got hurt falling off the bicycle.*
Il tombe de la pluie.	*It's raining.*
Ça tombe dru.	*It's raining hard.*
Elle est tombée dans ses bras.	*She fell into his arms.*
Les fruits tombent des arbres.	*The fruit is falling off the trees.*
Il est tombé sur la tête.	*He's off his rocker.*
Cette famille est tombée dans la mouise (dans la dèche).	*That family has lost everything.*
Laisse tomber. Ce n'est pas la peine d'en parler.	*Forget it. It doesn't pay to talk about it.*
Il a laissé tomber la photographie.	*He's given up photography.*
L'euro tombe.	*The euro is falling (in value).*
Je tombe de sommeil.	*I'm falling over with fatigue.*
Le pauvre vieillard est tombé bien bas.	*The poor old man is at death's door.*
Ça tombe à pic!	*Perfect timing!*

tomber = arriver par hasard

Tu tombes bien.	*You've come at the right moment.*
Tu tombes mal.	*You've come at a bad time.*
Ça tombe bien.	*That's lucky.*
Ça tombe à point.	*What perfect timing.*
Il tombe toujours au mauvais moment.	*His timing is always off.*
Les deux réunions tombent le même jour.	*The two meetings fall on the same day.*

Expressions

Nous sommes tombés d'accord.	*We came to an agreement.*
Tous nos projets sont tombés à l'eau.	*All our plans fell through.*
Elle n'est pas tombée de la dernière pluie.	*She wasn't born yesterday.*
Je tombe des nues.	*I'm stunned.*
Ma voiture est tombée en panne.	*My car broke down.*
Ta robe tombe bien.	*Your dress fits/hangs well.*
Le pays est tombé dans le désespoir.	*The country fell into despair.*
La pièce est tombée.	*The play flopped.*
Vous êtes tombé juste! C'est moi!	*You guessed right! I'm the one!*

TOP 30 VERBS

regular *-er* verb;   **je tombe · je tombai · tombé · tombant**
compound tenses with *être*

PRESENT

tombe	tombons
tombes	tombez
tombe	tombent

PASSÉ COMPOSÉ

suis tombé(e)	sommes tombé(e)s
es tombé(e)	êtes tombé(e)(s)
est tombé(e)	sont tombé(e)s

IMPERFECT

tombais	tombions
tombais	tombiez
tombait	tombaient

PLUPERFECT

étais tombé(e)	étions tombé(e)s
étais tombé(e)	étiez tombé(e)(s)
était tombé(e)	étaient tombé(e)s

PASSÉ SIMPLE

tombai	tombâmes
tombas	tombâtes
tomba	tombèrent

PAST ANTERIOR

fus tombé(e)	fûmes tombé(e)s
fus tombé(e)	fûtes tombé(e)(s)
fut tombé(e)	furent tombé(e)s

FUTURE

tomberai	tomberons
tomberas	tomberez
tombera	tomberont

FUTURE ANTERIOR

serai tombé(e)	serons tombé(e)s
seras tombé(e)	serez tombé(e)(s)
sera tombé(e)	seront tombé(e)s

CONDITIONAL

tomberais	tomberions
tomberais	tomberiez
tomberait	tomberaient

PAST CONDITIONAL

serais tombé(e)	serions tombé(e)s
serais tombé(e)	seriez tombé(e)(s)
serait tombé(e)	seraient tombé(e)s

PRESENT SUBJUNCTIVE

tombe	tombions
tombes	tombiez
tombe	tombent

PAST SUBJUNCTIVE

sois tombé(e)	soyons tombé(e)s
sois tombé(e)	soyez tombé(e)(s)
soit tombé(e)	soient tombé(e)s

IMPERFECT SUBJUNCTIVE

tombasse	tombassions
tombasses	tombassiez
tombât	tombassent

PLUPERFECT SUBJUNCTIVE

fusse tombé(e)	fussions tombé(e)s
fusses tombé(e)	fussiez tombé(e)(s)
fût tombé(e)	fussent tombé(e)s

COMMANDS

	tombons
tombe	tombez

Usage

Fais attention! Tu vas tomber!	*Be careful! You'll fall!*
Elle est tombée en traversant la rue.	*She fell while crossing the street.*
La nuit tombe.	*Night is falling.*
tomber amoureux/amoureuse	*to fall in love*
Il est tombé amoureux de sa collègue.	*He fell in love with his coworker.*
L'enfant est tombé de son lit.	*The child fell out of his bed.*
Je suis tombée sur une vieille lettre.	*I came across an old letter.*
Le jour de l'an tombe un vendredi.	*New Year's Day falls on a Friday.*
Une averse de grêle est tombée sur la ville.	*A hailstorm fell on the city.*
Les bras m'en tombent.	*I'm shocked./I'm pleasantly surprised.*
On ne laisse pas tomber ses amis.	*You don't let down your friends.*
Il me tombe sur les nerfs.	*He gets on my nerves.*

toucher · *to touch*

je touche · je touchai · touché · touchant

regular *-er* verb

PRESENT		PASSÉ COMPOSÉ	
touche	touchons	ai touché	avons touché
touches	touchez	as touché	avez touché
touche	touchent	a touché	ont touché

IMPERFECT		PLUPERFECT	
touchais	touchions	avais touché	avions touché
touchais	touchiez	avais touché	aviez touché
touchait	touchaient	avait touché	avaient touché

PASSÉ SIMPLE		PAST ANTERIOR	
touchai	touchâmes	eus touché	eûmes touché
touchas	touchâtes	eus touché	eûtes touché
toucha	touchèrent	eut touché	eurent touché

FUTURE		FUTURE ANTERIOR	
toucherai	toucherons	aurai touché	aurons touché
toucheras	toucherez	auras touché	aurez touché
touchera	toucheront	aura touché	auront touché

CONDITIONAL		PAST CONDITIONAL	
toucherais	toucherions	aurais touché	aurions touché
toucherais	toucheriez	aurais touché	auriez touché
toucherait	toucheraient	aurait touché	auraient touché

PRESENT SUBJUNCTIVE		PAST SUBJUNCTIVE	
touche	touchions	aie touché	ayons touché
touches	touchiez	aies touché	ayez touché
touche	touchent	ait touché	aient touché

IMPERFECT SUBJUNCTIVE		PLUPERFECT SUBJUNCTIVE	
touchasse	touchassions	eusse touché	eussions touché
touchasses	touchassiez	eusses touché	eussiez touché
touchât	touchassent	eût touché	eussent touché

COMMANDS	
	touchons
touche	touchez

Usage

Elle m'a touché la joue.	*She touched my cheek.*
Ne touchez pas les fruits, s.v.p.	*Please don't touch the fruit.*
Ne touchez pas à mes affaires.	*Don't touch my things.*
Je vais toucher ce chèque.	*I'm going to cash this check.*
Il touche 1500 dollars par semaine.	*He gets (paid) 1500 dollars a week.*
Je n'ai pas touché d'alcool depuis mon infarctus.	*I haven't had any alcohol since my heart attack.*
Sa lettre m'a profondément touché.	*His letter moved me deeply.*
Son refus m'a touché au vif.	*His refusal really hurt me.*
Il en a touché un mot avec moi.	*He mentioned it to me.*

RELATED WORDS

touchant(e)	*touching/moving*
touche-à-tout	*meddling with/touching everything*

regular -*er* verb | **je tourne · je tournai · tourné · tournant**

PRESENT		PASSÉ COMPOSÉ	
tourne	tournons	ai tourné	avons tourné
tournes	tournez	as tourné	avez tourné
tourne	tournent	a tourné	ont tourné

IMPERFECT		PLUPERFECT	
tournais	tournions	avais tourné	avions tourné
tournais	tourniez	avais tourné	aviez tourné
tournait	tournaient	avait tourné	avaient tourné

PASSÉ SIMPLE		PAST ANTERIOR	
tournai	tournâmes	eus tourné	eûmes tourné
tournas	tournâtes	eus tourné	eûtes tourné
tourna	tournèrent	eut tourné	eurent tourné

FUTURE		FUTURE ANTERIOR	
tournerai	tournerons	aurai tourné	aurons tourné
tourneras	tournerez	auras tourné	aurez tourné
tournera	tourneront	aura tourné	auront tourné

CONDITIONAL		PAST CONDITIONAL	
tournerais	tournerions	aurais tourné	aurions tourné
tournerais	tourneriez	aurais tourné	auriez tourné
tournerait	tourneraient	aurait tourné	auraient tourné

PRESENT SUBJUNCTIVE		PAST SUBJUNCTIVE	
tourne	tournions	aie tourné	ayons tourné
tournes	tourniez	aies tourné	ayez tourné
tourne	tournent	ait tourné	aient tourné

IMPERFECT SUBJUNCTIVE		PLUPERFECT SUBJUNCTIVE	
tournasse	tournassions	eusse tourné	eussions tourné
tournasses	tournassiez	eusses tourné	eussiez tourné
tournât	tournassent	eût tourné	eussent tourné

COMMANDS	
	tournons
tourne	tournez

Usage

Les roues tournaient vite.	*The wheels were turning quickly.*
Tournez la page.	*Turn the page.*
Elle a tourné ses yeux vers la porte qui s'ouvrait.	*She turned her eyes to the door that was opening.*
Tournez à gauche au coin.	*Turn left at the corner.*
Il sait tout tourner à son avantage.	*He can turn everything to his advantage.*
La situation a mal tourné.	*The situation was turning out badly.*
Le lait a tourné.	*The milk soured.*
J'ai la tête qui tourne.	*I feel dizzy.*
Il tourne autour du pot.	*He's beating around the bush.*
Elle tourne tout en plaisanterie.	*She turns everything into a joke.*
Il lui a tourné la tête.	*He turned her head.*
Ne tourne pas le fer dans la plaie.	*Don't rub it in.*

traduire *to translate*

je traduis · je traduisis · traduit · traduisant   irregular verb

PRESENT		PASSÉ COMPOSÉ	
traduis	traduisons	ai traduit	avons traduit
traduis	traduisez	as traduit	avez traduit
traduit	traduisent	a traduit	ont traduit

IMPERFECT		PLUPERFECT	
traduisais	traduisions	avais traduit	avions traduit
traduisais	traduisiez	avais traduit	aviez traduit
traduisait	traduisaient	avait traduit	avaient traduit

PASSÉ SIMPLE		PAST ANTERIOR	
traduisis	traduisîmes	eus traduit	eûmes traduit
traduisis	traduisîtes	eus traduit	eûtes traduit
traduisit	traduisirent	eut traduit	eurent traduit

FUTURE		FUTURE ANTERIOR	
traduirai	traduirons	aurai traduit	aurons traduit
traduiras	traduirez	auras traduit	aurez traduit
traduira	traduiront	aura traduit	auront traduit

CONDITIONAL		PAST CONDITIONAL	
traduirais	traduirions	aurais traduit	aurions traduit
traduirais	traduiriez	aurais traduit	auriez traduit
traduirait	traduiraient	aurait traduit	auraient traduit

PRESENT SUBJUNCTIVE		PAST SUBJUNCTIVE	
traduise	traduisions	aie traduit	ayons traduit
traduises	traduisiez	aies traduit	ayez traduit
traduise	traduisent	ait traduit	aient traduit

IMPERFECT SUBJUNCTIVE		PLUPERFECT SUBJUNCTIVE	
traduisisse	traduisissions	eusse traduit	eussions traduit
traduisisses	traduisissiez	eusses traduit	eussiez traduit
traduisît	traduisissent	eût traduit	eussent traduit

COMMANDS	
	traduisons
traduis	traduisez

Usage

Il m'a traduit le document.	*He translated the document for me.*
Elle a traduit le roman du français en anglais.	*She translated the novel from French into English.*
Cette expression est mal traduite.	*This expression is badly translated.*
J'ai les œuvres de Racine en traduction.	*I have Racine's work in translation.*
C'est une idée difficile à traduire en images.	*It's an idea that's difficult to express in pictures.*

RELATED WORDS

la traduction	*translation*
la traduction automatique	*machine translation*
le traducteur/la traductrice	*translator*
Elle travaille comme traductrice.	*She works as a translator.*

regular *-er* verb | **je travaille · je travaillai · travaillé · travaillant**

PRESENT

travaille	travaillons
travailles	travaillez
travaille	travaillent

IMPERFECT

travaillais	travaillions
travaillais	travailliez
travaillait	travaillaient

PASSÉ SIMPLE

travaillai	travaillâmes
travaillas	travaillâtes
travailla	travaillèrent

FUTURE

travaillerai	travaillerons
travailleras	travaillerez
travaillera	travailleront

CONDITIONAL

travaillerais	travaillerions
travaillerais	travailleriez
travaillerait	travailleraient

PRESENT SUBJUNCTIVE

travaille	travaillions
travailles	travailliez
travaille	travaillent

IMPERFECT SUBJUNCTIVE

travaillasse	travaillassions
travaillasses	travaillassiez
travaillât	travaillassent

COMMANDS

	travaillons
travaille	travaillez

PASSÉ COMPOSÉ

ai travaillé	avons travaillé
as travaillé	avez travaillé
a travaillé	ont travaillé

PLUPERFECT

avais travaillé	avions travaillé
avais travaillé	aviez travaillé
avait travaillé	avaient travaillé

PAST ANTERIOR

eus travaillé	eûmes travaillé
eus travaillé	eûtes travaillé
eut travaillé	eurent travaillé

FUTURE ANTERIOR

aurai travaillé	aurons travaillé
auras travaillé	aurez travaillé
aura travaillé	auront travaillé

PAST CONDITIONAL

aurais travaillé	aurions travaillé
aurais travaillé	auriez travaillé
aurait travaillé	auraient travaillé

PAST SUBJUNCTIVE

aie travaillé	ayons travaillé
aies travaillé	ayez travaillé
ait travaillé	aient travaillé

PLUPERFECT SUBJUNCTIVE

eusse travaillé	eussions travaillé
eusses travaillé	eussiez travaillé
eût travaillé	eussent travaillé

Usage

Je ne travaille pas le dimanche.	*I don't work on Sundays.*
Il travaille avec son père.	*He works with his father.*
Les paysans travaillent la terre.	*The peasants work the land.*
Il fait travailler toute sa parenté dans son restaurant.	*He put all his relatives to work in his restaurant.*
Ma femme travaille dans les assurances.	*My wife works in insurance.*
Cet élève ne fait pas travailler sa tête.	*This student doesn't use his head.*
Il faut que tu travailles un peu ta prose.	*You've got to work on your prose a bit.*
Il travaille du chapeau.	*He's nuts.*
C'est une étudiante qui travaille bien en classe.	*She's a student who does well in class.*
Il y a quelque chose qui le travaille.	*Something is bothering him.*

traverser *to cross*

PRESENT		PASSÉ COMPOSÉ	
traverse	traversons	ai traversé	avons traversé
traverses	traversez	as traversé	avez traversé
traverse	traversent	a traversé	ont traversé

IMPERFECT		PLUPERFECT	
traversais	traversions	avais traversé	avions traversé
traversais	traversiez	avais traversé	aviez traversé
traversait	traversaient	avait traversé	avaient traversé

PASSÉ SIMPLE		PAST ANTERIOR	
traversai	traversâmes	eus traversé	eûmes traversé
traversas	traversâtes	eus traversé	eûtes traversé
traversa	traversèrent	eut traversé	eurent traversé

FUTURE		FUTURE ANTERIOR	
traverserai	traverserons	aurai traversé	aurons traversé
traverseras	traverserez	auras traversé	aurez traversé
traversera	traverseront	aura traversé	auront traversé

CONDITIONAL		PAST CONDITIONAL	
traverserais	traverserions	aurais traversé	aurions traversé
traverserais	traverseriez	aurais traversé	auriez traversé
traverserait	traverseraient	aurait traversé	auraient traversé

PRESENT SUBJUNCTIVE		PAST SUBJUNCTIVE	
traverse	traversions	aie traversé	ayons traversé
traverses	traversiez	aies traversé	ayez traversé
traverse	traversent	ait traversé	aient traversé

IMPERFECT SUBJUNCTIVE		PLUPERFECT SUBJUNCTIVE	
traversasse	traversassions	eusse traversé	eussions traversé
traversasses	traversassiez	eusses traversé	eussiez traversé
traversât	traversassent	eût traversé	eussent traversé

COMMANDS	
	traversons
traverse	traversez

Usage

—On peut traverser la rue ici.	*We can cross the street here.*
—Non, il faut traverser entre les clous.	*No, we have to cross in the crosswalk.*
—Ce navire traversait l'Atlantique.	*This ship used to cross the Atlantic.*
—Oui, il mettait une semaine à faire la traversée.	*Yes, it took a week to make the crossing.*
Il va être difficile de traverser la foule.	*It's going to be hard to get through the crowd.*
—Ils ont traversé le lac en bateau?	*Did they cross the lake in a boat?*
—Non, ils l'ont traversé à la nage.	*No, they swam across it.*
Une pensée m'a traversé l'esprit.	*A thought crossed my mind.*
Notre région traverse un moment difficile.	*Our region is going through a difficult time.*

regular *-er* reflexive verb;
compound tenses with *être*

**je me trompe · je me trompai · s'étant trompé ·
se trompant**

PRESENT	
me trompe	nous trompons
te trompes	vous trompez
se trompe	se trompent

PASSÉ COMPOSÉ	
me suis trompé(e)	nous sommes trompé(e)s
t'es trompé(e)	vous êtes trompé(e)(s)
s'est trompé(e)	se sont trompé(e)s

IMPERFECT	
me trompais	nous trompions
te trompais	vous trompiez
se trompait	se trompaient

PLUPERFECT	
m'étais trompé(e)	nous étions trompé(e)s
t'étais trompé(e)	vous étiez trompé(e)(s)
s'était trompé(e)	s'étaient trompé(e)s

PASSÉ SIMPLE	
me trompai	nous trompâmes
te trompas	vous trompâtes
se trompa	se trompèrent

PAST ANTERIOR	
me fus trompé(e)	nous fûmes trompé(e)s
te fus trompé(e)	vous fûtes trompé(e)(s)
se fut trompé(e)	se furent trompé(e)s

FUTURE	
me tromperai	nous tromperons
te tromperas	vous tromperez
se trompera	se tromperont

FUTURE ANTERIOR	
me serai trompé(e)	nous serons trompé(e)s
te seras trompé(e)	vous serez trompé(e)(s)
se sera trompé(e)	se seront trompé(e)s

CONDITIONAL	
me tromperais	nous tromperions
te tromperais	vous tromperiez
se tromperait	se tromperaient

PAST CONDITIONAL	
me serais trompé(e)	nous serions trompé(e)s
te serais trompé(e)	vous seriez trompé(e)(s)
se serait trompé(e)	se seraient trompé(e)s

PRESENT SUBJUNCTIVE	
me trompe	nous trompions
te trompes	vous trompiez
se trompe	se trompent

PAST SUBJUNCTIVE	
me sois trompé(e)	nous soyons trompé(e)s
te sois trompé(e)	vous soyez trompé(e)(s)
se soit trompé(e)	se soient trompé(e)s

IMPERFECT SUBJUNCTIVE	
me trompasse	nous trompassions
te trompasses	vous trompassiez
se trompât	se trompassent

PLUPERFECT SUBJUNCTIVE	
me fusse trompé(e)	nous fussions trompé(e)s
te fusses trompé(e)	vous fussiez trompé(e)(s)
se fût trompé(e)	se fussent trompé(e)s

COMMANDS	
	trompons-nous
trompe-toi	trompez-vous

Usage

Tout le monde peut se tromper.	*Anyone can make a mistake.*
Si je ne me trompe pas,...	*If I'm not mistaken, . . .*
Ne vous trompez pas sur ses intentions.	*Make no mistake about his intentions.*
Ne vous trompez pas à son égard.	*Make no mistake about him.*
Nous nous sommes trompés de rue.	*We've taken the wrong street.*
Nous nous sommes trompés de porte.	*We've gone to the wrong door.*
Nous nous sommes trompés de train.	*We've gotten on the wrong train.*
Vous vous êtes trompé de numéro.	*You've got the wrong number.*
Vous vous êtes trompé de cent euros.	*You're off by a hundred euros.*

RELATED WORD

tromper	*to fool/trick/cheat*
Il trompe sa femme.	*He cheats on his wife.*
Je me suis fait tromper.	*I got cheated.*

trouver *to find*

regular *-er* verb

PRESENT		PASSÉ COMPOSÉ	
trouve	trouvons	ai trouvé	avons trouvé
trouves	trouvez	as trouvé	avez trouvé
trouve	trouvent	a trouvé	ont trouvé

IMPERFECT		PLUPERFECT	
trouvais	trouvions	avais trouvé	avions trouvé
trouvais	trouviez	avais trouvé	aviez trouvé
trouvait	trouvaient	avait trouvé	avaient trouvé

PASSÉ SIMPLE		PAST ANTERIOR	
trouvai	trouvâmes	eus trouvé	eûmes trouvé
trouvas	trouvâtes	eus trouvé	eûtes trouvé
trouva	trouvèrent	eut trouvé	eurent trouvé

FUTURE		FUTURE ANTERIOR	
trouverai	trouverons	aurai trouvé	aurons trouvé
trouveras	trouverez	auras trouvé	aurez trouvé
trouvera	trouveront	aura trouvé	auront trouvé

CONDITIONAL		PAST CONDITIONAL	
trouverais	trouverions	aurais trouvé	aurions trouvé
trouverais	trouveriez	aurais trouvé	auriez trouvé
trouverait	trouveraient	aurait trouvé	auraient trouvé

PRESENT SUBJUNCTIVE		PAST SUBJUNCTIVE	
trouve	trouvions	aie trouvé	ayons trouvé
trouves	trouviez	aies trouvé	ayez trouvé
trouve	trouvent	ait trouvé	aient trouvé

IMPERFECT SUBJUNCTIVE		PLUPERFECT SUBJUNCTIVE	
trouvasse	trouvassions	eusse trouvé	eussions trouvé
trouvasses	trouvassiez	eusses trouvé	eussiez trouvé
trouvât	trouvassent	eût trouvé	eussent trouvé

COMMANDS	
	trouvons
trouve	trouvez

Usage

Tu as trouvé ton cahier?	*Did you find your notebook?*
Je ne trouve pas le mot.	*I can't think of the word.*
Elle a trouvé du travail.	*She found a job.*
Je trouve que tu te trompes.	*I think you're mistaken.*
Je trouve cette pièce ennuyeuse.	*I find this play boring.*
Je trouve le goût de cette soupe trop relevé.	*I find the taste of this soup too spicy.*
—Comment est-ce que tu l'as trouvé?	*What did you think of him?/How did you find him?*
—Je l'ai trouvé complètement abattu.	*I found him totally despondent.*
Il est important de trouver de la satisfaction dans le travail.	*It's important to find satisfaction in one's work.*

regular *-er* verb

je tue · je tuai · tué · tuant

PRESENT		PASSÉ COMPOSÉ	
tue	tuons	ai tué	avons tué
tues	tuez	as tué	avez tué
tue	tuent	a tué	ont tué

IMPERFECT		PLUPERFECT	
tuais	tuions	avais tué	avions tué
tuais	tuiez	avais tué	aviez tué
tuait	tuaient	avait tué	avaient tué

PASSÉ SIMPLE		PAST ANTERIOR	
tuai	tuâmes	eus tué	eûmes tué
tuas	tuâtes	eus tué	eûtes tué
tua	tuèrent	eut tué	eurent tué

FUTURE		FUTURE ANTERIOR	
tuerai	tuerons	aurai tué	aurons tué
tueras	tuerez	auras tué	aurez tué
tuera	tueront	aura tué	auront tué

CONDITIONAL		PAST CONDITIONAL	
tuerais	tuerions	aurais tué	aurions tué
tuerais	tueriez	aurais tué	auriez tué
tuerait	tueraient	aurait tué	auraient tué

PRESENT SUBJUNCTIVE		PAST SUBJUNCTIVE	
tue	tuions	aie tué	ayons tué
tues	tuiez	aies tué	ayez tué
tue	tuent	ait tué	aient tué

IMPERFECT SUBJUNCTIVE		PLUPERFECT SUBJUNCTIVE	
tuasse	tuassions	eusse tué	eussions tué
tuasses	tuassiez	eusses tué	eussiez tué
tuât	tuassent	eût tué	eussent tué

COMMANDS	
	tuons
tue	tuez

Usage

On l'a tué à coups de couteau.	*He was stabbed to death.*
On l'a tué d'une balle.	*He was shot to death.*
Ces courses me tuent.	*These errands are killing me.*
Je me tuais à finir mes devoirs.	*I was killing myself to finish my homework.*
Il s'est tué.	*He killed himself.*
Il s'est fait tuer dans un accident de route.	*He got killed in a car accident.*
C'est un type qui est bon à tuer.	*He's an insufferable guy.*
Son travail la tue.	*Her work is exhausting.*
Les hypermarchés ont tué le petit commerce.	*The big supermarkets killed off the small stores.*
—Qu'est-ce que tu fais?	*What are you doing?*
—Je tue le temps.	*I'm killing time.*

tutoyer *to say* tu *to*

je tutoie · je tutoyai · tutoyé · tutoyant

-er verb; spelling change:
y > *i*/mute e

PRESENT		PASSÉ COMPOSÉ	
tutoie	tutoyons	ai tutoyé	avons tutoyé
tutoies	tutoyez	as tutoyé	avez tutoyé
tutoie	tutoient	a tutoyé	ont tutoyé

IMPERFECT		PLUPERFECT	
tutoyais	tutoyions	avais tutoyé	avions tutoyé
tutoyais	tutoyiez	avais tutoyé	aviez tutoyé
tutoyait	tutoyaient	avait tutoyé	avaient tutoyé

PASSÉ SIMPLE		PAST ANTERIOR	
tutoyai	tutoyâmes	eus tutoyé	eûmes tutoyé
tutoyas	tutoyâtes	eus tutoyé	eûtes tutoyé
tutoya	tutoyèrent	eut tutoyé	eurent tutoyé

FUTURE		FUTURE ANTERIOR	
tutoierai	tutoierons	aurai tutoyé	aurons tutoyé
tutoieras	tutoierez	auras tutoyé	aurez tutoyé
tutoiera	tutoieront	aura tutoyé	auront tutoyé

CONDITIONAL		PAST CONDITIONAL	
tutoierais	tutoierions	aurais tutoyé	aurions tutoyé
tutoierais	tutoieriez	aurais tutoyé	auriez tutoyé
tutoierait	tutoieraient	aurait tutoyé	auraient tutoyé

PRESENT SUBJUNCTIVE		PAST SUBJUNCTIVE	
tutoie	tutoyions	aie tutoyé	ayons tutoyé
tutoies	tutoyiez	aies tutoyé	ayez tutoyé
tutoie	tutoient	ait tutoyé	aient tutoyé

IMPERFECT SUBJUNCTIVE		PLUPERFECT SUBJUNCTIVE	
tutoyasse	tutoyassions	eusse tutoyé	eussions tutoyé
tutoyasses	tutoyassiez	eusses tutoyé	eussiez tutoyé
tutoyât	tutoyassent	eût tutoyé	eussent tutoyé

COMMANDS	
	tutoyons
tutoie	tutoyez

Usage

Nous ne tutoyons pas le professeur.	*We don't say* tu *to the teacher.*
On tutoie les animaux.	*You use the familiar form with animals.*
Est-ce qu'on peut se tutoyer?	*How about our saying* tu *to each other?*
On ne tutoie pas les serveurs.	*You don't say* tu *to waiters.*
—Ils se connaissent bien?	*Do they know each other well?*
—Je crois. Ils se tutoient.	*I think so. They say* tu *to each other.*

RELATED WORD

le tutoiement	*use of the familiar* tu *instead of the formal* vous
Le tutoiement est de rigueur ici.	*You have to use* tu *here.*

irregular verb | je vaincs · je vainquis · vaincu · vainquant

PRESENT		PASSÉ COMPOSÉ	
vaincs	vainquons	ai vaincu	avons vaincu
vaincs	vainquez	as vaincu	avez vaincu
vainc	vainquent	a vaincu	ont vaincu

IMPERFECT		PLUPERFECT	
vainquais	vainquions	avais vaincu	avions vaincu
vainquais	vainquiez	avais vaincu	aviez vaincu
vainquait	vainquaient	avait vaincu	avaient vaincu

PASSÉ SIMPLE		PAST ANTERIOR	
vainquis	vainquîmes	eus vaincu	eûmes vaincu
vainquis	vainquîtes	eus vaincu	eûtes vaincu
vainquit	vainquirent	eut vaincu	eurent vaincu

FUTURE		FUTURE ANTERIOR	
vaincrai	vaincrons	aurai vaincu	aurons vaincu
vaincras	vaincrez	auras vaincu	aurez vaincu
vaincra	vaincront	aura vaincu	auront vaincu

CONDITIONAL		PAST CONDITIONAL	
vaincrais	vaincrions	aurais vaincu	aurions vaincu
vaincrais	vaincriez	aurais vaincu	auriez vaincu
vaincrait	vaincraient	aurait vaincu	auraient vaincu

PRESENT SUBJUNCTIVE		PAST SUBJUNCTIVE	
vainque	vainquions	aie vaincu	ayons vaincu
vainques	vainquiez	aies vaincu	ayez vaincu
vainque	vainquent	ait vaincu	aient vaincu

IMPERFECT SUBJUNCTIVE		PLUPERFECT SUBJUNCTIVE	
vainquisse	vainquissions	eusse vaincu	eussions vaincu
vainquisses	vainquissiez	eusses vaincu	eussiez vaincu
vainquît	vainquissent	eût vaincu	eussent vaincu

COMMANDS	
	vainquons
vaincs	vainquez

Usage

Notre équipe va vaincre.	*Our team is going to win.*
Pendant la Deuxième Guerre mondiale, les alliés ont vaincu les Nazis.	*In the Second World War the Allies defeated the Nazis.*
Ils se sont avoués vaincus.	*They admitted defeat.*
L'armée a vaincu l'insurrection.	*The army put down the uprising.*
Il nous reste beaucoup d'obstacles à vaincre.	*We have a lot of obstacles left to overcome.*
Elle n'a pas pu vaincre sa peur.	*She couldn't overcome her fear.*

RELATED WORDS

les vaincus *(mpl)*	*the conquered*
le vainqueur	*victor/conqueror*
Il est sorti vainqueur du match.	*He won the game.*
Il parle en vainqueur.	*He speaks as conqueror.*

PRESENT		PASSÉ COMPOSÉ	
vaux	valons	ai valu	avons valu
vaux	valez	as valu	avez valu
vaut	valent	a valu	ont valu

IMPERFECT		PLUPERFECT	
valais	valons	avais valu	avions valu
valais	valez	avais valu	aviez valu
valait	valaient	avait valu	avaient valu

PASSÉ SIMPLE		PAST ANTERIOR	
valus	valûmes	eus valu	eûmes valu
valus	valûtes	eus valu	eûtes valu
valut	valurent	eut valu	eurent valu

FUTURE		FUTURE ANTERIOR	
vaudrai	vaudrons	aurai valu	aurons valu
vaudras	vaudrez	auras valu	aurez valu
vaudra	vaudront	aura valu	auront valu

CONDITIONAL		PAST CONDITIONAL	
vaudrais	vaudrions	aurais valu	aurions valu
vaudrais	vaudriez	aurais valu	auriez valu
vaudrait	vaudraient	aurait valu	auraient valu

PRESENT SUBJUNCTIVE		PAST SUBJUNCTIVE	
vaille	valions	aie valu	ayons valu
vailles	valiez	aies valu	ayez valu
vaille	vaillent	ait valu	aient valu

IMPERFECT SUBJUNCTIVE		PLUPERFECT SUBJUNCTIVE	
valusse	valussions	eusse valu	eussions valu
valusses	valussiez	eusses valu	eussiez valu
valût	valussent	eût valu	eussent valu

COMMANDS	
	valons
vaux	valez

Usage

C'est une réponse qui en vaut une autre.	*It's as good an answer as any.*
Un service en vaut un autre.	*One good turn deserves another.*
Tu dois te faire valoir auprès du patron.	*You should get in good with the boss.*
Cette entreprise ne vaut rien.	*This firm is worthless.*
Ses idées ne valent rien.	*His ideas are worthless.*
Il a su faire valoir ses idées.	*He knew how to present his ideas.*

PROVERBS

Un homme averti en vaut deux.	*Forewarned is forearmed.*
Mieux vaut avoir affaire au bon dieu qu'à ses saints.	*Always go to the top man.*

regular *-re* verb | **je vends · je vendis · vendu · vendant**

PRESENT

vends	vendons
vends	vendez
vend	vendent

PASSÉ COMPOSÉ

ai vendu	avons vendu
as vendu	avez vendu
a vendu	ont vendu

IMPERFECT

vendais	vendions
vendais	vendiez
vendait	vendaient

PLUPERFECT

avais vendu	avions vendu
avais vendu	aviez vendu
avait vendu	avaient vendu

PASSÉ SIMPLE

vendis	vendîmes
vendis	vendîtes
vendit	vendirent

PAST ANTERIOR

eus vendu	eûmes vendu
eus vendu	eûtes vendu
eut vendu	eurent vendu

FUTURE

vendrai	vendrons
vendras	vendrez
vendra	vendront

FUTURE ANTERIOR

aurai vendu	aurons vendu
auras vendu	aurez vendu
aura vendu	auront vendu

CONDITIONAL

vendrais	vendrions
vendrais	vendriez
vendrait	vendraient

PAST CONDITIONAL

aurais vendu	aurions vendu
aurais vendu	auriez vendu
aurait vendu	auraient vendu

PRESENT SUBJUNCTIVE

vende	vendions
vendes	vendiez
vende	vendent

PAST SUBJUNCTIVE

aie vendu	ayons vendu
aies vendu	ayez vendu
ait vendu	aient vendu

IMPERFECT SUBJUNCTIVE

vendisse	vendissions
vendisses	vendissiez
vendît	vendissent

PLUPERFECT SUBJUNCTIVE

eusse vendu	eussions vendu
eusses vendu	eussiez vendu
eût vendu	eussent vendu

COMMANDS

	vendons
vends	vendez

Usage

Il a vendu sa maison.	*He sold his house.*
Il a vendu la mèche.	*He let the cat out of the bag.*
Lui, il vendrait père et mère.	*He'd sell his mother if it would help him.*
Ma voiture est à vendre.	*I'm selling my car.*
—Ils vendent à crédit?	*Do they sell on credit?*
—Oui, et leur magasin vend.	*Yes, and their store does a brisk business.*
—On y vend des livres anciens?	*Do they sell old books there?*
—Oui, mais on les vend cher.	*Yes, but their prices are high.*
Les œufs se vendent à la douzaine.	*Eggs are sold by the dozen.*
Ce roman se vend bien.	*This novel is selling well.*
Qu'est-ce que tu vends?	*What's your game?*
Son roman se vend comme des petits pains.	*Her novel is selling like hotcakes.*

venir = arriver

Le facteur n'est pas encore venu.	*The mailman hasn't come yet.*
Ce mot vient du grec.	*This word comes from the Greek.*
Ce fromage vient de Suisse.	*This cheese comes from Switzerland.*
L'orage venait vite.	*The storm was approaching quickly.*
Il ne m'est jamais venu à l'esprit de l'avertir.	*It never occurred to me to notify him.*
Ce projet vient mal à propos.	*This project comes at the wrong time.*
D'où vient que tu n'es pas au courant?	*How come you're not in the know?*
D'où vient cette impatience?	*Why so impatient?*
Je ne fais qu'aller et venir.	*I'll be right back./I'm just going out for a moment.*

faire venir

Le bébé a de la fièvre. Fais venir le médecin.	*The baby has a fever. Send for the doctor.*
J'ai fait venir ces CD de France.	*I got these CDs from France.*
Le directeur m'a fait venir dans son bureau.	*The principal called me into his office.*
Je crains vous avoir fait venir pour rien.	*I fear I have brought you here for nothing.*

venir de + infinitif

Il vient de sortir.	*He has just left.*
Te voilà! Je viens de te téléphoner.	*Here you are! I just called you.*
Tu viens d'arriver?	*Did you just get here?*
Il vient de se coucher.	*He has just gone to bed.*

Expressions

Cet arbre vient bien.	*This tree is coming along nicely.*
Comment venir à bout de ce roman?	*How can we ever get through this novel?*
Où veux-tu en venir?	*What are you getting at?*
J'espère qu'il en viendra au fait.	*I hope he'll get down to business.*
Je te vois venir.	*I know what you're up to.*
Tout le monde y viendra. Ne t'en fais pas.	*Everyone will come around. Don't worry.*
Alors, le dîner, ça vient?	*Will dinner be ready soon?* (brusque)
J'en viens à me demander si je pourrai.	*I'm beginning to wonder if I'll be able to.*
Viens-en aux faits!	*Get to the point!*
Qu'est-ce qu'on ferait s'il venait à démissionner?	*What would we do if he were ever to resign?*
les générations à venir	*future generations*

TOP 30 VERBS

irregular verb   **je viens · je vins · venu · venant**

PRESENT		PASSÉ COMPOSÉ	
viens	venons	suis venu(e)	sommes venu(e)s
viens	venez	es venu(e)	êtes venu(e)(s)
vient	viennent	est venu(e)	sont venu(e)s

IMPERFECT		PLUPERFECT	
venais	venions	étais venu(e)	étions venu(e)s
venais	veniez	étais venu(e)	étiez venu(e)(s)
venait	venaient	était venu(e)	étaient venu(e)s

PASSÉ SIMPLE		PAST ANTERIOR	
vins	vînmes	fus venu(e)	fûmes venu(e)s
vins	vîntes	fus venu(e)	fûtes venu(e)(s)
vint	vinrent	fut venu(e)	furent venu(e)s

FUTURE		FUTURE ANTERIOR	
viendrai	viendrons	serai venu(e)	serons venu(e)s
viendras	viendrez	seras venu(e)	serez venu(e)(s)
viendra	viendront	sera venu(e)	seront venu(e)s

CONDITIONAL		PAST CONDITIONAL	
viendrais	viendrions	serais venu(e)	serions venu(e)s
viendrais	viendriez	serais venu(e)	seriez venu(e)(s)
viendrait	viendraient	serait venu(e)	seraient venu(e)s

PRESENT SUBJUNCTIVE		PAST SUBJUNCTIVE	
vienne	venions	sois venu(e)	soyons venu(e)s
viennes	veniez	sois venu(e)	soyez venu(e)(s)
vienne	viennent	soit venu(e)	soient venu(e)s

IMPERFECT SUBJUNCTIVE		PLUPERFECT SUBJUNCTIVE	
vinsse	vinssions	fusse venu(e)	fussions venu(e)s
vinsses	vinssiez	fusses venu(e)	fussiez venu(e)(s)
vînt	vinssent	fût venu(e)	fussent venu(e)s

COMMANDS	
	venons
viens	venez

Usage

Tu viens avec nous?	*Are you coming with us?*
Elle est venue me voir à trois heures.	*She came to see me at three o'clock.*
Je ne sais pas s'il viendra.	*I don't know whether he'll come.*
—Tu es venu en avance.	*You've come early.*
—J'allais venir en autobus, mais je suis venu en taxi.	*I was going to come by bus, but I came by cab.*
—Elle n'est pas encore venue?	*She hasn't come yet?*
—Non. Je doute qu'elle vienne.	*No. I doubt she's coming.*
L'enfant est venu vers moi.	*The child came over to me.*
Tu ne viens pas à la bibliothèque?	*Are you coming along to the library?*
Elle ne vient jamais aux conférences.	*She never comes to the lectures.*
Il est venu me tenir compagnie.	*He came over to keep me company.*

vivre *to live*

je vis · je vécus · vécu · vivant   irregular verb

PRESENT		PASSÉ COMPOSÉ	
vis	vivons	ai vécu	avons vécu
vis	vivez	as vécu	avez vécu
vit	vivent	a vécu	ont vécu

IMPERFECT		PLUPERFECT	
vivais	vivions	avais vécu	avions vécu
vivais	viviez	avais vécu	aviez vécu
vivait	vivaient	avait vécu	avaient vécu

PASSÉ SIMPLE		PAST ANTERIOR	
vécus	vécûmes	eus vécu	eûmes vécu
vécus	vécûtes	eus vécu	eûtes vécu
vécut	vécurent	eut vécu	eurent vécu

FUTURE		FUTURE ANTERIOR	
vivrai	vivrons	aurai vécu	aurons vécu
vivras	vivrez	auras vécu	aurez vécu
vivra	vivront	aura vécu	auront vécu

CONDITIONAL		PAST CONDITIONAL	
vivrais	vivrions	aurais vécu	aurions vécu
vivrais	vivriez	aurais vécu	auriez vécu
vivrait	vivraient	aurait vécu	auraient vécu

PRESENT SUBJUNCTIVE		PAST SUBJUNCTIVE	
vive	vivions	aie vécu	ayons vécu
vives	viviez	aies vécu	ayez vécu
vive	vivent	ait vécu	aient vécu

IMPERFECT SUBJUNCTIVE		PLUPERFECT SUBJUNCTIVE	
vécusse	vécussions	eusse vécu	eussions vécu
vécusses	vécussiez	eusses vécu	eussiez vécu
vécût	vécussent	eût vécu	eussent vécu

COMMANDS	
	vivons
vis	vivez

Usage

vivre sa vie	*to live one's life*
J'ai su que sa mère vit encore.	*I found out that his mother is still living.*
Il vit de ses rentes.	*He lives off his private income.*
Cette famille n'a pas de quoi vivre.	*That family does not have enough to live on.*
Il n'est pas très facile à vivre.	*He's not very easy to get along with.*
Il lui reste peu de temps à vivre.	*He doesn't have much time left to live.*
Il a toujours vécu d'expédients.	*He's always lived by his wits.*
—J'ai l'impression qu'ils vivent au jour le jour.	*I have the impression that they live from hand to mouth.*
—Oui, ils vivent dans la mouise.	*Yes, they live in poverty.*
On peut pas vivre d'amour et d'eau fraîche.	*You can't live on love.*
C'est un mode qui a vécu.	*It's a style that people don't use anymore.*

irregular verb | **je vois · je vis · vu · voyant**

PRESENT	
vois	voyons
vois	voyez
voit	voient

IMPERFECT	
voyais	voyions
voyais	voyiez
voyait	voyaient

PASSÉ SIMPLE	
vis	vîmes
vis	vîtes
vit	virent

FUTURE	
verrai	verrons
verras	verrez
verra	verront

CONDITIONAL	
verrais	verrions
verrais	verriez
verrait	verraient

PRESENT SUBJUNCTIVE	
voie	voyions
voies	voyiez
voie	voient

IMPERFECT SUBJUNCTIVE	
visse	vissions
visses	vissiez
vît	vissent

COMMANDS	
	voyons
vois	voyez

PASSÉ COMPOSÉ	
ai vu	avons vu
as vu	avez vu
a vu	ont vu

PLUPERFECT	
avais vu	avions vu
avais vu	aviez vu
avait vu	avaient vu

PAST ANTERIOR	
eus vu	eûmes vu
eus vu	eûtes vu
eut vu	eurent vu

FUTURE ANTERIOR	
aurai vu	aurons vu
auras vu	aurez vu
aura vu	auront vu

PAST CONDITIONAL	
aurais vu	aurions vu
aurais vu	auriez vu
aurait vu	auraient vu

PAST SUBJUNCTIVE	
aie vu	ayons vu
aies vu	ayez vu
ait vu	aient vu

PLUPERFECT SUBJUNCTIVE	
eusse vu	eussions vu
eusses vu	eussiez vu
eût vu	eussent vu

Usage

Regarde. Tu vois ce vieux bâtiment? / *Look. You see that old building?*
Je ne vois rien sans mes lunettes. / *I can't see anything without my glasses.*
—Tu as vu Thérèse en ville? / *Did you see Thérèse in town?*
—Non, je n'ai vu personne. / *No, I didn't see anyone.*
—Je passerai te voir demain soir. / *I'll come by to see you tomorrow evening.*
—Nous pouvons aller voir un film. / *We can go see a movie.*
Venez nous voir un de ces jours. / *Come see us one of these days.*
Je ne vois pas pourquoi tu l'as invité. / *I don't see why you invited him.*
Je l'ai vu de mes propres yeux. / *I saw it with my own eyes.*
Il ne voit que d'un œil. / *He's blind in one eye.*
C'est une pièce à voir. / *It's a play you should see.*

TOP 30 VERB

voir = connaître à travers les yeux

Je ne vois absolument rien.	*I don't see anything at all.*
Je les ai vus arriver.	*I saw them arrive.*
Je n'ai jamais vu pareille cruauté.	*I never saw such cruelty.*
se voir	*to see each other*
—Quand est-ce qu'on se verra?	*When will we see each other?*
—Viens me voir au bureau demain.	*Come see me at the office tomorrow.*
faire voir	*to show*
Fais voir tes photos.	*Show me your photos.*
Après être tombé, il voyait trouble.	*After falling, he had blurred vision.*
Je n'avais jamais rien vu de semblable.	*I'd never seen anything like that.*
Je crois que j'ai laissé voir ma colère.	*I think I showed that I was angry.*
Je vois le chirurgien la semaine prochaine.	*I'm seeing the surgeon next week.*

voir = étudier, examiner, comprendre

Je ne vois pas de solution au problème.	*I don't see any solution to the problem.*
Voyons la question de plus près.	*Let's look at the matter more closely.*
Je ne vois pas ce qu'il veut dire par là.	*I don't understand what he means by that.*
J'ai vu clair dans son jeu.	*I saw through his game.*

Expressions

Il n'y voyait que du feu.	*He was completely bamboozled.*
Je ne peux pas le voir.	*I can't stand him.*
Cet enfant m'en a fait voir des vertes et des mûres!	*That child gave me a hard time!*
Toi et moi, on ne voit pas les choses du même œil.	*You and I don't see things the same way.*
Il faisait tellement noir qu'on n'y voyait pas à deux pas devant soi.	*It was so dark you couldn't see your hand in front of your face.*
Il ne voit que par son frère aîné.	*He thinks the world of his older brother.*
Il m'a donné un coup de poing et j'en ai vu 36 chandelles.	*He gave me a punch that made me see stars.*
Mais tu n'as rien a y voir!	*But it's none of your business!*
Ça n'a rien à voir avec la question.	*That has nothing to do with the matter.*
On aura tout vu!	*Wouldn't that be something?*
Tu ne vois pas plus loin que le bout de ton nez.	*You don't see any further than the tip of your nose.*
Rien qu'à le voir, je dirais qu'il est malade.	*Just by looking at him I can tell he's sick.*
Je vois la vie en rose.	*I look on the bright side.*

TOP 30 VERBS

regular *-er* verb | **je vole · je volai · volé · volant**

PRESENT

vole	volons
voles	volez
vole	volent

IMPERFECT

volais	volions
volais	voliez
volait	volaient

PASSÉ SIMPLE

volai	volâmes
volas	volâtes
vola	volèrent

FUTURE

volerai	volerons
voleras	volerez
volera	voleront

CONDITIONAL

volerais	volerions
volerais	voleriez
volerait	voleraient

PRESENT SUBJUNCTIVE

vole	volions
voles	voliez
vole	volent

IMPERFECT SUBJUNCTIVE

volasse	volassions
volasses	volassiez
volât	volassent

COMMANDS

	volons
vole	volez

PASSÉ COMPOSÉ

ai volé	avons volé
as volé	avez volé
a volé	ont volé

PLUPERFECT

avais volé	avions volé
avais volé	aviez volé
avait volé	avaient volé

PAST ANTERIOR

eus volé	eûmes volé
eus volé	eûtes volé
eut volé	eurent volé

FUTURE ANTERIOR

aurai volé	aurons volé
auras volé	aurez volé
aura volé	auront volé

PAST CONDITIONAL

aurais volé	aurions volé
aurais volé	auriez volé
aurait volé	auraient volé

PAST SUBJUNCTIVE

aie volé	ayons volé
aies volé	ayez volé
ait volé	aient volé

PLUPERFECT SUBJUNCTIVE

eusse volé	eussions volé
eusses volé	eussiez volé
eût volé	eussent volé

Usage

Les oiseaux volent vers le sud.	*The birds are flying southwards.*
L'avion vole entre la France et les USA.	*The plane flies between France and the United States.*
On entendait une mouche voler.	*You could hear a pin drop.*
L'assiette a volé en éclats.	*The plate shattered.*
Il m'a volé dans les plumes.	*He let me have it.*
voler qqch à qqn	*to steal something from someone*
On m'a volé ma bicyclette.	*My bicycle was stolen.*
Quelqu'un a volé mon idée.	*Someone stole my idea.*
Ma mère s'est fait voler son sac à main.	*My mother had her handbag stolen.*
Ce malheur, il ne l'a pas volé.	*That misfortune was just what he deserved.*
On n'est pas volé.	*We got our money's worth.*

vouloir = **désirer**

L'enfant veut de nouveaux jouets.	*The child wants new toys.*
Qu'est-ce que tu veux boire?	*What do you want to drink?*
Je veux une bouteille de lait.	*I want a bottle of milk.*
Que tu le veuilles ou non, on y va.	*Whether you want to or not, we're going.*
Il veut de moi un prêt.	*He wants a loan from me.*

vouloir + **infinitif**

J'ai voulu partir très tôt.	*I wanted to leave very early (and did).*
Pourquoi tu ne veux pas venir?	*Why don't you want to come?*
Il voudrait nous accompagner.	*He'd like to go with us.*
Je ne veux pas voir ce film.	*I don't want to see that movie.*
Veux-tu te taire?	*Would you shut up?*
Veuillez travailler en silence.	*Please work quietly.*
Veux-tu arrêter de m'embêter?	*Will you stop annoying me?*

vouloir que + **subjonctif**

Je veux que vous me disiez la vérité.	*I want you to tell me the truth.*
Il ne voulait pas que tu le saches.	*He didn't want you to know.*
Comment vouliez-vous que je le fasse?	*How did you expect me to do it?*
Que voulez-vous? Ils sont comme ça.	*What do you expect? That's the way they are.*

Expressions

Il m'en veut.	*He has a grudge against me.*
Elle m'en veut d'avoir oublié son anniversaire.	*She's mad at me for having forgotten her birthday.*
Ne m'en voulez pas, je vous en prie.	*Please don't hold it against me.*
Je voudrais bien vous y voir!	*I'd like to see you do it!*
Il nous a donné des livres en veux-tu en voilà.	*You can't imagine how many books he gave us.*
De quoi tu te plains? Tu l'as voulu.	*What are you complaining about? It's your fault.*
Je m'en veux de ne pas être parti avec eux.	*I'm kicking myself for not having gone away with them.*
Il nous fera savoir en temps voulu.	*He'll let us know in due time.*
Que veut dire ce mot?	*What does that word mean?*
Qu'est-ce que tu veux dire?	*What do you mean?*
Je ne savais pas ce qu'il voulait dire.	*I didn't know what he meant.*
Je veux être pendu s'il accepte.	*I'll be damned if he'll say yes.*

TOP 30 VERBS

PRESENT		PASSÉ COMPOSÉ	
veux	voulons	ai voulu	avons voulu
veux	voulez	as voulu	avez voulu
veut	veulent	a voulu	ont voulu

IMPERFECT		PLUPERFECT	
voulais	voulions	avais voulu	avions voulu
voulais	vouliez	avais voulu	aviez voulu
voulait	voulaient	avait voulu	avaient voulu

PASSÉ SIMPLE		PAST ANTERIOR	
voulus	voulûmes	eus voulu	eûmes voulu
voulus	voulûtes	eus voulu	eûtes voulu
voulut	voulurent	eut voulu	eurent voulu

FUTURE		FUTURE ANTERIOR	
voudrai	voudrons	aurai voulu	aurons voulu
voudras	voudrez	auras voulu	aurez voulu
voudra	voudront	aura voulu	auront voulu

CONDITIONAL		PAST CONDITIONAL	
voudrais	voudrions	aurais voulu	aurions voulu
voudrais	voudriez	aurais voulu	auriez voulu
voudrait	voudraient	aurait voulu	auraient voulu

PRESENT SUBJUNCTIVE		PAST SUBJUNCTIVE	
veuille	voulions	aie voulu	ayons voulu
veuilles	vouliez	aies voulu	ayez voulu
veuille	veuillent	ait voulu	aient voulu

IMPERFECT SUBJUNCTIVE		PLUPERFECT SUBJUNCTIVE	
voulusse	voulussions	eusse voulu	eussions voulu
voulusses	voulussiez	eusses voulu	eussiez voulu
voulût	voulussent	eût voulu	eussent voulu

COMMANDS	
	veuillons *or* voulons
veuille *or* veux	veuillez *or* voulez

Usage

—Qu'est-ce que tu veux? / *What do you want?*
—Je veux du jus de pommes. / *I want some apple juice.*
—Qu'est-ce qu'il veut faire? / *What does he want to do?*
—Il veut jouer au football. / *He wants to play soccer.*
—Vous ne vouliez pas me voir? / *Didn't you want to see me?*
—Non, je voulais parler avec Mlle Boisvert. / *No, I wanted to speak with Ms. Boisvert.*
—Je ne sais pas s'il voudra descendre. / *I don't know if he'll want to go out.*
—Qu'il veuille descendre ou non, il faudra qu'il aille poster ses lettres. / *Whether he wants to or not, he'll have to go mail his letters.*
—Il n'a pas voulu attendre. / *He refused to wait.*
—Mais je voulais parler avec lui. / *But I wanted to speak with him.*

vouvoyer *to say* vous *to*

je vouvoie · je vouvoyai · vouvoyé · vouvoyant | -er verb; spelling change: y > i/mute e

PRESENT

vouvoie	vouvoyons
vouvoies	vouvoyez
vouvoie	vouvoient

IMPERFECT

vouvoyais	vouvoyions
vouvoyais	vouvoyiez
vouvoyait	vouvoyaient

PASSÉ SIMPLE

vouvoyai	vouvoyâmes
vouvoyas	vouvoyâtes
vouvoya	vouvoyèrent

FUTURE

vouvoierai	vouvoierons
vouvoieras	vouvoierez
vouvoiera	vouvoieront

CONDITIONAL

vouvoierais	vouvoierions
vouvoierais	vouvoieriez
vouvoierait	vouvoieraient

PRESENT SUBJUNCTIVE

vouvoie	vouvoyions
vouvoies	vouvoyiez
vouvoie	vouvoient

IMPERFECT SUBJUNCTIVE

vouvoyasse	vouvoyassions
vouvoyasses	vouvoyassiez
vouvoyât	vouvoyassent

COMMANDS

	vouvoyons
vouvoie	vouvoyez

PASSÉ COMPOSÉ

ai vouvoyé	avons vouvoyé
as vouvoyé	avez vouvoyé
a vouvoyé	ont vouvoyé

PLUPERFECT

avais vouvoyé	avions vouvoyé
avais vouvoyé	aviez vouvoyé
avait vouvoyé	avaient vouvoyé

PAST ANTERIOR

eus vouvoyé	eûmes vouvoyé
eus vouvoyé	eûtes vouvoyé
eut vouvoyé	eurent vouvoyé

FUTURE ANTERIOR

aurai vouvoyé	aurons vouvoyé
auras vouvoyé	aurez vouvoyé
aura vouvoyé	auront vouvoyé

PAST CONDITIONAL

aurais vouvoyé	aurions vouvoyé
aurais vouvoyé	auriez vouvoyé
aurait vouvoyé	auraient vouvoyé

PAST SUBJUNCTIVE

aie vouvoyé	ayons vouvoyé
aies vouvoyé	ayez vouvoyé
ait vouvoyé	aient vouvoyé

PLUPERFECT SUBJUNCTIVE

eusse vouvoyé	eussions vouvoyé
eusses vouvoyé	eussiez vouvoyé
eût vouvoyé	eussent vouvoyé

Usage

Nous vouvoyons nos professeurs.	*We say* vous *to our teachers.*
Dans ce bureau tout le monde se vouvoie.	*In this office everyone uses* vous.
On vouvoie les serveurs et les vendeurs.	*You say* vous *to waiters and salesclerks.*
—Ils se connaissent bien?	*Do they know each other well?*
—Je ne crois pas. Ils se vouvoient.	*I don't think so. They say* vous *to each other.*

RELATED WORD

le vouvoiement	*use of the formal* vous *instead of the familiar* tu

-*er* verb; spelling change: **je voyage · je voyageai · voyagé · voyageant**
g > ge/a, o

PRESENT		PASSÉ COMPOSÉ	
voyage	voyageons	ai voyagé	avons voyagé
voyages	voyagez	as voyagé	avez voyagé
voyage	voyagent	a voyagé	ont voyagé

IMPERFECT		PLUPERFECT	
voyageais	voyagions	avais voyagé	avions voyagé
voyageais	voyagiez	avais voyagé	aviez voyagé
voyageait	voyageaient	avait voyagé	avaient voyagé

PASSÉ SIMPLE		PAST ANTERIOR	
voyageai	voyageâmes	eus voyagé	eûmes voyagé
voyageas	voyageâtes	eus voyagé	eûtes voyagé
voyagea	voyagèrent	eut voyagé	eurent voyagé

FUTURE		FUTURE ANTERIOR	
voyagerai	voyagerons	aurai voyagé	aurons voyagé
voyageras	voyagerez	auras voyagé	aurez voyagé
voyagera	voyageront	aura voyagé	auront voyagé

CONDITIONAL		PAST CONDITIONAL	
voyagerais	voyagerions	aurais voyagé	aurions voyagé
voyagerais	voyageriez	aurais voyagé	auriez voyagé
voyagerait	voyageraient	aurait voyagé	auraient voyagé

PRESENT SUBJUNCTIVE		PAST SUBJUNCTIVE	
voyage	voyagions	aie voyagé	ayons voyagé
voyages	voyagiez	aies voyagé	ayez voyagé
voyage	voyagent	ait voyagé	aient voyagé

IMPERFECT SUBJUNCTIVE		PLUPERFECT SUBJUNCTIVE	
voyageasse	voyageassions	eusse voyagé	eussions voyagé
voyageasses	voyageassiez	eusses voyagé	eussiez voyagé
voyageât	voyageassent	eût voyagé	eussent voyagé

COMMANDS	
	voyageons
voyage	voyagez

Usage

J'ai voyagé en autocar.	*I traveled by bus.*
Ils voyagent toujours en première.	*They always traveled first class.*
Elle voyage pour affaires.	*She travels on business.*
Ces vins voyagent mal. Ils s'abîment.	*It's hard to ship these wines. They spoil.*
Le colis voyage aux risques et périls de l'expéditeur.	*Any damage during transit is the responsibility of the shipper.*

RELATED WORDS

le voyage	*trip*
faire un voyage	*to take a trip*
Le voyage en TGV est assez commode.	*The trip by high-speed train is very comfortable.*
Ce train fait le voyage Londres-Paris.	*This train is on the London-Paris run.*
Il t'a emmené en voyage.	*He sold you a bill of goods.*

English-French Verb Index

Use the following index to look up the corresponding French verb conjugation chart by the English meaning. Some English verbs have more than one French equivalent. The usage notes in the verb charts will help you determine if you have located the appropriate French verb. Italic numbers preceded by "p." refer to pages in the French Tense Profiles section at the beginning of the book.

A

B

R

raise **élever** 151
reach **atteindre** 52
read **lire** 210
receive **recevoir** 274
recognize **reconnaître** 275
reduce **réduire** 276
register **s'inscrire** 197
reject **rejeter** 278
rejoin **rejoindre** 279
relax **se détendre** 137
relieve **alléger** 26
remain **rester** 294
remember **se souvenir** 309
remind **rappeler** 273
remove **enlever** 161
rent **louer** 211
repeat **répéter** 289
replace **remplacer** 281
reroute **détourner** 139
resolve **résoudre** 292
return **retourner** 295
return (*give back*) **rendre** 284
return (*go home*) **rentrer** 285
rip **déchirer** 120
run **courir** 107
run away **s'enfuir** 160

S

satisfy **satisfaire** 301
say **dire** 143
say *tu* to **tutoyer** 323
say *vous* to **vouvoyer** 332
scream **crier** 112
see **voir** 329
seem **paraître** 235, **apparaître** 35
sell **vendre** 326
send **envoyer** 165
send away **renvoyer** 286
send back **renvoyer** 286
serve **servir** 305
sew **coudre** 106
should **devoir** 142
shout **crier** 112

show **montrer** 220
sing **chanter** 79
sit down **s'asseoir** 49
sleep **dormir** 146
slow down **ralentir** 270
smell **sentir** 304
speak **parler** 237
spend (*money*) **dépenser** 132
start **commencer** 85
start again **reprendre** 291
stay **rester** 294
steal **voler** 330
stirred: be stirred **s'émouvoir** 155
stop **arrêter** 46, **s'arrêter** 47
straighten up **ranger** 272
study **étudier** 172
stuff **boucher** 68
subscribe **s'abonner** 4
succeed **réussir** 296, **aboutir** 5
suffer **souffrir** 307
supply **fournir** 183
surprised: be surprised **s'étonner** 170
sweep **balayer** 60
swim **nager** 225

T

take **prendre** 256
take a walk **se promener** 263
take down **rabattre** 268
take off **enlever** 161
take someone back **ramener** 271
take someone somewhere **emmener** 154
tear **déchirer** 120
tell **dire** 143, **raconter** 269
think **penser** 243
throw **jeter** 203, **lancer** 207
throw back **rejeter** 278
touch **toucher** 315
translate **traduire** 317
travel **voyager** 333
trust **se fier** 180

Irregular Verb Form Index

It can sometimes be difficult to derive the infinitive of a particularly irregular verb form. The following will guide you to the infinitive and model verb number so that you can see these irregular forms as part of a complete program. Italic numbers preceded by "p." refer to pages in the French Tense Profiles section at the beginning of the book.

A

a **avoir** 58
ai **avoir** 58
aie **avoir** 58
aient **avoir** 58
aies **avoir** 58
aille **aller** 27
ait **avoir** 58
as **avoir** 58
assaille **assaillir** *p. 41*
asseyais, *etc.* **s'asseoir** 49
asseye, *etc.* **s'asseoir** 49
assied **s'asseoir** 49
assieds **s'asseoir** 49
assiérai, *etc.* **asseoir** 49
assiérais, *etc.* **asseoir** 49
assis **asseoir** 49
assois **s'asseoir** 49
assoit **s'asseoir** 49
aurai, *etc.* **avoir** 58
aurais, *etc.* **avoir** 58
aviez **avoir** 58
avions **avoir** 58
ayant **avoir** 58
ayez **avoir** 58
ayons **avoir** 58

B

bois **boire** 68
boive **boire** 68

boivent **boire** 68
bu **boire** 68
bûmes **boire** 68
burent **boire** 68
bus **boire** 68
busse **boire** 68
bussent **boire** 68
bussions **boire** 68
but **boire** 68
bût **boire** 68
bûtes **boire** 68
buvant **boire** 68
buvez **boire** 68
buviez **boire** 68
buvions **boire** 68
buvons **boire** 68

C

confis **confire** *p. 42*
confise **confire** *p. 42*
confisse **confire** *p. 42*
confit **confire** *p. 42*
connu **connaître** 92
connusse, *etc.* **connaître** 92
connût **connaître** 92
craignis, *etc.* **craindre** 109
crois **croire** 113
croîs **croître** 114
croissais, *etc.* **croître** 114
croit **croire** 113

étiez **être** 171
étions **être** 171
eu **avoir** 58
eûmes **avoir** 58
eurent **avoir** 58
eus **avoir** 58
eusse **avoir** 58
eut **avoir** 58
eût **avoir** 58
eûtes **avoir** 58

F

faille, *etc.* **falloir** *p. 40*
failli **faillir** *p. 42*
fais **faire** 178
faisais, *etc.* **faire** 178
fait **faire** 178
fallu **falloir** *p. 40*
fallut **falloir** *p. 40*
fallût **falloir** *p. 40*
fasse, *etc.* **faire** 178
ferai, *etc.* **faire** 178
ferais, *etc.* **faire** 178
fîmes **faire** 178
firent **faire** 178
fis **faire** 178
fisse **faire** 178
fit **faire** 178
fît **faire** 178
fîtes **faire** 178
font **faire** 178
fûmes **être** 171
furent **être** 171
fus **être** 171
fusse **être** 171
fut **être** 171
fût **être** 171
fûtes **être** 171
fuyais, *etc.* **fuir** 185

G

gis **gésir** *p. 42*
gisant **gésir** *p. 42*

gisent **gésir** *p. 42*
gisez **gésir** *p. 42*
gisons **gésir** *p. 42*
gît **gésir** *p. 42*

I

irai, *etc.* **aller** 27
irais, *etc.* **aller** 27

L

lis, *etc.* **lire** 210
lisant **lire** 210
lise, *etc.* **lire** 210
lu **lire** 210
lus **lire** 210
lusse **lire** 210
lut **lire** 210
lût **lire** 210

M

mets **mettre** 217
meure **mourir** 224
meurent **mourir** 224
meurs **mourir** 224
meurt **mourir** 224
mîmes **mettre** 217
mirent **mettre** 217
mis/mise **mettre** 217
misse **mettre** 217
mit **mettre** 217
mît **mettre** 217
mîtes **mettre** 217
mort/morte **mourir** 224
moulais, *etc.* **moudre** 223
moule, *etc.* **moudre** 223
moulons **moudre** 223
moulu **moudre** 223
moulûmes **moudre** 223
moulurent **moudre** 223
moulus **moudre** 223
moulusse **moudre** 223
moulût **moudre** 223
moulûtes **moudre** 223

N

nais **naître** 226
naissais, *etc.* **naître** 226
naissant **naître** 226
naisse, *etc.* **naître** 226
naquîmes **naître** 226
naquirent **naître** 226
naquis **naître** 226
naquisse **naître** 226
naquît **naître** 226
naquîtes **naître** 226
né/née **naître** 226
nuis **nuire** 229
nuit **nuire** 229
nuisais, *etc.* **nuire** 229
nuise, *etc.* **nuire** 229
nuisis **nuire** 229
nuisisse **nuire** 229

O

offert **offrir** 232
ont **avoir** 58
ouï **ouïr** *p. 42*

P

paie **payer** 240
paierai **payer** 240
paierais **payer** 240
paru **paraître** 235
peignais **peindre** 242
peigne **peindre** 242
peignez **peindre** 242
peignis, *etc.* **peindre** 242
peignisse, *etc.* **peindre** 242
peignons **peindre** 242
peint **peindre** 242
peut **pouvoir** 253
peuvent **pouvoir** 253
peux **pouvoir** 253
pleut **pleuvoir** *p. 40*
plu **plaire** 249, **pleuvoir** *p. 40*
plûmes **plaire** 249
plus **plaire** 249
plut **plaire** 249, **pleuvoir** *p. 40*

plût **plaire** 249, **pleuvoir** *p. 40*
plûtes **plaire** 249
pourrai, *etc.* **pouvoir** 253
pourrais, *etc.* **pouvoir** 253
pourvus **pourvoir** *p. 43*
pu **pouvoir** 253
puis **pouvoir** 253
puisse, *etc.* **pouvoir** 253
pûmes **pouvoir** 253
purent **pouvoir** 253
pus **pouvoir** 253
pusse **pouvoir** 253
put **pouvoir** 253
pût **pouvoir** 253
pûtes **pouvoir** 253

R

reçois **recevoir** 274
reçoit **recevoir** 274
reçoive **recevoir** 274
reçoivent **recevoir** 274
reçu **recevoir** 274
reçûmes **recevoir** 274
reçurent **recevoir** 274
reçus **recevoir** 274
reçusse **recevoir** 274
reçut **recevoir** 274
reçûtes **recevoir** 274
résolu **résoudre** 292
résolus **résoudre** 292
résolusse **résoudre** 292
résolvais, *etc.* **résoudre** 292
résolve, *etc.* **résoudre** 292
résolvons **résoudre** 292
résous **résoudre** 292
résout **résoudre** 292
revenu **revenir** 298
reviendrai, *etc.* **revenir** 298
reviendrais, *etc.* **revenir** 298
revienne **revenir** 298
reviens **revenir** 298
revînmes **revenir** 298
revinrent **revenir** 298
revins **revenir** 298

French Verb Index

This index contains more than 2,700 verbs that are cross-referenced to a fully conjugated verb that follows the same pattern. Verbs that are models appear in bold type. Italic numbers preceded by "p." refer to pages in the French Tense Profiles section at the beginning of the book.

A

abandonner *to abandon* 1
abasourdir *to stun* 181
abattre *to knock down* 2
abdiquer *to abdicate* 237
s'abêtir *to become a moron* 181
abîmer *to spoil, damage, ruin* 237
abjurer *to abjure, renounce* 237
abolir *to abolish* 3
abominer *to loathe* 237
abonder *to be plentiful* 237
s'abonner *to subscribe* 4
aborder *to arrive at, approach, tackle* (problem) 237
aboutir *to finish, reach a head, succeed* 5
abraser *to abrade* 237
abréger *to shorten, abbreviate* 76
s'abriter *to take shelter, take cover* 33
abreuver *to take an animal to water; to soak* 237
abrutir *to deaden someone's mind, exhaust* 181
absorber *to take* (medicine); *to occupy, absorb* 237
absoudre *to absolve* 6
s'abstenir *to refrain (from)* 312
abstraire *to abstract* see *traire*, p. 43
abuser *to abuse, misuse, take advantage of* 237
accabler *to overwhelm* 237

accaparer *to take up someone's time and energy* 237
accéder *to accede; to access* (Internet) 76
accélérer *to accelerate, quicken* 7
accentuer *to accentuate, accent* 237
accepter *to accept* 8
acclamer *to acclaim* 237
accommoder *to combine, adapt* 237
accompagner *to accompany* 9
accomplir *to accomplish, carry out, fulfill* 10
accorder *to grant, attribute, give; to tune* 237
accoster *to accost* 237
accoucher *to give birth to a baby* 237
s'accouder *to lean on one's elbows* 33
accoupler *to couple, attach, hitch* 237
accourir *to rush over to* 107
accoutrer *to equip, outfit* 237
accoutumer *to accustom* 237
accréditer *to accredit, substantiate* 237
accrocher *to hang up* 11
accroître *to increase* 12
s'accroupir *to crouch* 181
accueillir *to welcome* 13
acculturer *to acculturate* 237
accuser *to accuse* 14

privilégier *to give greater importance to* 172

procéder *to proceed, behave, act* 255

procurer *to obtain* 237

produire *to produce* 262

profaner *to profane* 237

professer *to profess* 237

profiler *to profile* 237

profiter *to profit, take advantage* 237

programmer *to program* 237

progresser *to improve, progress* 237

prohiber *to prohibit, forbid* 237

projeter *to plan, project* 203

prolonger *to prolong, extend* 212

se promener *to talk a walk, go for a ride* 263

promettre *to promise* 264

promouvoir *to promote* 155

promulguer *to promulgate* 237

prôner *to extol, praise* 237

prononcer *to pronounce* 247

propager *to propagate* 212

proportionner *to make proportionate* 237

proposer *to propose, suggest* 237

proscrire *to proscribe* 149

prospérer *to prosper, thrive* 255

protéger *to protect* 265

prouver *to prove* 237

provenir *to be from* 327

provoquer *to incite, provoke* 237

psalmodier *to chant, drone* 172

publier *to publish* 172

puiser *to draw* (water) 237

pulvériser *to pulverize* 237

punir *to punish* 266

purger *to purge* 212

Q

quadriller *to cover, control; to crisscross* 237

quadrupler *to quadruple* 237

qualifier *to describe as* 172

quantifier *to quantify* 172

quereller *to scold* 237

questionner *to question* 237

quêter *to collect money* 237

quintupler *to quintuple* 237

quitter *to leave* 267

R

rabâcher *to harp on* 237

rabattre *to lower, reduce, take down* 268

rabibocher *to reconcile* 237

raboter *to plane down* 237

se rabougrir *to shrivel up* 181

raccommoder *to mend, repair* 237

raccompagner *to walk someone home* 237

raccorder *to join, link* 237

raccourcir *to shorten* 181

raccrocher *to hang back up, hang up* 237

racheter *to buy back; to redeem* 15

racler *to scrape* 237

raconter *to tell, narrate* 269

radicaliser *to radicalize* 237

radier *to cross off, erase from* 172

radiodiffuser *to broadcast* 237

radiographier *to X-ray* 172

radoter *to talk drivel* 237

radoucir *to make milder, soften* 237

raffermir *to strengthen, harden* 181

raffiner *to refine* 237

raffoler *to be crazy about* 237

rafistoler *to patch up* 237

rafler *to swipe, steal, run off with* 237

rafraîchir *to refresh* 181

ragaillardir *to perk up* 181

rager *to fume, be furious* 212

raidir *to stiffen* 181

railler *to mock* 237

raisonner *to reason* 237

rajeunir *to make/get younger* 181

rajouter *to add more of something* 237

ralentir *to slow down* 270